政务微博微信实用手册

张志安
曹艳辉 主编

南方日报出版社
NANFANG DAILY PRESS
中国·广州

图书在版编目（CIP）数据

政务微博微信实用手册 / 张志安，曹艳辉主编. --广州 ：南方日报出版社，2014.12
ISBN 978-7-5491-1187-9

Ⅰ. ①政… Ⅱ. ①张… ②曹… Ⅲ. ①电子政务－中国－手册 Ⅳ. ①D630.1-39

中国版本图书馆 CIP 数据核字(2014)第 244869 号

政务微博微信实用手册

主　　编：张志安　曹艳辉
出版发行：南方日报出版社
地　　址：广州市广州大道中 289 号
电　　话：（020）87373998-8502
责任编辑：刘志一　郑　颖
装帧设计：邓晓童
责任技编：王　兰
责任校对：王　燕
经　　销：全国新华书店
印　　刷：广州市怡升印刷有限公司
开　　本：787mm×1092mm　1/16
印　　张：23
字　　数：400 千字
版　　次：2014 年 12 月第 1 版
印　　次：2014 年 12 月第 1 次印刷
定　　价：42.00 元

投稿热线：（020）87373998-8503　读者热线：（020）87373998-8502

网址：http://www.nanfangdaily.com.cn/press　http://www.southcn.com/ebook

导言 传承与协同：从政务微博到政务微信

放大民意的微博和微信

如果说2010年是微博元年，2011年是政务微博元年，那么2013年则是政务微信元年。微博、微信的迅猛发展带来的不仅仅是民众获取传播信息方式的改变，更是传统舆论中心的转移和网络舆论阵地的兴起，是公民意识的觉醒和对新型政府需求的激发。正如习总书记称引的那句名言——“明者因时而变，知者随事而制”，在风云变化的新媒体应用浪潮下，政府部门从早期的失声缺位、因循守旧，到个别破冰前行、激流勇进，到整个国家领导层面和中央政府的高度重视、大力扶持。政务微博、政务微信被寄予厚望，担负着壮大主流舆论新阵地，塑造阳光型、服务型新政府，推动国家现代化治理等重要使命。

微博改变中国，政务微博的兴起是一种必然。互联网引入中国20年来，还没有任何一种网络新媒体能像微博那样赋予普通民众如此广泛而强大的民主监督权利和民意表达机会。过去，传统媒体主要承担耳目喉舌的功能，民众通过传统媒体参与公共事务和意见表达的机会相对较少；政府网站通常是单向度的信息发布，而且大多数都关闭了评论功能；论坛、博客倒是为民意表达提供了开放的平台，但其使用的便捷、扩散的迅速、用户的规模与微博不可同日而语。微博如同权力的平衡杆，塑造了人人都可能是麦克风的奇观，打破了政府垄断媒体和话语权的传统。自微博诞生开始，草根阶层就利用这一新的媒介平台发出自己的声音，掌握话语主动权。过去，一些地方政府或官员试图在危机事件发生后采用“捂盖子”的方式隐瞒、封锁信息，但在微博时代，信息的绝对控制变得不可能，任何事件当事人都可能通过微博发帖将负面信息传播出去，微博“转发”功能带来的裂变式传播速度常常让删帖变得徒劳无功。

改革所累积的许多社会问题使得一部分老百姓对政府等公权力机构有一种普遍的不信任甚至结构性的怨恨，长久以来被压抑堵塞的民意在微博平台找到宣泄的出口。在这样的双重社会语境下，微博成为爆料、维权的新渠道，微博上火热的围观和汹涌的舆论给政府部门和官员带来前所未有的危机感和压力感。当微博成为民意的集散地和舆论的扩大器后，“堵”不行，只能“疏”，被动防守不如主动出击，一些政府部门和官员在政务微博领域尝鲜试水，收到了意想不到的效果，且不提“@上海地铁”“@北京发布”“@厦门警方在线”等官方微博在公共危机事件中第一时间公布权威信息，单从“蔡叔”、成都“小微”、“警察蜀黍”、“江宁婆婆”这些官民之间的亲切称呼就可看出政务微博在官民沟通中的巨大潜力和价值。自2011年起，一场声势浩大的政务微博潮拉开序幕，2011年底，我国政务微博超过5万，增长率达776%；2012年底超过17万，增长率近250%；2013年底突破25万，增长率46%。

政务微博方兴未艾之时，政务微信又有风起云涌之势。2013年伊始，《人民日报》关于新媒体的8个猜想，其中第一个便是“微信——政务信息发布新平台”，这一猜想很快成为现实。据中国传媒大学媒介与公共事务研究院新媒体实验室最新不完全统计，截至2014年10月底，中国政务微信发展总量已突破13 000大关。从国家政策层面上看，政务微信受重视的程度日益增加。2013年10月，国务院办公厅下发了《关于进一步加强政府信息公开回应社会关切提升政府公信力的意见》，文件明确指出：“各地区各部门应积极探索利用政务微博、微信等新媒体及时发布各类权威政务信息。”前不久，国家网信办又明确提出“力争今年年底，政务公众账号达到6万个”的发展目标。而从用户活跃度来看，微博活跃度在下降，微信活跃度上升。国家互联网络信息中心于2014年1月发布的第33次《中国互联网络发展状况统计报告》显示，以微信等为代表的即时通信用户规模在2013年底已达到5.32亿，使用率高达86.2%，居各类网络应用首位。

政务微博和政务微信两种关系

在新的传播情境下，一些人感到困惑，政务微信崛起，政务微博衰落？也有人质疑，政务微信不过是新瓶装旧酒，与政务微博只是形式上的区别，无本质上的差异，言外之意是发展一种渠道就好。还有人迷茫，该以什么样的视角和标准去运营发展政务微博、政务微信？面对接踵而来的新兴传播方式和政务信息渠道，困惑、质疑、迷茫都无可避免，要想答疑解惑，首先应该厘清政务微博和政务微信的两种关系。

一是传承，用发展的视角看待两者之间的联系。具体包括三个方面：

1. 理念传承：阳光型政府、服务型政府、治理型政府

无论是微博，还是微信，随时随地传播分享的媒介特征为民意表达和民主监督带来前所未有的方便，民众话语权的提升和社会累积怨恨的宣泄倒逼政府重新审视新媒体时代的执政理念和信息传播方式。“政务公开”和“为民服务”成为国家现代化治理理念中的关键词，而“双向沟通”应成为官民沟通的新模式。在“围观改变中国”的微博舆论场中，政务微博以主动姿态吹响了政务公开、与民互动的新号角，一些表现出色的政务微博更是让人感受到政府利用微博新媒体建立阳光型政府、服务型政府的诚意。而随着政务微信的兴起，“指尖上的对话”“指尖上的政务”“指尖上的政能量”“微信办事”等新名词变成政务微信的标签，这与政务微博在理念上是一脉相承的。

2. 功能的传承：信息发布、网络问政、行政服务

政务微博的功能主要有信息发布、民生服务、网络问政等，政务微信亦传承了这些功能，成为政务信息公开、网络问政、民众办事的新渠道。不同的是，政务微博作为舆论的公开广场，在网络问政上更具优势；政务微信因其目标对象的精准性，作为行政服务平台更加便利。当然，信息发布类型也会因微博、微信的传播特征有所区别，例如政务微博更有利于信息的碎片化传播，而政务微信可以将碎片化的信息进行整合。

3. 资源传承：管理决策、运营团队、微博粉丝

从政务微博、政务微信的发展动态来看，在政务微博运营中敢于尝鲜、堪称翘楚的政府机构，在政务微信领域又表现出同样的特质和优势，如“@平安肇庆”“@上海发布”“@成都发布”“@广东发布”等微博的运营团队正在积极建构政务微博、政务微信联动的“双微”服务系统。究其原因，这些政府机构的管理决策理念、原有微博运营团队的人才培养、新媒体传播方式的实践、政务微博网聚的粉丝等都是政务微信运营可以传承利用的资源。

二是协同，用分工协作的视角来定位两者的关系。具体包括两个方面：

1. 渠道协同：“双微”共建、互融互通

公众聚集在哪，党和政府的舆论引导主平台就在哪，归根到底，人才是舆论的创造者。无论是微博、微信，还是其他媒体渠道，只要能网聚公众、汇集民意，都会成为政府话语权争夺掌控的新阵地，成为政府自媒体建设和外媒体扶持的新对象。尽管因腾讯运营商的战略转移，微博用户整体数量下降，微博活跃度

下降，但至2014年6月依旧有2.75亿用户数，且新浪微博规模和活跃度依旧呈上升趋势。微信作为当前网络应用之首，活跃度不断攀升，目前微信用户规模已突破6亿，政务微信公众号自然是政府下一个着重建设的对象。由此可预测，政务微博、政务微信必然成为政府自媒体建设的重要场域，“双微”共建乃未来几年之趋势。

渠道建设的协同不仅体现在两个渠道都要重视，更高阶层的共建旨在打通政务微博、政务微信两个平台，使其互融互通。政务微博和政务微信之间的融合，一方面可以互为宣传平台，另一方面促进信息互通、资源共享，进一步扩大政府自媒体的影响力和传播力。目前较常见的做法是在微博平台的主页面宣传政务微信的开通，在政务微信平台菜单中设置可以链接到政务微博的子栏目。

2. 功能协同：永不落幕的微博发布平台、移动化的微信服务平台

国家网信办提出区分政务公众账号与政务微博的功能定位，实施“双微”联动、协同发展。微博、微信不同的传播特性决定了其功能定位的差异性和侧重点。有人将微博比喻成永不闭幕的新闻发布会，政务微博的确在信息公开、官民互动、舆情监测方面具有不可替代的功能。目前，新浪微博、腾讯微博都开通了政府版服务平台，帮助政府实现信息资源的有效整合，如果善加利用，有望将政务微博打造成“大众媒体”。

而政务微信是移动化的民生服务平台，是精准化的信息推送平台，是零距离的官民互动平台，也是创新型的公共服务空间。与政务微博相比，政务微信具有私密性更强、点对点传播更为高效精准等优势，在政务服务和精准传播方面具有更为广阔的应用前景。比如，在提供政务服务方面，借助微信支付，政务微信可充分打通支付渠道，为百姓提供水费、电费、燃气费等公共事业缴费或缴纳违章罚款等便民服务。那些粉丝量比较大的政务微信往往满足了受众对于民生服务、公共服务的需求。

厘清政务微博、政务微信之间的传承与协同关系后，再回顾政务微信兴起后人们的种种困惑和质疑，顿觉迷雾散去，答案清晰浮现。政务微信的兴起不代表政务微博的没落，只要微博平台还能网聚民众、汇集民意，政务微博就不会消亡。到目前为止，微博依旧是极其重要的公开舆论场，是理论上永不落幕的信息发布平台。政务微信的开设也绝非多此一举，它不仅代表了新的舆论阵地，而且在服务型政府的建设中具有更丰富的想象和期待。在未来的“双微”共建趋势下，资源传承、互融互通、分工协作将成为政府自媒体运营中的指导方针。

政务微博和微信的挑战和应对

一些政务微博、政务微信的优秀表现和国家领导层及中央政府的高度重视，让社会各界人士对微博微信时代的政务信息公开、官民互动、网络问政、民生服务怀抱许多美好的向往和期望，诚如那些既吸引眼球而又令人心潮澎湃的新鲜话语——“‘双微’互动”“指尖上的对话”“指尖上的政能量”“让数据多跑腿，让百姓少走路”“移动化的民生服务平台”。但着眼现实，有点“理想很丰满，现实很骨感”的意味，无论是步入常规化运作的政务微博，还是蓄势待发的政务微信，都面临诸多共同困境和挑战。其主要体现在以下三个方面：

1. **信息公开制度配套不够**

虽然国务院办公厅于2007年就下文公布《中华人民共和国政府信息公开条例》，近几年又多次发文强调要将政务微博、微信建设为政府信息公开新平台，但在具体执行过程中，许多政府机构仍然抓“小”放“大”，重要问题的信息公开与百姓所期待的阳光透明型政府还存在一定差距。据各地历年调查，民众对政府信息公开情况满意度低，不满意比满意的比例高。如广州社情民意中心发布的《2013年度政府信息公开广东省城镇居民评价》报告指出，较多受访民众的评价是“一般”，比例为43%；认为“不太满意”和“不满意”的合计则有32%；评价“满意”和“比较满意”的仅有19%。北京大学法学院教授王锡锌表示，公民因不满政府信息公开提起的行政诉讼时有发生，虽有公民胜诉的零星个案，但多数诉讼均以法院拒绝受理或原告败诉而告终。

由此可见政府信息公开制度在问责和监督上的困难。这几年的“微博围观”在政府信息公开方面确实起到了正向推动效果，但还有一些政务微博依旧存在“形式化”“空心化”“僵尸化”问题，一些政务微博常常用轻松的社会新闻、温馨提示和笑话来取悦公众，即便是某些表现突出的政务微博，在涉及敏感议题时依旧对信息公开留有余地。如“@上海地铁”在“9·27”地铁追尾事故发生后曾两度删除其在官方微博上的道歉帖，政务微博运营人员在敏感议题中的复杂纠结心态可见一斑。政务微信刚刚起步，能在信息公开方面走多远，还有待观察。不管是微博、微信，究其本质只是信息的载体，信息的把关和选择依旧是传播者。

2. **行政部门的协调配合不够**

中国的行政部门错综复杂，数量庞大，不可能所有的部门都开设政务微博或政务微信，对于公众有限的注意力而言，也无必要。当前政务微博、政务微信的运营往往由宣传部门牵头，但政务信息往往需要相关政府职能部门提供，如果没有形成有效的配合和顺畅的沟通机制，往往无法实现政务服务和信息公开的充分化。我们在调研过程中发现，一些政务微博的运营者在微博中收到老百姓的各种咨询问题，却苦于缺乏相应的信息来回复。所谓巧妇难为无米之炊，就算微博、微信运营者有心为民解惑和服务，但没有相关行政部门的密切配合、信息共享，也只能是有心无力。

3. 运营人手和资源的严重不足

这是基层政府部门最经常遭遇的困境，人手、资源、编制的严重不足，容易限制政府部门运作微博和微信的信心，导致其无法可持续发展。许多基层政务微博、微信的运营者是兼职或轮岗人员。所谓兼职，就是一方面要承担自身行政工作，另一方面要兼顾微博、微信运营工作，额外的工作负担让人疲倦。所谓轮岗，是指一段时间管理政务微博、微信的运营，一段时间从事本职工作，不同人员轮流管理容易导致微博、微信的运营品质忽高忽低，也不利于经验的积累和风格的一致。

针对政务微博微信运营中的种种困境和挑战，我们编撰了《政务微博微信实用手册》一书，为政务微博微信的管理者和运营者提供以下三方面的应对措施：

一是观念的转变。观念是根深蒂固的行为指南，政府信息公开制度能否得到贯彻执行，政务微博能否成为永不落幕的信息发布平台，政务微信能否发展为移动化民生服务平台，其关键还是在于各级政府部门有否真正树立执政为民、信息公开的基本理念。在微博、微信这些新兴的舆论场中，扩大的民意也会反向促成政府部门观念上的转向，诚如聂晓阳在《领导干部传媒素养简明手册》中所提到的："各级干部很多是在相对封闭的传统媒体构成的'舆论温室'中成长起来的，'和风细雨'式的舆论监督往往让他们形成管控思维的依赖心理。如何改变心态适应具有高度开放、互动、参与和'暴风骤雨'式的新兴舆论场，成为一项重要而紧迫的需要。"在本书中，我们试图通过对政务微博微信兴起原因和发展契机的深刻洞察，对其功能价值的详细剖析来论证观念改变的重要性和必要性。

二是机制的建立。观念的转向离不开制度的保障，否则又会落入纸上谈兵的窠臼。中央有宏观要求，上级政府部门有相关政策，问题是，在基层落实这些要求和政策时，有没有配套的落实机制，包括开设机制、考核机制、激励机制、运营机制等。因此，如何建立健全政务微博微信运营的管理机制、考核机制、激励机制等，将是我们书中讨论的重点之一。

三是策略的掌握。当前绝大部分政务微博微信运营者是由单位公职人员兼职或转岗构成，许多运营者没有接受职业化的训练，对如何按照信息传播的规律、依据网络服务的特点来运作政务微博和政务微信感到迷茫和压力。如何提升政务微博微信运营者的传播服务能力是落实命令和指标的关键因素，也是本书编撰的重中之重。

本书内容概要及主要特点

本书在内容编排上分为上、下两篇和附录，上篇围绕政务微博运营，下篇着重阐述政务微信运营，附录包括中外政府的政务微博运营案例。本书主要特色有：

1. 内容全面，操作性强

这是一本可供政务微博微信运营管理者参考的操作性指南，宏观处有运营管理机制、考核激励机制的建构指南，中观层面有定位策略、编写策略、推广策略、互动策略、舆情管理策略的分章编写，微观处详细讲解了策略的执行操作。如政务微博编写策略章节中详细介绍了标题、话题、正文、结尾等构成要素的编写要求与技巧，微博内容的选择和叙述策略，图片、音视频的素材来源和使用；又如舆情管理策略章节，我们从微博舆论生态、舆情信息监测和危机应对三个方面进行翔实的阐述。

2. 案例丰富，通俗易懂

空洞的理论说教会让读者觉得乏味难懂，所以我们在整本书的编撰中融入了大量实践案例，对理论观点进行阐释或佐证。阅读此书，你会发现我们首先是观察者、记录者，然后才是建议者。这些案例一部分是我们通过质化的深度访谈和量化的内容分析获得，主要是对广东省的政务微博、微信运营所进行的实证调研；一部分是通过二手资料的收集和分析，如历年来国家行政学院电子政务研究中心、人民网舆情监测室、腾讯网、新浪网对政务微博发展状况的调研报告。

3. 观点访谈，富于启发

在这里，我们要特别感谢一些长期以来关注政务微博微信发展的专家学者对此书编撰的大力支持，为我们提供不少精辟生动的观点和高瞻远瞩的建议，增加了本书的前沿性和学术性。如政务微信运营篇第十三章的人物专访，我们就政务微博微信发展新动态、如何区分政务微博微信功能定位、网信办的政策解读、政务微信的科学评估、政务微信发展困境和应对建议等问题，深度访谈了人民网舆情监测室秘书长祝华新、大粤网执行总裁易海燕、清华大学新闻与传播学院沈阳教授、广东省网信办网络宣传评论处处长黄红英、中山大学传播与设计学院张宁教授、中国传媒大学媒介与公共事务研究院高级研究员侯锷、复旦大学国际关系与公共事务学院郑磊副教授等。

目录
CONTENTS

上篇　政务微博运营

第一章　政务微博的功能及价值

【本章摘要】

从“随手拍”解救流浪儿童到集体考问红十字会的公信力，从为小悦悦祝福到北京特大暴雨中人们自发互救互助信息……微博在越来越多的公共事件中扮演了重要的传播和动员角色，与此同时，政府对微博的重视程度日益加深，正在进一步加强对微博信息的管理和微博舆论的引导。

从2010年的“微博元年”到2011年的“政务微博元年”，从过去几年政务微博规模的火速增长到当下政务微博的常态化运营，我国政务微博的发展从无到有，由少到多，从单一到多元，在探索中不断走向成熟。总体上我国政务微博发展现状有这些特点：规模上，至2013年底已突破25万；部门分布上，团委、公安、政府外宣系统的政务微博仍占第一梯队，但司法、医疗卫生、旅游机构等部门微博不断壮大；行政级别分布呈现“金字塔”结构，基层政务微博仍是数量上的中流砥柱，省部级及国家队政务微博的影响力后来居上；地域分布上，东部带动发展，西部奋起直追；运营上，政务微博类型和运营模式呈现多元化发展格局，在探索中不断丰富创新，“微博发布厅”成为网络问政新趋势。

随着政务微博规模的壮大和运营理念的创新，政务微博的功能和价值也被不断挖掘和放大。从“@微成都”在卖萌中提供精细服务到“@问政银川”全力为民解决实际问题；从“@北京发布”上线形成集群式的政务微博群到“@成都服务”打造网络办事大厅；从四川会理县及时开通官方微博回应“悬浮照”事件到“@上海发布”在“9·27”事故中贯彻“快报事实、慎报原因、重在态度”的信息发布原则……政务微博不仅为政府提供了展示自身形象、进行网络宣传的窗口，也为民众提供了一个与政府对话、为政府建言的渠道，更是危机事件中发布信息、引导舆论的重要平台，其网络问政、危机应对的功用不断凸显。在政务微博进入成熟期后，仅凭新鲜感无法维持政务微博的长远发展，一个良好的运作机制和完善的操作团队才能使政务微博发挥更大的效应。而运营和推动政务微博的发展，首先必须深入理解政务微博的功能、价值及局限性。

一、政务微博的兴起与现状

2010年，被称为“微博元年”。2010年至2012年，微博用户数经历了爆炸式

增长后，自2013年起逐步进入了相对平稳的发展期。目前，微博已成为网民获取信息的重要途径之一，从满足人们弱关系的社交需求逐渐演变成为大众化的舆论平台，越来越多的机构及个人通过微博来发布或传播信息，微博已成为民众信息表达的麦克风和舆论汇集的大广场。而在越来越多的公共事件中，微博不仅能够快速传播信息，更发挥了汇聚舆情、社会动员等功能。人们逐渐认识到"围观正在改变中国"，微博所凝聚的行动力正逐渐成为推动公共事件的主力。

随着微博的异军突起和不断发展，一些政府机构和官员开始试水微博，由此政务微博快速兴起。顾名思义，政务微博是以各级政府部门或以政府官员个人名义所开设的经官方认证的微博。率先走入人们视野的是公安机关开设的政务微博。各地公安局、派出所纷纷进驻微博，在发布信息的同时组织各种形式的活动，注重与民众互动，积极帮助网民解决问题。其中，2010年公安部打拐办主任陈士渠与社科院教授于建嵘所发起的"随手拍照解救乞讨儿童"活动，引起了广泛的社会反响。除了网民的积极参与外，各地公安微博也纷纷公布打拐热线，收集打拐线索，通报打拐进展。

2011年，政务微博的发展可谓"忽如一夜春风来"。从公安部到外交部，从各地政府新闻办到团委，下到基层乡镇，上至国家中央机关，纷纷开设微博。与此同时，党政干部人员的微博也办得风风火火，无论是省委宣传部副部长还是片区民警，网民们都可以通过微博与他们交流。据近几年来国家行政学院电子政务中心发布的年度报告显示：2011年底，我国政务微博超过5万，增长率达776%，不少专家学者将2011年称作"政务微博元年"；2012年，政务微博继续呈现井喷式发展盛况，在开通平台、规模、数量方面都呈现急剧增长趋势，截至当年底，我国政务微博数量超过17万；2013年底，我国政务微博数量突破25万。[1]截至2014年6月26日，新浪平台认证的政务微博达到119 169个，腾讯平台认证的政务微博达到181 524个。[2]近两年，政务微博在数量上平稳增长，并有力推动了当

1 国家行政学院电子政务研究中心：《2011年中国政务微博客评估报告》《2012年中国政务微博客评估报告》《2013年中国政务微博客评估报告》。

2 新浪微博、腾讯微博、人民网舆情监测室：《2014上半年度新浪政务微博报告》《2014上半年度腾讯政务微博报告》。

前社会“公共协商”机制的形成，政府和官员通过微博主动回应和参与热点事件，形成有效的政民沟通平台。与此同时，更多的研究机构、专家学者们开始对政务微博进行深入探讨，政务微博进入平缓又充满活力的发展期。

1．政务微博的发展历程

互联网2.0时代，“去中心化”的传播方式使话语权逐渐由媒体和精英阶层扩散到一般民众，微博这一社会化媒体的传播优势也日益显著。随着政府和官员对新媒体时代的认识不断加深，各大主要微博平台上开通政务微博的党政机构、干部数量不断增加，开通微博的地区、部门和范围也在不断扩大。政务微博成为各阶层群众表达民意、参政议政的重要平台，群众通过政务微博表达民意、寻求帮助，政府机构通过微博传达政务信息、倾听民声，从而实现官民之间的积极互动。面对汹涌而来的社会化媒体浪潮，网民要求参政议政、互动沟通的需求都无法回避；局部的围观，到全国围观乃至全球性的围观，都要求政府机构进驻微博这一新兴信息公开、政民互动的平台，并在不断的实践中实现政务微博从形式到内容跨越式的发展。[1]

（1）从公安微博初试水到各部门微博蓬勃发展

最初引起人们关注的政务微博是公安微博。2010年2月25日，广东省肇庆市公安局在新浪网开通“@平安肇庆”微博，标志着国内首个公安微博的诞生。其后，广东省公安厅带领省内21个地级以上市公安局打造了全国第一个公安机关微博群“广东公安微博群”。[2]公安部门微博所发布的信息与民众的日常生活息息相关，其服务性、互动性和实用性都强于一般政府机构的微博，因此成为最早获得网民认可的政务微博类型。全国各级公安部门借助微博这一平台发布即时信息，提供便民服务，获取破案线索，及时公布案情，不仅加强了信息公开能力，还提高了工作效率，树立了亲民形象，在网民中树立起了良好口碑。

随着公安微博获得的关注度和发挥的影响力不断扩大，政府的其他部门也陆续开设微博，其范围逐渐扩展到政府新闻办、外宣、交通、医疗卫生、旅游部门等，如今政务微博俨然成为各政府部门的标配。比如，2010年6月23日，成都市政府新闻办官方微博“@成都发布”开通；同年12月29日，四川省政府新闻办“@天府微博聚焦四川”开通，是当时国内少见的省级政务微博平台。

1　腾讯网：《腾讯“政务微博发布厅”分析报告》，2012年3月。

2　广东省公安厅公共关系处：《探索中的公安微博“广东模式”》，《中国党政干部论坛》，2011年12期。

目前，团委、公安、政府外宣类微博仍是党政机构类微博的领头羊，团委、政府、公安机关的公职人员微博是所有公职人员微博中的主力军，其他部门微博也在不断壮大发展。据《2014年上半年新浪政务微博报告》称，司法系统的政务微博增长比例最大，政府外宣类政务微博增长数量最多。

（2）从基层到高层稳步发展，呈现“金字塔”结构

目前，我国政务微博的发展趋势已由基层逐渐扩大到高层。政府官员使用微博的观念已逐步普及和深入，不少地区的政府部门都出现了集体开微博的趋势。

根据人民网舆情监测室对新浪微博平台中84 377 个党政机构微博和34 792 个公务人员微博的行政级别进行统计分析显示，党政机构和公务人员微博都呈“金字塔”分布状，县处级以下的政务微博规模最大，县处级、厅局级、省部级政务微博数量依次逐级减少。由此可见，基层政务微博是我国政务微博中的中流砥柱，对基层政府机构和官员公开政务信息、回应网络问政和提供民生服务有着重大影响力。2012年11月9日，“@国务院公报”微博开通，接着国资委、证监会、保监会、国土资源部、中科院等一批“国字头”政务微博陆续在新浪开通，显示出中央高层对政务微博的高度重视。

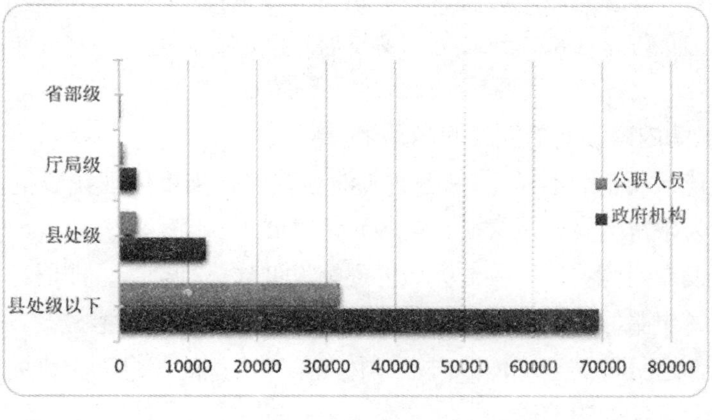

图1-1　新浪政务微博行政级别分布

（来源：人民网舆情监测室联合新浪微博；数据截止日期：2014年6月26日）

（3）从东部带动发展到西部奋起直追

从政务微博的地域分布情况来看，至2013年12月底，在新浪网、腾讯网、人民网、新华网四个微博平台上开通并认证的政务微博已经覆盖了全国31个省级行

政区，华东、华南、华北地区的政务微博的开设情况要好于中西部地区。[1]各地政务微博开通的情况以及活跃的程度与所在区域的政治、经济和文化发展情况息息相关。2011年党政机构微博数量前三名的省份分别是浙江、广东、江苏，2012年排名前三位的省份为山东、江苏、浙江，2013年排名前三位的省份为浙江、江苏、广东。东南沿海等经济较发达的省份政务微博相较中西部地区而言，其数量和比重均居全国前列。[2]

除了东部沿海城市外，西部地区的政务微博也呈现出了蓬勃发展的势头。以微博问政而闻名的银川市委办公厅、市政府办公厅的官方微博“@问政银川”是银川市政府致力搭建的一个网络互动平台，其主要功能是帮助民众“问事于政府”，帮助政府“问计于公众”。“@问政银川”平均日发21条微博，并在网上督促其他政务微博及时回复网民，得到了网友的好评。[3]

根据新浪微博和人民网舆情监测室于2013年7月发布的《2013年上半年新浪政务微博报告》称，全国政务微博经过2—3年的发展，已形成“雁阵式”，以江苏、广东、北京等省市为“雁头”，四川、新疆等为“西翼”，浙江、上海、山东等为“东翼”。江苏、广东、北京等省市政务微博数量领先，均超过5 000个，在创新社会管理、探索政务微博发展上也已形成了各自的模式；四川、新疆、浙江、上海、山东等东西部省份政务微博发展逐渐成熟，有力地补充了政务微博整体阵势，对带动政务微博发展具有良好的示范意义。

（4）微博内容和运营模式的多元化

当前我国政务微博体系正在逐渐成熟与完善，不仅体现在数量上的快速增长，也表现为微博内容和运营模式的多元化发展。

从微博发布内容看，我国政务微博逐渐发展成三种类型，即信息发布型、网络问政型、民生服务型。近年来，随着政务微博功能的不断挖掘，许多政务微博开始逐渐融合这三种类型的传播内容，并以某一类型的信息为主，关于微博内容的分类后文会有详细的论述。

从运营模式看，微博发布厅、微博服务厅的兴起标志着政务微博从各自为政、孤军奋战的单一模式，开始逐渐走向系统化、集群化的模式。“政务微博发布厅”将城市多个职能部门资源进行整合，标志着政务微博应用上的突破性创新。“发布厅”一般聚合了公安、交通、旅游等各个城市职能部门的微博，涵盖

1　国家行政学院电子政务研究中心：《2013年中国政务微博客评估报告》，2014年3月。

2　国家行政学院电子政务研究中心：《2012年中国政务微博客评估报告》，2013年3月。

3　《“问政银川”打造政务微博群》，《中国青年报》，2011年11月7日。

了市民衣、食、住、行、教育、安全、医疗等生活的各个方面，给各个政府部门提供了具有较大影响力的统一的新闻发布平台。[1]

2. 政务微博的运营现状

据中国互联网络信息中心（CNNIC）于2014年7月在京发布的《第34次中国互联网络发展状况统计报告》显示，截至2014年6月底，我国网民规模达6.32亿，较2013年底增加1 442万人，互联网普及率为46.9%，其中，使用微博的网民规模为2.75亿，网民中微博使用率达到了43.6%。互联网和微博的迅猛发展不仅深刻地改变着传媒生态，而且正在重塑政府的执政与公共关系传播方式。[2]

经历过2010—2012年的爆发式增长、2013年的缓和式增长，我国政务微博目前已进入平稳发展和常态化运营时期，并且有了“微博发布厅”等集群化发展的新态势。根据腾讯、新浪提供的数据，至2014年6月15日，进驻腾讯微博的政府机构及官员微博达到181 524个，包括111 728个党政机构微博和69 796个党政官员微博。而来自新浪的数据显示，截至2014年6月26日，新浪微博平台认证的政务微博达到119 169个，其中党政机构官方微博84 377个，公职人员微博34 792个。

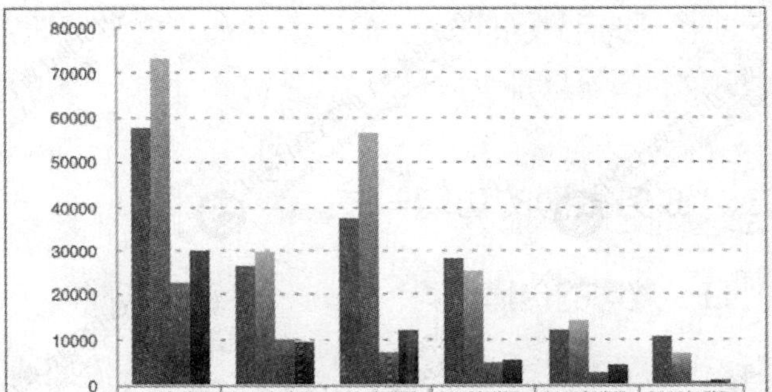

	2013年党政机构	2013年党政干部	2012年党政机构	2012年党政干部	2011年党政机构	2011年党政干部
新浪网	57661	26227	37508	27873	12103	10652
腾讯网	73272	29596	56585	25283	13911	6748
人民网	22359	10128	6992	4985	2401	71
新华网	29940	9554	12297	5191	3943	732

图1-2　政务微博平台分布及年度对比

（来源：国家行政学院电子政务研究中心《2013年中国政务微博客评估报告》）

短短四年时间，我国的政务微博已初具规模，其发展也日趋成熟。通过这几年内大量政务微博案例可以看出，我国政务微博正走在成熟化和专业化的道路上：“在重大舆情面前，政务微博的话语权越来越大，百姓愿意听也愿意相信客观的政府声音；在突发舆情中，政务微博的信息发布也愈加及时，逐渐成为舆情

1　腾讯网：《腾讯“政务微博发布厅”分析报告》，2012年3月。

2　中国互联网络信息中心：《第34次中国互联网络发展状况统计报告》，2014年7月21日。

事件的第一信源”。[1]不过，政务微博也同时呈现出两极化的发展趋势。

一方面，继续活跃的政务微博凭借政府主体性地位以及掌握的主动优势，因其传播主体权威性、传播内容准确性、互动沟通有效性以及线下处理实效性等明显优势，逐渐成为网络社会的意见领袖，并且将这种领袖地位扩展到现实社会，在维护政府公信力、扩大政府影响力的同时更好地掌握社会舆情，引导舆论向稳定、良好的方向发展，促进社会和谐、高效发展。[2]

另一方面，部分形同虚设的政务微博正在沦为空壳。这类政府机构的微博只是象征性地发布信息，只进行以自我为中心的自上而下的宣传，拒绝与民众进行沟通，对自下而上的诉求视而不见，不为群众所认可，失去了存在的意义和根基。[3]像“@问政银川”“@上海发布”这类切切实实为百姓服务、始终坚持网络问政的微博只是少数。

二、政务微博的功能

1. 微博的传播优势

作为新形态的信息传播工具，微博在传播速度和效能上具有一些独特优势——信息发布的即时性、互动性、公开性以及裂变式传播的特点。相较传统主流媒体，微博具有如下优势：

首先，微博是一个相对宽松的平台，人人都可以在微博上表达自己的意见和建议，并自由地与他人进行互动。微博的评论、私信、“@”等功能使自下而上的传播方式成为可能，理论上普通民众可以畅通无阻地与政府官员进行对话交流。

其次，发布微博不受时间和空间的制约，特别是随着智能手机、平板电脑的普及，人们可以多种端口随时随地发布信息；同时，微博的转发功能决定了信息传播能以几何倍数的扩散速度产生爆发式的影响力，呈现出一种“病毒式传播”的裂变性。

最后，微博提供网民一个平等参与的机会，每个网民都可以在微博平台上获得、发布以及分享信息，微博信息由全体微博用户和各个微博平台所共享。

1 新浪微博、人民网舆情监测室：《2014年上半年度新浪政务微博报告》，2014年7月。

2 《2012年网络舆情展望：每一件大事网民都不会缺席》，人民网社会频道，2011年12月30日。

3 《2012年网络舆情展望：每一件大事网民都不会缺席》，人民网社会频道，2011年12月30日。

2. 政务微博的主要功能

自2010年微博元年以来，学界曾多次探讨过微博对社会的影响及其功能。诞生于全媒体时代的微博被视为反映民众呼声的扩音器、释放社会压力的减压阀、孵化社会群体性事件的温床以及赋予民众媒介接近权的有力武器……微博所扮演的角色被寄予了无限厚望。那么政务微博能否承担起这些重任？

（1）信息发布

这是微博最基本的一个功能。对政府来说，它可以主动、及时地发布权威信息。以往政府主动公开发布信息一般是召开新闻发布会，但举办新闻发布会一是耗费大量的时间和人力物力，二是有个时间滞后的问题，三是参与新闻发布会的媒体对信息的解读存在歪曲的可能性，可能会添油加醋或更换角度进行报道，无法准确明了地将政府意思传达给民众。相对传统的新闻发布会，微博是一个有效而直接的信息发布渠道，能够及时全面且无干扰地自主发布信息。

例如，2010年10月西博会在成都举办期间，成都市的官方微博“@微成都”对西博会的全程直播，发布了将近百条相关微博：有关于西博会的热点新闻，也有教游人如何玩转西博会的小贴士，更有盘点西博会的妙语……让无法直接参观西博会的网友们可以在第一时间了解到西博会的最新情况。“@微成都”直播西博会这一行为也得到了网友以及媒体的一致肯定。

（2）民生服务

为民众提供各类与日常生活息息相关的信息服务，发布吃喝玩乐、衣食住行等各方面实用信息来服务民众。政务微博通过提供民生服务，一方面拉近政府与公众之间的距离，另一方面可以向外地游客宣传本地的特色，促进当地旅游业的发展。除此之外，其服务范围还衍生到通过微博帮助民众寻找失物，借助微博为菜农卖菜等。

目前已有不少省市的“政务微博发布厅”都主打这类“民生牌”，以便民、利民、服务于民为宗旨。作为首个省级民生服务的政务微博平台，“湖北微博发布厅”便是以民生话题为核心的政务微博群，其发布内容围绕房价物价、交通路况、天气预报等关注度高的民生问题展开。此外，“@上海发布”“@陕西发布”等政务微博在发布民生信息方面也有突出表现。

2011年12月初，上海郊区菜农的卷心菜大量滞销，上海市政府新闻办的官方微博“@上海发布”在12月3日为菜农打起了小广告，呼吁市民去购买卷心菜，解决菜农的燃眉之急。

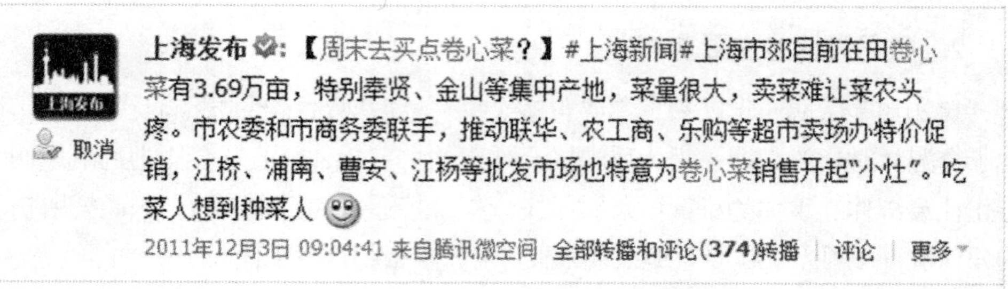

图1-3　“@上海发布”发布微博，呼吁市民购买市郊菜农卷心菜

（3）网络问政

随着网络普及，互联网在中国民众的生活中扮演着越来越重要的角色，是民众行使知情权和监督权的重要渠道。自2008年6月20日胡锦涛总书记在人民网与网友在线聊天开启了国家领导人与网民的第一次近距离接触后，越来越多的官员也开始通过网络问政于民。

政务微博为网络问政带来前所未有的便利性：突破了时间和空间的限制，网民可以随时随地参与到网络问政当中；拥有多种问政渠道，无论是电脑还是手机等移动设备都可以发布微博；沟通双向平等，网友能够通过留言、评论、私信、“@”等方式直接与政府机构对话。“作为政府应主动些，须明白开博比不开博好，发声比不发声强，沟通比不沟通优，微博之力是不可估量的。”在微博上粉丝数已突破千万的浙江省委原常委、组织部原部长蔡奇说道。

例如，在2010年两会期间，新浪微博开辟了“微观两会”和“媒体即时报”两大专区；全国有近30家媒体在微博中注册，将近60位来自全国各地的记者开通了微博，仅“@新华视点两会微博”的粉丝量就达到20万。由于意识到微博在网络问政上的巨大潜力，代表委员们也争相戴起了“围脖”，纷纷通过微博征集民意。[1]

（4）倾听民意

相对以往民众和政府较少沟通的机制而言，微博提供了一个更有效的官民互动平台。微博上民众所反映的都是实实在在的问题，提供了不少及时有效的信息，政府通过微博这一平台倾听民意、汇集民意，从而为解决问题、制定政策提供参考。微博上点对点、点对面的交流，既可以增进政府与民众间相互了解，厘清事实，又能够化解对立情绪，有效地化解网络上的负面情绪。

1　郭昭如：《网络问政新路径的冷与热》，《上海信息化》，2010年6月刊。

例如，2011年3月，由于城市建设需要，南京市政府将对沿路的梧桐树进行清除，引发了南京市民的集体反对。微博便是广大市民以及意见领袖进行讨论的主要场所。同时，网民还在微博上发起并组织绿丝带活动，保卫梧桐树。面对微博上汹涌的民意，南京市政府接受网友意见后，及时回应，承诺保留梧桐树，并与网友协商如何更好地进行城市规划建设。

（5）危机传播与管理

政府对危机事件的传播与管理，一是需要以最快的速度发布有效信息，二是随时保持信息沟通的流畅。微博传播的及时性、双向性有利于政府在危机发生后第一时间发布民众所关心的信息，通过信息公开和双向沟通进行舆论引导，解答民众心中的疑惑，提升民众对政府的信任，把握舆论先机，将负面影响降到最低。作为社会化媒体的微博，其传播速度、覆盖率相比于其他媒体均具有很大的优势。

2011年6月底，一张经后期处理过的县领导工作照在网上疯狂传播，引发网友的嘲讽以及“PS狂潮”。在政府陷入舆论危机的同时，四川省会理县政府的工作人员注册“@四川省会理县政府”的微博账号，第一时间真诚地道歉，从而迅速扭转了政府形象。同时，会理县还巧妙地将此次危机转化为宣传的机会，在与网友友好互动的同时宣传会理县的风光景色，从而引起网友的兴趣，大大提升了知名度。

由于我县工作人员的失误，在政府网站上发表了一张PS过的照片，他对于新闻真实性的理解有误，使得我县在网络上受到了更多的关注。在此，会理县政府对于广大网友的关注表示理解，并希望对此事道歉，并澄清。

2011-6-27 18:24 来自新浪微博 | 举报 转发(480) | 收藏 | 评论(519)

图1-4 “@四川省会理县政府”发布微博就“PS事件”致歉

（6）网络行政

政务微博也是一个以微博为载体，为党政机关提供一个网络协作的办公平台。在这个平台上，既有政府公文的发布，有政务的公开，也有政府与民众的交流。利用微博协助政府办公，在提高政府的行政管理水平的同时，还能够加强与民众的联系。

2011年5月25日，南京率先建立全国第一家微博城市广场，通过一站式服务和众多的机构微博，在实现政民互动的同时，也解决了很多实际问题。城市广场里提供政务机构58家、学校院所16家、新闻传媒52家以及部分文化场馆和南京名人微博。其服务范围既有部委办局，也有区县基层街道和社区。微博城市广场在转变政府职能和提升政府形象的同时，自觉提高政府行政管理水平。[1]

2013年8月15日，成都推出“成都市政务微博服务群众办事大厅”，并同步设立“@成都服务”官方微博。该平台将逐步聚合全市各级各类政务微博，为网民提供办事咨询、举报投诉、建言献策、信息资讯等服务。网民有任何问题，只需要“@”“成都服务”或直接进入“成都市政务微博服务群众办事大厅”。“整合建设成都政务微博集群平台，是运用新媒体联系服务群众工作的创新探索。”成都市网信办工作人员说。

（7）提供紧急协助

在遇到紧急情况无法解决或处于危机之中缺乏其他自救手段时，民众可以通过微博向政府各机关求助。政府机关能够第一时间获得消息，及时有效地提供援助，帮助其渡过难关。

例如，2012年4月23日，一位网友在新浪微博称菲律宾马尼拉机场遇一中国留学生滞留在菲律宾机场，其护照和证件被机场扣押不让入境且求助当地中国使馆后无结果，请“@外交小灵通”帮助。当天下午“@外交小灵通”就做出反应，“看到这条微博后，小灵通紧急联系了中国驻菲律宾大使馆，使馆派领事官员已赶到机场。拒绝入境的原因是这位留学生的入境手续不全，使馆领事官员正在同机场入境处进行协商”。随后，“@外交小灵通”还公布了中国驻菲使馆领事保护值班电话，并提醒大家在遇到紧急情况时，最好拨打这个电话。

1 《南京建立全国首个微博城市广场》，《现代快报》，2011年5月26日。

三、政务微博的类型与形态

1. 政务微博的类型

（1）按发布内容划分

信息发布型：主要发布政府的新政策、新法规，政府官员的最新动态以及对一些突发事件的跟踪、处理情况等。告知类信息的主要目的是让民众及时了解政府的决策、动向等信息，加强信息的公开性和政府公务的透明度，便于民众的监督。[1]就官员个人的微博而言，多为信息发布型微博。如知名博主蔡奇所发布的原创性微博内容中，有半数左右是对其出访、参观、交流等日常事务进行介绍和解释。

网络问政型：这类微博为网民参政议政开辟了新渠道，主要发布涉及国计民生、政府的行政管理等相关话题。一方面起到与网友进行政务沟通的作用，从民众那里了解民众的新动向、新想法以及需要政府解决的民生问题；另一方面，政府相关部门或者官员可以提出一些问题或想法，征求大家的意见和建议。此外也为受理市民的投诉提供咨询。这类信息可以加强政府政务的透明度，有利于政府做出更科学、更合理的决策。近年来，“@问政银川”“@南海微力”“@海曙小微”“@海盐12345”等已成为当地微博问政服务主账号，致力于带动当地政务微博群，协调责任单位解决网友反映的各类问题。[2]

民生服务型：服务型的微博内容大多以“便民”为主要目的，大多是一些与民众日常生活相关的信息发布，注重“接地气”，与民生接轨。这类信息的发布，一方面能够便民、惠民、服务于民，另一方面增加了政府机构的亲和力，加强与民众的联系。“@微成都”就是典型的民生服务型微博，其在腾讯微博上所发布的原创微博多以本地新闻、出行指南、天气预报、特色美食和当地趣闻为主，与当地民众的日常生活和情感息息相关，在腾讯微博的政务微博人气榜中，排名稳居前三。

（2）按微博主划分

按微博主可分为党政机构微博和党政干部微博两类。与党政干部微博相比，党政机构微博数量更多，涉及部门也更广泛。

党政机构微博指的是以党团机关或政府职能机构身份开设的官方认证微博账

1　潘绅姝：《我国政府微博现状分析及建设思考》，《今传媒》，2011年第6期。
2　《从信息发布到务实应用 24万政务微博转型进行时》，《人民日报》，2013年10月24日。

户，例如在全国各类公安系统中人气最高的广东省公安厅的官方微博“@广东省公安厅”，以其亲民的作风而被网友亲切地称为“厅哥”；上海市人民政府新闻办公室官方微博“@上海发布”、东莞市人民政府新闻办公室的官方微博“@莞香花开”均属于党政机构微博。

党政干部微博指的是以党团干部或政府官员的个人身份开设的经过官方认证的微博。官员开设的微博，不仅代表自己的个人形象，也代表政府形象，其微博既可以作为一个自传播的平台，同时也发布官方的信息，方便关注者了解政府信息。党政干部微博与机构微博相比，由于发布主体是活生生的个人而不是冷冰冰的机构，更易让民众对其产生信任和认同感。

2009年11月21日，云南省委宣传部副部长伍皓开通了个人微博，成为第一个开微博的政府官员。此后，全国各地各级官员也纷纷开通微博。浙江省委原常委、省委组织部原部长蔡奇便是其中的佼佼者，他在腾讯开设的微博账户已有超过1 000万的听众。倡导“微博打拐”的公安部打拐办主任陈士渠更是在四大门户网站均开设了微博，其新浪微博粉丝近600万。

（3）按行业来划分

按政府机构和官员所属行业划分，政务微博大致可以分为团委、公安、政府、司法、医疗卫生、旅游机构、工商税务、交通、市政、招商、涉外等类型。据新浪最新统计数据，截至2014年6月底，团委、公安、政府外宣类微博仍是政务微博中的第一梯队。从全国范围来看，公安类微博继续保持领头羊的地位，团委类微博在数量上呈赶超公安类微博之势，政府外宣类则以“发布厅”“城市群”等形式创新发展。在团委、公安、政府外宣类微博三分天下格局趋于稳定的同时，司法、医疗卫生、气象环保、交通、旅游等多个行业的微博数量也正在上升，政务微博的行业格局逐渐趋于丰富和稳定。

公安类：公安机构作为发展政务微博的领头羊，不仅开通最早，且发展势头良好，目前在全国的政务微博平台上已经开通的账号覆盖了包括大陆地区31个省、市、自治区的公安厅、公安局、派出所等。不少民警也开通微博与当地民众在网上互动，一个有效的警民沟通互动平台正在逐步形成，公安微博成为为民众提供各类服务以及进行网络问政的重要途径。据国家行政学院电子政务研究中心发布的《2013年中国政务微博客评估报告》显示，四大微博平台上，党政机构微博中公安系统微博占比最高，为36%；党政干部微博占比最高的也是公安系统，为37.1%。

目前公安系统的微博已形成了一个系统化的微博体系，不同层级、不同部门的协调和联系不仅提高了办事效率，而且还树立了亲民的形象。从发布安全常识到解答民众安全问题，从利用微博发布破案线索到微博举报、微博悬赏等，微博已经成为公安部门处理业务、完善职能的有力帮手。

团委类：微博作为新兴媒体发展迅猛，已经成为青少年新的聚集阵地和交流平台，深刻影响青少年的生活习惯和思想观念。以微博为媒介，及时主动地与青少年交流沟通，进行思想引领，可以进一步坚定青少年的信念，促使他们健康地成长。值得一提的是，2012—2014年团委类微博的发展大有赶超公安微博的势头。据最新统计数据，新浪微博上认证的团委机构和个人微博也分别达到了约22 500个和8 514个，位居各行业微博之首（截至2014年5月26日），团委类微博成为政务微博中另一主力军。

以广东省为例，广东共青团的微博主要有“粤团早读”“幸福广东·青春情暖”“恰英雄少年”等板块：“粤团早读”，每天上午八九时就有更新，青少年在早读之余，可以一览时事要闻；“幸福广东·青春情暖”包括六大行动，该板块通过介绍历史名人轶事的方式，用榜样的力量引领青少年成长。[1]

政府外宣类：政府外宣办的官方微博不仅仅是代表其所在城市风貌的一张名片，更是为广大民众服务的新渠道、与群众沟通交流的新平台。时事新闻、政府公告、城市风光、出行指南、民生信息通通都是政府外宣类微博上的常客。

“从我做起，共建责任微博”，成都市人民政府新闻办公室的官方微博“@成都发布”在粉丝数突破100万之际，通过微博提出共建“责任微博”倡议。此外，“@成都发布”将对分类信息进行整合，按照“新闻资讯”和“生活服务”两大类，设置10多个栏目，整合成都市、区（市）、县政府官方微博和市级部门微博等资源，使信息发布更快捷、更丰富。[2]

旅游类：着力于宣传当地特色旅游资源，主要以贴图、参与微访谈、在线答疑等方式构建自身形象和扩大自身影响力。旅游机构微博中最具特色的是以多种形式进行微互动，如#旅途#、#晒照片#、#集结令#、#每日桌面#等话题，吸引受众关注，线上结合线下，调动听众的积极性。

随着近年来越来越多的人出门旅游，各种旅游咨询也成为热点。微博作为一个便捷、经济和高效的传播手段，成为网民寻找旅游信息、组织旅游活动的重要平台，而旅游机构的官方微博也越来越多地参与到了与“旅友”的互动中，推动了当地旅游业的发展。据腾讯微博数据显示，截至2013年6月1日，旅游系统所占的微博比例已经达到了6%。

---

1 武汉大学互联网科学研究中心：《2011年政务微博发展分析报告——以腾讯微博为例》，2011年12月24日。

2 《“成都发布”微博粉丝破百万 从我做起共建责任微博》，《人民日报》，2011年8月9日。

交通类：交通机构微博内容以路况信息和交通事件处理情况为主，其他相关联的为辅，从信息构成上相对来说比较简单，但及时、丰富的内容更新能够满足网友的需求，展现交通机构服务于民的形象。

医疗卫生类：医疗系统的官方微博主要以卫生厅、医院为主，除了普及医疗卫生知识以外，医疗信息、就诊情况、微博问诊、号召群众无偿献血等活动都得到了有效公开的传播。在“甘肃省卫生系统微博圈”里，公众可以一键关注多个医疗卫生领域的微博。这种医疗系统的构建，不仅可以帮助广大百姓解决各种医疗难题，而且明晰权责，便于公众监督，让民众寻找对口医生或机构，有路可寻，少走弯路。[1]

城管类：近两年来，城管事件常常成为各大新闻媒体头条新闻，城管成为暴力的代名词，城管形象更是被过度妖魔化。城管政务微博的开通，为城管形象的正面展现开启了一个窗口。

城管机构微博中还是有不少微博从信息发布到与受众互动均做得不错。“@武汉市城市管理局”改变生硬照搬的信息发布模式，融入网络流行语，如“盆友们”“童鞋们”“稀饭”，增强亲切感，拉近与听众的距离。值得一提的是，“@山东城管”发布“城管漫画”系列，漫画人物与公众对城市环境的保护结合起来，形象生动。[2]

党政干部类：据2014年上半年新浪统计数据显示，新浪微博上认证的官员微博为34 792个（截至2014年6月26日），其中比较有代表性的官员微博有中央政法委宣教室副主任陈里，公安部打拐办主任陈士渠，被称为微博史上级别最高的官员、新疆维吾尔自治区党委书记张春贤，中国首个省会城市市长实名认证微博、昆明市市长李文荣等。

微博平台拉近了民众与公务人员的距离，使公务人员不再是高高在上、难以接近的官员，而是能够对话交流，能够倾听民意的真实人。公安部打拐办主任陈士渠早在2010年11月就认证了微博，并通过微博寻找到多个拐卖儿童的线索，接连破案。“微博是获取拐卖犯罪线索的方式之一。在微博上，能够方便快捷地进行交流，获取拐卖犯罪线索。”陈士渠说。

---

1 武汉大学互联网科学研究中心：《2011年政务微博发展分析报告——以腾讯微博为例》，2011年12月24日。

2 武汉大学互联网科学研究中心：《2011年政务微博发展分析报告——以腾讯微博为例》，2011年12月24日。

2. 政务微博的形态

政务微博的形态主要分为单个微博、同部门微博群、同区域“发布厅”三种类型。

（1）单个微博：单独一个账号的微博，是政务微博最基本的形态，如上海市政府新闻办公室官方微博“@上海发布”、外交部新闻司公共外交办公室的官方微博“@外交小灵通”。在微博兴起之初，政府机构所开设的大多是以单个微博为主，各机构的微博各自为营，相互之间并没有直接联系，政府各部门微博之间的互动也较少。

（2）同部门微博群模式：随着政务微博在公共事务中扮演越来越重要的角色，单个的微博发布已经不能满足政府与民众高效互动的需要，于是出现了汇聚同一职能类型部门的微博群。自2010年就崭露头角的公安微博已形成较为成熟的运营模式，如广东省的公安微博以“集群化”为主要特色，以地级市公安微博为枢纽聚集起各区县的公安局、街道派出所的官方微博，各微博之间相互转发、评论，方便市民及时查询到所需要的信息，提高了办事效率。[1]

（3）同区域“发布厅”模式：“政务微博发布厅”将城市多个职能部门的资源进行整合，是政务微博的一种创新模式。“@上海发布”“@北京发布”“@成都发布”“@中国广州发布”等“政务微博发布厅”的上线，标志着政务微博的发展进入了一个新阶段。“发布厅”里聚集了市政府、公安、交通、气象、卫生医疗等各个城市职能部门的微博，涵盖了市民的衣、食、住、行、教育、交通、医疗等生活方方面面。

“发布厅”改变了过去政府部门各自为营的状态，便于各部门微博的统筹规划，避免了信息的重复和提高了微博办事效率，给各政府部门提供了一个统一的信息发布、服务民众的平台。作为政府机构形象展示的全新平台，“发布厅”可以更近距离地与民众沟通，更及时、全面地发布最新政令新闻，更好地为群众服务。通过“发布厅”这一新平台，将各个重要职能部门聚合一起，不仅打破了传统政务服务的模式和格局，也成为网络政务办公服务的先锋，代表了未来微博问政的新趋势。

如2011年11月7日在新浪开通的“北京微博发布厅”，是由北京市政府新闻办主导，联合了将近百个北京市政府各机构微博账号共同组成的政务微博平台。

1　《公安微博也有了“广东模式”》，《南方日报》，2011年9月30日。

2014年2月27日，北京市110位新闻发言人集体开通微博并入驻“北京微博发布厅”，组成微博发布群。据一些媒体盘点指出，“北京微博发布厅”有90%的新闻发言人都做不到每日更新微博。[1]但值得肯定的是至2014年8月，“北京微博发布厅”已覆盖全市各区县、委办局74家单位，二级成员超过2 000个，总粉丝量超过8 500万，被《党建》杂志誉为传播正能量的窗口，传递政府权威声音的主阵地。[2]

这种新型的政务微博阵地是政务微博不断成熟的标志，也是官民网络互动平台进一步优化的具体体现。但开通“微博发布厅”只是政务微博运营的第一步，如何提高政务微博的传播力和影响力是一项长期而艰巨的任务。

四、政务微博的价值与挑战

“登高而招，臂非加长也，而见者远；顺风而呼，声非加疾也，而闻者彰。”顺着风呼喊，声音并不宏大，但是听的人觉得很清楚、很明显。人的发展应该站在一个比较高的平台上，政府的传播和管理同样如此。[3]因此，在新媒体时代，仅仅通过官方网站、召开新闻发布会对政府机构来说是远远不够的。政务微博所带来的改变和体现出的价值是远远超过人们的预想的。

1. 政务微博的主要价值

2014年4月1日，《国务院办公厅关于印发 2014 年政府信息公开工作要点的通知》中再次提到：“加强新闻发言人制度和政府网站、政务微博等信息公开平台建设，充分发挥广播电视、报刊、新闻网站、商业网站等媒体的作用，使主流声音和权威准确的政务信息在网络领域和公共信息传播体系中广泛传播。”政务微博实现了政府与大众直接对话，更容易发现民生问题并及时解决问题。政府根据自身特色打造特色微博，改变以往官方机构的生硬形象，以一种生动活泼的温情面孔出现。加强政务微博建设，一方面有利于政府改善政府形象，拉近官民距离，引导舆论走向，提高行政效率；另一方面有利于民众快速获得政府信息，推动政令公开，实现民众监督。

（1）创新政府沟通风格，塑造亲民饱满的政府形象

民众最直观的感受是，在政务微博出现之前，政府的宣传都是冷冰冰的官

1　余荣华，邓淑文：《新闻发言人，触网如何不“怵网”》，人民网，2014年5月12日。

2　《“北京微博发布厅”是传播正能量的窗口》，党建网微平台，2014年8月3日。

3　腾讯政府微博组：《政务微时代》，2012年1月30日。

腔和文绉绉的套话；但微博出现之后，政府的传播工作左一个“亲”，右一个“亲”，如同在和朋友聊天一般。“你逃或者不逃，事就在那，不改不变；你跑或者不跑，网就在那，不撤不去；你想或者不想，法就在那，不偏不倚；你自首或者不自首，警察就在那，不舍不弃；早日去投案或者惶惶终日，潜逃无聊，了结真好。” 这不是歌曲，这是阜阳公安日前在官方微博贴出的通缉令。在政务微博平台上，各种民间的、网络的、草根的话语模式被政府部门活学活用、融会贯通。

（2）推动政府信息公开，实现更为有效的民众监督

政务微博为政府提供了一种成本最低、传播最快的信息公开渠道，并且这种传播渠道也大大降低了信息的失真性，便于民众监督。比起传统媒体时代公众只具有表面上的监督权，信息的单向传播和严重不对等使得大众不可能真正有效地实现监督。[1]

过去，政府躲在“后台”，公共危机发生后，视必要性来召开新闻发布会；现在，开设政务微博的政府走上“前台”，如果不及时公开真相，不回应公众呼声，则会不断被广大网友“@”（呼叫）。所以，微博在一定程度上推动了政府的信息公开，也改变了政府的表达姿态和沟通话语。

（3）搭建双向沟通平台，民众获得平等交流机会

在这种点对点、点对面的交流中，民众获得了一种地位上的平等。其实，政府机构、公务人员开微博，有时说的内容并不是最重要的，重要的是面对民众的咨询和求助所体现出来的态度，相比较以往一些高高在上、缺乏人情味的作风，民众更喜欢官员放下身段、可以亲切交流的政府。对于政务微博而言，网友们对其表现出来的热情和支持，也出乎各方面的意料。

2. 政务微博的局限性

当前，政务微博仍然存在一些局限：

（1）政务信息的选择性公开及信息的不对称

尽管《中华人民共和国政府信息公开条例》于2008年实施，但政府信息的公开依旧进程缓慢，许多政府经常以例外为理由拒绝公开信息，政府信息公开的总体的贯彻实施度是有限的。即便政府部门开通了微博，但在这样一个大的体制环境下，政务微博的信息公开度也是有限的。

1　腾讯网：《腾讯“政务微博发布厅”分析报告》，2012年3月。

据中国社会科学院发布的《中国政府透明度年度报告（2011）》指出，政府信息公开流于形式的情况普遍存在：应该公开的信息未公开，信息公开程度不理想，更新不及时，信息有效性差。《中国政府透明度年度报告（2013）》表明，尽管国家三令五申强调政府信息公开，但国务院部门机关的基本工作信息、部门领导信息、干部任免信息等公开情况都不理想。

政务微博的传播者与受众之间是“信息不对称”的关系，要使公众参与成为完善社会管理活动的一条渠道，信息公开化就是最为基本的保证条件。如果没有真正意义上的信息公开化，公众参与也就只能是纸上谈兵。

从行政的层面看待信息公开制度，则更为复杂。虽然信息公开已经在国家层面被提出来，受法律保护，但是实际的行政行为告诉我们，信息公开对于政府机构来说是需要勇气和长期建设的。长期以来，在一些地方，报喜不报忧、报忧难的问题相当突出，“迟报”“漏报”“瞒报”现象时有出现。当然，近些年来，我国政府在信息公开、沟通民意、构建和谐社会这一方面的进步也是有目共睹的。微博给了政府信息公开又一个新的“支点”，至于能发挥多大力量撬起“舆情”，关键还是在于政府机构本身。[1]

目前大部分政务微博的主要定位是信息发布的平台，是信息的单向传播而非双向交流，在与网友互动及解决具体问题方面少有突破，与网友的期待存在相当距离。如果一直只是政府单方面的发声，其影响力发挥不出来，传播意义不仅打折扣，还会引发负面评价。虽然微博目前是公众获取信息最为便利的手段之一，但许多政府微博只是简单地将其网站中的内容进行重复发布，受众意识不够，定位不准，公众难以提取到切实有效的信息。

（2）网络问政的机制约束和官民交流不通畅

网络能不能问政取决于党政机关的一把手是否支持，取决于该地区的政治文化是否开放。首先，许多官员、政府职能机构开了微博却因为害怕挨批，并没有开通评论功能，更别说私信了，这失去了微博作为收集网络舆情的重要功能。民众反映的问题不仅不能得到有关部门权威的回答，更面临着被漠视甚至可能被删除的可能，微博只是一个宣传的空壳。其次，微博属于即时信息发布系统，人气高的微博往往需要大量鲜活的信息，快速灵活地发布传播。而现行政府网络信息因管理模式的掣肘，发布信息有时需要层层审批，极大地限制了信息的即时发布。再次，许多地方的微博以介绍当地风土人情或发布官方信息为主，并没有实

---

1 曹健敏：《政府微博在政府公共关系建构中制约面思考和对策分析》，《新闻知识》，2011年第11期。

现真正意义上的双向沟通传播。最后，政务微博的运用范围受限，地域性强，较难以实现网络新媒体“跨地域、无疆界”的特点。

沟通不畅的另一个重要原因是政务微博对公众的主动关注性不够强，我国政务微博主动关注的人数与其粉丝数有严重差距。例如，在腾讯微博的政务微博排行榜中常年进驻前三的广东省公安厅的微博，其听众数量为5 561 491人，关注对象则不到2 000人；而像重庆市政府新闻办所关注的对象不到200人，多数为其他政府机构的官方微博，对于公众的关注度严重不足。

在这种情况下，不少政府微博只是自说自话，象征性无关痛痒地发几条微博，对网民留言不闻不问，有相当比例的政务微博甚至沦为“空壳微博”，既不回应网友反映的问题，也没有原创内容，严重挫伤了公众参与的积极性，难以起到政治沟通的作用。当然，即使是做得最好的政务微博也不可能一条不漏地对所有公众的反应和意见给予及时有效的回复。

这种制度和组织保障缺失，不利于政务微博“公媒体”的长远发展。在政务微博逐渐走向成熟化的今天，必须加强政府新媒体信息发布与公共关系的体制机制建设。决策者重视程度不够、部门利益冲突推卸责任、部门联动机制不畅通、投入不足、人才匮乏、运行制度不规范、绩效考核和赏罚不明等，都是政务微博发挥积极作用的障碍。

（3）人财物资源配备不足，影响其可持续发展

现在，很多政务微博都是上级管理部门或者上级领导要求开就开，而且在不增加人手的情况下开设的政务微博大多数都靠兼职来应付，因为没有配套的资源和团队去支撑微博的运营，其可持续性是一个很大的问题。

同时，没有经过专业训练的人员对微博进行的管理和维护往往有很大的局限性。这类政府机构的微博只发布一些公文和空话而没有实质性的内容，不懂得如何去与网民沟通，只把微博作为一个展示的平台而不是一个沟通的平台。在这种情况下，有些微博命名混乱，散落于各微博平台；信息发布不及时，信息发布数量不均；公众评论及投诉不能及时回复和解决；与民众之间缺乏互动性；缺乏必要的营销手段；语言僵化，没有亲和力。

除去以上几个问题带来的局限外，还有微博本身“碎片化”传播的局限性和“裂变式”传播存在的风险性。由于微博发布限制在140字以内，微博的信息传播属于典型的“碎片化”信息流。文本碎片化虽然给官方微博带来了一定的传播优势——即时、简要，但信息的不充分、短小往往会造成信息的无组织现象，少数有价值信息和多数生活琐事掺杂在一起。进一步来看，微博以内容为依托的单向性“关注”联系方式使得任何信息一旦发布，即有可能被大量转发。政府机构倘若在欠妥的时机发布某些信息，或者分寸把握不当，挽回难度非常大。目前，

以腾讯、新浪为代表的商业微博平台已出台一些管理措施，比如：一旦原始微博删除，则转发内容亦被删，但对于那些间接转发甚至截图转发的，则需要大量的人工投入。

政务微博所带来的效用和价值是显而易见的，并且也已经取得了不小的成就，但它的价值也是有限的。广大农村地区的互联网普及率远远不能与发达地区相比，这些客观原因造成的“信息鸿沟”也会给微博的传播带来局限。我们不能指望仅仅依靠微博就能够改变中国的政治文化，彻底改变中国的官僚制度，但借助微博这一新手段，拉近政府与民众之间的距离，倡导公共监督，促进政民沟通，新的行政管理、政治传播的格局依然指日可待。

【本章小结】

经过四年的发展，政务微博已经成为“政”与“民”之间的桥梁纽带，在公共事务和国家现代化治理中扮演越来越重要的角色，提高政务微博运营能力是社会各界共同关注的议题。本章主要描绘了政务微博的发展历程和现状，介绍了政务微博当前的功能和定位，划分其类型和形态，并就政务微博当下和未来的价值与局限做了详细的探讨。

政务微博遵循着从无到有、从少到多、从单一到多元的发展路径。先是公安微博初试水，而后带动了各部门微博蓬勃发展；上至中央高层下至街道基层稳步发展，基层政务微博数量庞大，省部级、国家级微博正在迅速崛起；地域上，经济较好的东部地区带动发展、全面创新，西部省份和城市的政务微博也奋起直追。同时，随着国内以腾讯、新浪、新华、人民等网站微博平台的不断建设发展，政务微博自身积累经验，其运营模式和类型也日趋多元化，政务微博从单个微博，走向微博矩阵。

政务微博的功能可以分为：信息发布、民生服务、网络问政、倾听民意、危机传播与管理、网络行政、提供紧急协助。

政务微博在类型上可以依据三大标准划分：（1）按发布内容分：信息发布型、网络问政型、民生服务型；（2）按微博主分：党政机构微博、党政干部微博；（3）按行业划分：公安、政府外宣、旅游、团委、交通、医疗卫生、党政干部个人。微博的形态可以划分为单个微博、同部门微博群、同区域“发布厅”，“发布厅”代表未来网络问政新趋势。

基于政务微博的功能及类型，政务微博的价值体现在提升政府信息透明度、改善政府形象、拉近与百姓距离、促进危机管理与官民沟通、为公民监督提供有效的途径和保障等方面。但政府信息的选择性公开和信息不对称、网络问政机制约束不畅、人财物资源配备不足，影响着政务微博的可持续发展。

第二章　政务微博的定位策略

【本章摘要】

明确定位，是政务微博建设的基础环节，其内容设计、运营机制、舆情管理与考核体系均围绕定位而展开。政务微博的定位策略，是指确定政务微博在政府与民众互动关系中所要承担的管理与服务职能以及在公共事务中所扮演的角色。根据传播内容和功能指向的差异，当前政务微博可大致分为三种定位模式：信息发布型（以政府信息为主）、民生服务型（以民生服务信息为主）、网络问政型（以在线政务为主）。

当前政务微博已初步呈现出粗略的定位模式和策略技巧，但一些专家学者指出许多政务微博依旧定位模糊，或对自我角色认知不清，该发言时不发言；或缺乏特色，人云亦云。如何定位才能完成角色使命、满足受众需求并凸显自身特色呢？本文认为应该在理解政务微博主要定位模式的基础上，综合考虑部门特色、行政层级和区域生态三方面因素，形成差异化、精细化的定位策略。

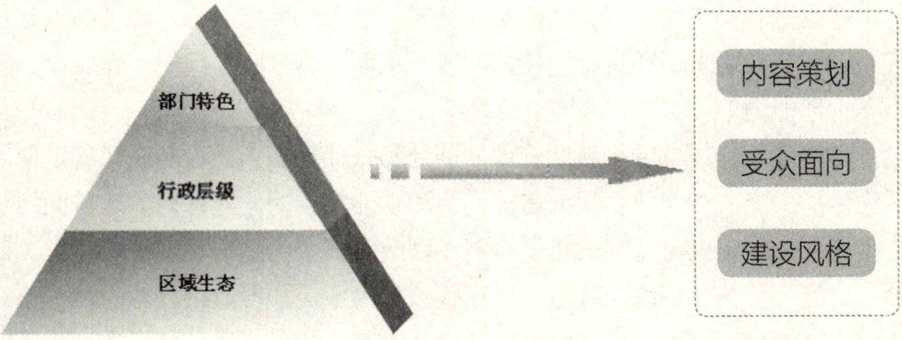

图2-1　政务微博定位的三个因素及其影响

首先，部门特色是政务微博定位时需首要考虑的因素。政务微博应根据不同职能部门的职责权限以及与社会管理、公共服务关联度高低进行内容策划。比如，公安、卫生、气象、教育、交通等与公众生活密切相关的职能部门，应率先在网站上构建政务微博，并优先发布与其部门职能直接相关的信息，回应公众在日常生活中提出的质疑和意见。

其次，政务微博的行政层级与其受众覆盖面和信息整合能力密切相关。政务微博在定位时，还应根据不同行政层级政府部门的受众面向，对微博信息进行筛选，有选择性地发布。

最后，每个地区都有自身的政治经济文化特色，区域生态对政务微博的建设风格和发展目标有重要影响。不同地区因其城市文化、民族特色、信息化基础、政务公开度的差异，其政务微博也有着不同的定位。

一、当前政务微博的三种定位模式

在社交媒体蓬勃发展的大环境下，许多政府部门已将政务微博作为政务公开、政民互动、网络问政的重要平台和手段。尽管政务微博在数量增长上蔚为壮观，但邹建华、毕秋敏、张名章等许多专家学者指出，当前政务微博普遍存在定位不清的问题，“经常出现该发言时不发言，不该发言时乱发言的情况，不但没有起到新闻发布和危机公关的作用，相反在制造危机”。部分政务微博虽发布了大量信息，却生硬死板缺乏新意，转发和评论量寥寥无几，难以引起网民共鸣；一些机关部门的微博形同虚设，在遇到重大突发事件的时候不能及时做出回应而错失最佳时机，难以引导舆情；部分政务微博对工作人员职务、个人身份以及机构职能定位模糊、难以区分，容易给外界留下错误的印象；更有一些政务微博缺乏合适的定位和路线，从而走向了盲目跟风和过度炒作的歧途。

20世纪70年代，美国著名营销专家里斯和特劳特提出“定位”概念，后被广泛应用到营销、传播、管理等各领域。“定位”是以受众需求为导向，力图在受众心中占据最有价值的位置，从而实现被定位对象的战略目标。政务微博定位同样应该把握公众需求，精挑细选传播内容，从而提高政府部门的工作效率、服务水平和管理能力。

上海市政府新闻办网络新闻管理处副处长张伟清认为，政务微博的定位可以概括为传播、交流和问政。根据传播内容和功能指向的差异，当前政务微博可大致分为以下三种定位模式：信息发布型（以政府信息为主）、民生服务型（以民生服务信息为主）、网络问政型（以在线政务为主）。但值得注意的是，这三种定位模式并非毫无交叉，很多政府机构会根据实际情况将这几种模式运用于同一平台，但会重点突出某一方面的功能。

1. 信息发布型

“信息发布型”政务微博，以公开、发布政府信息作为主要传播内容。其主要特点包括：政务微博的主要功能是作为党政机构向社会公众传递其工作动态、思想文化和管理服务等紧密相关资讯的平台；政务微博所关注和发布的信息主要涉及本机构本单位的新闻稿件或图片、突发事件报道、行业动态报道、重大活动宣传、日常工作花絮和大型活动推介等。

为了保障公民、法人和其他组织依法获取政府信息，提高政府工作的透明度，促进依法行政，充分发挥政府信息对人民群众生产、生活和经济社会活动的服务作用，2007年1月17日，国务院通过《中华人民共和国政府信息公开条例》，并于2008年5月1日起施行。对民众而言，政令信息公开是保障民众知情权的重要手段，也是民众实现参政议政、行使民主监督权力的重要基础；对政府而言，政府信息公开有利于提高政策宣传和行政服务的能力。

政务微博为政府创造了一个低成本、高效率的信息发布平台，也为民众提供了一个便捷高效的信息获取渠道，普通民众只需"收听""关注"政务微博即可随时了解政府相关动态。政务微博出现后，已经有不少网民养成了遇到重大事件第一时间查看官方微博的习惯。相比于政府网站而言，政务微博更有利于把政务信息主动、一对一地传递至微博用户，这为政府及时更新政务信息、了解社情民意创造了更具有亲和力的窗口。

"信息发布型"政务微博所发布的信息主要包括两类：一类为常态信息，指与政务部门日常工作相关的信息，如新出台的政策制度、重要的工作会议以及与公众生活相关的措施及其实施情况等；另一类为非常态信息，指政府为应对谣言、突发事件、公共危机所发布的具有官方权威性的信息，如突发事件初步核实情况、政府处理进程、公众防范措施和事件处置后续等。

（1）政务微博的常态信息发布

对于省部级、厅局级政府部门而言，其政务微博主要承担两方面的功能：其一，向外界传播政府形象；其二，为社会公众提供较为高层的政府工作信息以及重大政策政令信息。因此，省部级、厅局级政府部门的微博在发布常态信息时，应重点突出一些关系重大、信息量丰富、关系社会基础问题的内容。

小贴士：省部级、厅局级政府部门常态信息发布的备选内容

①政府机关制定的规范性文件、法规、政策、发展规划、政府机构的人事及管理；

②政府及各部门的重要改革措施、重要工作动态、重要会议精神、重大工程项目情况、经济建设、社会各项事业发展动态、政府采购等方面的信息；

③扶贫、教育、医疗、社会保障、促进就业等方面的政策、措施及其实施情况；

④环境保护、公共卫生、安全生产、食品药品、产品质量的监督检查情况等。

重庆市政府新闻办自2011年5月开通官方微博以来，以快捷丰富的信息，温

馨亲切的文字，吸引着重庆网友的关注。其微博通过设置“直击热点”“图说区县”等板块，着重发布市政府的主要工作信息（如重大会议的召开，重大活动的举办、重大的人事管理工作等），同时通过“关注百姓”“服务民生”两个板块，针对重庆经济社会发展中的热点难点问题进行了回应。如及时发布关于食药监局对市内流通的不同省份、不同生产企业的胶囊剂抽样和处理的结果。

图2-2　重庆市人民政府办公室腾讯官方微博

“@乌鲁木齐发布”则主要采取定期发布与即时发布相结合的方式。除定期发布各职能部门最新政务信息和工作进展，还及时更新国内和当地时事新闻消息以及突发事件授权信息等。“@乌鲁木齐发布”现已成为各地网民“知晓乌鲁木齐事、评论乌鲁木齐事”的窗口和平台。

图2-3　新疆乌鲁木齐市腾讯官方微博

对于县处级及以下的政府部门而言，其政务微博发布的内容则要求贴近本土，具体细化。除了公开上级部门授权发布的政务信息和重大新闻，还应涉及城乡建设管理事项、社会公益事业建设事务进展，以及财政收支和各类专项资金的管理和使用情况。

葫芦岛市海月社区微博“@haiyueshequ”，主要面向社区居民，力争运用微博为居民提供最方便的服务，同时让群众利用微博平台监督社区工作，给社区提出宝贵意见，帮助社区提高服务质量。海月社区微博内容包括：海月社区人员组成、社区活动预告、社区工作动态、招聘信息提示、辖区异常警示，以及社区风采展示等。

海月社区年前开展惠民政策大排查过程中发现辖区有卫生死角（弃管小区），社区组织工作人员清扫为让居民过一个干净祥和暖人心的新年

1月18日11:59 来自新浪微博 转发 | 收藏 | 评论

图2-4 葫芦岛市海月社区微博“@haiyueshequ”

（2）政务微博的非常态信息发布

“信息发布型”政务微博除了承担常规的政务信息公开功能以外，在公共突发事件发生时，政府部门还可凭借其时效性强、公众关注参与度高、传播方式几何裂变等特点，及时发布权威信息，适时设置议题，澄清阻止谣言，疏导公众情绪，以便正确引导舆论走向，维护社会稳定。

政府通过政务微博及时发布突发事件的简要概述、发生地点、事件类型、事态简况、目前采取的措施等信息，远离现场的民众可在第一时间了解真实准确的现场信息；随着事态发展和处置情况更新，政务微博通过跟进发布相关信息，能够为网友们进一步了解事件提供信息获取的途径；对于网络谣言和质疑观点，政府部门还可通过官方微博把握话语权，及时公开澄清事实并进行解释。

2011年9月27日14时37分，上海地铁10号线两列列车发生追尾事故，造成295人到医院就诊检查。上海地铁官方微博“@上海地铁shmetro”于15时17分在微博上通告事故情况，随后直播救援情况，并称“今天是上海地铁有史以来最黯淡的一天”，向公众诚恳致歉。事发当天，“@上海地铁shmetro”不断进行信息更

新超过60多条，有效防范了信息真空和谣言传播，成功扭转了舆情。

【运营突发初步调查一1】今日14:10分，10号线新天地站设备故障，交通大学至南京东路上下行采用电话闭塞方式，列车限速运行。期间14：51分列车豫园至老西门下行区间两列车不慎发生追尾。14点51分，虹桥路站至天潼路站9站路段实施临时封站措施，其余两端采取小交路方式保持运营。

2011-9-27 15:33 来自 新浪微博 转发（14909）| 收藏 | 评论（3327）

【再次致歉】今天是上海地铁有史以来最黯淡的一天，无论最终原因和责任怎样，给市民乘客造成的伤害和损失尤感愧疚。全力抢救伤员，尽快恢复运营；接受和配合有关部门对事故的调查和追责；坚决整改举一反三，再多致歉比起实际损害也显苍白，但还要深深道歉。

2011-9-27 20:18 来自 新浪微博 转发（22663）| 收藏 | 评论（9949）

图2-5 上海地铁追尾事故中“@上海地铁shmetro”发布的部分微博

此外，对于比较复杂的，源于网民举报和媒体曝光引发的各类突发事件，政府部门可通过微博平台，及时发布权威信息和做出合理解释，以防止由于信息不透明而造成的网络谣言给政府部门形象带来重大损害。

2011年6月26日，天涯社区一则题为“太假了，我县的宣传图片”的爆料帖，指出四川省会理县人民政府公共信息网上一条题为“会理县高标准建设通乡路”的新闻中，人为PS将领导放到了公路上面。旋即“悬浮视察照”被网友在微博中传播开来。“PS事件”发生后，四川省会理县政府第二天就注册了微博账户，并对外发布了微博：“分享图片，此处为被PS的、领导考察现场的原图，欢迎网友们批评指正，感谢网友们的关注和批评，今后我们会在工作中以此为鉴，更为谨慎努力地工作。”随后，会理县政府办公室工作人员孙正东开通微博，主动道歉，并用亲切幽默的话语呼吁广大网友在关注“PS事件”之后，也要关注会理县的旅游。

从舆情应对角度来看，会理县政府在突发事件发生后，及时运用政务微博开诚布公地承认错误，从而得到了公众的理解，构建了政民对话的平台，成功地化解了危机。

分享图片，此处为被PS的、领导考察现场的原图，欢迎网友们批评指正，感谢网友们的关注和批评，今后我们会在工作中以此为鉴，更为谨慎努力地工作。

2011-6-27 18:40　来自新浪微博 | 举报　　转发(16975) | 收藏 | 评论(8219)

由于我县工作人员的失误，在政府网站上发表了一张PS过的照片，他对于新闻真实性的理解有误，使得我县在网络上受到了更多的关注。在此，会理县政府对于广大网友的关注表示理解，并希望对此事道歉，并澄清。

2011-6-27 18:24　来自新浪微博 | 举报　　转发(480) | 收藏 | 评论(519)

图2-6　“PS事件”中四川省会理县政府微博发布的部分微博

2. 民生服务型

“民生服务型”政务微博，定位为以发布便民信息为主要内容，以服务百姓生活为主要功能。这种类型的政务微博，在适当提供政务信息之外，主要以提供服务信息为主，围绕“便利市民日常生活”需求，结合地域特色，整合政府各部门的公共服务信息资源，在网上不断更新“食、住、行、游、购、乐”等便民生活服务信息，尽可能让百姓足不出户，就可轻松获取日常生活所需信息。此类模式常见于市政府新闻宣传类官方微博，以“@上海发布”“@微成都”为代表；或见于和民生关系紧密的机构微博，如交通、旅游、气象等部门的微博。

“民生服务型”政务微博，可通过发布菜价、住房、交通出行、天气预报、空气质量、文化消费等实用资讯，拉近政府与公众之间的关系；除此以外，还可开通“失物招领”“寻求资助”“信息资讯”等线上平台，为群众提供民生信息获取和交流渠道。

“@微成都”对自身定位的表述为“新鲜资讯，小微有速度；冷暖生活，小微有温度；麻辣话题，小微有态度”。自上线以来，“@微成都”不仅为网友们提供了大量“天气预报”“出行指南”“文化生活”“健康资讯”等民生服务信息，同时也逐渐成为成都面向全国的一张名片。在微博平台上，“@微成都”向全国网友展示了优美独特的成都风光、风味浓郁的成都美食，以及诙谐有趣的成都俗语等具有成都地域特色的城市文化。

图2-7　四川省成都市官方微博“@微成都”

“@上海发布”上线后的第一条微博，就以轻松亲切的话语体现其“民生服务”的微博定位：“这里将为关心上海的您，提供及时准确的政务信息和丰富多彩的实用资讯……”

自上线以来，“@上海发布”关注着每一条与市民生活密切相关的信息：从天气预报到高峰期道路交通状况，从即时新闻更新到每周文艺精选，几乎贯穿着市民生活的方方面面。其中，关于每日菜价信息的“菜里乾坤”板块一直深受网友们的好评，并引发热议和大量转发。不少网友称赞“@上海发布”的“菜里乾坤”“路况信息”“天气预报”“户籍等级”“住房保障”等信息务实，贴近民生。

图2-8　上海市人民政府新闻办公室官方微博“@上海发布”

然而，不同政府部门的职能与权责界限各不相同，因此对于职能部门而言，其政务微博所提供的民生服务信息应充分考虑其部门职能，传播更为详尽专业的服务信息，确保市民能更有效地了解、咨询或反映相关事务。

如重庆市气象局的政务微博，除了每天发布日常天气预报、气象生活指数、气象预警等信息外，还开辟了气象科普知识宣传以及温馨提醒服务等栏目，以引导公众科学防御气象灾害。在清明节、端午节、高考、中考等特殊节日以及活动，“@重庆气象”还为网友提供了专业的气象服务信息，如发布天气预报和交通出行信息相结合的资讯。

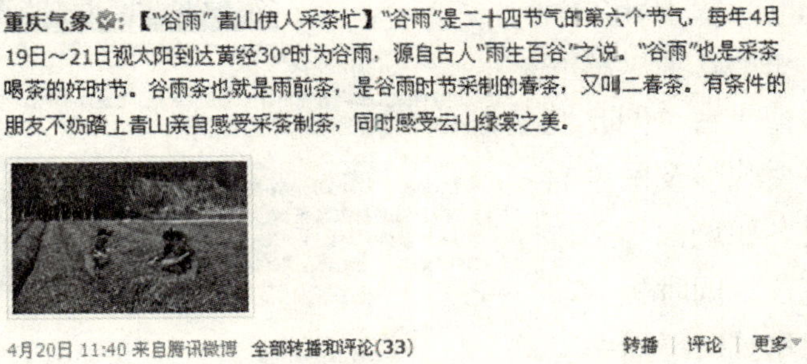

图2-9　重庆市气象局官方微博“@重庆气象”发布的微博内容

作为与市民生活密切相关的职能部门，“@上海地铁shmetro”通过“地铁早晚高峰”“地铁眼”“安全提示”“微博反馈”等栏目，发布实时人流和行车状况、同行风采、妙闻趣事及服务提醒等信息，与网友保持着高度的互动。同时，该微博还及时收集、整理遗失物品信息，通过直接发布或转发，为市民搭建“失物招领”的便民平台。

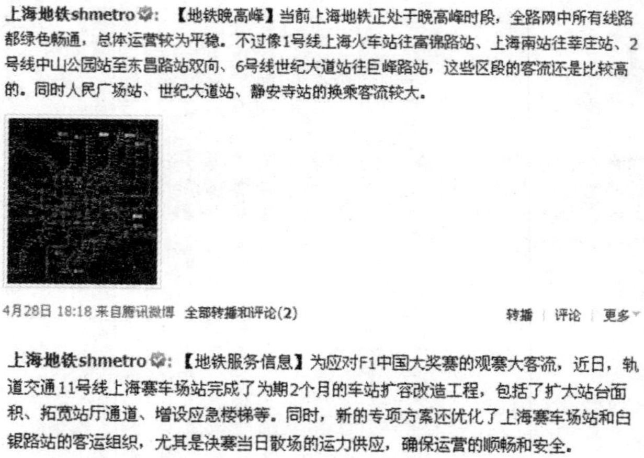

图2-10　上海申通地铁集团运营管理部官方微博“@上海地铁shmetro”发布的微博

3. 网络问政型

“网络问政型”政务微博，定位为以在线政务为主要内容，以政民沟通为主要功能，成为政府处理政务、公众参政议政的新型网络平台。

图2-11　宁夏回族自治区银川市党务政务网络平台“@问政银川”

微博的兴起为中国公民参政议政、表达诉求提供了前所未有的便捷途径，也为各级政府打开了一个了解社情民意的窗口。通过微博平台，网友们能向各级政府反映涉及民生的各类问题，对各职能部门工作提出意见和建议，同时相关职能部门也能根据其所承担的工作任务对问题及时给予反馈和处理。利用政务微博增加官民

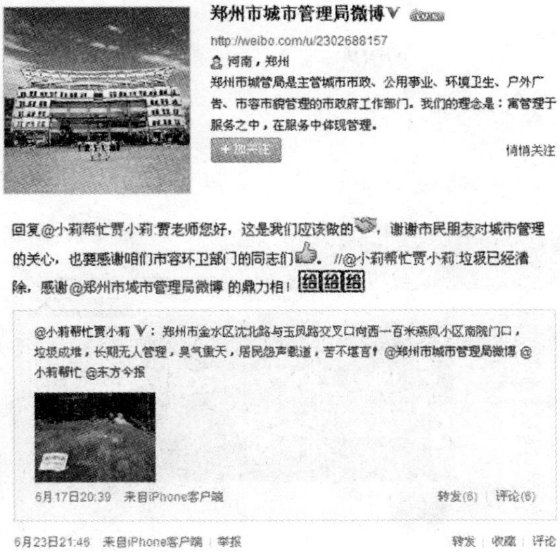

图2-12　河南省郑州市城市管理局官方微博

互动和政务公开透明度，正逐渐成为地方政府各职能部门的一种共识。

“@问政银川”是银川党务政务网络平台的工作专用微博，主要功能是督促督办，受理银川市民的一般性事务投诉，同时还会通过内部政务短信平台直接给被投诉单位领导发送信息责成改进。其对各部门微博的管理和督促，大大提高了网上办事的执行效率，让微博问政既有成效，又有时效，被网友称为政务微博的“督办局”。

河南省郑州市城市管理局微博，以其坦诚对话、即时处置、尽快落实，塑造了郑州城管新形象。微博开通以来，对网友反映的事情，诸如饭店往马路上泼泔水、路牌错误、马路窨井盖缺失、洗车导致路面污水横流、某区乱放烟花、报刊亭抢占公交站台等，郑州城管都会给予回应，并协调相关部门处理后再告知结果。截至2014年8月31日，郑州市城市管理局的微博已超过39万粉丝，每天接到的反映问题达50多起，被“@”的次数更是不计其数，开通三年来处理问题1万余件。河南省郑州市城市管理局微博渐渐赢得了各方的好评，“万能的城管”从此叫响。有网友这样评价“@郑州城管”：“原本以为是作秀，没人指望它能发挥作用。现在看来，政府部门还是能为群众办点事的。”

二、政务微博定位维度一：部门特色

近年来，众多社会热点事件引爆微博舆情，对政府的公信力、执行力以及舆论引导能力提出了更高要求。越来越多的政府部门开始把微博作为发布信息、了解民意、汇集民智和官民沟通互动的重要平台。而不同的政府部门职责权限各有差异，与社会管理、公共服务关联度高低也不尽相同，这些部门差异决定了政务微博信息发布、民生服务的差异性和局限性，也决定了是否有必要承担网络问政功能等。由此可见，政务微博定位首先必须考察部门因素。

参考人民网舆情监测室、国家行政学院电子政务研究中心以及腾讯和新浪微博平台对于政务微博的部门分类，本书将从政府综合部门、公安、交通、气象、卫生、司法、教育、工商税务、旅游、市政、招商、涉外、团委十三个领域对不同部门的政务微博的定位策略进行分析。

1. 政府综合部门（如办公厅、新闻办等）

政府综合微博是指办公厅、新闻办等政府直属机构的政务微博，侧重于发布权威的政务信息、政策法规、重大新闻以及各主要单位最新工作进展情况等。同时在突发性事件发生时，对网络谣言给予及时回应和澄清。

如“@天津市政府新闻办发布”，作为政府机构形象展示的全新平台，侧重于即时、全面地为网友带来天津的第一手新闻资讯，其微博致力于塑造“倍儿精神”的城市风貌，并逐渐成为天津市城市发展新名片。

图2-14 天津市政府新闻办官方微博

2. 公安

公安微博，作为政务微博的先行军，率先试水，并在当前微博问政的热潮中，走在了前列。从数量上看，公安微博是政务微博中的主力军；从效果上看，公安微博的粉丝数在各部门政务微博中名列前茅。

公安微博在信息发布、警情通报、安全常识推广等常规工作领域中服务于群众，并多次在突发事件中大显身手，现已成信息公开的便捷平台和网络协助办案的重要工具。公安微博的内容大致上可归纳为以下几类：

①提供警务资讯和动态：包括治安警示、安全防范、警情通报等警务信息，也包括在重大案件发生时，及时更新发布案件的侦破进展情况。

②信息互动：针对网民提出的问题，公安微博应积极互动，回应问题，寻求解决方案。互动的信息涉及公安领域的方方面面，如招考警察、交通管理措施变更等动态信息；办牌办证、犯罪预防知识等警务知识类咨询；对公安机关及警察服务评论和建议的回复；对可疑情况、犯罪案件的举报等信息的反馈以及针对涉警舆情、社会反响较大案件的讨论等。

③突发事件发布和舆论引导：公安微博应在突发事件发生时，争取第一时间

发布，抢占话语权，积极应对和处理网络谣言。

④微博推广：通过微博对外推广公安机关和人民警察的形象，如直播重要会议，展示民警风采等，以塑造公安部门亲切为民的形象。

图2-15 广州市公安局官方微博

“@广州公安”

广州市公安局政务微博“@广州公安”，注重把最新的警方资讯、最快的防范提示以及最为贴心的服务举措纳入微博内容中。

其微博内容主要有三种：第一，网民的咨询与反馈，如2011年10月16日网名为“悦悦公公”的网民咨询遗失驾驶证补办手续，广州公安就及时而明确地回复了办理程序以及所需证件等信息；第二，“@广州公安”发布与网民人身安全和财产安全有关的提醒和小贴士，比如对不法分子冒充政府人员进行诈骗的案例予以曝光，对节假日出行时有关财产安全的温馨提醒等；第三，对优秀公安民警事迹的宣传，如对被评为“亚运安保之星”和“社区警务工作标兵”的警务人员，“@广州公安”通过微博平台将其事迹以更为简练而生动的形式，在微博上进行更广泛的传播。

图2-16 广东省肇庆市公安局官方微博

“@平安肇庆”

作为全国第一家公安微博，“@平安肇庆”在政府微博运营和管理方面具有许多创新和经验，并赢得了很好的口碑和影响力。其微博除了充当警务信息权威发布的媒体平台，还特别注重与市民之间的沟通和互动。针对市民最为关注的交管、治安、法制、户政、出入境、督察、派出所等部门的业务，“@平安肇庆”力求做到及时发布警方温馨提示与管制措施，同时在最短的时间内为网民解难释疑。

3. 交通

继公安部门开通微博，成功树立亲民形象后，各地方交通广播、交巡警纷纷效仿。交通部门通过微博发布实时路况信息、在线宣传交通安全常识受到热捧。交通部门的政务微博主要承载以下功能：

①发布和解释交通信息或政策：如提供路况信息、天气情况、行车安全提醒、当前交通管理政策、便民利民措施等资讯，从而让广大群众及时掌握相关情况，方便群众办理各项业务以及安全行车。

图2-17 四川省交通运输厅官方微博

②民生服务：根据公众需求，定期提供如长途汽车票务信息、长途客运客流量信息、交通路况信息、公众出行统计信息等，尤其在交通拥堵和天气恶劣的情况下，提供安全出行、交通管制等方面的温馨提示。

③政民沟通与互动：交通部门可接受市民在微博上的提问并进行解答，帮助解决交通业务范围内的相关问题。同时，网友所提供的被盗抢车辆、套牌车辆、逃逸案件的信息和线索，利于交通部门有效地查纠各类交通违法行为和打击交通肇事犯罪行为。

“@四川省交通运输厅”

四川省交通运输厅政务微博，旨在向公众及时发布四川省交通最新动向、交通重点项目建设情况、最新政策文件、实时路况以及招投标等信息，并针对交通重点工作广泛征求公众意见和建议，及时解答公众对四川省交

图2-18 上海市交通运输和港口管理局官方微博

通工作的疑惑并接受群众监督，得到了网友的广泛关注和好评，现已成为倾听公众呼声、了解社情民意、与百姓实时沟通的良好渠道。

“@交通港航”

上海市交通运输和港口管理局主办的政务微博“@交通港航”自上线以来，坚持服务性和引导性相结合。其微博内容涉及与市民生活息息相关的各类服务信息，如穿梭巴士、出行高峰客流引导、线路变更、停车场信息、轮渡公告、内河航务救助、水上旅游、行业新闻等。截至2013年6月，上海“@交通港航”政务微博在腾讯、新浪、新民和东方网微博平台的粉丝总量已超过150万，正逐步成为政府和行业贴近群众的新渠道、了解群众的新平台。

4. 医疗卫生

医疗卫生部门关系到市民的切身利益，同时具有很高的专业性和服务性，如何利用微博的传播优势，传递正确的健康知识和理念，搭建医患双方交流平台是医疗卫生系统不能忽视的问题。医疗卫生系统的政务微博，主要侧重于以下方面的功能：

①发布医疗卫生领域的政策，同时普及公共卫生与预防医学知识；

②借助微博平台，医疗卫生机构可接受网友对常见病防治的在线咨询；

③在突发性公共卫生事件中，医疗卫生部门的微博要承担发布权威信息，增强医患沟通，遏制谣言的功能。

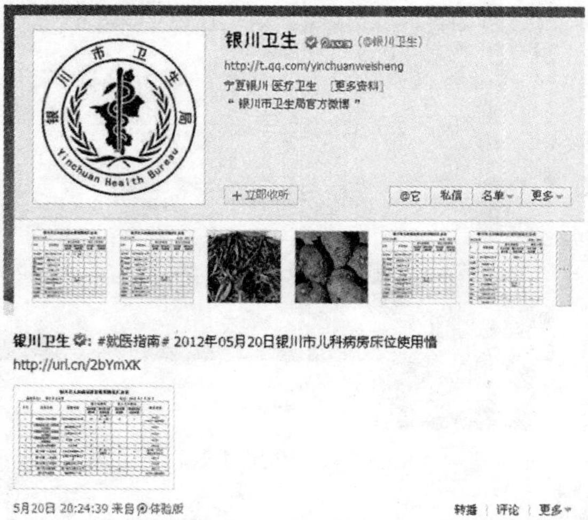

图2-19　银川市卫生局官方微博

“@银川卫生”

“@银川卫生”发布的内容包括：与卫生领域相关的法律规则、政府政策以及健康资讯等。其微博通过链接银川卫生局官方网站——银川卫生信息网，努力为网民提供即时的卫生行业相关服务，实现卫生工作动态及重要信息的即时发布。同时，“@银川卫生”还注重加强与网民的互动，实现网上微博投诉办理。

5. 司法

加大司法公开力度，争取社会公众的信任和支持，维护司法公正，是各级司法机关在微博时代的重要使命。目前，许多地方法院已主动开通微博，并积极与外界进行互动。其中，既有微博直播庭审和执法行动，也有普法教育宣传。从反馈上看，法院在微博上的创新获得了社会普遍的好评，使司法机关公平、公正的形象得到了一定的提升。司法部门的政务微博应突出以下功能：

①以互联网为平台，公开司法部门日常工作运行状况；

②发布或解释有关法律援助、普法教育、社区交流等工作领域的便民举措；

③在政民互动方面，司法微博还可为广大网民提供法律问题的咨询答复，在线受理和调处矛盾纠纷。

“@北京司法”

北京司法局的政务微博，设有“司法快讯”“普法家园”“法援之手”“首都律师”“公证导航”“鉴定实录”等板块，通过发布政务信息、服务资讯和法律知识，既突显了司法行政工作职能，又紧密贴近民众生活，与网友形成了良性的互动，是司法部门在新时期背景下政务创新的新形式。

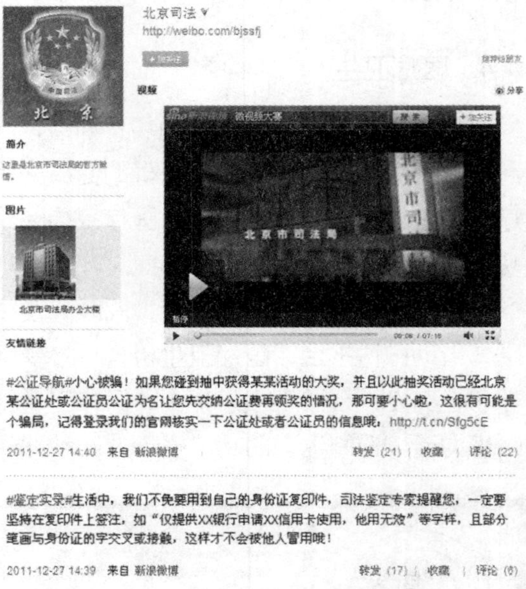

图2-20 北京市司法局官方微博

“@海宁司法”

海宁市司法局政务微博“@海宁司法”，充分利用微博灵活、及时、快速的传播特点，通过发布与司法相关的信息，开展法制宣传、法律咨询、人民调解、法律援助等工作。

图2-21 浙江省海宁市司法局官方微博

其以微博形式发布政府公文的开创之举，引起了社会的强烈反响，得到了媒体和舆论的极大认可，媒体普遍认为，微博公文语言简洁，篇幅简短，成文便捷。另外，“@海宁司法”还尝试利用微博直播司法调解的全过程，在重大事件发生时引导舆论，遏制谣言。如对“晶科能源群体性事件”的迅速回应，及时消除了失实信息所带来的不良影响。

6. 工商税务

从微博日益增长的用户数和影响力来看，工商部门系统性地开展微博建设已成为一种必要。相比于其他各级政府部门，工商税务微博的建设仍处于非常初期的摸索阶段。工商税务机构的政务微博应侧重于：

①发布最新税收政策、涉税公告、办税提醒和税务新闻等内容；

②针对涉税问题，由税务人员在线为网友答疑。

“@广州国税”

广州市国家税务局政务微博“@广州国税”，是全国省会级城市国税系统开通的第一家微博，也是目前全国国税系统拥有粉丝最多的微博。该微博以发布税收政策、指引、提示为主，利用网络传播快捷、受众面广的特点，将税收业务资讯主动推送给纳税人，纳税人也可以通过微博直接提交问题。

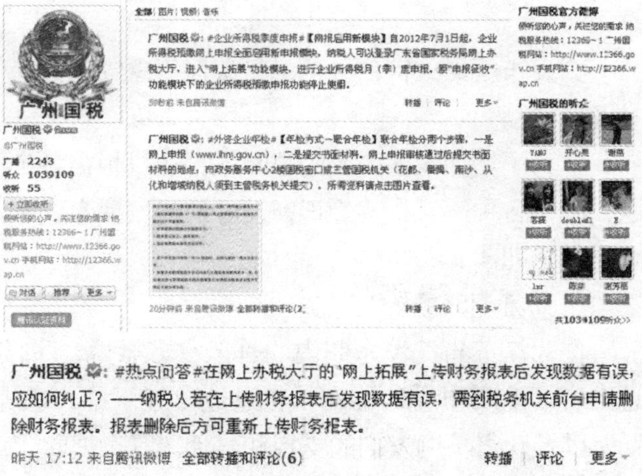

图2-22 广东省广州市国税局官方微博

“@威远工商”

四川省内江市威远县工商局政务微博“@威远工商”，承担着网络发布和网络问政等功能，是威远工商信息宣传、发布和交流的平台，其微博主要内容包括：工商注册、登记、年检、验照等常规性工作动态，法律法规宣传、消费警示、打假治霸

图2-23 四川省内江市威远县工商局官方微博

反欺诈、互动反馈等便民信息。同时，威远工商局还及时回应市民关注的热点，提供有关市场监管、检测、抽检等提示性信息。

7. 气象环境

天气变化对各行各业的生产有着深刻的影响，与我们的日常生活息息相关。气象部门除了在电视、电台、报纸、电话、手机气象短信等渠道发布天气信息外，微博由于其便捷、迅速的传播特点成为当今公共信息的热门传播渠道，第一时间为广大网民提供和传播气象预警信息。气象环境部门的政务微博，侧重点应在于：

①提供权威、准确、及时的天气实况、天气预报、气象预警、影响评估等信息；

②发布气象灾害预警信息，确保气象灾害预警信息在气象服务官方微博第一时间传播；

③为了增加微博内容的趣味性，还可根据各个气候节令和特殊天气特点等主题，发布各种气象科普知识，及时解释气象专业术语、天气预警常识，为社会公众提供帮助。

“@苏州气象”

作为江苏省气象系统内的首个官方微博，“@苏州气象”以其活泼丰富的信息内容、亲切可爱的语言风格迅速窜红网络，赢得了快速增长的评论数和转发量，以及获得了网友们的支持和好评。其微博除了滚动发布常规天气预报，提醒网友上下班天气情况和发布各类气象指数信息外，还针对各气候节令和特殊天气，为网友提供气候科普知识和预警信息。

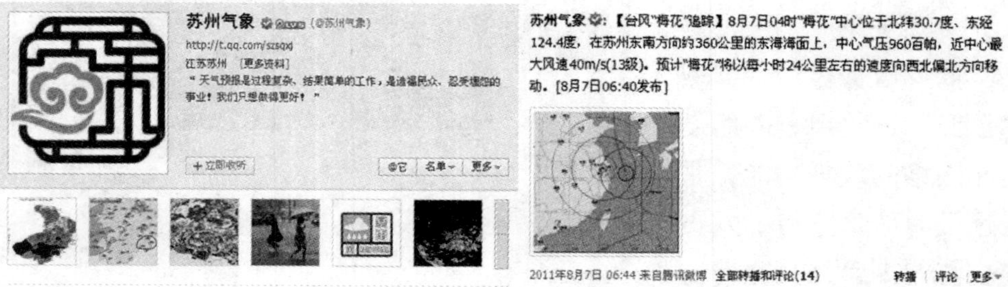

图2-24　江苏省苏州市气象局官方微博

8. 旅游机构

目前，旅游主管部门的政务微博，已成为重要的旅游信息发布、旅游营销、驴友交流的平台，在旅游行业发展中逐步显示出特殊作用。通过宣传当地旅游、文化资源，旅游机构的微博可以称得上是城市的第二张名片。旅游机构的政务微博应具有几个鲜明特点：

①发布日常旅游新闻资讯、出行提醒、旅游景区介绍、景点促销、民俗介绍等信息；

②与网民实时互动，为旅游监管部门收集舆情，如可通过微博投票，了解公众对于某个旅游景点景区管理或服务方面的意见；

③组织多种形式的与旅游相关的微互动，如“摄影活动”“微博征文”“有奖竞猜”等。

图2-25　山东省青岛市旅游局官方微博

“@青岛市旅游局官方微博”

青岛市旅游局官方微博自开通以来，为宣传青岛旅游资源、提升城市品牌发挥了积极作用。其微博内容包括天气情况、政务通知、热点活动、景区推荐等，同时涉及青岛旅游线路、住宿、购物、餐饮等资讯。在啤酒节、帆船赛以及亚沙会等活动举办期间，青岛市旅游局官方微博还会通过举办各种微活动，增加与网民之间的互动性。

9. 市政

市政部门主要负责城市设施建设、公用事业行业、市容环境卫生等城市综合行政管理工作，与市民关系十分密切。近年来，市民们更热衷于运用新媒体参与城市建设的建言献策，微博成了最重要的载体。为了实现有效的沟通和互动，提高市政部门的办事效率，政务微博的开通成为必然要求。市政部门的政务微博，主要功能在于：

①发布有关市政设施管理和

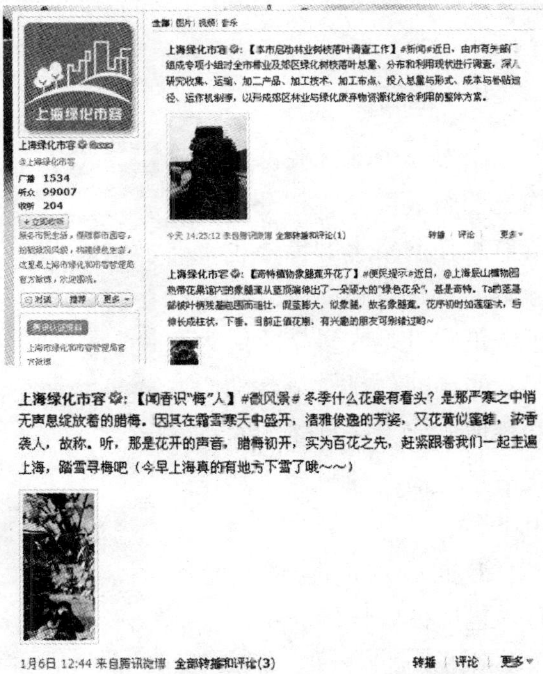

图2-26　上海市绿化和市容管理局官方微博

建设的工作信息；

②同时通过互联网平台征集群众有关市政建设的监督意见、市容顽疾举报以及接受市民在线咨询。

“@上海绿化市容”

“@上海绿化市容”是上海市绿化和市容管理局的官方微博，其通过“晨鸟”“新闻”“微风景”“夜昙”等栏目，以文字和图像等形式向广大市民提供各类与城市市政相关的信息，如行业新闻、公园游园活动、景观灯光开放时间；国内外著名公园、植物园和风景名胜、自然保护区景观风光；动植物科普知识、低碳生活内容以及家庭养花、室内盆栽种植技巧等。

“@济南市政”

“@济南市政”自上线开通以来，通过微博平台及时发布城市管理动态信息，让市民可通过网络了解并关注当前济南城市管理工作。同时，“@济南市政”政务微博也接受网民在线咨询与投诉，针对道路破挖，积水改造，人行道、路缘石、井盖破损，园林绿化苗木缺失、枯死，污水外溢等问题进行了回应并采取措施解决。

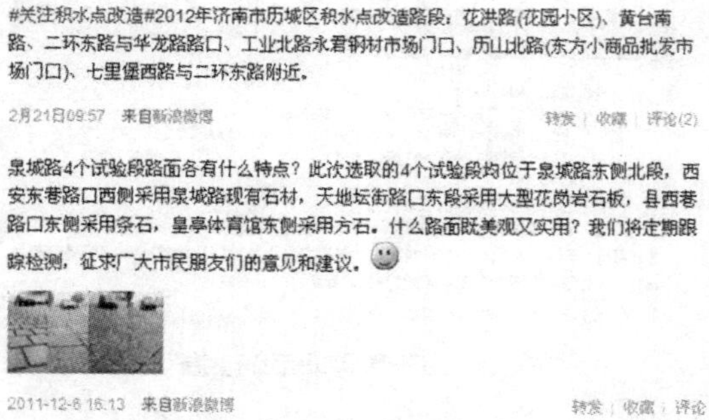
#关注积水点改造#2012年济南市历城区积水点改造路段：花洪路(花园小区)、黄台南路、二环东路与华龙路路口、工业北路永君钢材市场门口、历山北路(东方小商品批发市场门口)、七里堡西路与二环东路附近。

2月21日09:57 来自新浪微博 转发 | 收藏 | 评论(2)

泉城路4个试验段路面各有什么特点？此次选取的4个试验段均位于泉城路东侧北段，西安东巷路口西侧采用泉城路现有石材，天地坛街路口东段采用大型花岗岩石板，县西巷路口东侧采用条石，皇亭体育馆东侧采用方石。什么路面既美观又实用？我们将定期跟踪检测，征求广大市民朋友们的意见和建议。

2011-12-6 16:13 来自新浪微博 转发 | 收藏 | 评论

图2-27 山东省济南市市政局发布的部分微博

10. 招商

作为一个地区经济发展的重要组成部分，招商、经贸信息在网络上的传播也十分必要，政府招商信息和优惠政策一直是许多企业最为关心的稀缺信息，招商部门的微博，作为一种新型的招商信息传播沟通平台，其作用在于：

①推广本区域经济信息，包括投资环境、招商工作、项目进展等；

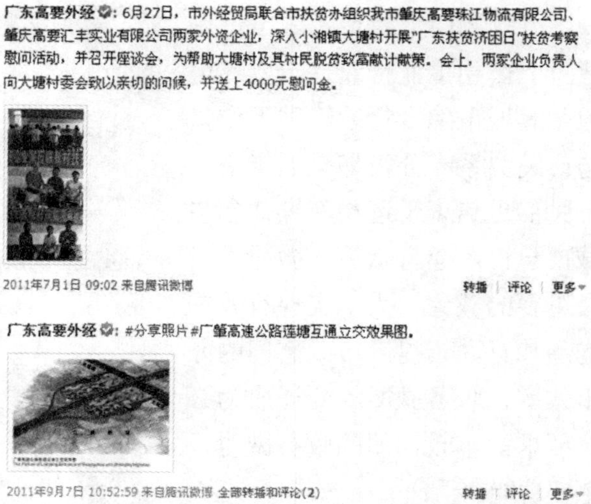
广东高要外经：6月27日，市外经贸局联合市扶贫办组织我市肇庆高要珠江物流有限公司、肇庆高要汇丰实业有限公司两家外资企业，深入小湘镇大塘村开展"广东扶贫济困日"扶贫考察慰问活动，并召开座谈会，为帮助大塘村及其村民脱贫致富献计献策。会上，两家企业负责人向大塘村委会致以亲切的问候，并送上4000元慰问金。

2011年7月1日 09:02 来自腾讯微博 转播 | 评论 | 更多

广东高要外经：#分享照片#广肇高速公路莲塘互通立交效果图。

2011年9月7日 10:52:59 来自腾讯微博 全部转播和评论(2) 转播 | 评论 | 更多

图2-28 广东省高要市对外贸易经济合作局发布的部分微博

②依托于互联网这一快捷的传播平台，招商微博还可与其他相关微博进行信息沟通，相互链接。

“@广东高要外经”

广东省高要市对外贸易经济合作局政务微博，主要以文字、图片、视频等形式，向社会发布办事指南、投资环境介绍等各类信息，同时与相关微博互相关注和链接，进一步提升在线服务群众、网络咨询等工作质量。

“@招天下-合肥招商”

图2-29 安徽省合肥市经济技术开发区招商二局官方微博

合肥经济技术开发区利用现代化的传播手段拓宽招商引资的渠道，开通的“@招天下-合肥招商”引起了各界的关注，其微博内容不仅包括国家级合肥经济技术开发区的介绍、投资环境、项目工程的进展、行业新动态，还有招商部门运作状况，以及合肥的大情小事，从而吸引更多的人关注招商信息。

11. 涉外

涉外事务常被公众视为严肃的话题，然而，微博平台的出现，使外交从官方走向民间。涉外微博以关注国际社会热点话题、发布涉外事务新闻为主要功能，同时提供出境安全提醒、签证信息等服务类信息。

“@外交小灵通”

中国外交部新闻司公共外交办公室运营的政务微博“@外交小灵通”，是颇受中国网民追捧的当红政务微博之一，也是中国首家部委开通的微博。其所涉及的内容丰富，包括外事新闻、外交知识、涉外提醒、外交花絮、出境提醒等诸多领域，既有国外峰会花絮，也有介绍中国外交历史的栏目，还有各国的签证信息。“@外交小灵通”的固定栏目如“外交掠影”“外交史上的今天”“外事英语角”“走近外交人员”“外交老照片”都很受网友们喜爱。

图2-30 外交部新闻司公共外交办公室官方微博

12. 文化教育

文化教育部门的政务微博，对于了解掌握社会教育需求，宣传解释教育政策，疏导化解社会情绪，督查解决教育问题都具有重要作用，是信息化条件下做好教育工作的重要手段。文化教育部门的政务微博应重点突出以下内容：

①公开教育政策法规、制度要点以及教育机关各处室制定的行业规定、规范性文件；

②通报所在区域教育系统开展的各项重要活动的动态信息、大型活动的阶段性进展；

③为了拉近与网友之间的距离，其政务微博还可提供一些温馨提示，如及时发布与教育相关的时间节点提示或注意事项，如放假时间、开学时间、新生入学登记准备等信息。

“@成都教育”

四川省成都市教育局官方微博“@成都教育”，主要通过微博平台公开各类市民关心的教育信息，如各项教育法规政策、制度要点以及市教育局各处室制定的行业规定、规范性文件要点等。同时及时公布教育系统开展的各项重要活动的动态信息、大型活动的阶段性进展。

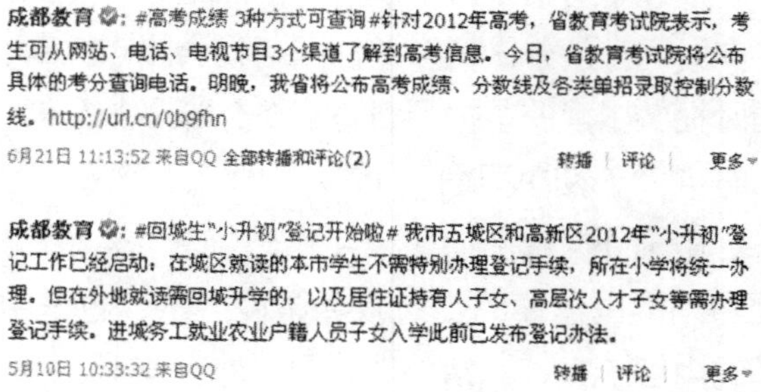
成都教育：#高考成绩 3种方式可查询#针对2012年高考，省教育考试院表示，考生可从网站、电话、电视节目3个渠道了解到高考信息。今日，省教育考试院将公布具体的考分查询电话。明晚，我省将公布高考成绩、分数线及各类单招录取控制分数线。http://url.cn/0b9fhn

6月21日 11:13:52 来自QQ 全部转播和评论(2)　转播 | 评论 | 更多

成都教育：#回域生“小升初”登记开始啦# 我市五城区和高新区2012年“小升初”登记工作已经启动：在城区就读的本市学生不需特别办理登记手续，所在小学将统一办理。但在外地就读需回城升学的，以及居住证持有人子女、高层次人才子女等需办理登记手续。进城务工就业农业户籍人员子女入学此前已发布登记办法。

5月10日 10:33:32 来自QQ　转播 | 评论 | 更多

图2-31 四川省成都市教育局发布的部分微博

在比较重要的时间节点，如中小学放假、开学，升学登记，中考、高考等，“@成都教育”还设置了“温馨提示”板块，提供各种便民服务信息。

13. 团委

微博正改变着大众尤其是青少年的行为习惯，在共青团系统中推广、运用微博，可以更好地理解和把握当今青年的交流习惯，及时了解青年的思想动态，以推动各项工作更贴近实际，更具实效。共青团系统的政务微博内容主要涉及国际国内新闻、团务动态、党团知识以及与青少年成长和权益保护相关的资讯。

“@广东共青团”

广东共青团官方微博对于自身定位阐述为：“爱微博，爱思考，也爱青春；爱时尚，爱旅游，更爱广东。这不是非主流，也不是命令发布器，哪里有青年，哪里就有我！我是@广东共青团。”广东共青团政务微博通过设置“粤团早读”“幸福广东·青春情暖”“恰英雄少年”“圆梦进行时”“青年夜校”等板块，为青少年提供时政要闻、名人轶事、党团知识等资讯，同时通过介绍与青少年相关的公益项目和工作研究等，全方位与广大青少年互动交流。开通至今，“@广东共青团”以各种“有意思”的表达和“有活力”的内容赢得了粉丝的认同。

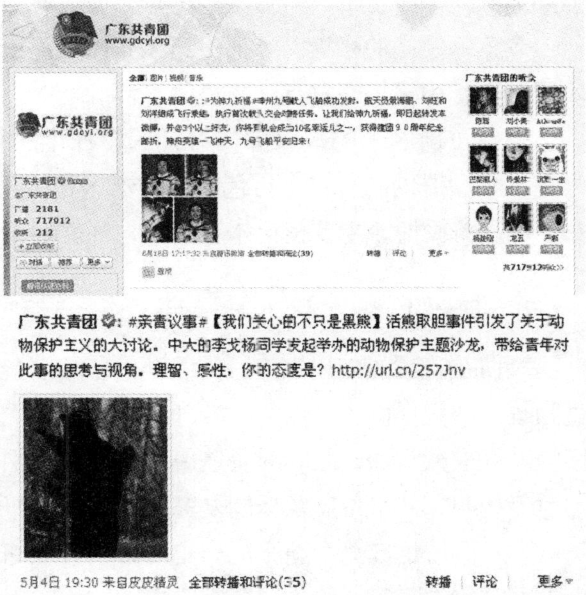

图2-32　广东省共青团官方微博

三、政务微博定位维度二：行政层级

党政机构和官员微博已覆盖从中央到地方多个行政层级以及众多职能部门，党政机构与官员全面开微已然成为一种趋势。然而，如何有效地加强不同部门之间的协同合作，如何进行不同层级政务微博的管理，仍是政务微博面对的重要问题。

不同层级政府部门具有不同的职能特点，政务微博在进行定位时，应明晰各层级的职能特点，突出重点，使其更为有效地运转。政务微博的行政级别可分为以下五层：中央级、省级（含直辖市）、地市级、区县级、乡镇（街区）级。

其中，中央级与省级政府部门侧重于行政监督和信息公开功能，政策指导性更强。如我国外交部的政务微博“@外交小灵通”，其主要功能是分类发布权威外交知识和新闻，并为网友提供出境和签证有关的信息；“@广东发布”“@上海发布”等省级政务微博，则以传递权威政务信息为己任，以提供百姓生活资讯为特色，把省（直辖市）内已有的政务机构微博整合在一起，以此推动更多政务机构的信息公开。

地市县级的政府部门更侧重于社会事务管理和与民众沟通交流，服务性更强。如“@宁波发布”“@莞香花开”等政务微博，开辟了涉及时政、文化、交通、气象等领域的栏目，并通过组织开展微访谈、微活动，将微博打造成为提供实用资讯，积极与网友互动交流的平台。

乡镇（街区）的政府部门可设置多样化的功能，以发布乡镇（街道）新闻为主，同时提供具有本土特色的服务资讯和信息。如“@欢乐长安”“@福临发布”等政务微博，主要提供本土新闻，并反映本土公共事务管理和文化建设。

1. 中央级

微博在我国的应用推广，为民众进行政治参与提供了新的载体和途径，同时也为政府部门提供了全新的行政理念和操作方式。政务微博的建立有利于政府部门与民众进行沟通，同时对一些突发性事件、网络谣言及时给予回应和澄清。相比于传统的媒体平台以及新闻发言人制度，微博信息的传播更为迅速、高效。

面对微博这样一个新兴的舆论场，中央级的政府机构更不应该缺席。然而，据国家行政学院电子政务研究中心发布的《中国政务微博客评估报告》显示，截至2013年12月31日，国务院属下部门，国务院议事协调机构、国务院部委管理的国家局、中央级的直属特设机构、办事机构、事业单位中，绝大部分没有官方微博，开微博的数量仅占1%。但据《2014年上半年新浪政务微博报告》称，今年上半年“微博国家队”队伍进一步壮大，影响力进一步加强，目前中央级部委及其所属机构的官方微博达到88个，其中部委官方微博达到27个。在报告公布的“十大政务机构微博”榜单中前五名均为部委微博，分别是“@公安部打四黑除四害”（公安部治安管理局、公安部“打四黑除四害”专项行动办公室官方微博）、“@中国地震台网速报”（国家地震台网官方微博）、“@中国政府网”（国务院办公厅政府信息公开办公室）、“@最高人民法院”（最高人民法院官方微博）和“@外交小灵通”（外交部公共外交办公室官方微博）。中央级部委微博影响力的凸显既得益于本身地位优势，也离不开运营创新。

中央级的政府机构，应重视社会化媒体的互动性，充分利用政务微博，发挥其聚合优势，将同一行业内各地区各级政府的资源组织起来，方便关注者对某一领域信息的全面了解和深入讨论，同时也为中央级政府部门了解不同地区的公众意见，以便统一做出决策和安排提供途径。

“@公安部打四黑除四害”

2011年8月22日，公安部部署全国公安机关开展“打四黑除四害”专项行动，28日开通“@公安部打四黑除四害”官方微博，并将其明确定位为“齐心协力打四黑，警民联手除四害”。该微博旨在进一步加强警民联动，拓宽联系群众、发动群众的渠道，和广大网友“微”距离接触，零距离交流，即时播报“打四黑除四害”政策信息及工作动态，倾听网友的意见、建议，增进警民互动。

2014年，“@公安部打四黑除四害”新浪微博的粉丝数突破千万，成为全国首个超千万粉丝的政务微博。三年来，“@公安部打四黑除四害”密切关注食品、药品、环境安全等与人民群众利益紧密相关的问题，广泛宣传户籍制度改革、车检驾驶证新规、侦办湄公河“10·5”案件、打击暴恐活动专项行动等百姓普遍关心、舆论高度关注的公安重点工作，着力加强政府信息公开，与公众互动交流，积极参与各类重大突发事件应对处置，及时引导舆论，取得了良好的社会效果，形成了鲜明的公安特色。

公安部部长郭声琨表示，3年来，官方微博以“推动打击食品、药品和环境安全犯罪等工作”为主题，聚焦群众关注热点，回应百姓期待，得到了广大网友的高度关注和大力支持。据“@公安部打四黑除四害”微博负责人介绍，自2011年开博至今3年来，累计发布微博1.6万余条。

图2-33　公安部打四黑除四害微博

“@中国铁路”

“@中国铁路”作为中国铁路总公司（原铁道部下设）的官方微博，其定位为“提供运输资讯服务、普及铁路常识、推广铁路文化的重要平台”。

除此以外，“@中国铁路”还在“铁路微博群”页面中对中国铁路行业各级

图2-34　中国铁路总公司官方微博

各类官方微博进行了展示，发挥了中央级政府部门的聚合作用。2012年3月15日起，“@中国铁路”联合了各铁路局官方微博发起“中国铁路微博行”活动，由各地铁路部门主动发布旅游线路、出行资讯、运输信息等，结合地方美景和春季旅游提供多样化资讯服务。如上海铁路局官方微博“@上铁资讯”通过#坐着火车去踏青#向网友推介上海南汇桃花节，“@武汉铁路局”则通过“武汉樱花”“武汉美食”和“武汉风情”等栏目来全面介绍武汉著名景点、知名美食、“微博行”最新动态等旅游资讯。

这种创新的形式，让网民不仅可以直接浏览各地的美景美食等旅游信息，还可以快速查询相应的铁路出行资讯，使得旅行中的网友有了贴心的出行攻略，不能“身临其境”的网友坐在电脑前，轻触鼠标，即可参与“微旅行”。

“@中国铁路”是继“@外交小灵通”后的又一个部委级微博，网友在表达欢迎的同时，更是“希望有更多的部委开通官方微博，为网民服务，问政于草根！”

2. 省级（含直辖市）

省级单位的职能面向全省，同时具备较强的资源整合能力，可配备较为专业的微博运营团队进行内容策划与日常管理。所以，省部级的政务微博应聚焦权威发布、城市营销、对外交流、政民互动、疏导情绪、了解民意等功能，致力于打造以政务信息发布为主要依托，民生服务与政务发布兼顾，零距离贴近百姓群众的大型网络问政平台。除了全方位发布人事管理、重要工作和政策法规等公众关注的政务信息外，还可及时准确地传播当地最新资讯和重大新闻，同时呈现各职能部门的工作亮点和运行状况。

面对繁重的舆情监控和答疑解惑任务，省级政务微博可组建团队负责收集、分析、整理网友的求助询问信息，及时联动其他职能部门解决社会关注的热点问题。

“@广东发布”

“这里有权威信息、生活资讯，这里倾听群众心声、汇集网民智慧。欢迎您的关注和鼓励，共同推动与分享广东科学发展的辉煌。”这是“@广东发布”上线后发布的第一条微博。广东省人民政府新闻办公室官方微博，旨在发布权威信息，提供公共服务资讯，为外界了解广东省经济社会文化发展提供重要的窗口，同时也为广大网民提供政策咨询、政民沟通的新渠道。

图2-35　广东省人民政府新闻办公室官方微博

“@广东发布”设置了“广东民生”“广东政闻”“岭南文化”等板块，向网友展示广东政治经济文化与市民生活的方方面面，因其资讯丰富，内容多元，上线以后，受到了广大网友的热情关注和踊跃围观。

3. 地市级

地市级政府单位的微博更应接地气，兼顾政务信息公开、区域发展规划推广、突发舆情应对等多重功能，因此其政务微博除适当提供政务新闻外，还应关注招商引资、旅游政策、城市规划等与区域经济发展相关的资讯，以及市政市容、交通气象、文化教育、福利保障、安全卫生等与市民生活密切相关的信息。

图2-36　青岛市人民政府新闻办公室官方微博

目前，大多数市级机关已基本建成覆盖各级政府部门、公共服务机构和群众团体的政务微博群，将城市的公安、交通、旅游等多个重要职能部门整合规划，试图利用更为立体多样的手段宣传城市，也为政务办公服务提供了一种高效、新型的网络沟通方式。

“@青岛发布”

青岛市人民政府新闻办公室官方微博“@青岛发布”，主要以推介青岛为主要任务，以新闻发布为主体，同时提供时事新闻、便民资讯、政策措施、青岛历史等各类信息。针对2014年青岛世园会、青岛啤酒节、青岛帆船周等主题，“@青岛发布”还进行了专题宣传，全方位地集合交通、旅游、气象等部门的信息，立体化地向网民传播青岛的城市形象。

4. 区县级

区县级政务微博的建设与规划，可充分利用上级已建成的平台，综合考虑区域内部因素。其定位时可考虑以下几个方向：

①作为信息公开平台，发布上级政府工作信息，同时整合本层级各职能部门最新资讯；

②作为便民服务窗口，提供涵盖文化教育、医疗卫生、社会保障、交通出行、公益服务等领域的信息，以及企业和市民办事的时限、条件和流程等能为市民所用的资讯；

③作为政民沟通交流渠道，建立可供市民投诉、举报、咨询、提议的互动栏目，保证公众与政府能进行双向沟通与联系。

“@分宜发布”

江西省新余市分宜县委宣传部官方微博“@分宜发布”，除即时发布县委县政府出台的最新政策法规、县委县政府及各部门最新工作进展和更新各类服务信息外，还及时回应博友关注的热点、难点问题。截至2013年7月，“@分宜发布”已发布微博超过6 000条，粉丝达2万，现已成为当地博友第一时间了解分宜、表达诉求以及政府部门零距离倾听民声、了解民情的全新窗口。

图2-37　江西省新余市分宜县委宣传部官方微博

5. 乡镇（街道）、社区

县处级以下的基层行政单位，是行政区划体系中最低的一级，也是行政上最贴近基层现实、工作最为繁复的一级。目前，乡镇（街道）的政务微博管理存在多种困惑：人员配备不足，实现专职管理有难度；运营经验不够，尚未形成完善的信息发布和回馈机制；难以把握信息发布的尺度和类型，导致微博内容单一、信息量不足和内容乏味；与网友互动不足，只能依靠网络转载的笑话或帖子以增加活跃度，但背离了单位工作职能，导致网民反感，进而取消关注。

因此，县处级以下的乡镇（街道）政务微博，可设置多样化的功能，以发布乡镇（街道）新闻为主，同时提供与市民生活联系较为紧密的民生服务信息，如天气预报、出行提醒、生活指南等。亦可适当增加微博板块，发起小型的投票、随手拍等微活动以增强互动性。对于社区微博而言，则可适当反映社区管理服务和宣传社区工作，突出社会事务管理和公众民生服务信息。

“@欢乐长安”

“@欢乐长安”是东莞市长安镇人民政府的官方微博，肩负着贴近本土、展示长安魅力、对外交流与对内沟通等功能。其微博的资讯内容十分丰富，长安镇动态与新闻的发布，体现了其作为政务微博的职能；对健康资讯、家庭教育、生活百科、文化传播、天气预报等资讯的提供，体现了其服务民生的定位，与此同时，“@欢乐长安”还会不定期举办投票、微直播等活动加强与网友的互动性。

图2-38　东莞市长安镇人民政府官方微博

四、政务微博定位维度三：区域生态

政务微博的开通，既是促进信息公开、政民互动的新平台，同时也是提升区域形象的重要途径。区别于其他媒体形式，政务微博的话语权掌握在政府自身手中，政府能够通过运营政务微博，建立亲和的公众形象和较高的公信力。

然而，在政务微博的建设和发展过程中，必然受到地理环境、资源分布、行政体制、经济水平、法制环境、市场机制和信息化基础等因素的综合制约，因此，不同区域生态下的政务微博在其功能定位、整体风格、栏目设置、微博内容、政务公开度和公众参与度等方面均存在差异。

1. 区域政治经济生态因素

（1）东部地区政务微博：民生服务意识突出，注重政民沟通

东部沿海地区是我国经济发展的引领者和改革开放的先行者，一直是我国舆论环境相对开放，信息化基础较为先进的区域。微博的兴起使更多的市民热衷于利用新媒体对政府政务建言献策。同时，社会转型带来的种种挑战，使政府部门更体会到加强社会管理、创新社会服务的重要性。

因政策环境和市民期望，东部地区的政务微博更多地承担引导舆论、沟通民生、推广政府形象等功能，其定位有以下特征：

①民生服务意识突出，重视政务微博政民沟通的功能；

②所提供的信息与市民生活密切相关，如交通出行、法律服务、衣食住行等生活资讯；

③设置便民服务栏目，围绕社会保障、劳动就业、质量监督、医疗服务等民生领域，与市民进行线上沟通，提供在线咨询、举报、投诉、帮助平台；

④注重政务微博在突发事件中的权威发布、实时更新、遏制谣言等功能。

“@莞香花开”

东莞市政府新闻办官方微博“@莞香花开”，对其自身的定位为：适应城市形象宣传推介的需要，发布东莞各镇（街）、各部门在推进产业转型、建设文化名城等工作中的亮点信息，主要包括重大方针政策、市政活动、特色人文景观和文化活动、日常生活资讯和民生热点，以及突发事件信息等。

图2-39 东莞市人民政府新闻办官方微博

除了一些“硬内容”外，“@莞香花开”还主要致力于介绍东莞独特的历史人文、美食风光、产业优势等。上线不

到一个月后，“@莞香花开”提出并促成了全国首例地级市一把手微访谈，“莞香花开”从此成为东莞网络问政的一个重要阵地。

“@南京发布”

南京市委宣传部官方微博“@南京发布”，将其自身定位为“权威信息发布渠道、社会舆论引导平台、服务社会新型载体”。及时清晰的新闻发布，清新俏皮的天气预报，垂涎欲滴的南京美食，温馨亲切的出行指南，一直是“@南京发布”与网民之间的纽带，通过实用民生资讯的传播，“@南京发布”的亲民形象已深入人心。

图2-40　南京市委宣传部官方微博

（2）西部地区政务微博：权威发布功能突出，注重区域经济推广

西部地区处于我国重要战略地位，虽然地处内陆，交通不便，但随着经济开放开发，西部地区正处于发展的十字路口，政治、经济和环境等都得到前所未有的关注。西部大开发战略，自其实施以来，就是国内外媒体关注的舆论焦点。政务微博作为一个崭新的信息传播平台，承担着发布国家西部大开发战略方针信息，提供区域内经济规划、投资环境与商机等重要信息的功能。此外，西部地区信息化基础较为薄弱，通过新媒体平台进行参政议政的民众基础相对来说较弱。因此，独特的地理环境和政策因素决定西部区域的政务微博主要呈现以下特征：

①重视政务微博权威发布和推广宣传的作用；

②微博内容多与西部大开发战略相关，同时体现西部地域特色和多民族的文化特色。

“@甘肃发布”

甘肃省政府新闻办官方微博“@甘肃发布”借助微博平台，打造“政府与百姓对话的理性窗口”以及“树立甘肃形象的新阵地”。2010年8月，甘肃省政府新闻办开通官方微博，发布舟曲泥石流抢险救灾信息。目前，“@甘肃发布”主要承担推动党务政务信息公开，助力甘肃建设发展的重要功能。

“@昆宣发布”

“@昆宣发布”是昆明市委宣传部的官方微博。“@昆宣发布”主要通过子栏目“昆明快讯”“春城人物”“富强昆明”“文化昆明”等来宣传昆明的经济发展状况、城市风貌、生态环境、文化生活、民风民俗，展示昆明作为区域性国际城市的独特魅力。

图2-41　甘肃省政府新闻办官方微博

2. 区域文化特色的影响

在这个信息爆炸和媒体多元的年代，没有特色意味着被忽略、被遗忘。在开设政务微博时，政府部门必须赋予其微博一个独特的定位，并使其区别于其他同类微博。区域文化特色的渗透，对政务微博定位的影响尤为明显。不同的城市性格或民族特色不仅会影响微博内容的选择和编辑，还会影响政务微博的整体风格。政府部门若能在政务微博定位中把握好区域文化特色，有利于增强所辖区域民众的文化认同感和自豪感，有利于政府与公众之间建立和谐融洽的关系，也有利于塑造当地政府及所在区域的正面形象和文化影响力。

图2-42　昆明市委宣传部官方微博

“@新疆发布”为充分介绍和展示新疆形象，发起了“最美的还是我们新疆”“多彩新疆”等话题，与相关部门连线，介绍新疆历史及各民族、各地群众原生态的文化，挖掘区域特色。

同时，为了满足广大少数民族网友的需求，发挥新疆多民族、多语言、多元文化优势，新疆维吾尔自治区政府新闻办还推出了天山网维吾尔文微博，并在微博的整体布局和使用功能上做了特别的规划。为符合少数民族用户喜好，页面在设计方面融入了民族元素，为适应维吾尔文的语言特色，天山网维吾尔文微博还允许注册用户每次发500个字符，以争取真正填补部分少数民族用户利用微信息交流的空白。

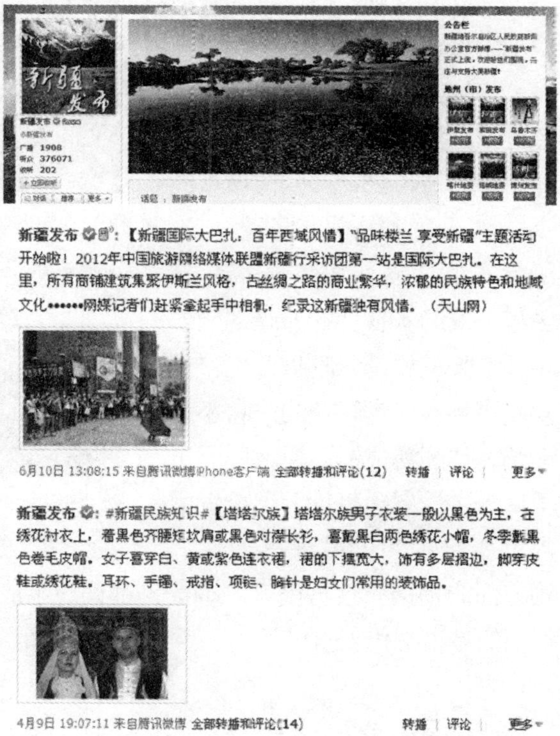

图2-43　新疆维吾尔自治区人民政府新闻办官方微博

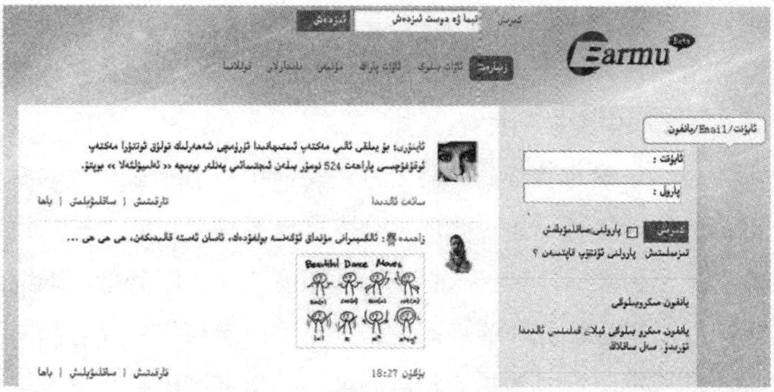

图2-44　新疆天山网维吾尔文微博

少数民族地区的政务微博侧重于推广其区域形象，展示其文化特色。而对于非少数民族地区的政务微博而言，区域文化对其的影响主要体现在微博的内容策划和语言风格上。

人们日常生活模式和所关注的信息体现了一个城市的文化。因此，不同城市的政务微博在栏目设置、内容编选、互动方式、语言风格方面也应与特定的城市风格相匹配。体现城市价值、传播城市文化是城市微博的成功要点。

“@微成都”被公认为是最成功的城市微博之一，其以“速度、态度、温度”的细化定位，通过推介城市资讯，发表城市微评，参与城市公益，问候城市民众，深受成都市民的喜爱。其所发布的内容轻松、亲切，且多与市民的衣食住行、吃喝玩乐相关。如“成都好吃嘴”栏目常常发布具有成都特色的风味小食介绍，“图博成都”栏目则展示了城市中的有趣事物，“投资成都”栏目则为网民提供消费购物方面的指南。这些内容的编选，都体现了成都追求休闲“敢为人先”“好耍乐行”的城市文化。

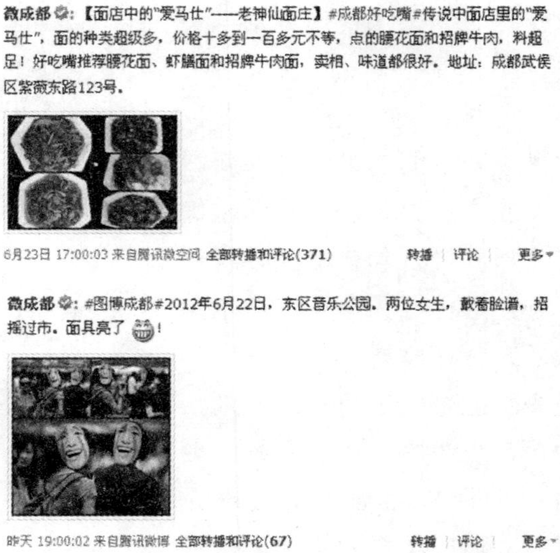

图2-45 “@微成都”发布的部分微博

【本章小结】

在政务微博运营中，对自身的准确定位就如同建筑上的测绘、选址和奠基，如果没有明确的功能指向及清晰的定位，就容易出现“形式单调死板、内容生硬僵化、发布随心所欲、交流时有时无”等现象。明确自身微博的功能指向、职能属性、目标受众等元素，建立自身微博的差异化特征，政府机关或官员个人才有机会在与日俱增的政务微博大潮中确立其在公众心中的独特位置。

政务微博定位，即确定其在政府与公众的沟通中充当什么角色，要向目标群（浏览者）传达什么样的核心信息，通过微博平台发挥什么样的功能。按功能定位分类，目前我国开设的政务微博主要有三种模式：信息发布型、民生服务型、网络问政型。但是，这三种功能模式并不是截然分开的，而是根据不同政府部门的业务需求互相叠加的。优秀的政务微博，应把不同模式的特点加以融合，并重点突出某一方面。目前，我国已出现不少兼具两种或三种功能模式于同一平台的政务微博。如何才能对政务微博进行准确、独特的定位？应综合考虑和应用以下三方面因素：

部门特色：在开设微博前，政府部门需要明确其职能特点和业务范围，即考虑该部门是否有开设微博的需要，应为公众提供哪方面的信息等。只有职能定位准确，政务微博才可更有效发挥作用。

行政层级：每一个政务微博不可能覆盖所有的人群，其目标受众多由行政层级决定。定位必须以目标受众需求为导向，差异化的受众群体决定了差异化的定位策略。政务微博传播的直接受众是谁，应该吸引对什么类话题感兴趣的网友，这都是政务微博需要考虑的方面。政务微博应根据不同行政层级政府部门的受众面，对微博信息进行筛选和传播。

区域生态：为了避免传播内容的同质化，政务微博还应结合当地实际，根据本地文化和城市资源进行定位，并在风格建设时融入具有本土特色的元素。政府部门若能在政务微博定位中把握好区域文化特色，不仅有利于增强所辖区域民众的文化认同感和自豪感，有利于政府与公众之间建立和谐融洽的关系，也有利于塑造当地政府及所在区域的正面形象和文化影响力。

第三章 政务微博的管理运营机制

【本章摘要】

理想的管理架构是具备领导决策、运营管理、信息采集和支撑协作的四级体系，但各政府机构可以根据自身条件和业务特色简化层级，如只设置领导和运营两个层级。人员配置是管理机制建设的重点，我们认为应该选聘“三个了解”人才运营管理政务微博：①要对本机构、本部门的业务了解，如果对业务不了解，对网友的问题就没办法回复或者避重就轻；②对部门与部门间、部门内部的工作关系要了解，应对突发事件或牵涉各方利益问题时，才能在迅速协调后统一发布口径；③对宣传传播的规律和技巧了解，特别是对网络和新媒体传播模式、特点要熟悉。

建立健全日常运营机制，我们将从平台选择、内容来源、沟通机制、发布机制四个方面进行阐述。对于突发事件发布机制的建设，可采用三种方法来保证信息权威和快速反应：①对发布信息按等级分类；②做好人员替代应急方案；③加强内部沟通。

一、管理机制

1. 管理架构和职责界定

政务微博的管理需要建立起完善的管理架构，明确界定领导决策、运营管理、信息采集与支撑协作四个层面的责任。目前，管理机构的运作有三种模式：

第一种是由单一部门负责运作。通常情况下由宣传部门、办公室、团委或者相关业务部门各自负责管理。

第二种是多部门在同一层面上分工合作。有位政务微博的负责人表示：“团委管理日常运营……宣传处、合作交流处作为行业新闻的发布途径，办公室作为系统新闻的发布途径，指挥中心则是应急的。”

第三种模式是最完善的一种模式，形成同时具备领导决策、运营管理、信息采集和支撑协作的四级体系。第一个层级是领导决策部门，负责政务微博的领导决策和政策把关。目前，一些政务微博是在分管宣传和党团工作的书记或局长的领导下，由党办或宣传部门主抓政务微博的工作。第二个层级为政务微博管理和协调部门，在领导层的指示下，负责政务微博的日常管理和运营，可由宣传部门、办公室、团委或相关业务部门负责。第三个层级是信息提供部门和人员，可由各业务部门指定信息员定期向微博管理部门提供来自各部门的信息或反馈。第四个层级为支持团队，主要是指平行或下属部门开设的微博账号和内部工作人员开设的个人账号，这些账号与主账号之间通过评论和转发互为支持，以发挥团队优势；同时也可以是一些业务外包的团队，比如一些微视频的制作、微活动的策划等。

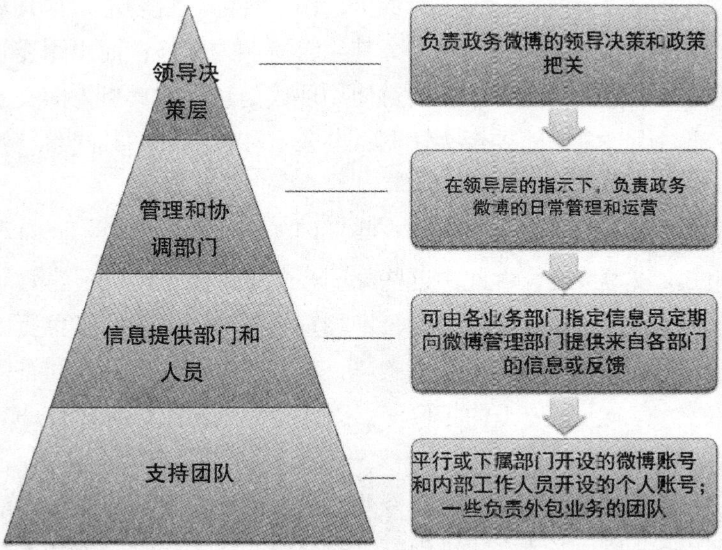

图3-1　政务微博管理架构四级体系

在调研过程中，一位团委微博的管理人员就提到："我们要求所有的基层团员青年开微博，特别是初期，我们微博刚刚在新浪开出来时，大概只有50多个粉丝，就通过团委系统动员，让各个团委、各个支部去动员，有几家做得非常细致，他们手下比如说有70多个团员，要求每个团员都登记好，你叫什么名字，在什么平台上开了什么微博。还特别认真，排班的，每天10个粉丝去评去转，总要有自己的人去发声的。"也有一些部门简化了层级，只设置领导和运营两级，将管理和信息收集工作合并。各单位可根据自身特点和业务特性，建立适宜本部门情况的政务微博管理架构体系。

2. 运营团队组建和值班安排

有了合理的管理体系架构和分工后，由谁来承担这些职责是接下来需要考虑的第二个问题，各单位应选择在经验和能力上与政务微博管理最符合的部门来负责微博运营，例如宣传部门、办公室或团委等。有条件的部门还应考虑安排专人专职甚至成立专业化的团队负责微博的日常管理与运营，在尚无条件做到专人专职管理的情况下，可通过固定人员兼职或轮岗人员专职等方式，并尽力保持管理人员的专业化和稳定性。其次，政务微博的领导和决策层还需要加强对政务微博管理人员的专业培训，提高其能力，推动微博管理人员的专业化，保持微博日常管理团队的稳定性，并注重发掘和培养年轻人来进行政务微博的管理工作。

（1）部门安排

一般来说，政务微博的日常管理可由宣传部门、办公室、团委或相关业务部门负责。由不同部门负责管理各有优势，由宣传部门管理可发挥其对外宣传和信息发布的特长；由办公室管理可发挥其综合协调的优势；而由团委管理则有利于调动部门中的年轻人，因为年轻人对使用现代信息化工具更为擅长。也有单位充分发挥各部门优势，由团委牵头协调，办公室和宣传部门共同参与管理政务微博。

微博虽然是新事物，但各单位中有些部门既有能力与经验，同时与政务微博管理的工作性质较为接近，因此由这些部门来负责政务微博的日常管理和运营能充分发挥其既有优势。最对口的有办公室和宣传部门，又如原来负责电子政务网站建设的部门，本身做网站，再去做微博，很多情况下在网站上回答问题和在微博上回答问题，有很大程度上的相似度，因此相对来说比较容易做。

（2）人员配置

在人力资源尚未能充分满足建立专业化团队的情况下，许多政府部门目前主要通过兼职和轮班两种形式来安排现有人员负责微博的日常管理和运营，也有少部分安排专职人员或组建专业化团队负责微博的日常运营。

小贴士：政务微博运营管理的三种人员机制解析

①兼职模式：由具体落实的部门指派相关职员兼任负责政务微博的日常管理和运营。

优势：对人力成本的占用是最小的，适合编制较少、工作较繁重的部门；劣势：兼职人员往往力不从心，积极性不高，工作效率相对不高，成果不大。

②轮班模式：部门内的微博管理员每隔一段时间轮换新人，在此期间，该微博管理员基本不再承担其他工作。

优势：可充分调动部门内每个职员的创造性，实现较为合理的工作分配，适合人员职能相对接近的部门（如外宣）；劣势：微博运营和管理没有延续性和统一性，容易造成断层和一些人员的偷工减料。

③专人专职或专业团队模式：安排专人专职或者从各个部室抽调人员组成团队专门负责微博运营管理。

优势：最为成熟、合理的机制，可以实现政务微博运营和管理的最佳模式；劣势：对于人力成本的消耗会比较大，同时目前来说政府部门缺乏具备全面成熟技巧的政务微博运营和管理人才，很多都是“半路出家”或“临危受命”，专业化程度不高。

兼职形式的主要问题是一些管理人员原本工作量已经很大，再要兼顾微博，精力上难以兼顾，常常力不从心，也难以做到随时管理和回应微博。有部门负责人就提到：“我们办公室一共只有6个人，要兼顾所有的工作，只能让一人去兼职，渐渐感到力不从心，但组建一个团队也不太现实。”

部门实行轮班制度是另一种选择，如有些部门的微博管理员每隔三个月轮换新人，在此期间，该微博管理员基本不再承担其他工作。一些部门职员提到政务微博作为新事物，未来发展走向尚有不确定性，微博管理也尚未成为各单位的日常工作，担心全职投入微博管理后，一旦上级对政务微博的政策出现变化，会影响微博管理员的现有工作和岗位，轮岗制可在人员间保持平衡。但是微博管理员定期轮换，其所积累的经验可能无法在短时间内全部传授给接班人员，新的接班人员需要自己重新摸索和积累经验，不同微博管理员的风格也不尽相同，可能会影响到政务微博管理运营水平的稳定性。

目前来说，像“@上海发布”“@中国广州发布”“@北京发布”这类代表城市整体形象的大型政务微博都有专门的团队进行微博的日常运营和管理，其配置主要由新闻和宣传部门人员抽调组成。

（3）人员素质

说到底政务微博的背后是一个个实实在在的职能人员在发布消息、回复网友评论的。因此在人员配备上，应根据本部门的微博定位，合理配置熟悉部门业务、了解政务机构、懂得传播把关的专业团队。例如，“@上海发布”的人员配备就比较合理，任用了学新闻传播的职员，语言组织能力较强，发布文本更好，还专门安排了美编，保证了微博图片的美观。

目前，一些政务微博运营人员大都是兼职或者从其他部门临时调配。对于人员选择，有些机构的领导选择“让喜欢的人干喜欢的事情”，挖掘熟悉、喜欢微博运营的人员来管理政务微博，有些机构在选择负责人时会“特意去选业务突出的人”，但也存在被领导“硬拖进来”的情形。

小贴士：政务微博运营和管理人员要掌握的“三个了解”

①要对本机构/部门的业务了解，如果对业务不了解，对网友的问题没办法回复，只能转达或者避重就轻；

②对部门与部门间、部门内部的工作关系要了解，针对一些涉及多部门的信息发布特别是危机事件的处理，政务微博的发声可能牵动到不同利益关系，只有对不同部门间和部门内部的工作关系充分了解，才能在协调后统一发布口径；

③对宣传传播的规律和技巧了解，特别是对网络和新媒体传播模式、特点要熟悉，不能犯低级错误，不能有陈旧的思想。

在人员能力培养建设方面，目前政务微博的运营管理人员还缺乏足够的经验，而一线操作人员在沟通互动能力上比较欠缺。一个政务微博代表一个机构，但微博管理人员的知识、技能、经验却无法涵盖整个机构的业务，因而在与广大网民的互动过程中会有些招架不住，这些人员不仅需要运营、传播管理方面的培训，更需要打通各个部门之间的脉络，形成一股微博运营的合力。在本书所做的调研中，许多政府部门都反映了类似要求："如果你要吸引大众去关注的话，的确需要专业的媒体去包装，或提供培训，使我们自己的管理人员能力素质得到综合的提高……我们管理员并不是都具有话题敏感度，不是炒作高手，不知道怎么回答。"

目前，很多政务微博的核心管理团队主要由部门中的年轻人构成，这是因为这一年龄层的工作人员更善于应用现代信息工具，且思维活跃，精力充沛，工作积极性高。然而，由于目前政务微博的运营管理人员对于政务微博还缺乏足够的管理经验，真正的执行与应变尚在摸索阶段，亟须得到专业培训，尤其是关于应对突发事件的培训。政务微博的主管部门应该定期给操作人员一些培训，比如如何应对突发公共事件，加强对兼职微博人员的培训，等等。

（4）值班机制

关于微博值班机制，政务微博运营团队应打破现有的朝九晚五的工作时间，而是要根据微博自身的高峰时段来灵活安排作息时间。目前，许多政务微博的管理遵照的是传统的"朝九晚五，做五休二"的工作时间，然而，微博的高峰发布时间是早晨8—10点、中午12—2点，下午6—8点和晚上8—10点，与之并不匹配。一些管理员对此存在困惑："我现在担心一个问题，周六周日没人值班。而且每天六点下班后也没人看着微博了。可能我自己还会去关心一下，看到什么信息去登录更新一下，但是信息员不管了。我们这两天下班是没有消息的。感觉好像有点不太合情理。但是我们这个部门比较忙，如果让信息员周六周日去搞这个问题，感觉会没有精力。"

3. 团队合作与协同

运营和管理好政务微博，牵涉多个部门和层面，应充分调动各部门的积极性，鼓励不同部门以机构和个人名义，开通多个微博账号，发挥各自所长，注重各层面微博账号之间的沟通协调和相互协作，从而在不同的微博账号之间，在机构与个人、机构和机构之间形成团队合力，互相支援，最大限度地实现政务微博的传播和互动效果。政务微博的团队合作与支撑，主要包括两个方面：

（1）党政机构主博与干部微博相互支撑

机构的微博代表集体形象，官员干部的微博则会比较具有个人特色和人性化色彩。因此，在政务微博的运营上可以根据实际的工作需要，同一系统不同部门、同一部门不同科室之间的机构微博和干部微博实现互相关注、评论和转发，互相提供信息，相互支撑协作，从而在政务微博之间形成一个以点带面的微博群，以党政机构主博为中心，以内部工作人员的个人微博为支撑向外辐射。

建立这样以点带面的微博群有两方面的意义。一是在开设初期推动政务微博发展。例如团委系统就会召开团委会，让各个团委、各个支部去动员，总要有自己的人去发声。二是对官方主博形成支撑和互补。政务微博有时会遭到网民的质疑和不满，若主博也陷入“口水仗”，一则偏离了其功能定位，二则也影响了政府形象。因此，可通过私信或者内部人员的个人账号进行澄清、解释和安抚工作。

根据腾讯网、新浪网提供的资料显示，团委系统已成政务微博中规模第一大的系统。截至2013年6月，腾讯微博上开通的共青团各级组织官微共计44 624个，工作人员14 156个。截至2014年6月，新浪微博上开通的共青团各级组织官微约22 500个，工作人员8 514个。团委系统主要针对的是青年人的发展和宣传工作，这与微博用户的人群特征是相符合的，各级团委组织通过“团系统—高校、企业团委—共青团用户”建立了一个大型的微博圈子，通过树立共青团在微博上的红人、达人，策划运营具有共青团特色的微活动，让其政务微博在日常传播和与网友的互动上都更有力。

“树网络红人，盖微博大楼，聚青年力量”

共青团网络处副处长王郁松，在开通微博的三个月之内共发布微博2 200多条，平均每条微博被转发767次。他通过亲民的姿态、具有人情味儿的微博语言和真正关心青年人身边大小事的作风赢得广大青年粉丝的喜爱。王郁松定期发起盖楼活动，联合各地团委官微制造了强烈反响，比如他以“鱼松帮主”自称，亲自创建“@中国青年盖楼英雄汇”，每到节假日都会组织特色的盖楼活动，联合各地官微打造了一道年轻靓丽的微博风景线。

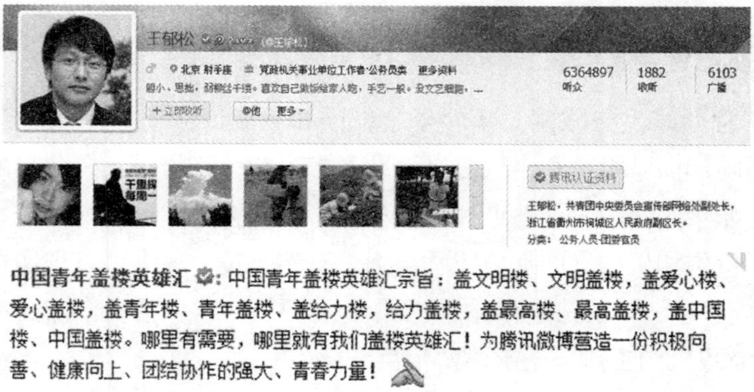

图3-2　共青团网络处副处长王郁松与其发起的“中国青年盖楼英雄汇”微博

在发布内容上，机构主博与干部个人的微博可根据各自角色，合理分工，互相转发，达到更好的传播和互动效果。上海申通地铁集团的微博管理人员介绍了其在应对突发事件时的经验：“突发事件一般是由主博解释，如列车延误情况、几分钟后恢复运营、哪个站滞留客人比较多等一些常规的运行，包括一些细节。比方在虹桥火车站，我们有驻守的服务明星，她在那里发现场的生动的消息，如乘客怎样使用闸机，使用时应注意什么问题。官方微博再把它转过来，这样就比较适合。如果官博直接来讲的话，就比较硬。”

上海申通地铁集团的微博管理实现了多部门协调合作，上海地铁一运二运公司、大站小站的微博，都是开在一起的。其政务微博“不是一个人在战斗”，在运营管理上推了一个“内部微博群”的概念，目前其微博群有成员100个左右，包括官方机构加V的、服务明星加V的、普通服务员，甚至司机、个人和机构整合在一起，互相支援，互相“@”，粉丝量大的微博可转发粉丝量小的政务微博的信息，以帮助其扩大影响力。

不过政务微博的高层管理者也应该避免过于依靠部门内部人员的支撑，而忽视了政务微博与公众之间的互动与沟通，甚至掩盖或压制真实的民声。政务微博平台上机构和个人之间的互动，应该起到一种带动、活络的作用，应该防止政务微博陷入“自娱自乐”的误区，从而阻碍了政民互动交流的渠道，降低了政务微博的公共服务效果。有部门的微博负责人就指出：“我们的微博现在显示的一个特点是内部人顶的比较多，也有点自娱自乐的形式，都是自己人在下面回复评论转发。”

图3-3　上海申通地铁集团部分微博

（2）跨系统多部门协调配合

跨系统多部门之间横向和纵向的协调配合有利于整个系统的良好运营，形成合力。目前，真正实现内部密切合作的政务微博系统屈指可数，不少系统内仍缺乏即时的信息沟通和业务协同。有部门管理员举了一个例子说明："我们是以信息服务为主，信息来源很重要，但很多突发事件发生时，许多其他部门的信息，都不是我们第一时间能掌握的。网友很困惑，问服务台不知道，问工作人员也不知道，但是我们是真不知道，信息来源根本就没有。掌握不到信息，那自然就没办法更好地提供服务。"

这样一种群体效应的互动与协同，目前来说以"政务微博群"的形式发展得最好。一方面目前像腾讯、新浪微博平台在技术层面上对实现跨系统整合微博群的搭建提供了很多帮助，另一方面许多不同部门的负责人也表达了对政务微博跨系统协同的强烈需求和建设投入。应进一步推动微博群建设，鼓励一个地方的政务微博整体"开微"，这样既有利于部门间的沟通，也方便公众查找相关部门的政务微博。

外宣系统政务微博开创的"发布厅"模式在政务微博的发展历史上是一个新的里程碑，通过"发布厅"的集群，政府多个职能部门实现了资源有效整合，形成聚合式服务，网友点开一个界面就可以直接去到不同的部门，可以说是一种全新"政务微博导航"模式。如"@深圳微博发布厅"是由深圳互联网信息办公室主导开通的信息发布平台，通过进一步整合政府新闻发布资源，发布与民生密切相关的权威信息，打通党委政府沟通民意、回应社会关切的重要渠道。截至2014年7月10日，共有55个认证机构微博进驻"@深圳微博发布厅"，包括各区（新区）政务微博，市党政机关和事业单位微博，市级司法、检察机关微博，市属公共服务单位微博，媒体。[1]不同部门的集群运作和联动发布拓宽了消息来源，更好地满足了民众的多元信息需求。

根据腾讯网提供的资料，截至2012年12月，在腾讯微博上已经建立省级政务“发布厅”14家，省会“发布厅”9家，城市“发布厅”24家。这两年，其他行政地区的“政务微博发布厅”陆续开通，如“山东政务微博发布厅”“政务微博群西安发布厅”“中山市政务微博发布厅”等。

图3-4　2012年政务微博发布厅集锦

二、运营机制

1. 平台选择

目前，中国互联网上存在众多微博平台，其中腾讯微博、新浪微博、人民微博、新华微博是目前发展较好的几家，众多微博平台大体上可以分为两大类：门户网站微博和新闻网站微博。

（1）门户网站微博平台

门户网站微博平台依托门户网站自身在互联网上的影响力，同时凭借优质的技术支持和成熟的商业模式，在微博运营大军中处于领先地位。政府部门选择在门户网站微博平台开通账户，可得到广泛关注，较容易跨地区建立自己的影响力，更促进对地方政府或行业的宣传。其中，主要以腾讯微博和新浪微博为

1　人民网舆情监测室：《2014年上半年新浪政务微博报告》，2014年7月。

主，其各有特点。腾讯微博依靠其QQ聊天工具的过亿用户基础，力图将QQ用户转移到其微博产品上，因此腾讯微博的用户与中国网民结构相似。据腾讯发布的2014年第一季度财报显示，QQ即时通信服务的月活跃账户数达到8.48亿，比上一季度增长5%，比去年同期增长3%；即时通信服务最高同时在线账户数达到1.99亿，比上一季度增长11%，比去年同期增长15%。腾讯将微博发布平台直接嵌入QQ软件里，方便网民使用，极大地提高了腾讯微博在网民中的覆盖程度。腾讯采用加“V”实名认证的形式，增加微博博主的可信度，还陆续推出了“微频道”等服务，增强了微博平台的吸引力。

新浪微博是中国开通微博运营较早的平台，通过明星策略吸引用户，上面聚集着大量的意见领袖和名流，并采用实名加“V”认证，与普通用户区别，新浪微博打通了网民与名人间沟通互动的渠道。同时新浪微博开通组织机构认证，对实名制机构、企业加蓝色“V”，提高组织机构在微博平台上的可信度，方便组织机构宣传或进行社交媒体营销。新浪微博对公共事件的关注度高，用户活跃程度高，“宜黄拆迁”等著名公共事件都是发端于微博，进而得到社会的广泛关注，公共影响力巨大。

图3-5　腾讯微博注册界面

图3-6　基于QQ即时通讯软件的微博发布客户端

（2）新闻网站微博平台

另一类微博运营商是新闻网站，其中又分为中央新闻网站微博和地方新闻网站微博。

以人民微博、新华微博为代表的中央新闻机构微博平台，在具备微博基本功能的同时，还凭借其所属机构的新闻资源，为政府部门带来海量即时的信息。但因其用户局限于该新闻网站的读者群，影响范围不及门户网站。

地方新闻网站也纷纷建立微博平台，例如基于奥一网的南方微博、基于东方网的东方微博和基于深圳新闻网的圳微博。目前，这些地方新闻网站微博都开通了政务微博板块，大到市政府新闻办微博如“@上海发布”，小至街道办事处，

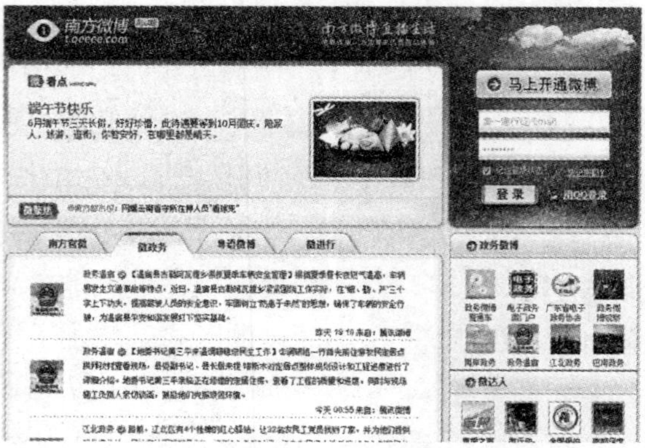

图3-7　地方微博平台南方微博

都在地方微博平台上建立账户并发布信息。地方新闻网站下的微博方便政府部门在当地进行有针对性的政务传播，微博发布风险小，但影响范围不及中央级新闻网，与门户网微博平台更不可相提并论，针对性强是地方微博的最大优势。政府部门可以首先在地方微博平台练兵探索，积累经验，逐步完善政务微博运营团队的建设，运营机制成熟后，可选择在门户网站微博平台开设账户，扩大政务微博覆盖面。

（3）政务微博平台的选择考量

政府部门在选择微博平台时，需要尽可能与微博运营商沟通，了解其用户特征。比如地方公安微博，为达到较强的针对性，可以通过运营商了解该地区微博用户的数量、用户构成等，多家比较后选择最适合的微博平台；对于旅游、外宣等政府部门，在选择微博平台时，不能仅考虑本地微博用户，还要顾及对外影响力，这时选择意见领袖多、网络活跃程度大的微博作为其运营平台，会达到理想的效果。

政务微博虽在各个商业微博运营平台扎根，但并不意味着其微博内容会局限在一个运营商平台上。政府机构可以通过软件，在多个平台的微博账户上同时发布同一条微博，省去了辗转多个平台的麻烦，实现多平台联动运营。但这样操作的一个缺点是，公众会感觉微博的定时多平台发送过于机械化，冷冰冰的微博缺乏人情味，因此不同平台上的及时转发和互动工作是不能省的。

除在不同平台开通微博账户外，政务微博还应该与传统的电子政务有机结合起来，各地政府及部门可利用好自己的官方网站，通过技术在网页上开辟板块实现“微博内容上官网”，在官网上实时更新其政务微博平台上的内容，这一复制转载的功能既省去多次更新的麻烦，又能通过官网与其他部门沟通和了解。

（4）全国性平台与本地化平台的比较

目前上海市的政务微博，有些选择在本地平台新民网和东方网上开设，例如临港供排水、燃气管理处等；有些选择在全国性的平台如新浪上开设，例如海事局和上海铁路站；还有一些微博，同时在地方和全国性的多个平台上开设政务微博，例如绿化和市容管理局、交通运输和港口管理局以及市政工程管理处。

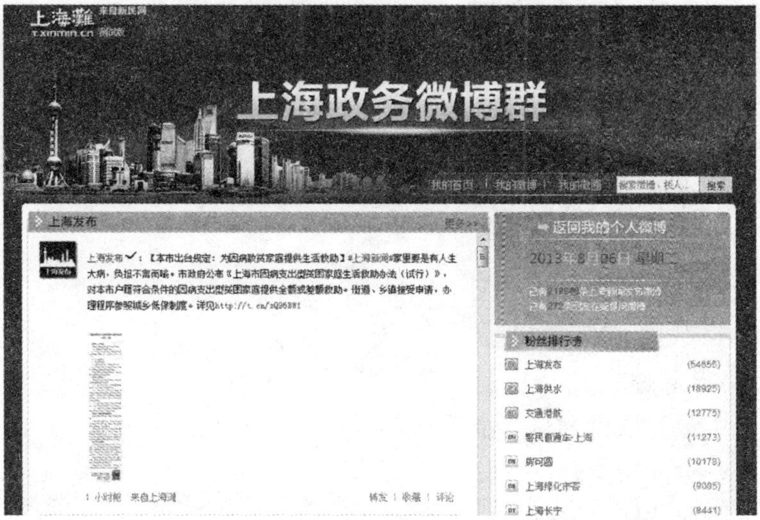

图3-8　上海新民网“上海滩”微博

全国性和本地化平台选择上的差异，主要表现在以下几个方面：

①平台的用户群差异

有部门指出，本地微博上的本地用户量有限，甚至不如全国性平台上的本地用户数多，在本地平台上开设微博的效果和影响力不理想，因此选择了在全国性平台上开设：

“个人微博在这两个地方平台上开得很少，除了一些铁杆的微博控。本地微博的用户数不够多，信息发布的有效性就大打折扣了。”

然而，由于不同的政务微博所针对的目标受众不同，各个微博平台的用户群也存在差异，因此政务微博应基于自身的目标受众、服务人群和特点选择平台。例如，服务对象主要针对本地用户的，很多政府机构选择了本地平台，而服务对象主要面向外地和全国用户的，则倾向于选择全国平台，从而可以发挥更广泛的影响力。

例如上海海事局，因为“港口进来的都是外面的船，不是以上海市民为主，所以就开在新浪上。让他们没进港口之前就可以看到港口信息。当时考虑这个平台范围更广一些”。上海交通运输和港口管理局“刚开始开在新民网，面向上海市民。但是后来开到新浪，因为我们单位还承担一个建设上海航运中心的功能，所以还是很欢迎外地的网民来关注，但我们的受众群主要还是上海市民”。

一些部门也指出，虽然本地平台的用户量较少，但开设政务微博的主要目的是提供公共服务和应对突发事件，而不是吸引粉丝和关注度，所以应从发挥实际成效的角度出发来选择平台。例如交通运输和港口管理局就指出：“要看微博真

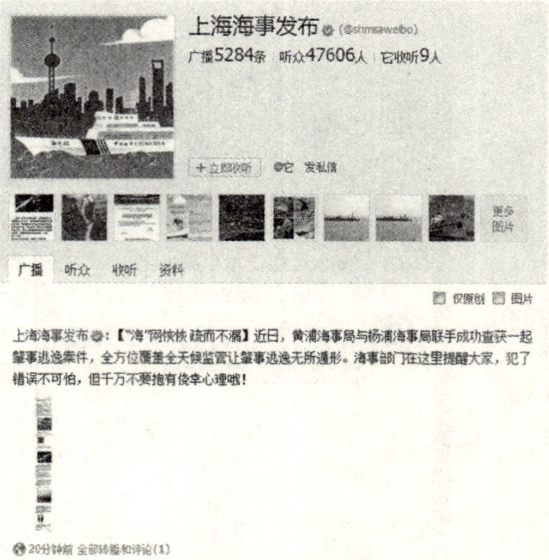

图3-9　上海海事局腾讯官方微博

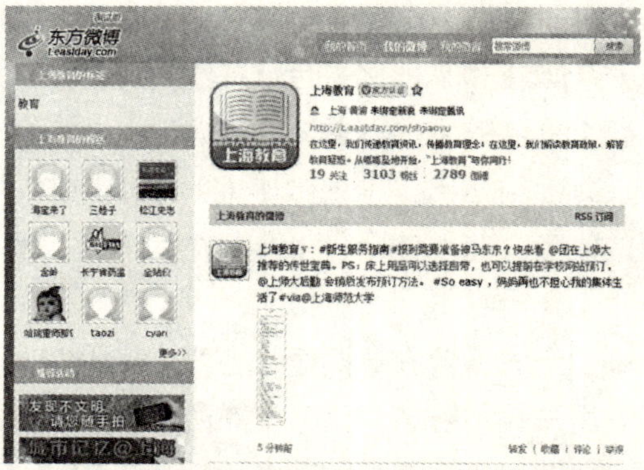

图3-10　上海市教育局在东方微博上的官方微博

正的用途是什么？仅仅要吸引关注度呢，还是提供真正的公共服务？我们局还是以发布上海市的信息为主，其他省的网民可能不太关注上海的交通。另外，还是要一个侧重点。应从发挥的功效出发来考虑以什么方式更好。”燃气管理处也指出：“针对本市市民的也不一定要开到大的平台上。”上海申通地铁则指出：“如果有什么重要信息，总是希望粉丝能第一时间知道。这方面来说，本地微博体现出这样一个优势。”此外，如上海市教育委员会主要服务对象是上海本地居民，因此其在本地新闻网站东方网开设微博“@上海教育”。

②平台的可控性差异

虽然全国性的微博平台粉丝群体更大，影响力更大，但一些政府部门对全国性平台存在一定顾虑，担心这些平台用户群较为复杂，内容鱼龙混杂。此外，一些政府部门也对全国性平台的未来存在忧虑，担心其如被关闭，政务微博所积累的粉丝群将瞬间丧失。例如，某位上海市政府部门人员提到：

“领导对新浪有点顾虑，新民和东方这两个平台比较稳妥一些，可以先探索。新浪情况复杂，难以控制，担心平台被关。

“我们不是不相信新浪网，我们也希望利用新浪网大的平台。但……万一哪天新浪踩底线了，新浪上的粉丝就瞬间消失。这个损失对我们是最大的。”

另外，全国性的微博平台腾讯和新浪都是商业性质，而本地的平台则多具备官方媒体的性质，且地域接近，本地政府部门在本地平台上有较强的控制力，并且本地平台的手机实名制让开设政务微博的部门更为放心，在应对突发事件时，本地平台的作用表现得尤为明显。

例如，在针对上海的调研过程中，一些政府部门就指出：

“新浪总部在北京，要走很长的一个流程，先要报到上海这里，再去北京备案，然后北京发出文件，再到新浪这边删掉。在上海本地的话，毕竟在一个地域，有些相对比较敏感的内容要删、要处理、要屏蔽都会比较容易。走网宣办的这个流程也会快一点。”

在调研中，一些地方微博平台也指出了其作为本地平台的优势：

“新浪量太大，没有人工监控，我们有手机号码实名注册。因为我们都有监控，有网友爆料，我可以发私信给政府，告诉它有这样一件事，他们有哪些该走的流程，该怎样处理，回应网友的工作让他们自己来做。我们帮助他们沟通，帮助他们建设。有舆情监测的功能在。这个就是本地的好处，对政府部门来说，他们觉得本地相对安全。”

③平台的运营服务水平差异

全国性平台由于服务群体太广，因此在发生突发事件时，很难及时为当地的政务微博提供运营服务。而本地平台主要服务于地方政府，对于涉及当地的大事小事更为重视，能及时按需提供各类运营管理上的服务。例如，一位上海政府部门的微博管理人员指出：

“大家普遍放在新民网和东方网，我们感觉第一服务好，服务好不是指拉黑啊，删帖啊，而是说出了什么情况，我们可以第一时间与他们保持沟通。市领导也强调我们政务微博主要是服务功能，因此选择东方网、新民网的平台也在情理之中。

“新民和东方在它的官网上有个置顶功能，新浪的话，我们也跟它沟通，但它不太可能做，它是全国性的，不可能一下子来满足这个。

“要他们提供的服务是月底统计我们发布条数、被评论条数、被转发条数、新增粉丝数。还有可能后期要跟他们一起搞一些活动。”

此外，本地化的平台一般是由本地的权威媒体开设，例如上海新民晚报的“上海滩”微博、广东南方报业集团的“南方微博”。在应对突发事件时，政府部门能够实现微博与传统媒体的结合，从而发挥更大的影响力。

④平台的技术和功能差异

本地平台在技术上和用户体验上与全国性平台仍存在较大差距，这也是许多政府和用户选择全国性平台的重要原因。目前本地化平台的架构搭建、界面外观、用户体验等都与腾讯、新浪等全国性平台存在一定差距，很多只是原始版微博应用的本地化而已，改进空间仍然很大。

有一些政府部门，考虑在本部门网站上自己开设微博平台，但这一想法说明这些政府部门没有真正认识到微博的特性，将无法得到关注，也无法发挥影响力。另外一部分政府部门充分认识到了全国性平台的影响力与地方性平台的可控性，因为选择了先在相对更可控的本地平台上试验，待取得一定经验后再到全国性平台上开设，这是比较可取的做法。

从长期来看，政务微博应该“术业有专攻”，除了一些关切本地民生的、传播受众局限性较强的政府部门外，政务微博的大趋势还是逐步走向更大的全国性平台，以得到最大多数公众的关注，尽最大可能发挥政务微博影响力，提高公共服务、政民互动和应急管理的覆盖面。特别是在东南沿海互联网普及率比较高的地区，全国性微博平台上的地区用户已经超过当地平台上的本地区用户，这一差距还有可能进一步拉大。因此，政务微博如不最终走向全国性的大平台，而永远躲在更小更安全的本地平台，不与最大多数的公众开展互动，有可能成为“自说自话”“自娱自乐”的形象工程，无法真正达到政民互动的效果，在发生突发事件时，也无法有效发挥作用。

对于全国性平台“可控性低”的顾虑，政府各部门应转变思路，从“消极躲避”转“积极应对”，勇敢地走向更广阔的平台，通过实践来提高自身的微博管理和应对能力。如永远躲在可控性更强的本地“暖房”里，政府部门的舆情管理和危机应对能力将难以提高，也不可避免微博时代网民将危机舆情进一步放大。对于现有微博管理能力确实较弱的部门，也可采取分阶段，稳步推进的方法，先在本地平台上试验，待积累一定经验后，再走向全国性大平台。

另一方面，在走向全国性平台的同时，也不应抛弃本地平台，各部门应根据自身业务和服务对象的特点，充分利用本地平台用户的地域性特征，更有针对性地应对各类突发事件。有条件的部门，可同时在本地平台和全国平台上开设微博，充分利用各个平台的优势及其用户群，形成平台间的组合与互补，实现向最大范围的公众提供公共服务、开展互动和进行应急管理。

2. 内容来源

政务微博运营团队经常苦于没有内容可以发布，其实微博作为一个自媒体，不光对部门起到宣传公关的作用，还是一个提供信息、实现交流的服务平台。政务微博的内容安排可包含部门政策信息、政务动态、新闻报道和互动内容等。

（1）政策信息

政策信息可包含政府法律法规及解读、政府部门业务数据、政府公告数据和政府其他信息等等。政务微博可通过发布紧贴公众生活的新政策原文、行业内信息速递、专业知识解答等内容，传递政务信息，解读政府新政策。但是需要注意，政务微博切勿局限于使用网站的新闻语言“照搬”政策和文件，而是要用140个文字，尽可能将政策阐述清楚，可适当使用口语、网络语言，力求生动，还可以添加文件原件的链接，指引公众了解政策文件的详情。如果涉及较为重大、复杂的政策信息，可考虑用长微博工具、图片、视频、链接等辅助形式结合来提高信息的丰富性。政务微博的政策信息类内容应当充分利用自己部门已有的电子文件资源，在发布政策信息的同时可以配以解读内容的转发，使政策信息明白易懂。例如“@上海发布”会经常发布市民关心的政策和政务动态，及时与市民们保持信息沟通的顺畅。

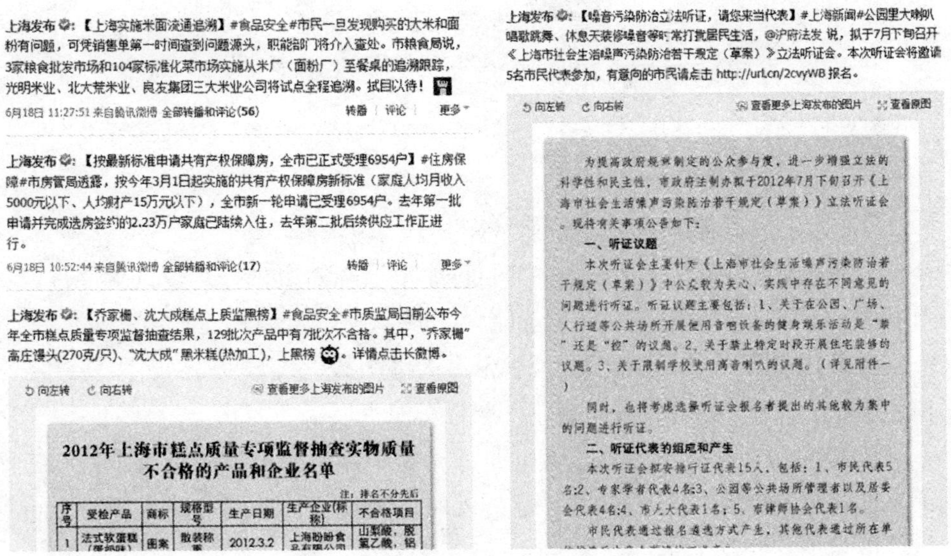

图3-11　“@上海发布”关注市民热点问题

（2）政务动态

政府部门原创内容的政务动态包括职能部门最新工作进展、活动举办和动员以及会议或活动的直播，直播可以采取文字、图片、视频等多元形式；还可以开展在线微访谈、在线投票、在线征集内容和意见等活动，通过微博推广线下活动，甚至开辟本单位的特色栏目。

例如综合类政务微博“@莞香花开”，它是东莞市人民政府新闻办公室的官方微博，其在腾讯微博开辟的政务微博平台有“东莞天气”“东莞新闻”“东莞文化”“东莞人物”“美食莞”“微提醒”“莞邑趣事”等多个常规栏目，同时还根据时机补充节日或热点事件类栏目，例如“话说高考”。“@莞香花开”还策划微博活动，如“发现精彩东莞印象”，聚集网友智慧，充分利用线上影响力和社会资源，征集东莞图片。活动举办、评选的整个过程，既展现东莞风貌，又提升自己的线上知名度，也同时兑现为线下实际的社会资源和财富。

图3-12 “@莞香花开”栏目多元，并举办“发现精彩东莞印象”在线征集活动

小贴士：不同部门可根据自身特点发展特色内容

公安部门：可以发布公民防身、防诈骗的小知识，针对重点案件进行总结提醒公民；

检察院法院：多发布法律小知识，同时配以案例解读，起到普法的作用；

旅游部门：可发布本地旅游信息、旅游小贴士，帮助公众策划旅游方案，以及提点旅游注意事项等，这样既可以带动当地旅游业的发展，也可以促进当地的外宣工作；

工商税务部门：多发布维权小知识或维权故事等内容，通过微博提高消费者的维权意识，还可发布针对商户、企业的提醒内容，帮助他们依法从商；

共青团系统：可以发布关于青少年成长生理、心理内容的微博，帮助青少年顺利度过青春期，促使其健康成长；

医疗卫生部门：可以发布医疗知识，向公众普及应急护理的基本常识，提供养生信息等。

原创内容是一个微博成功与否的重要衡量指标，能体现一个政务微博团队和所属部门的品位与价值观，而政务信息是政务微博原创信息的重要来源。一个大部分是转发内容的微博账号虽然也体现出个人或部门的选择，但是没有个性的观点和表达，会让网民对这样的微博账户产生“僵尸微博”的印象。

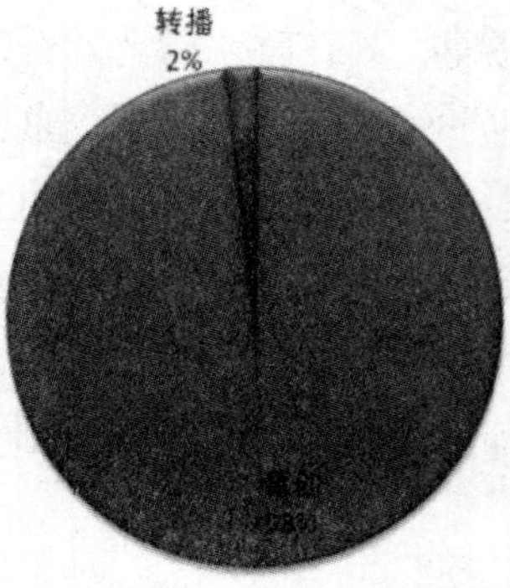

图3-13 “@上海发布”原创微博与转发微博的比例

例如“@上海发布”在腾讯微博上的账

户，大多微博内容为原创，即使非原创也多标明援引对象，并重新编辑，很少采用转发的形式，这体现出该微博团队对自己微博内容和质量品质的高要求。据《2013年上半年腾讯政务微博报告》数据显示，截至2013年6月1日，“@上海发布”在腾讯微博的听众数量达到3 022 267人，活跃度为93.37%。据《2014年上半年新浪政务微博报告》，“@上海发布”在全国十大新闻发布微博中综合排名第一，粉丝数达到4 716 501个。

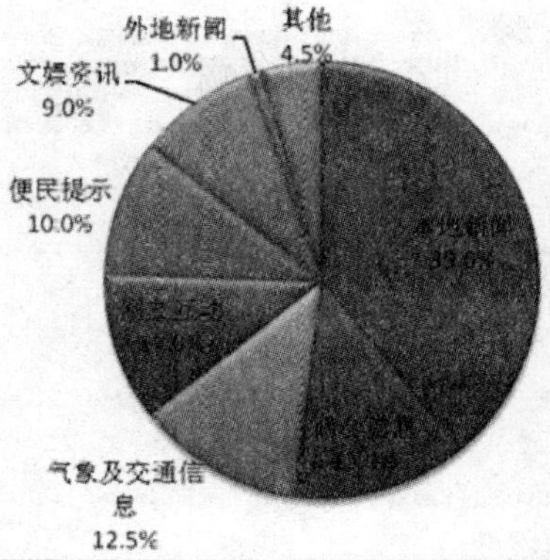

图3-14　“@上海发布”原创微博内容分析图（样本量：200）

在2012年上半年抽取“@上海发布”所发原创微博中的200条进行分析，可以看出，“@上海发布”所发表的原创微博内容丰富，其中接近四成微博内容涉及上海本地新闻，13%为两会热点信息，12.5%为气象及交通信息，10%为便民提示，9%为文娱资讯，1%为外地新闻，其他内容占4.5%。

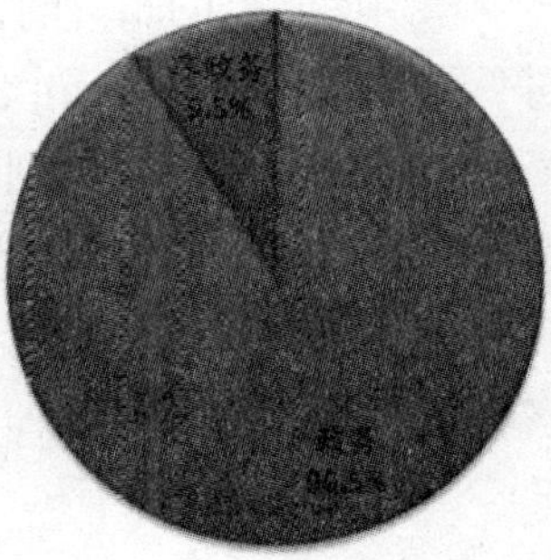

图3-15　“@上海发布”原创微博中政务性微博比例图（样本量：200）

所谓政务性微博是指该微博涉及国计民生、社会管理、政府管理、行政事务等政务相关内容；所谓非政务性微博是指该微博内容只涉及生活娱乐等与政务无关话题。从政务性微博比例图中可以看出，“@上海发布”所发微博政务含量非常高，逾九成微博内容都与政务相关，从中可以看出上海市人民政府新闻办公室致力于将“@上海发布”打造为权威的上海政务信息发布平台的决心。

（3）新闻报道

政务微博可以通过转发媒体报道、评论来扩充自己的内容，根据微博的定位和覆盖面，可以有侧重地转载本地新闻或外地新闻。例如地方政府的微博可以多摘录转发本地新闻或周边地区的新闻；而旅游、外宣或级别高的侧重广泛影响力的微博则可以多发布全国甚至世界热点新闻。另外，由于各部门的职能区别，政务微博可着重选取与本部门工作相关的新闻来转发，为公众提供专业信息的同时也能帮助自己监测行业动态，提高业务水平。例如广东省公安厅在以“警讯”为栏目标题发布信息时，有时会采取与新闻报道结合的形式，通过发布链接转引新闻报道，提醒公众注意安全。

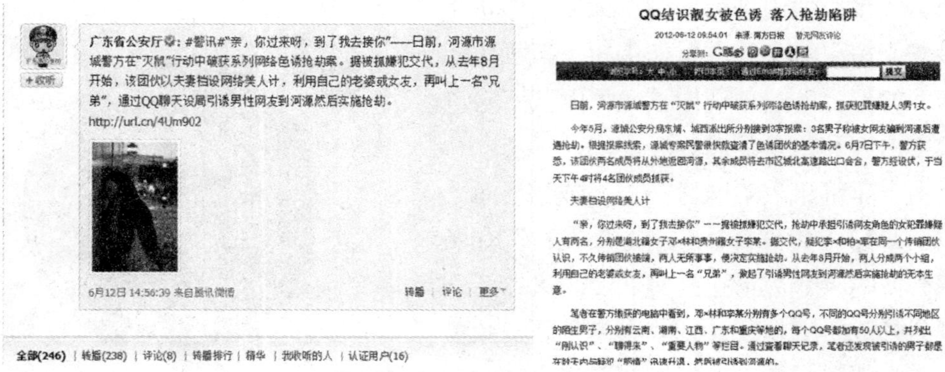

图3-16　广东省公安厅微博"警讯"与新闻报道结合

（4）互动内容

转发和回应网友问题、同行微博，在相关领域内可以互相关注，形成有效的微博圈子，并从虚拟关系衍生出线下实际互动，既提高微博活跃度，又帮助政府部门拓展社会关系。其中网友问题可包含政务咨询、投诉举报及求助信息等。

例如，2012年5月20日，"@莞香花开"转发了中山大学传播与设计学院张志安教授关于东莞火车站站名的更名建议，转发的同时表明了自己的态度和意见。该事件推动了动车东莞站的命名优化，展现了政务微博倾听民意、为民服务的风采。

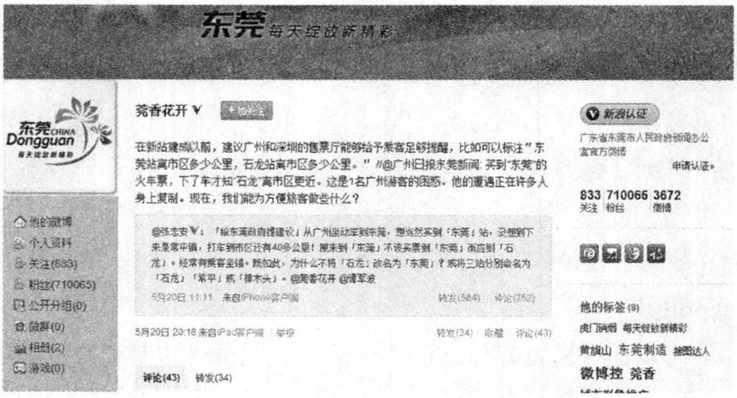

图3-17　"@莞香花开"对"@张志安"建议的转发评论

又如，2011年11月28日，"@上海发布"在腾讯微博上线。作为上海市人民政府新闻办公室实名认证的政务微博，上线当日，来自其他城市的政务微博和官员向"@上海发布"发去贺电。"微成都"自创了"收听体"呼叫上海："上海！上海！我是成都！收到请回答。""@上海发布"随即做出了回应"收到收到，向你学习"。"收听体"得到了博友们的大力追捧，尤其是在媒体官方微博之间，更是成为大家互相交流切磋的重要方式。

3. 沟通机制

政务微博应该与各政府部门、媒体、意见领袖和普通公众间合作联动，实现外部、内部信息的顺畅流通，便于推动政务服务群众。

（1）与公众沟通

开设政务微博，一个重要目的是辅助解决政府部门工作中的实际问题。国家现代化治理的政治蓝图推动各级政府部门将政民沟通、社会共治作为工作要点，而政务微博好比政府部门的一个小窗口，帮助政府了解公众存在的问题，同时也是政府部门发布信息的渠道，起到公关和服务的作用。政务微博的运营和管理人员需熟悉该部门的业务内容，保证微博“窗口”的通达，能够将公众反映的问题及时汇报给部门上级领导，当政府部门做出决策和回应后，政务微博要将结果和答案及时反馈给公众。政务微博与普通公众的互动是政务微博体现亲民、为民服务的最重要的方式之一。

“@中国食品药品监管”的新浪微博在2014年上半年原创率为70%，转发率为30%，其原创微博主要涉及三个话题：#微“盐”细语说健康#、#医疗器械科普知识百问#、#全国食品安全宣传周#。转发微博涉及饮食健康、饮食辟谣等。2014年6月10日，全国食品安全宣传周主场活动在北京举行，“@中国食品药品监管”对这一活动进行微博直播，#全国食品安全宣传周#成为新浪微博热门话题，阅读量2 669.6万，讨论6.4万，众多认证用户转发“@中国食品药品监管”发布的微博，传播饮食安全知识，在网民群体中引发了强烈的反响。[1]

此外，政务微博应通过微博平台，在线征集网友意见，形成有效的双向沟通。机构政务微博的运营不单要自主设计策划，还要多听取网友的意见。政府部门可以通过策划一系列的征集活动，例如微访谈、微博讨论、线下座谈等形式，集思广益，让网友头脑风暴，说出自己对政府部门以及政务微博的需求，将意见汇总；再通过部门讨论，挑选有益的意见付诸行动。这不仅促进了政务微博与网友的良性互动，同时有助于政务微博运营机制的成熟，还可以学习影响力大的政务微博，吸取其优点，不断改进自身，提升自己协助政府部门工作的能力。

微博上除了普通网友外，还存在着一些有舆论影响力的意见领袖，因此与意见领袖的沟通也是政务微博运营的重要工作之一。意见领袖又叫舆论领袖，是指

1 人民网舆情监测室：《2014年新浪政务微博报告》，2014年7月。

在人际传播网络中经常为他人提供信息，同时对他人施加影响的“活跃分子”，他们在大众传播效果的形成过程中起着重要的中介或过滤的作用，由他们将信息扩散给受众，形成信息传递的两级传播。在信息杂乱的网络生态下，政务微博应主动与意见领袖建立联系，通过与他们的在线互动，来影响意见领袖所能覆盖的群体，此时意见领袖充当了一个喇叭的作用，有的意见领袖比政务微博的粉丝或听众还要多，得到意见领袖的认同和转发，能扩大政务微博的影响覆盖面，并建立政府部门与意见领袖的沟通渠道。

（2）与媒体沟通

在政务微博建立初期，微博运营团队应与当地媒体建立合作关系，邀请媒体人士为微博运营出谋划策，同时可通过媒体报道，对政务微博推广起到一定的宣传作用。媒体拥有广泛的社会资源和信息资源，借助于合作关系，可将其资源让渡到政务微博，例如社会影响力的共同促进，以及权威新闻信息的供给。例如，《南方都市报》珠海读本在2012年4月23日对珠海政务微博的报道，文章盘点了珠海各政府部门微博的运营状况，对各政府部门政务微博起到宣传作用的同时，也对开了账户却不认真利用平台推动政务工作的政务微博团队起到督促和鞭策的作用。

图3-18　“@南都珠海”在微博上发布《南方都市报》珠海读本对珠海政务微博的报道

与相关媒体的互动，是政务微博扩大影响力、高效解决问题的重要手段。近年来，媒体也纷纷开通微博，将其作为自己的重要阵地，将最新新闻发布在微博上，成为微博上一个不可忽视的阵营。对于与媒体互动的策略，将在后面章节的互动策略中详细探讨。

（3）与运营商沟通

政务微博需要积极与运营商沟通，一般需要沟通的事项分为以下几类：

①后台数据、运营状况

政务微博只是一个内容发布平台，对自身运营状况如粉丝分布、粉丝质量、微博发布规律等数据的了解依赖于运营商，根据数据调整政务微博运营操作，有利于提高传播效果。而这个技术性的后台数据需要微博运营商提供，腾讯微博为机构微博用户提供了“微空间管理”页面，方便政府部门提取自身运营数据和用户数据，以及实用的微博分析工具。同时对政务微博的运营状况分析，由于专业所限，政务微博团队自身并不能给出一个科学的评价，这时可通过微博运营商的排行榜等数据，邀请其为自己的微博做出专业的评定和分析，总结优缺点，扬长避短，使政务微博运营机制不断成熟。

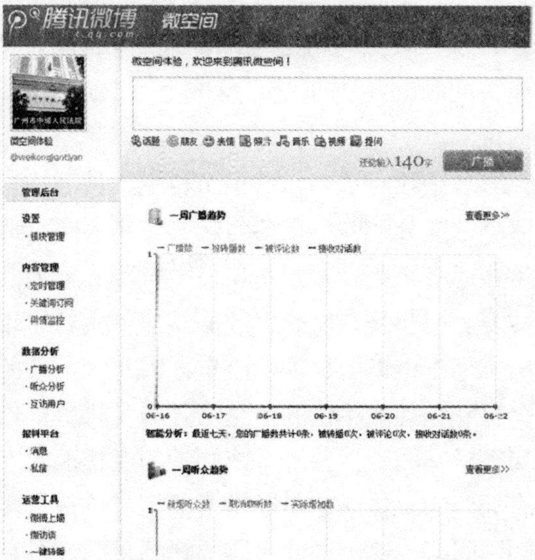

图3-19　腾讯微博在“机构微博微空间”左侧“管理后台”栏列出微博分析工具

②线上推广、活动开展

利用政务微博开展线上活动，例如在线微访谈、微博上墙等，需要向微博运营商申请，同时可以通过微博运营商把自己的微博账户推送到用户页面的显眼位置，例如广告宣传条、好友推荐等形式，这种宣传推广方式省时省力，效果显著，不过同时也占用一定的运营经费。

③运营培训、舆情管理

国内微博运营商在开辟政务微博板块的战略下，会“抢夺”政府政务微博的“首开”权，政府部门可积极与各运营商沟通，根据自己的需要和运营商能提供的资源来选择平台。由于政务微博运营人员大部分没有微博运营经验，一般情况下运营商会提供专人对政务微博运营团队进行培训，如腾讯微博会派人对基本的微博操作、爆料、投诉和舆情处理进行培训，以使运营团队在面对各种情况时应对自如。

对于恶性的微博评论和用户攻击行为，可以通过删除评论的形式，但是这种功能是居高临下的做法，与政务微博力图接地气、亲和、包容的做派背道而驰，政务微博在使用此手段时需谨慎。政务微博可以通过定制关键词或向微博运营商了解舆情动态，及时察觉负面舆情，思考对策，消除潜在的社会矛盾风险。

（4）内部沟通

另一层面的沟通是政府内部的沟通，其中包括政务微博与各政府部门间的沟通，和各政务微博之间的沟通。政府部门政务微博之间横向和纵向的联动，能加快问题的解决速度，形成上下级监督的阵势，向外部展现政府部门工作的和谐氛围。

一个政府部门包含多个科室，甚至还有下级单位，下级单位又分出不同的科室。这些分散的科室各自起的作用不同，负责的业务不同，以科室为单位开通政务微博会小题大做，不仅使微博团队庞大，增加工作量，而且过度琐碎细分的微博容易引起公众反感，政务微博所代表的政府部门小到何种程度，需要根据该部门实际工作情况和需求决定。因此一个政务微博应作为一个统一的渠道，发布各个科室和功能单位的信息，并向各科室单位传达网络舆情。一个部门的政务微博与各科室间则需要一个将两者勾连起来的人，这个人就是微博通信员，类似于政府部门的媒体通信员。微博通信员负责与微博的文字编辑联系，提供信息和业务问题回答，这个通信员需要熟练掌握该科室的业务知识，并能及时专业地回答或分发处理微博文字编辑转发的网民问题。

政务微博之间互相关注、评论和转发，有助于加强政府不同部门机构之间的沟通与交流，实现跨部门跨地区的互动与协同，形成集群优势。例如上海公路管理处通过浏览下属单位的微博内容来了解他们的工作状况，据该公路处负责人介绍："我们的道路是联动的，交通是一体的，我们要了解公路，要了解快速道路，还要了解地铁，就都要上他们的微博。每个微博都是交通类的，五花八门什么信息都有。一方面每个微博自己要建设好，另一方面我们还要发挥集群的效应。"

此外，粉丝量小的微博还可借助粉丝多的微博来转发信息，从而通过借力来扩大自身信息的传播范围和影响。上海市交通运输和港口管理局指出："希望可以加强政务微博直接的横向沟通。我们的微博像地铁啊，听雨轩啊，我都有加关注，我们有时候也会转一些地铁的信息。有些政务微博影响力不是很大，影响力度大的微博可以帮忙转一下。"

相关单位应根据业务工作的实际，在业务相关的政务微博之间互相关注、评论和转发，互相提供信息，以加强政府不同部门机构之间的沟通与交流。此外，推动微博群建设和政务微博整体入驻，既有利于部门间的沟通，也方便公众查找，更能在应对突发事件时，最大限度地发挥应急协同作用。

4. 发布机制

（1）发布时间

政务微博发布讲究时间规律，若是深更半夜人们沉睡时发布，自然第二天一大早，所发的微博内容便被其他账户的微博刷得一干二净。中国网民的活跃程度随时间变化高低起伏，微博运营商的后台数据可以监控到微博用户的活跃时间段分布，政务微博运营团队应与微博运营商沟通，得到网民活跃程度时间变化的数据，根据这个活跃程度时间分布，来决定微博发布的时间。这样微博发布针对性提高，事半功倍，得到网民关注和阅读的概率大大提升。

腾讯提供的其微博平台用户活跃时间段如下：

周一至周五：07:30—09:30；12:30—13:30；17:30—19:00；20:30—22:00。

周六、周日：11:00—17:00；17:00—18:30（尤为活跃）；21:00—01:00。

若将政务微博精致化，还要根据不同的时间发布适宜的内容。比如清早或深夜，就不适合发布容易引起激烈情绪的微博内容，而工作时段又不适宜发布娱乐性过强或活动参与类的微博内容。活动参与类的内容可安排在午休、上下班等网民闲暇时段发布，这样参与度会比网民工作时的参与程度高。

例如，“@上海发布”会集中在早上上班、午餐过后、晚上下班和睡觉前的几个时段发布微博，这些时段都是公众的闲暇零散时间，无论是使用电脑还是移动终端设备，公众在这些时间上网的可能性大，有的放矢，所发布的微博更容易得到公众的关注。

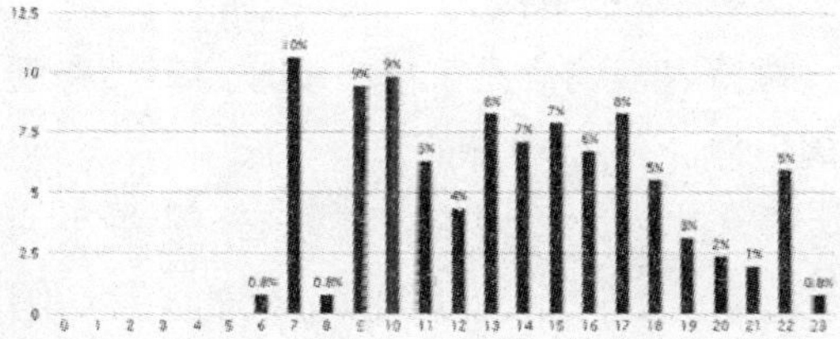

图3-20　“@上海发布”一天内发博时间段分布图

（2）更新频率

微博运营商虽然提供了自由的信息发布平台，但政务微博不可能时时刻刻更新发布，物极必反，过于频繁地发布微博，容易给粉丝或听众造成信息过量的困扰，这种强势的感觉会促使网民取消对政务微博的关注。因此，根据网民活跃的时间分布规律，有选择地挑选时间段，发布内容精致的微博即可，高水准的内容自然会引来网民的转发，影响力不是一蹴而就的事，而是要通过不断地被转发，一点点形成的。

据腾讯微博的相关研究数据总结，每日坚持发布5—10条左右微博是比较合适的数量。这样做既能保证信息的更新，又不会引起网民的反感，同时每日至少要和网友互动一次。在政务微博运营成熟后，可根据各政府部门特点和运营团队具体情况安排，切忌频繁刷屏，造成网友取消关注或收听的尴尬局面。

截至2013年6月30日，“@上海发布”腾讯微博账号共发表微博总数12 761条，日均21.9条。截至2014年8月30日，“@上海发布”新浪微博账号共发微博总数23 337条，原创微博22 356条，日均原创微博发帖约22条，由图3-20发博分析统计图表可以看出，“@上海发布”的微博早晨7时最为活跃，在夜间也有较大的发博量。

（3）发布技术

当今互联网上流行一种微博发布软件（如“皮皮时光机”），可以提前一天将第二天要发布的微博内容准备好，软件会在第二天自动将准备好的微博定时发送在微博账户上。这种发布方式提高了微博发布效率，节省人力，时间针对性强。但是省时省力也带来问题，如果单靠软件发布微博，不能达到及时与网民互动的效果，发布形式过于机械，个性不足，容易给网民造成“僵尸微博”的印象。另外，提前一天准备的内容不具备时效性，实时更新对于最新资讯和一些文件政策，以及危机公关内容尤为重要，软件定时发布的形式使微博内容的时效性和灵活性大打折扣。因此，微博发布软件和人工发布应结合起来，互动和时效是政务微博运营中的重要问题。

（4）信息审核

微博内容的信息审核可以分为事实和观点两类，而事实又可分为重大事件和常规事件。

重大事件的微博内容需要部门一把手的审核，微博作为一个言论平台，直接与公众对话，一举一动得到公众的关注，因此审慎发布重大事件能减少发布后带来的风险和负面影响。而对于常规的事实信息，则可以放权，由日常的微博运营人员定夺。

对于观点类的微博内容，需要更加谨慎，观点是一个部门价值观的直接体现，政务微博运营人员所发布的观点应代表整个部门的统一意见，而不是运营人员的个人观点。运营人员应注意，政务微博是一个机构的发言平台，代表着一个组织，而不是个人的言论渠道，政务微博所拥有的影响力、粉丝听众资源是属于政府部门的，因此运营人员不能随意利用政务微博发布自己的观点和言论。

政务微博作为新事物，仍受到传统的政府内部行政流程的制约。在应对突发事件时，一些政务微博在信息发布和回应反馈上仍沿用过去的审批流程和管理方式，凡事都需经过层层审批。原有信息审批机制虽然能够确保信息质量，避免应对失误，但降低了政务微博回应速度，无法发挥微博的时效性，影响沟通效果；在应急情况下，很可能丧失最佳的应对时机，造成公众不满。此外，一些领导对微博管理的特性和规律，还没有全面透彻的认识，仍按老办法管理微博，给微博一线管理人员造成困惑，打击了积极性。

突发事件发生后，在保证信息质量和权威性的情况下，尽快发布信息和做出回应，主要包括以下几种方法：

①对发布信息按等级分类

按照突发事件的紧急程度和重要性，对发布信息等进行分类，对不同类别的信息在审批流程上采取不同方案和办法，对于重要性较低的信息，给予一线人员以充分的权限独立应对。例如，上海市燃气管理处和申通地铁集团有以下经验：

"信息分成ABCD4类。A类是基础操作平台直接操作；B类属于集团内的，两个网站上有的，他（一线人员）也可以直接回复；C类必须通过集团审核；D类必须通过集团和我们（微博管理负责部门）两级共同审核。安全方面的要走哪个流程，业务方面我们事先给他模板，大致设想好有哪些情况，应急突发的要怎么回答。否则太慢了，有些通过邮件和手机就发送了。

"应急一般以运管中心为主，比较大的事情可能集团来审。比如低级别紧急事件，一般5—10分钟之内就可以完成，而相对非常危险的，他们也没有经验的事件，可能就要我们这里过一下。

"他把情况发到我手机上，我同步了解，我觉得有必要的就接，一般情况不接，自主权在他们那边。"

②做好人员替代应急方案

"还分好AB人，万一这个走了，再换另外的人，两个人总归找到一个，都有流程，都是事先约定好、分好类。"

③加强内部沟通

在应对突发事件时，不同层级和不同部门的微博之间加强内部沟通，可以加快信息发布、流转和回应流程，例如：

"今天有一个乘客说2号线和10号线少了一个防止游客对冲的走向标，我们就'@'了我们的二运，二运马上有站长去现场调研改善。有点类似于内部办公了，我们直接通过微博转过去了。" "有些网友的问题是很细节的，比如某一块某一个入口或某一个人行道，这些过于细节的东西我们没办法回复，就直接'@'下面的部门。"

上述这些部门的有益尝试带给我们的启示是，要完善应急信息发布流程，需要对信息进行分类，在审批流程上区别对待，并做好应急预案；不同层级和不同部门的微博之间加强内部沟通，以加快信息发布、流转和回应流程。更重要的是，领导在微博时代也要转变思路和传统的工作方法，对于微博一线管理人员要予以充分信任和授权，鼓励和培养其独立应对的能力。

【本章小结】

完善政务微博的管理运营机制不是一蹴而就的过程，需要政府部门仔细权衡，不断实践。管理机制的建构是政务微博运营的基础，职责界定和人员配备是重中之重。在实际的运营中，各级政府根据自身特点选择特定的发布平台决定了政务微博所站的“高度”，用户群差异、本地可控性、运营服务水平和平台技术功能都是平台选择的影响因素；而有效整合传播部门政策信息、政务动态、新闻报道、互动内容等不同类型的微博内容，又决定了政务微博的“广度”和“深度”；另外，政务微博的沟通机制、发布机制决定了政务微博能否实实在在助力于政府传播和推动微博问政的发展，也就是政务微博的“力度”。

第四章　政务微博的编写策略

【本章摘要】

政务微博的关注度、影响力是通过编写、发布、回应一条条的微博累积而成的。短短140字的微博，看似简单容易，实则暗藏乾坤。政务微博编写通常需要考虑标题、话题、正文、结尾、图片、链接、音视频等诸多构成要素，编写策略既要体现出政务微博的定位和风格，又要符合网络新媒体的传播规律，这对习惯了公文写作和单向传播的公职人员来说无疑是一项困难和挑战。

一般来说，政务微博的编写策略包含四大部分：①文体结构特征，整体掌握标题、话题、正文、结尾等构成要素的编写要求与技巧；②文本编写策略，重点掌握内容选择和叙述策略；③图片的使用，探讨如何让图片“亮”起来；④音视频的使用，包括如何拓宽素材来源。

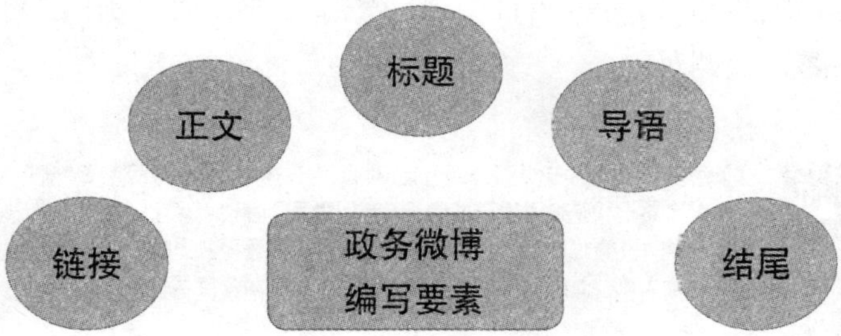

一、文体结构安排

微博平台对微博文本的字数限制为140字，这对于习惯了洋洋洒洒的公文书写的政府部门来说，如何言简意赅可能是一开始就面临的挑战。从文体结构来看，微博虽然短小，可是文体结构依然需要做到完整、清晰。一般来讲，一条政务微博的文体结构主要包括：标题——“【 】”、话题——“#　#”、链接、长微博以及结尾点睛句等。为了达到有效的传播与沟通，政务微博在文体结构上应尽量做到形式灵活，巧妙安排微博文体结构组合中的四大要点：

1. 标题：点睛之笔

由于微博具有浅层次阅读的特点，网民喜欢简短、清晰、快捷的信息。为了吸引网民继续浏览，微博首句标题需要有吸引力。通常，微博中使用“【 】”形成标题，标题既可以让碎片化的信息在有限的时间内得到完整的传播，又可以让主要内容被迅速浏览。

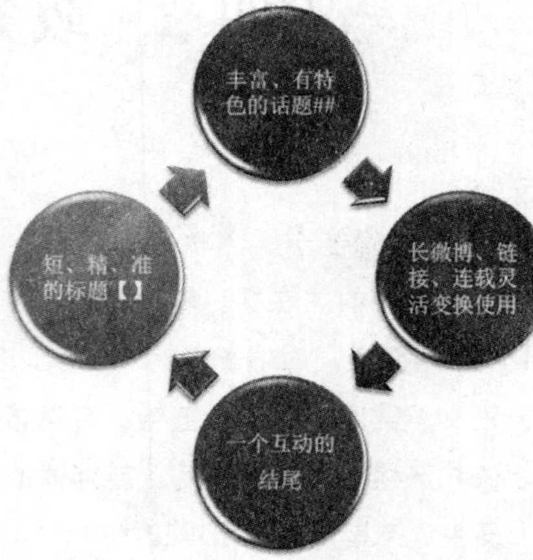

图4-1　政务微博文体结构安排组合

让一个标题可以点睛，应基本做到：（1）内容精练短小，15字以内为宜。（2）标题节奏要快，多用短句，少用长句。（3）标题要突出重点，一语道破大意。（4）若是新闻类微博，尽量做到具备5W和1H[1]。（5）内容要有趣味性，吸引眼球。

例如，“@上海发布”发布一条以【大宁灵石公园“宝贝当家”开建啦！】为标题的微博，表达通俗，主要信息一目了然，亮点在于，用语气词和感叹号来与网友拉进距离，强调互动。

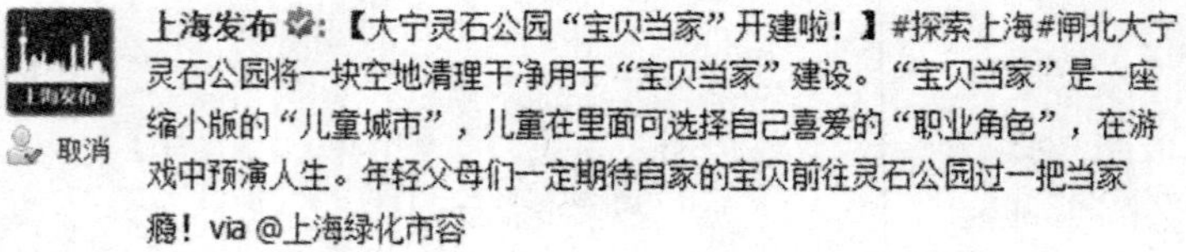

图4-2　“@上海发布”发布的微博采用简洁标题

“@中国广州发布”发布一条以【高考禁用繁体字　您淡定吗】为标题的微博，除了将主题提炼出来，还运用设问的形式，引导激发网友的讨论，得到了网友的热烈响应。

1　5W和1H：指新闻报道写作中的5个基本要素：对象（what）——什么事情，场所（where）——什么地点，时间和程序（when）——什么时候，人员（who）——责任人，为什么（why）——原因，方式（how）——如何。

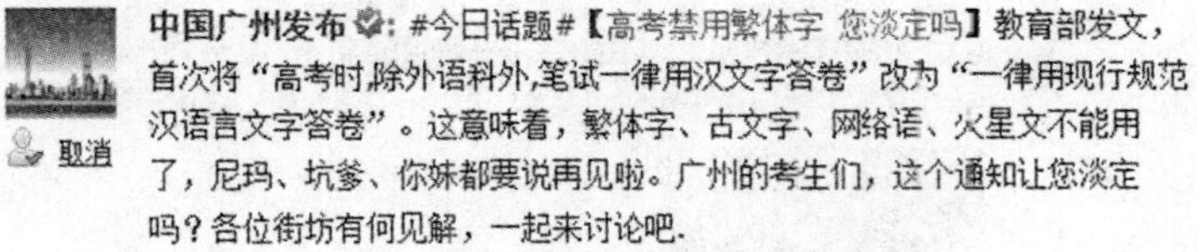
中国广州发布：#今日话题#【高考禁用繁体字 您淡定吗】教育部发文，首次将“高考时,除外语科外,笔试一律用汉文字答卷”改为“一律用现行规范汉语言文字答卷”。这意味着，繁体字、古文字、网络语、火星文不能用了，尼玛、坑爹、你妹都要说再见啦。广州的考生们，这个通知让您淡定吗？各位街坊有何见解，一起来讨论吧.
取消

图4-3 “@中国广州发布”发布的微博采用设问式的标题

“@微成都”发布一条以【成都的娃儿真的凶哦！】为标题的微博，标题不仅运用了方言的表达，还通过标题设置了一种悬念，引得网友好奇，从而继续阅读。

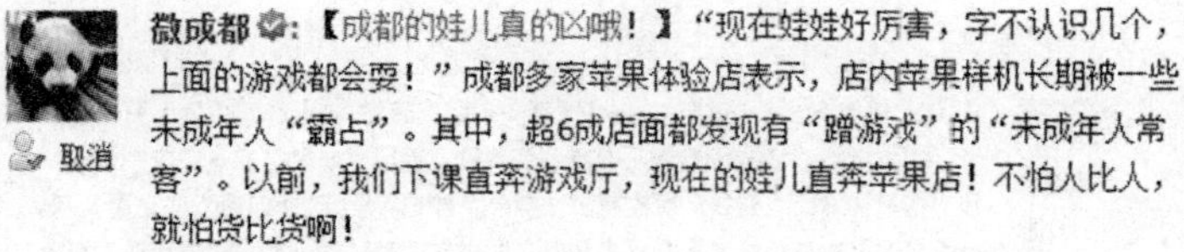
微成都：【成都的娃儿真的凶哦！】“现在娃娃好厉害，字不认识几个，上面的游戏都会耍！”成都多家苹果体验店表示，店内苹果样机长期被一些未成年人“霸占”。其中，超6成店面都发现有“蹭游戏”的“未成年人常客”。以前，我们下课直奔游戏厅，现在的娃儿直奔苹果店！不怕人比人，就怕货比货啊！
取消

图4-4 “@微成都”发布的微博采用诙谐的标题

综合一些优秀的政务微博发布的标题，可以总结出若干优秀标题制作的策略：第一，概括事实可以方便网友快速阅读信息；第二，设问追问可以突出互动，吸引网友参与；第三，通俗表达可以增加网民好感，吸引网民继续阅读。

2. 话题“# #”：分类清晰

“# #”是微博内容分类以及设置话题的标志，话题的设置使得碎片化内容得以标签式地被分类，便于用户搜寻，同时体现微博内容的综合特点。

政务微博的话题设置应做到：（1）设置一些固定的话题栏目，也可以根据现实情况增减某些话题栏目。固定话题可以吸引粉丝持续性关注，从而赢得固定的受众群。（2）话题设置字数通常以不超过5个字为宜。（3）话题设置要有专属性，以防搜寻时出现重复，使之与其他微博话题相区别。（4）对同一个活动或事件设置“# #”话题，为避免给网友造成刷屏的感觉，尽量不要超过10—15条。这样既方便网友一键全览，又避免信息过于繁杂。

例如，“@微成都”的话题设置既涵盖了广泛的内容，又体现了地域专属性，“#成都好吃嘴#”就是专为网友推荐成都美食而设置的栏目，充分体现了政务微博服务广大市民、提供丰富信息的主要功能，得到广大网友持续的关注和转发。

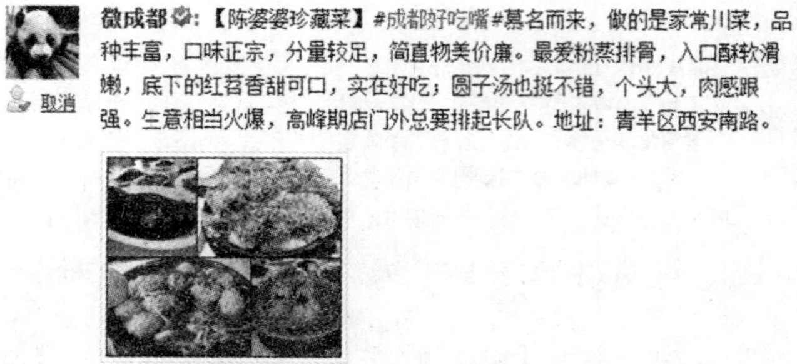

图4-5　“@微成都”的美食类话题

“@中国广州发布”的话题设置同样具有地域特色，“#服务知多D#”栏目是专为网友提供生活百科而设置，并且运用了粤语的表达，拉近了与网友的距离，更体现了独特性。

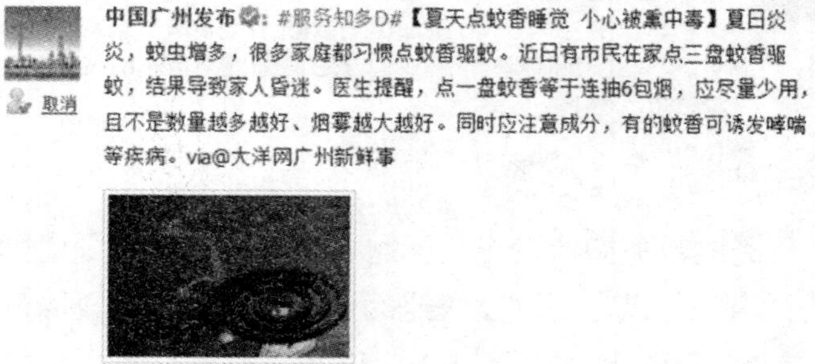

图4-6　“@中国广州发布”的生活服务类话题

目前，国内主流的政务微博发布的话题具有以下特点：第一，全面性。各个政务微博所设置的话题内容全面、丰富，包含了民生服务、网络问政、新闻资讯等领域的话题，例如政府外宣类微博一般都会开设旅游、美食、天气等固定栏目。第二，差异化。各类别的政府微博根据本职能部门的特殊性设置独特的话题，例如广东省高院的官方微博“@法耀岭南”根据法院的职责和特点，开设了诸如#法院动态#、#庭审直播#等话题作为该微博的品牌栏目，话题涉及庭审奇虎360诉腾讯案件、iPad商标侵权案件等社会热点事件，收到了良好的社会传播效果。

3. 长微博、链接、连载：有效补充

一条微博只有140个字，而想要提供和发布的信息比较长，怎么办？通常有三种做法：长微博、链接、连载。三种做法分别适用于不同的发布内容、发布时机以及发布形式，选择这三种方法发布长信息时，应灵活选择。

（1）长微博

长微博是一个随微博发展而兴起的转换工具，可以将超过140个字的内容转换

成图片，最多支持1万字，转换后文字清晰，然后以图片的形式发表，这样就突破了140个字的限制。[1]据观察，政务微博在发布新闻通稿、政策、突发事件回应、直播活动等一些对于连续性要求较高的微博时，可以选择此类形式。

小贴士：长微博制作要领

①图文相符，互相补充。

②背景与字体颜色要形成反差，背景以浅色为宜，以便阅读。

③字体风格要视内容而定，在一个长微博中，通常选择一到两种字体，且以黑体或者宋体为主，大小为三至四号。一方面，有利于阅读；另一方面，使得操作整齐划一。

④当内容较多时，为了避免重点不突出，可以尝试将关键词、句子以鲜艳颜色或特殊字体标注，以突出重点。

⑤常用的长微博制作工具及应用有（仅供参考）：Photoshop、TextImages等。另外，新浪等平台也推出了官方的长微博制作工具，只要在网络搜索中输入“长微博”即可有大量结果，操作简便。

⑥长微博较适合电脑用户，而对于手机用户来说，会有清晰度不高、打开速度较慢的不便。应根据实际情况，适当选择发布形式。

例如，某政务微博在进行一次直播活动时，共发布了165条同话题的微博，造成客观上的“刷屏”现象，给网友带来阅读的不便，失去继续关注的兴趣。这时候，可以选择长微博将直播内容汇总整合，直播结束后发布，给用户一个完整顺畅的阅读体验。

2012年6月6日，“@上海发布”将微访谈的实录内容通过制作长微博来整合，网友可以一次将访谈内容全部了解，阅读顺畅，同时直播过程中的图片可以更全面地展现活动内容。

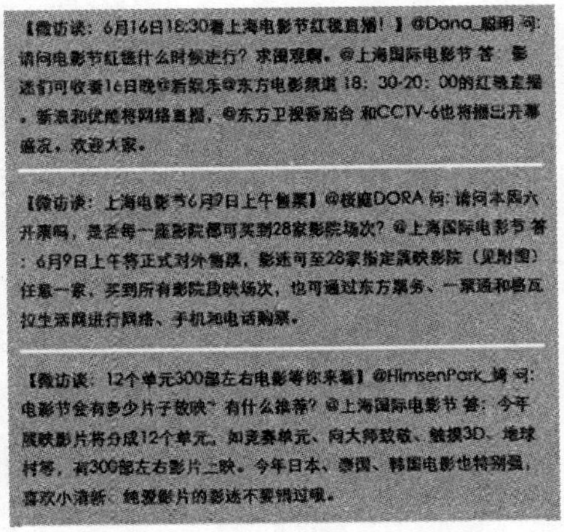
【微访谈：6月16日18:30看上海电影节红毯直播！】@Dona_聪明 问：请问电影节红毯什么时候进行？求围观啊。@上海国际电影节 答：影迷们可收看16日晚@看娱乐@东方电影频道 18：30-20：00的红毯直播，新浪和优酷将网络直播，@东方卫视新娱乐 和CCTV-6也将播出开幕盛况，欢迎大家。

【微访谈：上海电影节6月9日上午售票】@铱庭DORA 问：请问本周六开票吗，是否每一座影院都可买到28家影院场次？@上海国际电影节 答：6月9日上午将正式对外售票，影迷可至28家指定展映影院（见附图）任意一家，买到所有影院放映场次，也可通过东方票务、一票通和格瓦拉生活网进行网络、手机和电话购票。

【微访谈：12个单元300部左右电影等你来看】@HimsenPark_蟒 问：电影节会有多少片子放映？有什么推荐？@上海国际电影节 答：今年展映影片将分成12个单元，如竞赛单元、向大师致敬、絶妙3D、地球村等，有300部左右影片上映。今年日本、泰国、韩国电影也特别强，喜欢小清新、纯爱影片的影迷不要错过哦。

图4-7　“@上海发布”将微访谈的实录内容通过制作长微博来整合

1　百度百科：《长微博》，http://baike.baidu.com/view/6194369.htm。

“@中国广州发布”在为网友提供夏日赏荷的资讯和信息时，为了做到信息的全面、准确，需要提供交通指引、时间、地点的介绍，所以选择制作长微博，同时还附上图片，更吸引了网友的关注。在制作上，背景颜色与介绍荷花的内容相呼应，同时还兼顾到与文字颜色的对比，字体的大小适宜，方便阅读。

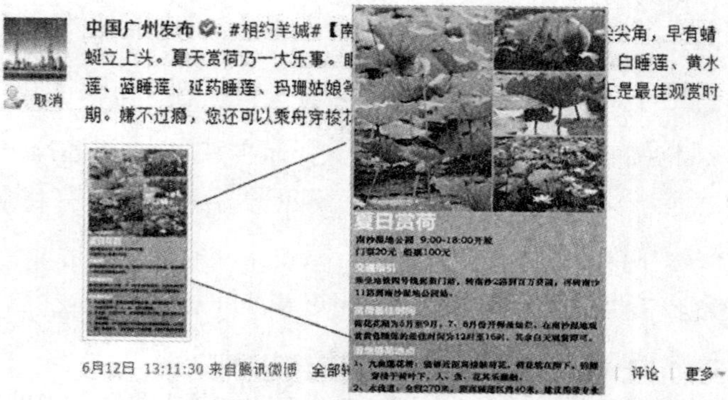

图4-8 “@中国广州发布”制作的长微博图文结合

（2）链接

链接，即指互联网中的网址，点击即可打开互联网页面。在政务微博发布内容中，相当一部分来自媒体报道、文件政策等，140字难以表达完整，这时，可在微博中挑选信息的重点来陈述，将更完整的信息以链接的形式供大家浏览。

小贴士：链接操作要领

①避免一句话加一个链接的方式呈现，无核心提示的链接不会引起用户浏览的兴趣，且容易给用户一个态度不认真的坏印象。所以，对具体内容应有一个引导性的解读。

②链接中的字母也算在140字内，为了减少链接占用的字数，可以使用一些微博工具或应用将链接变为短链接，常见的微博应用有“享拍微博通”“皮皮时光机”等（仅供参考）。下图中粗边框部分的“短网址”功能即可将长链接变为短网址，操作简单。

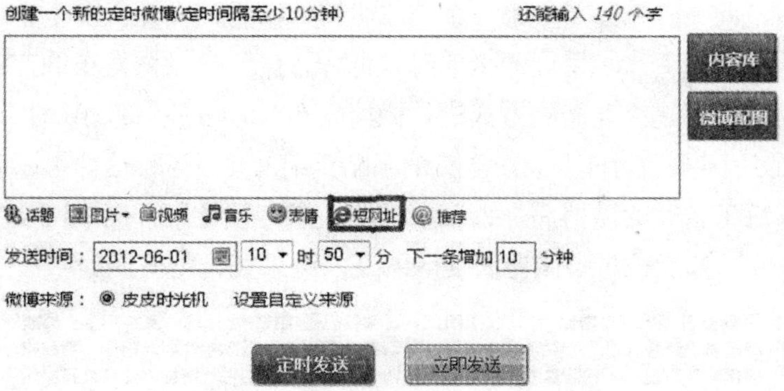

图4-9　微博发布助手“皮皮时光机”

例如，“@莞香花开”在发布一条关于火车站改造的新闻报道时，将报道内容的关键部分摘录，整合出了内容梗概，内容表达简洁明了，清晰准确，对只需了解整体情况的网友来说，即可清楚新闻的大概内容。对于需要更深入了解具体信息的网友来说，一键点击链接即可了解更详细的内容。

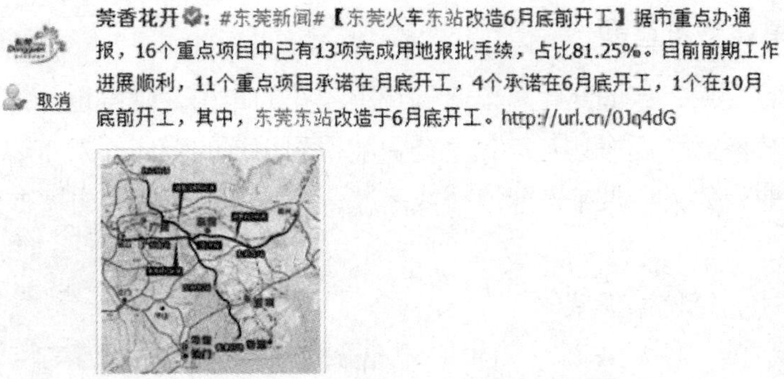

图4-10　“@莞香花开”新闻报道时将报道内容梗概与链接相结合

（3）连载

政务微博有时需要分开成多条微博，且在不同时段来发布信息时，可以选择连载形式发布。这样可以避免造成大量信息的冲撞。

小贴士：连载操作要领

①在需要连载未完成的内容时，请在末尾标注“待续”“未完”等字眼进行解释；

②这类方式较适合对于时效性要求不高的政策性新闻，分开解读可以使得内容简洁清晰，又不会耽误发布的时机。

例如，“@平安江苏”作为一个公安微博，常为网友提供安全常识。在为网友提供关于谨防高考诈骗手段的微博时，选择了分六条微博发布的方式，并分点叙述。可以看出，选择连载的方式进行微博发布时，应注意：第一，设置话题，例如#安全防范小贴士#[1]、#安全防范小贴士#[2]，等等，这样可以方便网友搜索；第二，每条未完的微博后面，应该注明“未完待续”，提醒网友继续阅读。“@平安江苏”如能在每条微博后提醒网友内容未完，则更佳。

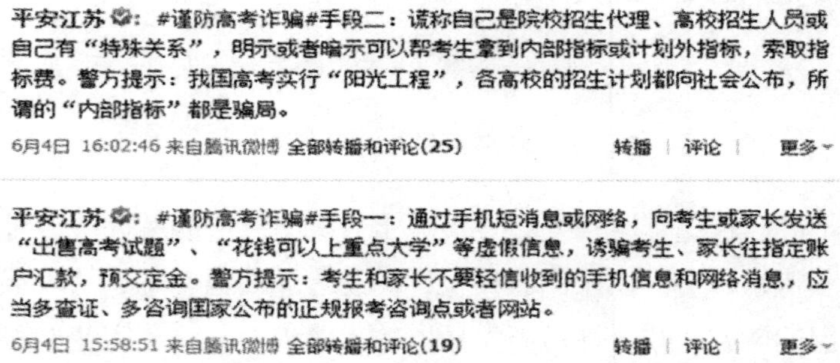
平安江苏：#谨防高考诈骗#手段二：谎称自己是院校招生代理、高校招生人员或自己有“特殊关系”，明示或者暗示可以帮考生拿到内部指标或计划外指标，索取指标费。警方提示：我国高考实行“阳光工程”，各高校的招生计划都向社会公布，所谓的“内部指标”都是骗局。

6月4日 16:02:46 来自腾讯微博 全部转播和评论(25) 转播 | 评论 | 更多

平安江苏：#谨防高考诈骗#手段一：通过手机短消息或网络，向考生或家长发送“出售高考试题”、“花钱可以上重点大学”等虚假信息，诱骗考生、家长往指定账户汇款，预交定金。警方提示：考生和家长不要轻信收到的手机信息和网络消息，应当多查证、多咨询国家公布的正规报考咨询点或者网站。

6月4日 15:58:51 来自腾讯微博 全部转播和评论(19) 转播 | 评论 | 更多

图4-11　“@平安江苏”为网友提供预防高考诈骗常识

4. 结尾：激发互动

对于一篇文章，好的结尾可以起到锦上添花的作用，微博也一样。从传播效果上来看，政务微博发布的互动信息是否能得到用户的响应，发布的天气预报是否能给风雨兼程的人们带来丝丝温暖或清凉，结尾是否有“勾引”很重要。

小贴士：结尾操作要领

①结尾应短小精悍，一语中的，充分概括，切不可将结尾作为撑满字数的鸡肋。

②要有服务意识，例如提醒大家多穿衣，提高防范意识，或者提供一些日常小建议。

③要有互动意识，当发布一些需要网友广泛互动和参与的微博时，政务微博需要达到鼓动和激发的效果。这时，号召式的叙述方式，标点符号、微博表情的变换可以起到一定的作用。

例如，“@平安江苏”在陈述了两起抢劫案件之后，在结尾细心提醒市民提高防范意识，并提供了防范的建议，体现了政务微博的服务意识。不过，如果使用一些表情、图片，语气更具亲和力则更佳。

平安江苏：#警方预警#近日，苏州连续发生两起储户在银行自助服务区取款被抢劫案件。2月25日夜间，杨某在工行石路支行自助服务区取款时被人乘机抢走800元现金、手机和银行卡。3月20日凌晨，程某在苏州园区工行天翔支行自助银行取款时，被人抢走2500元逃离。警方提醒广大市民夜间取款时最好两人一起，并注意防范。

3月22日 17:03:13 来自腾讯微博　全部转播和评论(57)　转播 | 评论 | 更多

4-12　“@平安江苏”在微博结尾向市民发出提醒

例如，“@上海发布”在发布一条天气预报微博时，将高温与着装、饮食、节气联系在一起，运用俏皮、可爱的叙述方式，营造一种生活化的气息。在结尾处，用一个俏皮的表情符号，引起了用户的共鸣，得到了较高的转发和评论数。

上海发布：【明天最高温升至29度，晴到多云】#天气预报#晴朗的周末，虽说有点小热，但还是让人心旷神怡。明天晴到多云，早晚稍凉，最高温继续攀升至29度！中午出门的话，又可以秀一秀清凉的夏装啦。快要六一儿童节啦，要不要追寻下儿时记忆，买个娃娃雪糕、赤豆冰棒或者冰砖尝尝？

5月26日 17:27:39 来自腾讯微空间 全部转播和评论(109)　转播 | 评论 | 更多

图4-13　“@上海发布”在微博结尾俏皮互动

“@微成都”在转播一条有关公益活动的微博时，除了运用通俗易懂的话语、贴近百姓的称呼叙述事实外，在结尾还巧妙运用了感叹号、表情来鼓动网友继续参与募捐，与网友达到了良好的互动。

微成都 转播：【成都尚#义集#】据小微了解：今天肖家河义集活动参与人次约4000人，不仅原计划的100张摊位全部申请完，还募集到了24户爱心家庭和他们的爱心承诺，募集物资超500件！在成都的朋友们：以后每月第四个周六，咱们都去肖家河“赶集”去吧！

图4-14　“@微成都”在微博结尾鼓励网友参与活动

二、文本编写策略

政务微博简明的语言、通俗的表达，拉近了与网民的距离，平等的对话、贴心的问候，让网民愿意将其作为一个获取信息、与政府沟通交流的平台。因此，政务微博文本内容的选择、话语的叙述策略以及风格，成为搭建政务微博沟通格局的基石。

1. 内容选择与分类

在政务微博一天当中发布的所有微博中，通常涵盖了文件政策、新闻资讯、活动预告、民生服务等丰富多样的内容，而不同内容所占的比重则与政务微博本身的职能、定位有关。例如，公安系统的“平安”系列的微博大多发布一些与居民安全有关的内容，旅游单位的微博则多选择当地特色旅游景点、美食内容进行介绍，而外宣、“发布”类的微博则立足于民生服务来进行信息、资讯的综合发布。我们大致将微博内容分为两大类：硬微博和软微博。

从新闻题材讲，“题材较为严肃，着重于思想性、指导性和知识性的政治、经济、科技新闻”谓之“硬新闻”；而那些人情味较浓的社会新闻（社会新闻、花边新闻、娱乐新闻、体育新闻、服务性新闻等）则归之于“软新闻”。[1]根据硬新闻与软新闻的分类，可以尝试将此种分类方法运用到政务微博内容的分类上来。

（1）硬微博

硬微博是指发布政法规、政务活动、公告通知、新闻资讯、时事热点、投诉咨询的回复等政务性信息，内容较严肃、正式，具有思想性、指导性和知识性。

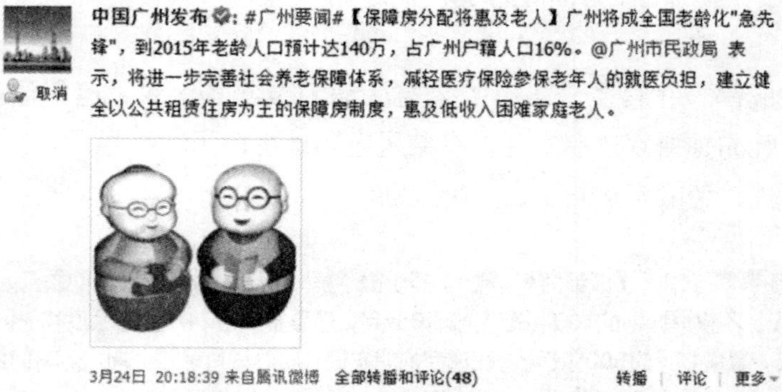

图4-15　“@中国广州发布”发布硬微博时图文搭配

（2）软微博

软微博指除硬微博外的涉及民生服务、日常提醒等内容，题材可以多元、宽泛，是非政务、非行政工作方面的资讯和信息，体现了政务微博贴近网民生活的特点。有时，一些党政干部的个人政务微博还针对一些事实热点进行评论，抒发个人的感受，达到与网民的互动和沟通。

例如，“@莞香花开”在网友快要结束工作、下班回家的时刻，发布了题为“晴为何物”的微博，根据东莞连日的阴雨，没有阳光的天气状况，搜集了调侃阴雨天气的诗句，用幽默的语气表达了网友对晴朗天气的期盼，并给结束了一天

1　甘惜分主编：《新闻学大词典》，郑州：河南人民出版社，1993年。

工作的网友带来了轻松的感受，得到了较高的转发和评论。

莞香花开：#轻松一刻#【“晴为何物”】太阳公公久日不露脸，大家等得焦急，于是纷纷作诗千呼万唤太阳露面。如：问东莞晴为何物，太阳总被阴霾遮住；问东莞晴为何物，东边天阴西边雾；问东莞晴为何物，潮湿雨水遍满屋；问东莞晴为何物，如今还得穿秋裤；问东莞晴为何物，宅在家不想迈步……要不，来接龙？

3月14日 16:57 来自腾讯微博　全部转播和评论(44)　转播 | 评论 | 更多

图4-16　“@莞香花开”发布的“轻松一刻”软微博

“@中国维和警察”是中国维和警察的官方微博，除了主要发布有关维和警察的工作、事件等微博外，也会发布供网友休闲、放松的微博。在题为“杜甫很忙”的微博中，“@中国维和警察”将热门的网络事件与本工作巧妙结合，加以创作，供网友娱乐与休闲，得到了很高的转发和评论。

中国维和警察：#午间休闲#【杜甫很忙】杜甫百忙之中抽身接受电视记者采访：“杜老，听说最近你很忙？”杜甫：“忒忙，各种穿越”记者：“最喜欢哪个角色？”杜甫：“中国维和警察，帅”。记者：“其他角色呢？”杜甫：“我能说粗话吗？”记者：“不能...这是电视直播...”杜甫：“不能吗？那我没什么好说的了...”

3月27日 12:06 来自腾讯微博　全部转播和评论(363)　转播 | 评论 | 更多

图4-17　“@中国维和警察”的“杜甫很忙”微博

“@廖新波”是时任广东省卫生厅副厅长廖新波的个人认证微博，针对和其职能、职务紧密相关的医改动态，他发表了自己对于医改动态的观点和看法，并与网友积极互动、交流，得到了较高的关注。

廖新波：“不给患者输液是要扣分的，扣分就等于扣补助。”这也是医改？难怪群众没有感觉到医改使费用下降了！难怪我提出“要尊严别学医”这么多人有同感！医生的尊严去哪里了？政策的伦理去哪里了？

昨天 08:55 来自腾讯微博　全部转播和评论(121)　转播 | 评论 | 更多

图4-18　廖新波在微博发表医改看法

2. 叙述策略

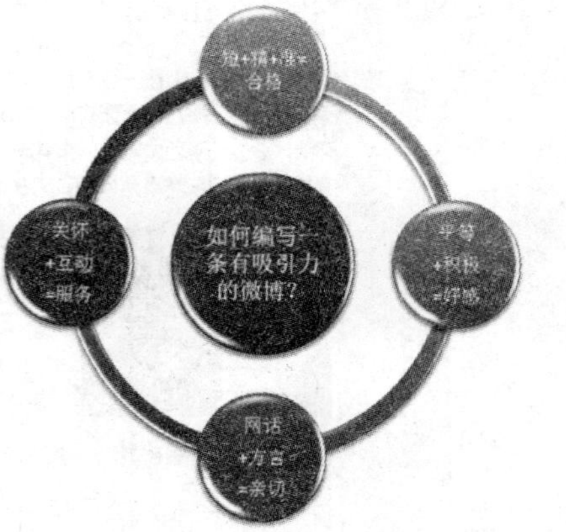

图4-19　编写一条有吸引力的微博的四个维度

政务微博出现以前，政府和民众之间缺乏一个便捷、有效的沟通渠道，政府部门常常给人以高高在上的姿态，百姓也对空洞的官方语言感到厌倦。政务微博的出现给了官民之间一个对话的平台。一条政务微博想要吸引网友的关注，实现有效的传播和沟通功能，应该与网络环境中的表达、沟通技巧相匹配。政务微博如何表达才能真正拉近与网民的距离？如何编写一条吸引网民阅读的政务微博？文本语言的叙述策略对此有所帮助。

（1）遵守短、精、准的叙述原则

微博快节奏、碎片化的传播方式决定了叙述方式的简短精致，而政府部门的权威公信力势必要求清晰准确，具体操作包括：首句标签“【 】”要短平快，最好不要超过15字，多用快节奏的短句；话题“#　#”要精准短小，最好不超过5字，同题微博最好不超过10条；语义表达清晰、明确，忌含糊其辞，让网友听清楚，看明白，忌忽悠；④称呼严谨、准确，不明确的身份需核实；⑤140字说不清时，可以附链接、长微博、连载发布；⑥尊重原创，非原创请转发，或者在结尾处通过“via”标明来源。

政务微博常发布的很大一部分内容是政府工作动态、新闻政策等内容，这样可以达到公开、透明，提升政府公信力的效果。为了将微博文本精悍的特点与政府公文的发布结合，浙江省海宁市司法局官方微博“@海宁司法”开创了“微博公文”的先河。

2011年4月1日，海宁司法局出台了微博公文的相关规定，正式启用微博公文。这也是中国第一条用微博形式发布的政府公文，和纸质形式的公文具有一样的行政效力。此后，“@海宁司法”常将司法局的公文公布于微博，这种微博公文叙述简洁、明了，将政务公开、透明，达到了不错的效

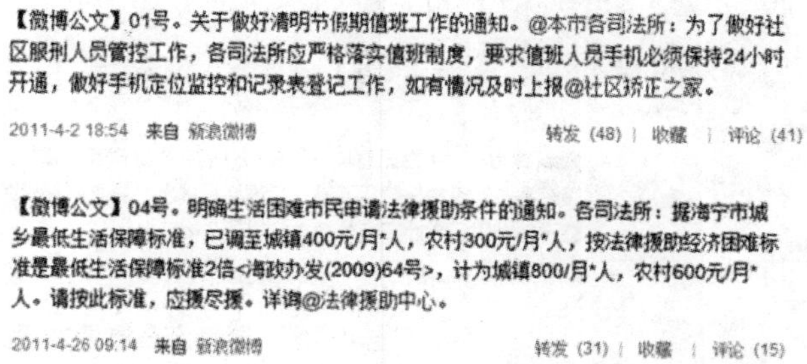
【微博公文】01号。关于做好清明节假期值班工作的通知。@本市各司法所：为了做好社区服刑人员管控工作，各司法所应严格落实值班制度，要求值班人员手机必须保持24小时开通，做好手机定位监控和记录表登记工作，如有情况及时上报@社区挢正之家。

2011-4-2 18:54　来自 新浪微博　　转发（48）| 收藏 | 评论（41）

【微博公文】04号。明确生活困难市民申请法律援助条件的通知。各司法所：据海宁市城乡最低生活保障标准，已调至城镇400元/月*人，农村300元/月*人，按法律援助经济困难标准是最低生活保障标准2倍<海政办发(2009)64号>，计为城镇800/月*人，农村600元/月*人。请按此标准，应援尽援。详询@法律援助中心。

2011-4-26 09:14　来自 新浪微博　　转发（31）| 收藏 | 评论（15）

图4-20　“@海宁司法”开创了“微博公文”的先河

果。微博公文是微博政务的一个有效尝试，让政务活动进入玻璃房，接受社会的实时监督。

“@上海发布”在发布一组有关华东理工大学老建筑的照片时，内容来自另一微博“@上海教育”，因此，在结尾处用“via@上海教育”标明了内容来源。

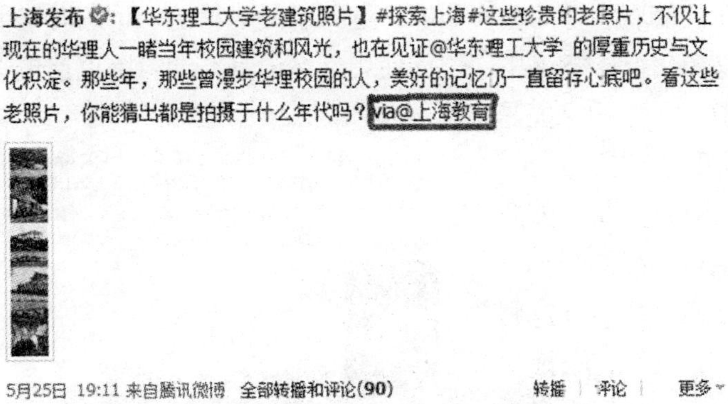

图4-21　“@上海发布”发布微博注明引用来源

（2）建构平等、积极的沟通语境

微博是一个平等、开放的平台，政务微博要想做到更贴近网友，必须摒弃官僚主义做派，在叙述策略上充分考虑到民众对信息的接受和理解程度，创造平等、积极的沟通语境。语言方面应通俗易懂，尽量避免照搬政策，使用大量生涩难懂的语言，更不要讲官话。

例如，“@上海发布”发布一条关于人保局的《女职工劳动保护特别规定》的微博时，并未直接引用政策条文的语言来描述，而是通俗地解释，语言简单明了，为网民的阅读理解带来很大的便利。最后，发布的微博中还主动联系新闻当事人“@上海12333”，一方面将内容来源指明，给想要进一步了解具体信息的网友一个咨询渠道；另一方面，通过联系相关人，保持互动，可以使得政务微博的影响力进一步扩大。

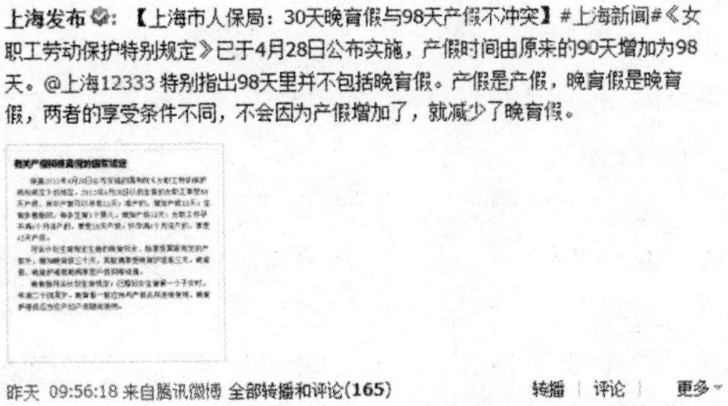

图4-22　“@上海发布”用通俗简明的语言解释《女职工劳动保护特别规定》

（3）巧妙借用网络语言和地方方言

适当说网话可拉近政府与网民的距离。淘宝体、咆哮体、凡客体等，都可以适当运用在政务微博中。这些风靡网络的语言文体都反映出网络时代人们对于传统叙述的倦怠。政务微博可以在适当的时候紧跟网络潮流，选择流行的网络语言来重塑政府在传统观念中的刻板印象，达到亲民的目的；但同时需要注意的是，网络语言可以巧用但不能滥用，过分使用网络语言，会给网民造成哗众取宠、不务正业的形象，尺寸的拿捏是使用网络语言的重要技巧。

2011年8月1日上午，外交部官方微博平台“@外交小灵通”发布一则招聘信息。这则招聘微博采用了时下流行的“淘宝体”叙述，在三个多小时内被转载4 800多次，引发网友热议。

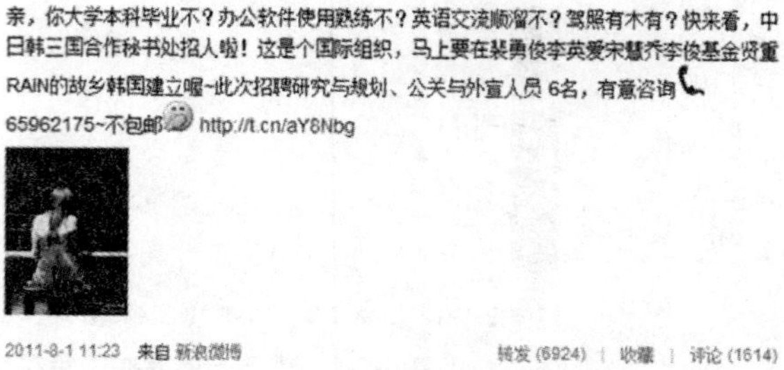

图4-23　“@外交小灵通”用“淘宝体”发布招聘信息

小贴士：近年网络流行语言一览

淘宝体：说话的一种方式，最初见于淘宝网卖家对商品的描述，其亲切、可爱的方式逐渐在网上走红并被用于诸多场合，以营造亲切、愉悦的氛围。常见字眼：“亲，……哦！”

咆哮体：一种流行于网络的文体，一般出现在回帖或者QQ、MSN等网络聊天对话中。咆哮体没有固定的格式或内容，就是带许多感叹号的字、词或者句子！这种看上去带有很强烈的感情色彩的咆哮体引来了粉丝的追捧。

凡客体：来源于凡客诚品（VANCL）广告文案宣传的文体，该广告意在戏谑主流文化，彰显该品牌的个性形象。常见语段有“爱XX、爱XX、不爱XX、爱XX、我不是XXX……我是XXX”，因其内容表达极富调侃，广受追捧。

元芳体：是网络流行语言风格，其句式为前面陈述一件事情，在最后会加上一句：“元芳，你怎么看？”“元芳体”来源于《神探狄仁杰》系列电视剧，剧中狄大人常对李元芳说：“元芳，此事你怎么看？”

小伙伴体：2013年6月，一段讲述端午节由来的小学作文内容截图在微博网友中热传。这篇文章，最早由新浪微博网友“@苏隐衡”发表于2011年11月14日。援引其中的一句话“我和小伙伴们都惊呆了”被作为网络流行语迅速传播，短时间内成为网民争相引用的口头禅。

方言是地方政务微博常使用的一种叙述策略，政务微博适当使用方言，可以拉近与网民的距离。例如，“@中国广州发布”在发布一则天气信息时，将粤语运用到微博中，这样交流更加亲切。方言的使用带来一种天然的亲近感和归属感，网民更加与政务微博产生共鸣。同时，此微博还在结尾提醒网民早点回家，受到网民的欢迎。但要注意的是，方言不能高频率地使用，否则会对其他网友设立阅读屏障，限制了微博网友的范围。

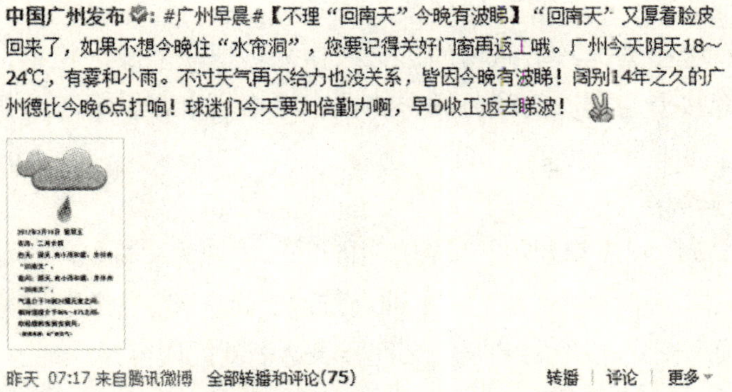
中国广州发布：#广州早晨#【不理“回南天”今晚有波睇】“回南天”又厚着脸皮回来了，如果不想今晚住“水帘洞”，您要记得关好门窗再返工哦。广州今天阴天18～24℃，有雾和小雨。不过天气再不给力也没关系，皆因今晚有波睇！阔别14年之久的广州德比今晚6点打响！球迷们今天要加倍勤力啊，早D收工返去睇波！

昨天 07:17 来自腾讯微博　全部转播和评论(75)　　转播 | 评论 | 更多

图4-24　“@中国广州发布”发布天气信息时将粤语运用到微博中

（4）提高互动与服务技巧

对于网友的提问、评论，要积极反应。语气平和，态度平等、礼貌、端正，面对争议时，了解情况后再解答。

“@平安银川”和“@深圳中院”在面对网友的求助、提问时，都使用了礼貌的称呼、平和的语气与网友沟通。“@平安银川”冷静对待网友的求助，积极提供服务帮助。“@深圳中院”面对网友的提问，既陈述了信息无法公开的事实，也消减了公职人员冷漠、不搭理人的刻板印象。

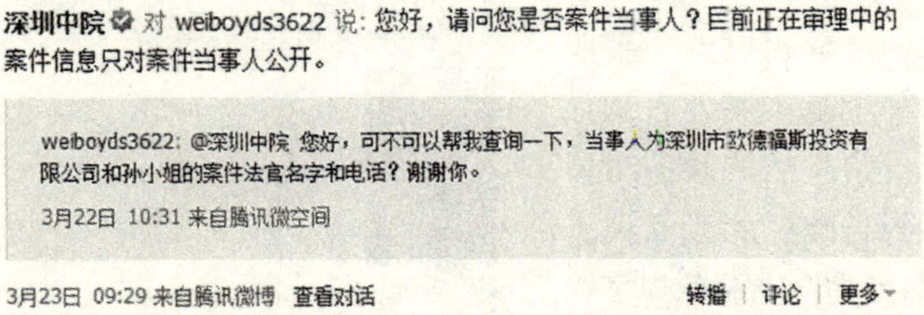
深圳中院 对 weiboyds3622 说：您好，请问您是否案件当事人？目前正在审理中的案件信息只对案件当事人公开。

weiboyds3622：@深圳中院 您好，可不可以帮我查询一下，当事人为深圳市致德福斯投资有限公司和孙小姐的案件法官名字和电话？谢谢你。

3月22日 10:31 来自腾讯微空间

3月23日 09:29 来自腾讯微博　查看对话　　转播 | 评论 | 更多

图4-25　“@深圳中院”微博上回应网友提问

另外，微博管理人员可以走向前台与网友互动，用富有亲和力的语言，与网友沟通。例如，“@平安肇庆”建立了一套规范的微博维护机制，几位管理员在工作开始和结束时，都会向网友问候。他们使用百姓间最常用的称呼和话语方式，十分亲民，得到网友的欢迎。

3. 语言风格

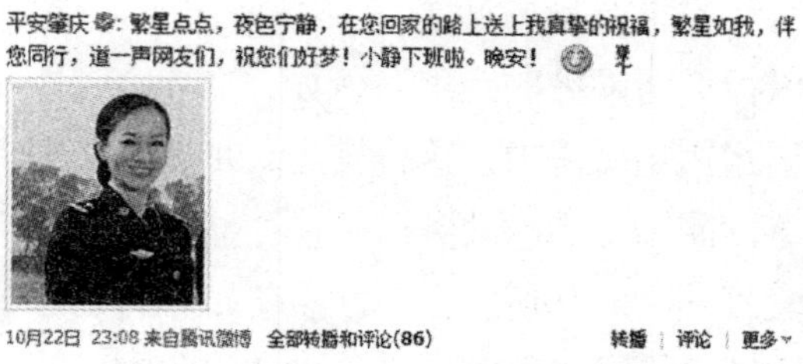

图4-26 “@平安肇庆”富有亲和力的语言

政务微博涵盖不同的职能部门，传播内容涉及综合事务的发布、形象推广、民生资讯服务等，传播对象千差万别。为增强微博的可阅读性和吸引力，政务微博的语言风格需体现职能部门特色，契合传播内容，适合受众接受心理。就政务微博的语言风格而言，以下三类颇受传播者和受众青睐：

（1）朴素简洁型

例如，“@中国广州发布”发布广州要闻，内容为广珠城轨修延长线后，乘客前往澳门只需一小时。语言上，平铺直叙，言简意赅，没有过多修饰，意思表达清晰、准确。充分利用了140字，又完整表达了新闻内容。

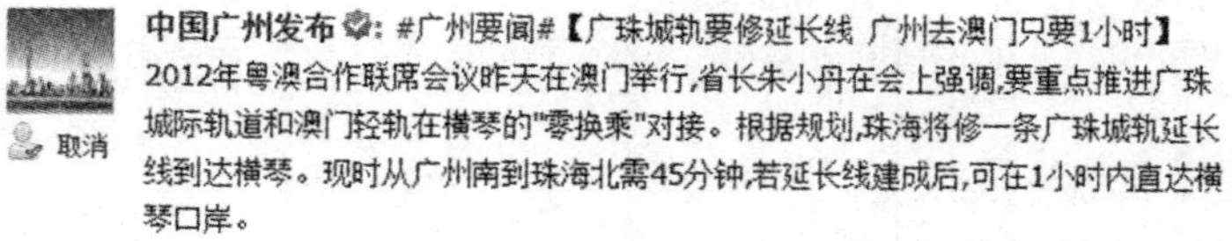

图4-27 “@中国广州发布”朴素简洁型的微博

“@山东省旅游局”发布了一条关于人生感悟的微博，分点陈述，多用短句，无任何赘述，直白简洁，却表达了丰富的含义。

（2）可爱亲民型

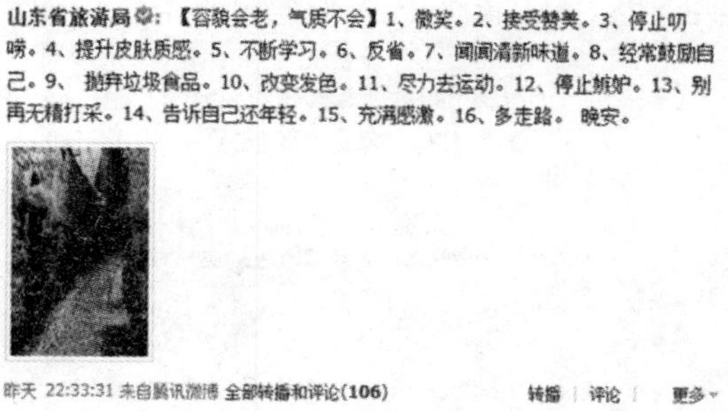

图4-28 “@山东省旅游局”朴素简洁型的微博

“@上海发布”在发布一条天气状况的微博时，对天气进行了幽默的调侃，还建议网友不要脱掉日常穿的棉毛裤。网友看到如此了解居民日常生活的政务微博时，定会感到与政府的距离拉近了，“@上海发布”充分体现了它亲民为民的风格。

取消

上海发布：【气温今起反弹，棉毛裤别急着脱掉】#早安上海#话说上海的天气，可谓跌宕起伏，荡气回肠，让人拍案叫绝。月初最低温先降14度，接着又升9度，然后又降了13度，现在又要开始升了。今天2-10度，周二周三继续回暖，周四起握不牢再次降温。大家的me more cool别急着脱掉，冷暖交替可要注意噢。

图4-29　“@上海发布”可爱亲民型的微博

“@微成都”在端午节时，发布了一条祝福微博，以一首押韵的打油诗的形式，为网友送上了节日浓情蜜意的祝福，立刻得到网友的转发和评论。

微成都：【端午节接力送祝福】#成都下午茶#我是粽叶你是米，一层一层裹住你；你是牙齿我是米，香香甜甜粘住你；粽子里有多少米，代表我有多想你。今天端午节，赶紧给你亲爱的人送上端午节的祝福吧！小微先来：香香甜甜就是爱，祝@微成都 的各位微们都要幸福啊！你来接下去吧！

今天 16:00:05 来自腾讯微空间 全部转播和评论(108)　转播 | 评论 | 更多

图4-30　“@微成都”在端午节可爱亲民型的微博

（3）幽默调侃型

“@微成都”常发布一些来自网友提供的笑话来逗网友开心，这则冷笑话一经发布，就达到了近千条的转发和评论。网友评论：“可怜天下父母心哪！”可看出，政务微博用幽默调侃的风格发布与网民生活相关的微博，能引起网友的强烈共鸣。

微成都：【不能让孩子输在起跑线上】某日在朋友家，看到她的电脑里挂着四个QQ，其中有两个没加一个好友，但QQ等级都是一个太阳以上的了……好奇之下我就问她干嘛要挂着两个没有好友的QQ，吃饱撑着的啊！她缓缓的说，将来给我的孩子用，不能让他们输在起跑线上。OMG,她的形象瞬间在我的心目中高大起来。（网络）

图4-31　“@微成都”发布的幽默微博

三、图片使用

微博上的信息丰富、多元，内容庞杂，网民对文字阅读有种“快餐心理”，若仅凭140个文字是远远不能保持网民持久关注的，也不能生动、多元、有效地表达内容。那么政务微博在图片的使用上，需要做到哪些呢？

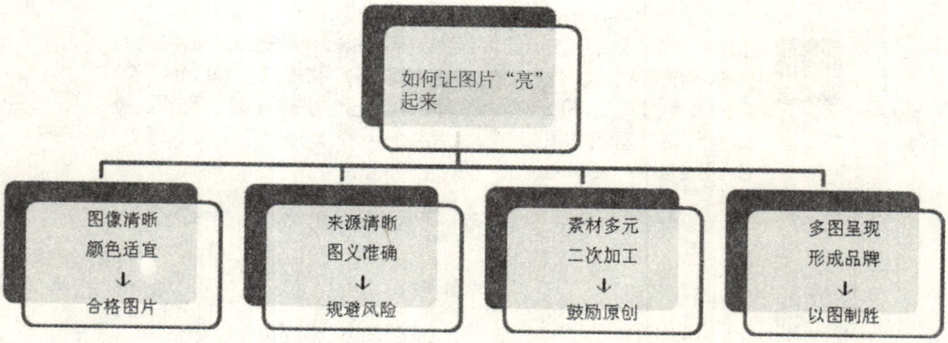

图4-32　让微博图片“亮起来”的四个方面

1. 图片来源

（1）原创图片

可以是本部门拍摄的图片。如公安、法院、检察院等职能部门，可以将本部门工作时的现场图片发布，一手资料加强了内容的可信度。例如，“@深圳中院”通过微博发布在案件的庭审过程中拍下的照片，即时，准确，直观，有效。

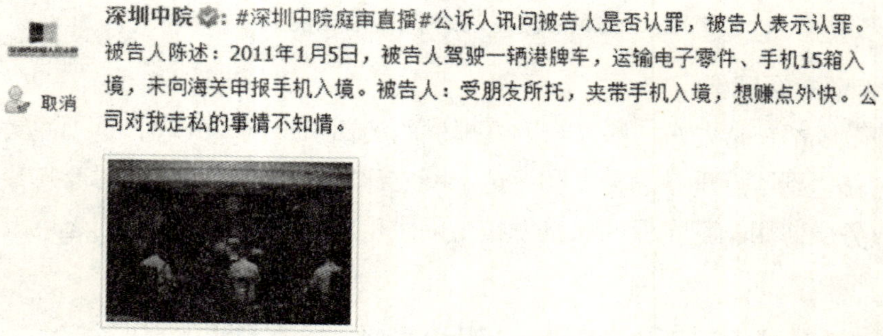

图4-33　“@深圳中院”庭审现场图片

（2）媒体转载

政府部门可以从当地的报纸、电视台、门户网站等媒体得到新闻图片。

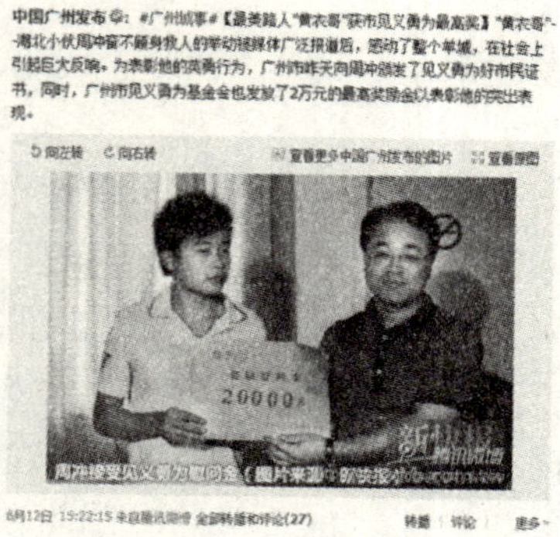

图4-34　“@中国广州发布”转载引用媒体的图片

（3）网络图片

管理人员可多搜寻一些适合的图片进行保存，建立一个按内容分类的图片库，以备不时之需。另外，图片可以不局限于静态，还可以在发布轻松、幽默的内容时选择动态图片活跃气氛，一般会得到粉丝和听众的喜爱。同时，图片若无法准确、贴切表达意思时，可以尝试使用漫画。例如，“@之江先锋”在发布浙江省委组织部原部长蔡奇关于干部下基层的微博时，用漫画作为补充，既让文字的含义更加深刻，又不失幽默，给网友留下深刻的印象。

图4-35　“@之江先锋”采用漫画配图

（4）网友征集

图片来源可以拓宽，面向网友征集是个不错的选择。可以适当举办一些活动征集网友的旅游、美食、个人记忆等内容的图片，既可快速获得图片，又能增强政务微博的亲民性，可谓一举两得。“@微成都”常选择来源于网友提供的图片作为素材，这样既加强了与网友的互动，又拓宽了素材。

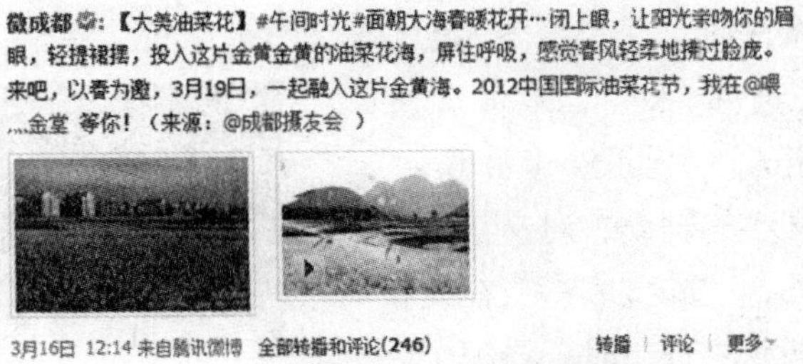

图4-36　“@微成都”征集网友图片

2. 图片规范

（1）图像清晰

为了便于查看，图片的大小一般宜控制在50—100 KB之间，像素大约在100 000 pixel以上，这样基本能保证图片清晰。若网络来源的图片质量太大，可使用图片处理工具进行压缩，以形成适宜网络发布的大小。

（2）注明来源

图片非原创时，需尊重作者权益。例如，“@重庆市政府新闻办”和“@中国广州发布”在发布带有新闻图片的微博时，都注明了图片的来源，并进行了图片说明，做到了详尽清晰。

图4-37 “@重庆市政府新闻办”和“@中国广州发布”在发布带有新闻图片的微博时，都注明了图片的来源

（3）保护权益

图片涉及到隐私时，为保护当事人权益，要进行处理。例如，“@禁毒在线”在转发一起缉毒案件时，保护当事人的肖像权，将关键部位进行了处理。

图4-38 “@禁毒在线”在图片使用时对当事人的关键部位进行了处理

（4）图文相符

图片应作为文字的辅助，对文字进行补充和提高。例如，“@微成都”在发布一条关于清明节扫墓的资讯时，搭配了一张图片。然而，图片的内容并未与清明节的主题契合，易引起争议，建议选择其他图片。

3. 图片发布和编辑技巧

在发布微博时，使用图片处理工具，对图片进行再加工，能够大大提高微博图文结合的可观性。目前，国内常见的微博图片处理工具有Photoshop、美图秀秀、光影魔术手、POCO照片管理工具等，一般情况下，图片处理可以在以下几部分进行加工：

（1）多图呈现

微博表达内容比较丰富的时

图4-39 “@微成都”清明节配图较为不合理

候，建议尝试多图呈现，必要时可以选择拼图。例如，“@山东省旅游局”发布一则关于清明假期的旅游攻略时，列举了10大景点，并附上了景点图片，将图片拼接。但是，多图呈现时，最好可以做到一一标号注明图片所对应的景点。

“@微成都”在拼图时，常常选择在细节处添加亮点。对边框进行设计、修饰，使得图片更美观精致。

图4-40　“@山东省旅游局”微博多图呈现

图4-41　“@微成都”在拼图时常常选择在细节处添加亮点

（2）专有标识

尝试制作搭配微博的专属标识，附加至文本及图片上，形成一种政务微博标志性的Logo。“@上海发布”在图片制作上做了较多尝试，其中，他们制作了“@上海发布”的专有标识，标识包含上海市的地标建筑，体现了大都市的繁华和国际化，同时也将综合、多元、服务民生的特点反映出来。在发布图片时，随即附带，达到加强本微博传播的效果，增进了网友对“@上海发布”的认可度和辨识度，有助于微博的自我推广。

图4-42　“@上海发布”的配图加上自己的专有标识

（3）固定模板

对于固定发布的话题栏目，可以将其图片的风格和版式固定下来。这样，可以让长期关注此栏目的网友形成更持久的阅读习惯，并有助于形成微博自身的风格。例如，“@上海发布”的天气预报是其每天固定发布的内容，于是，“@上海发布”制作了专门为天气预报发布准备的图片。这样，天气预报的图片拥有了固定的图片样式，网民熟悉后，会认可此种发布形式，大大增强了网民的持续关注度。

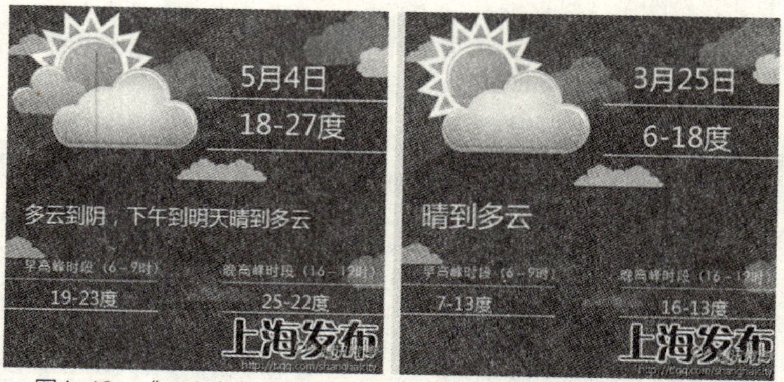

图4-43　“@上海发布”制作了专门为天气预报发布准备的图片模板

四、音视频使用

对于信息内容的形式，通常情况下，动态内容总会较静态内容更直观，更深刻、更具体。政务微博在宣传城市、部门形象，呈现当地热点事件时，制作一个几分钟的短片或许更能吸引网友的关注，留下深刻的印象。因此，鼓励政务微博在适当的情况下使用音视频。

那么，如何在政务微博中恰当使用音视频呢？

1. 音视频获取来源

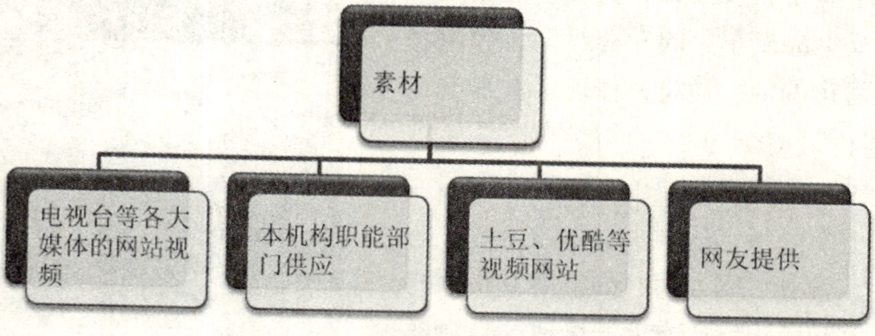

图4-44　音视频素材获取来源的四种渠道

（1）原创音视频

政务微博发布的音视频可以是本部门录制的原创材料。其内容可以是与本职能部门相关的，也可以是介绍当地旅游、美食的。例如，“@上海发布”“@微成都”都制作了自己的城市宣传片；“@中国维和警察”制作了维和部队的形象宣传片《和平之剑》，同时将其设为“置顶”，网友在进入其主页时，即可首先注意到此片，使中国维和警察勇敢、坚强的形象更深入人心。

（2）媒体提供

当发布一些时事的新闻播报等内容时，可以选择搭配媒体拍摄的视频。例如，“@微成都”常搜罗各大电视台的新闻视频，这样，既丰富了发布形式，又增强了发布内容的可信度。

（3）视频网站

各大门户网站、视频网站拥有内容丰富、题材多元的音视频。政务微博可以搜索到大量与本微博有关的素材。例如，“@上海发布”即在网络上找到了制作烤鱼的教学视频，为网友提供了方便快捷的做菜技巧，得到了大量的转发。

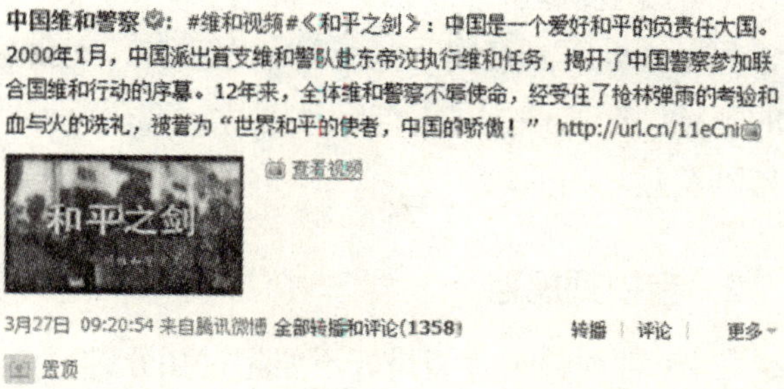

图4-45　“@中国维和警察”制作了维和部队的形象宣传片《和平之剑》

图4-46“@微成都”常搜罗各大电视台的新闻视频

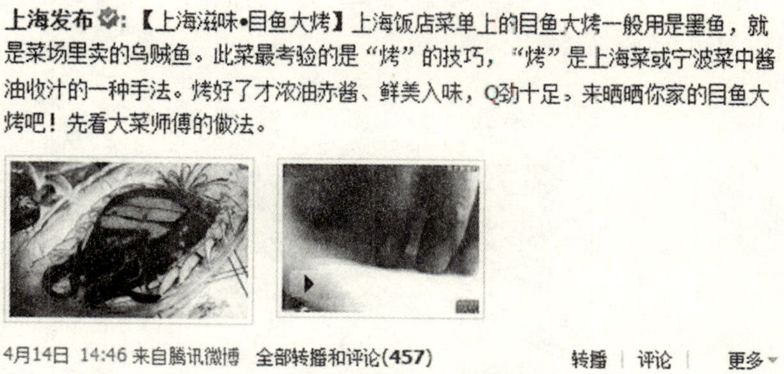

图4-47　“@上海发布”转发网络上找到的制作烤鱼的教学视频

（4）网友提供

可以面向网友征集一些有关个人旅游、美食等的视频，吸引网友提供各类有趣的视频。在这点上可以与征集图片、文章等形式结合起来，作为一些定期推出的与网友互动的活动。

2. 音视频规范

（1）音视频的时间最好不要超过10分钟；
（2）音视频来源清楚注明；
（3）音视频质量尽量保证高清晰度。

3. 音视频编辑技巧

发布音视频时，可以选择使用音视频剪辑工具如Premiere、绘声绘影等软件，简单易操作。例如，可以将静态图片拼接，制作成动态效果的视频。又如，可尝试将电视台的新闻节目，利用视频剪辑工具将内容提炼、剪辑，二次加工。

对于政务微博形象宣传的经典音视频，可以聘请专业广告公司或外包团队制作，发布后置顶在微博内容中，亦可以放置在微博页面以及微空间中，并设置自动播放，更易传播。

【本章小结】

对于习惯了政府公文严谨、程序化编写的政府工作人员来说，刚上手政务微博可能最大的问题就在于要“写些什么”和“怎么写”。办好政务微博是由一条条140字以内的微博累积起来的，在新媒体时代下，政务微博的一线人员更应该主动学习网络传播技巧，在微博结构安排、文字编写、图片影音搭配方面，琢磨出适合本部门长期使用的一套方法。同时不断求新求变，适应网络社会瞬息万变的特点，精心编写好每条微博，搭建有特色、亲民众的政务传播和沟通平台。

第五章　政务微博的推广策略

【本章摘要】

互联网时代再也不是“酒香不怕巷子深”的年代了，政务微博搭建好平台、发布好内容之后，必不可少的是对自身的宣传和推广，只有让更多老百姓和网友知道，才可以更好地通过这个平台来为民提供服务，与民沟通。

本章将从政务微博的视觉形象设计、政务微博的推广途径、如何适度增加粉丝数以及如何提升政务微博的人气这四个方面介绍政务微博的推广方法和渠道。通过不同的推广策略来扩大政务微博的影响，能够在一定程度上提升政府部门的公信力。但需要警惕的是，不可将政务微博的推广当作一个纯粹的政治指标来抓，尤其需要避免粉丝崇拜症、过度攀比和恶性比较，应该加强微博内容的建设，保持政务微博内容的新意，丰富服务信息的种类，满足网友多方面、多层次的需求，与网友良性互动，构建一个实现政民沟通的优质平台。

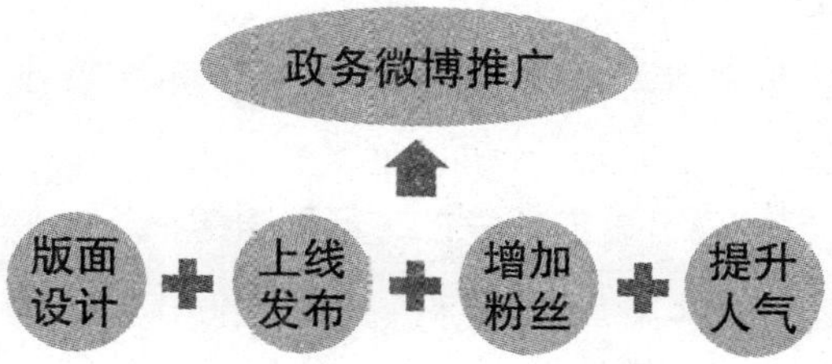

一、怎样规划政务微博的视觉形象

在这个眼球经济时代，视觉形象是吸引受众注意力的排头兵，是营销推广中必不可少的要素。政务微博作为一种新的政府信息传播渠道和载体，其视觉形象设计应能够体现政府部门在新媒体时代中的新风貌，有助于塑造一个能彰显政府部门特色的自媒体品牌，体现与民沟通、为民服务的理念，使得政府形象在网络信息传播中更加丰满，增强自身的影响力和亲和力。

1. 制定名称

政务微博的名称对于政府部门形象的塑造具有重要意义。易懂、易记、易识别的名称，能够体现出政府部门的文化内涵和精神风貌，拉近政府与网民之间的距离。

（1）以“城市+职能部门”直接命名的微博

如广州政务微博系列，“@广州国税”“@广州工商”“@广州铁路”“@广州天气”四个字的命名直接明了、简单易记，便于网民找寻这些职能部门。

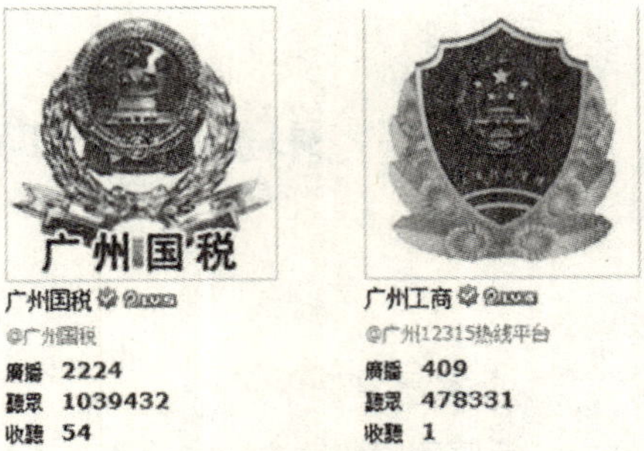

图5-1 直接命名的微博“@广州国税”“@广州工商”

（2）公安系统“平安”系列微博

以“平安+地区”来命名，便于识记，是公安系列微博的首创。如“@平安南粤”“@平安北京”“@平安肇庆”。目前公安微博群是我国规模和影响最大的政务微博群，“平安”系列的官方微博获得了很高的认可度，其中，省级、副省级以上微博的带动与示范效应明显，如“@平安南粤”“@平安北京”“@平安中原”“@平安辽宁”“@平安江苏”等。

图5-2 “平安系列”的微博“@平安肇庆”“@平安辽宁”

（3）城市“发布”系列微博

“发布”系列微博从2012年开始迅速发展，是具备综合城市形象推广功能的一类微博。以“城市+发布”的形式彰显了各城市的政府新闻办公室的职能定位和影响力，目前开通的城市涵盖了国内主要的省份、省会城市和其他一线二线城市，如“@北京发布”“@中国广州发布”“@上海发布”“@新疆发布”等。

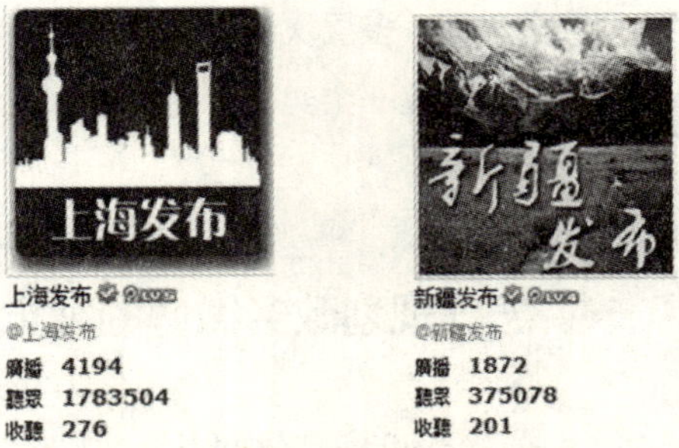

图5-3 省会、省份发布的微博“@上海发布”“@新疆发布”

2. 设计微博头像、Logo标识

微博是建立在弱关系社交下的社会化媒体，每个用户都拥有一个代表自己特点和身份的头像。党政机构微博可以选择具有本区域、本单位特点的标志作为头像。例如“@微成都”以国宝熊猫为头像，“@中国广州发布”则以广州塔等广州城市地标为头像，“@莞香花开”则专门设计了Logo标识。官员微博最好选择个人真实图片作为头像以明确身份，给网民公开、透明的印象，例如中共浙江省委组织部原部长蔡奇的微博“@蔡奇”就采用亲切、祥和的照片作为头像，拉近与网民的距离。

小贴士：政务微博头像设计的技巧

①头像作为图片，建议原创，体现政务微博的自主性和原创性。

②头像一定要达到起码的清晰可辨，像素一般在15万—20万左右。

③头像的设计尽量简洁、易辨，复杂的图像对于手机等移动客户来说不易观看。

④头像设计需要拥有含义，例如以城市的标志性建筑、动植物、自然景观等作为头像。有特色的头像可以给网民直观深刻的第一印象，体现政务微博的职务、地域特点。

图5-4 浙江省委组织部原部长“@蔡奇”的微博标识

图5-5 “@微成都”“@中国广州发布”“@莞香花开”的微博标识

3. 布置界面

界面即政务微博的主页面，以腾讯微博为例，共分三个竖栏，包括政务微博的头像、简介、微博文本、用户资料（听众、广播等）、标签、展示窗口、留言板、友情链接等。一个政务微博的界面就像一个企业在博览会中的展台，让各个部门展示自我，提供一个双向交流的平台。关于界面的设计，提供以下建议：

（1）界面背景

①城市发布类的微博：界面的背景可以选择城市特色地标、景点、代表性的动植物等，作为宣传城市形象的生动展示。例如“@中国广州发布”以城市标志“五羊”和广州地标建筑为背景图片，图像清晰度高，视觉感官性强，以城市特色建筑为背景，很好地宣传了城市形象。

图5-6 以“五羊”和广州地标建筑为背景图的微博界面“@中国广州发布”

②专业性强的行业性微博：可以选择具有行业特点或体现行业生态的图片作为衬托，与微博职能相契合。如“@平安辽宁”以展现民警风姿的图片为背景，还添加了警民融乐的画面，彰显了公安部门的亲民形象。

图5-7　以民警风姿为背景图的微博界面“@平安辽宁”

另外，政务微博的背景不必是一成不变的，到了与本区域或行业密切相关的节日、纪念日时，可以选择更换专门的纪念性的背景图片。但是，需要注意的是更新与推广并行。

浙江嘉兴市旅游局官方微博“@嘉兴旅游官方资讯”端午节时在页面上设计了颇具节日喜庆气氛的背景，并推出了嘉兴端午民俗文化节主题：“一声盼端午，回首便是时——‘嘉兴端午·中国味道’，品水乡民俗文化，2012中国·嘉兴端午民俗文化节欢迎您！”

图5-8　以端午节为背景图的微博界面“@嘉兴旅游官方资讯”

（2）界面的字体与颜色

微博主页面关乎粉丝听众对微博的第一印象，因而需要直观醒目的视觉效果。而字体设计和颜色搭配直接影响界面的视觉冲击力和受众的阅读感受。在进行界面的字体和颜色搭配时，可以参考：

①文本的字体最好选择宋体，最易阅读，简洁明快；

②文字与底色最常见最安全的搭配是黑色文字与白色背景。

（3）界面的模块设计

①简介

头像是政务微博的“图像名片”，而简介就是“文字名片”。简介是每个政务微博必须向网友呈现的身份展示，是网友第一次认识、了解政务微博的渠道。一般来说，简介需要包括机构或个人的职务、区域以及联系方式，一些微博简介加入部门和区域特色，增色不少。

“@微成都”用了“凡客体”来介绍自己，塑造了一个亲民、时尚、接地气的政务微博形象：“爱吃火锅，更爱喝茶，不爱没有阳光的天空；爱摆龙门阵，爱打望，不爱没有田园的水泥森林。爱这座城，她发展最快；恋这座城，她生活最慢。爱熊猫，也爱表达；爱互动，更爱分享。我叫小微，在成都，爱成都！”

“@银川发布”用了“淘宝体”来介绍自己：“亲，累了、倦了、烦了，就来银川发布坐坐，这里简约、雅致、静美，是您放‘心’的地方。”

“@欢乐长安”引用了“欢乐”一词的含义来介绍自己：“所谓欢乐，是一种积极的态度，欢乐长安，不是即时，而是常态。国学大师饶宗颐赐予广东省东莞市长安镇‘长乐安宁’，寓有永恒之意。”

图5-9　“@微成都”“@上海税务”的简介

“@上海税务”介绍了发布的内容及微博平台的愿景：“及时发布政策信息，即时开展纳税辅导，真心倾听您的意见，真诚回应您的诉求，‘上海税务’微博与您相见相识相知相约，与您携手共建和谐税收，共促科学发展。”

“@无锡发布”运用了排比的句式介绍了无锡的地理环境及文化风景：“无锡，处太湖之滨，居运河之畔，享鱼米之乡，揽江南之胜。无锡，是山水之城，无锡的山水，不孤立，不傲世，山水交融，相得益彰；无锡，是园林之城，无锡的园林，在街头，在巷尾，触手可及，魂萦难忘；无锡，是文化之城，有思想，有功绩，墨香四溢，源远流长。你好，这里是无锡市人民政府新闻办公室官方微博，欢迎围观，共话无锡。”

“@深圳市民政局”介绍了职能部门的宗旨及提供了联系电话和地址，方便网友查询：“宗旨：以民为本，为民解困，为民服务；地址：深圳市笋岗东路12号中民时代广场A座；业务咨询电话：12349。”

“@江宁发布”先用“外江无事，宁静于此”解构了江宁的含义，并用排比句式来展示风貌：“外江无事，宁静于此，这里是人民群众安居乐业的乐土；孙吴争衡，东山再起，这里是能人志士创业腾飞的热土； 牛首烟岚，秦淮逶迤，这里是诗人墨客流连忘返的净土； 湖熟遗风，东晋风流，这里是文人雅士徜徉品鉴的沃土； 江宁发布，与您同行，在这里品味历史文化，感悟幸福人生。”

②公告栏

公告栏起到一个上传下达的作用，有关于本区域职能部门的新闻可以在这里达到更醒目的传播。例如“@微成都”在公告栏上设置了链接，可以直接点击进入详细信息页面。

③标签

以腾讯微博为例，在页面的左边栏或右边栏设置了标签，有的政务微博标签代表了城市特色，如“@中国广州发布”，它设置了千年羊城、智慧广州、花城广州、美食广州等9个标签，让网友在第一时间内了解广州；有的政务微博的标签则代表了部门职能，如“@广州国税”，它设置了纳税、发票、增值税、车购税等9个标签，方便网友点击找寻想要了解的微博内容。“@广东政法”设置了网络问政、法治、政法、民生、禁毒等10个标签，能够让网友明晰它的职能。

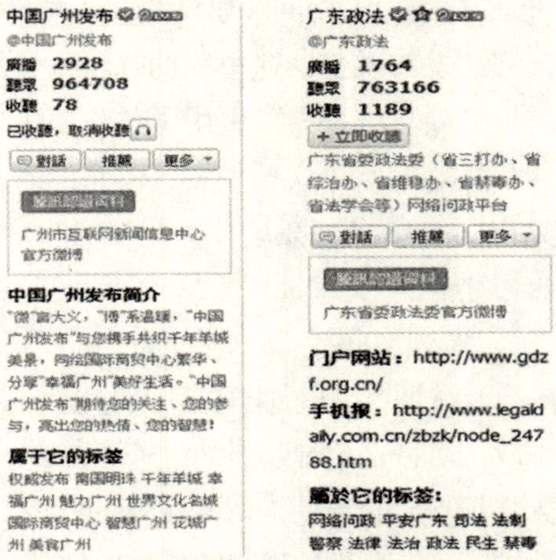

图5-10 “@中国广州发布”“@广东政法”的微博标签

④互动区域（投票、提问、热线、调查问卷等栏目）

一些政务微博不但通过微博文本与网友互动交流，还专门在界面上设置一个投票、提问的板块，供网友长久与微博互动，且这些互动区域常常体现网络问政的功能。例如北京市怀柔区政务微博“@山水怀柔”在微博界面上设置了“京郊怀柔什么最吸引你”的投票，不仅宣传了区域的风光，也让网友更方便快捷地参与到互动中去，让政府了解民众的真实看法。

图5-11　“@山水怀柔”在微博上的投票互动板块

⑤置顶图片、宣传片视频

以腾讯微博为例，中间一栏的内容主要放置微博文本，微博文本顶端可以将最近热门的新闻、图片、视频进行置顶，帮听众筛选重点信息。另外，宣传片可以给听众良好的第一印象，了解这个城市或部门的特点和功能。也可以将城市特色的自然景观、人文景观图片放置上去，并定期更新，以达到强有力的传播效果。如“@上海发布”，放置了关于《90上海&我们的梦》宣传视频以及代表上海的上海新景和世博会的图片。“@银川发布”则放置了《幸福银川》视频及“银川新貌”的系列图片。

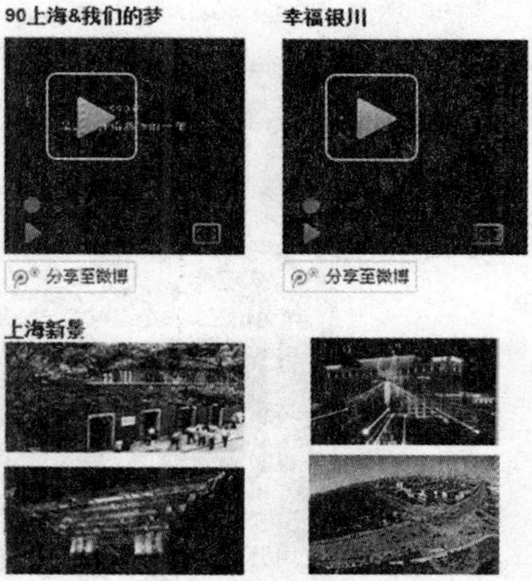

图5-12　‘@上海发布”和“@银川发布”的宣传视频

二、如何有效推广政务微博

宣传推广是快速提升政务微博知名度和美誉度的有效途径，也是长期提高政务微博舆论引导力和政务服务工作效果的有效策略，这里概括了七种途径和策略。

1. 借助传统媒体进行宣传推广

政务微博在上线第一天或上线一段时间后，除了可以在微博平台发布博文来进行推广，还可以借助当地的传统媒体，定期对该省、市、区的政务微博进行报道，让传统媒体的受众也认识到政务微博。

2011年11月28日，上海市人民政府新闻办公室实名认证的政务微博“@上海发布”于当日上午8：40上线，上海当地媒体《新民晚报》对其进行了报道：“@上海发布 上线后立刻引起网友热烈关注，20分钟内粉丝总数破万。截止到记者10：40发稿，微博粉丝数已经达到20 273人。在两个小时内，@上海发布 发出五条微博，四条围绕的是市民关心的菜价、住房等民生热点。”[1]

东莞市政务微博“@莞香花开”上线一段时间后，《东莞日报》定期对其进行了报道。2012年4月11日，《东莞日报》对东莞官方微博首次测评进行了报道：“官方微博实现全覆盖的东莞对16家市直单位及23个镇（街）、3大园区的官方微博进行了首次测评，在市直单位官方微博中，@平安东莞、@东莞旅游局、@东莞天气、@东莞共青团、@东莞社保等位居前五。测评显示，社会治安、天气、社会保障等民生类微博信息最受粉丝关注。”

“@成都发布”也受到《成都日报》对其定期进行的报道。2012年5月24

图5-13 “@银川发布”链接的23个政务微博和15个媒体微博形成集群

1 张建群：《上海市政府新闻办官方微博20分钟粉丝破万》，http://tech.sina.com.cn/i/2011-11-28/16196394399.shtml，2011年11月18日。

日，《成都日报》对“@成都发布”的内容策划进行了报道，并称其“很潮很时尚”。在微博选题上，“@成都发布”还重点关注热点话题的制造，以引发广大网友广泛关注和积极互动，增强服务社会功能。如对成都二环路改造方案发布会进行了现场图文直播；“@成都发布”在微博上号召网友“爱心接力”，寻找在都江堰市走失的小女孩。[1]

2. 推广政务微博群，形成网络问政合力

开通政务微博群，有助于政府部门集合力量提升虚拟社会管理能力和网络舆论引导水平，网友们通过微博群，能够更快更便捷地找寻问政的平台，获得咨询服务，让政务微博得到更好的推广，受到更多的关注。

宁夏推广微博问政开创了“银川模式”，在主微博“@微博银川”的框架下开通微博“@问政银川”和“@银川发布”，随后又开通了各部门单位的官方微博。“@银川发布”及各部门单位的官方微博在总体上形成一个完善的政务微博集群。“@问政银川”通常把网友反映的问题，相应地转发给本市170多个相关职能部门的政务微博，并督促其尽快回复。如网友“@张一zy ”通过“@问政银川”发问宁夏经济频道《都市阳光》热线：“手机尾号5568的观众问：孩子上下学乘坐2路公交，但是2路公交没有邮政刷卡机。请问邮政公司什么时候在2路车设刷卡机？银川邮政和银川公交有微博吗？”“@问政银川”在第一时间内将问题转给了“@银川公交”，并对网友“@张一zy”做出了详细的解答，“@银川公交”回复“@张一zy”：“您好，因为车载刷卡设备需要邮政公司的技术支持，现在邮政公司准备了新的技术设备，还在测试阶段，我们待测试数据稳定，可以大批量上线后会尽快安装。现在学生乘坐2路公交可持学生IC卡按六折优惠投币，不便之处还请谅解。”

截至2014年9月，腾讯微博“@银川发布”页面右边栏上共有“@平安银川”“@银川交警”“@银川食品”等23个政务微博形成集群，另有“@银川晚报”“@消息报”“@直播银川”等15个媒体微博。

2012年3月27日，全国首个省级公安微博服务平台上线，湖北警方正式推出湖北公安微博服务厅“平安荆楚微博群”，它聚合了湖北省公安厅、湖北各市州公安局、部门警种、县市区公安局、基层所队、民警个人微博六个层级共200

1　王斌：《“成都发布”很潮很时尚》，http://news.163.com/11/1020/05/7GPM7G6900014AED.html，2011年10月20日。

余个公安微博，进一步发挥集群和聚合效应。[1] 2014年3月26日，“湖北公安微博发布厅”在微博正式上线。湖北公安微博发布厅是湖北公安微博服务厅的全面升级，通过焦点图片、荆楚要闻、活动视频、公告栏等多样化形式展现公安风貌，饱满聚合了湖北公安系统微博及最新动态。[2]这是全国首个省级单位基于微博页面的“政务微博发布厅”，标志着湖北公安系统微博问政开启抱团协作的新篇章，其中，“微官网聚合板块”全面聚合省公安厅、市州公安局、县市区公安局、部门警种、基层所队和民警个人六个层级的公安微博，全省公安政务微博达1 000余个，形成集群效应。[3]

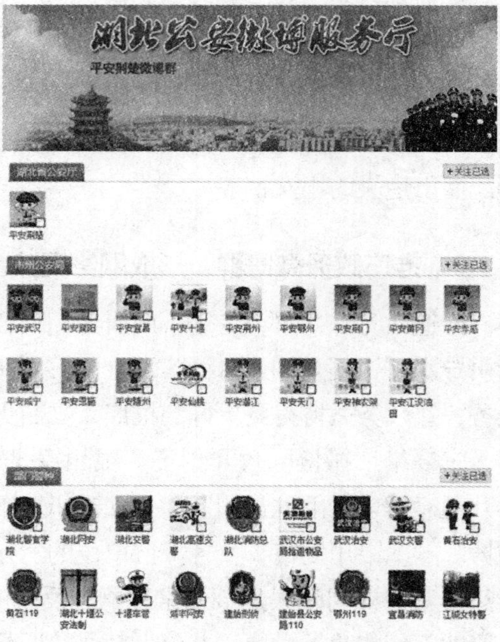

图5-14 湖北公安微博服务厅集群

佛山市南海区的“@南海微力”，拥有261个政务微博、265个社区微博、22个企业微博、17个公益微博、7个媒体及其他微博，共发表超过10万条微博，实现了从区级党政机关、镇（街道）到村（居）委会的全域覆盖。

3. 通过官方辟谣，树立权威形象

借助政务微博及时发布权威信息，让谣言没有生存和发酵的空间，政府能够在较短的时间内做出反应，平息谣言，避免公众被误导，让更多的人关注官方发布的确切信息，达到树立权威形象的推广效应。

2011年3月，日本地震核辐射引发的抢盐风波，“@微成都”在第一时间内利用官方微博平台澄清了谣言，微博一发出，就收到了转播评论1 864条。

---

1 辛闻：《湖北警方推出全国首个省级公安微博服务平台》，中国警察网，2012年3月27日。

2 法制日报：《湖北公安微博发布厅上线 》，平安荆楚网，2014年3月28日。

3 新浪湖北：《湖北省公安厅@平安荆楚 做客政务微博主编访谈》，http://hb.sina.com.cn/city/csgz/2014-05-22/0952169416.html，2014年5月22日。

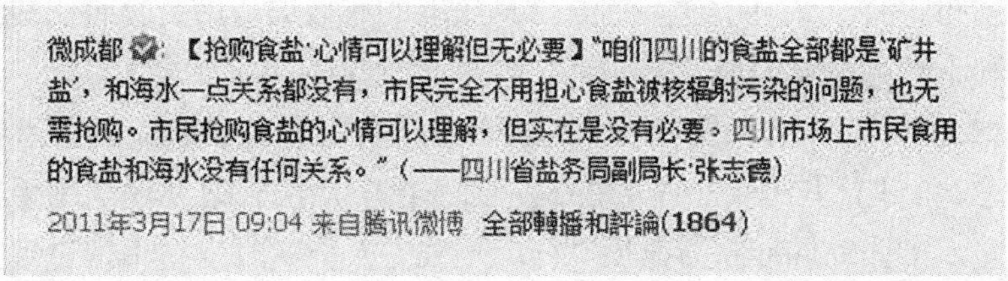

图5-15 "@微成都"针对食盐污染发布的辟谣微博

2011年5月20日，重庆市政府新闻办公室官方微博落户腾讯后，首条微博就开始辟谣——网上热炒"重庆人均月收入突破6 000元大关"，经向重庆市统计局和国家统计局重庆调查总队核实，该说法纯系误读，错误地将重庆调查总队发布的1—3月数据理解为月度数据。重庆调查总队4月20日对外发布的数据是：一季度重庆城镇居民人均家庭总收入6 272.71元，其中，城镇居民人均可支配收入5 905元。[1]

据新华网报道，"@银川食品安全"自2011年4月19日开通以来，截至2012年4月18日，共发微博1 860条，粉丝345 500名，共受理和调查彩色馒头、带色酿皮、鸭脖子、掉色西红柿、毒豆芽菜、勾兑醋等食品安全问题38类61种，组织查处各类食品生产经营单位370家，销毁问题食品8吨，及时发布信息，完成了食品安全管理模式的创新。[2]

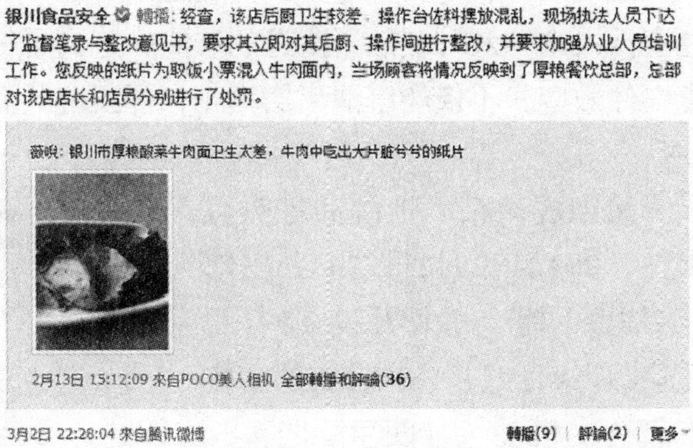

图5-16 "@银川食品安全"定期公布质量有问题的食品

4. 利用热点事件的关注效应扩大影响

应对突发热点事件，政府部门利用政务微博公开信息，一方面保证了公众的知情权，另一方面提高了政府的公信力。特别是当公众面对微博的碎片化信息，无法了解事实的真相时，政府开通官方微博，将热点事件主动、及时、公开地

---

1 袁秦：《重庆官方首条微博回应"重庆人均月收入突破6 000元"》，http://news.ifeng.com/gundong/detail_2011_05/19/6500432_0.shtml，2011年5月19日。

2 邹欣媛、陈莹：《宁夏推广微博问政"银川模式"》，http://news.sina.com.cn/c/2012-04-20/180324304818.shtml，2012年4月20日。

对公众发布，公众认可了这一官方信息获取的有效渠道后，会吸引更多的网民关注，有利于畅通民意渠道。

例如2010年6月3日“@广州公安” 微博直播持枪袭警案处置。据《潇湘晨报》报道，3日上午10点20分左右，一男子在广州银兴路某住宅用手枪击伤一名民警，广州市公安局在官方微博“@广州公安”上实时发布事情进展，向网友介绍现场情况及事件进展。这是国内警方首次网络直播类似突发事件。据“@广州公安”显示，其最早发布的相关信息是在6月3日下午16点16分对网友“@DIDI221”的回复，此条微博中说：“6月3日上午，白云区京溪派出所民警在清查辖区某出租屋时，一民警被屋内一名身份不明男子用手枪击伤。事发后，广州市委常委、政法委书记、市公安局局长吴沙等领导高度重视，迅速赶到现场指挥，并立即展开救治伤员及围捕嫌疑人等工作。”此后，“@广州公安”先后于16点17分、20点29分、21点31分等时间发出5条关于此事的博文，内容涉及事件最终进展、现场情况描述等内容。“@广州公安”通过微博进行网络直播，在第一时间内公开案情并安抚民众，及时疏散了附近的居民，起到了一定的预警作用。政务微博放大热点事件效应，不仅能澄清事实真相，捍卫公共利益，也同时吸引着更多的受众关注。[1]

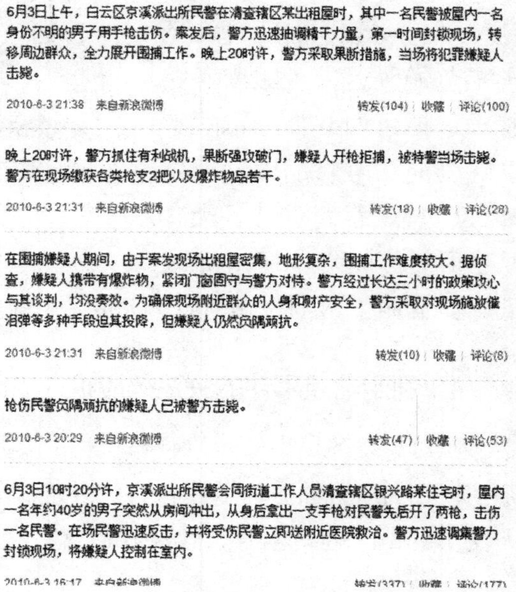
6月3日上午，白云区京溪派出所民警在清查辖区某出租屋时，其中一名民警被屋内一名身份不明的男子用手枪击伤。案发后，警方迅速抽调精干力量，第一时间封锁现场，转移周边群众，全力展开围捕工作。晚上20时许，警方采取果断措施，当场将犯罪嫌疑人击毙。

2010-6-3 21:38 来自新浪微博 转发(104) | 收藏 | 评论(100)

晚上20时许，警方抓住有利战机，果断强攻破门，嫌疑人开枪拒捕，被特警当场击毙。警方在现场缴获各类枪支2把以及爆炸物品若干。

2010-6-3 21:31 来自新浪微博 转发(18) | 收藏 | 评论(28)

在围捕嫌疑人期间，由于案发现场出租屋密集，地形复杂，围捕工作难度较大。据侦查，嫌疑人携带有爆炸物，紧闭门窗固守与警方对恃。警方经过长达三小时的政策攻心与其谈判，均没奏效。为确保现场附近群众的人身和财产安全，警方采取对现场施放催泪弹等多种手段迫其投降，但嫌疑人仍然负隅顽抗。

2010-6-3 21:31 来自新浪微博 转发(10) | 收藏 | 评论(8)

枪伤民警负隅顽抗的嫌疑人已被警方击毙。

2010-6-3 20:29 来自新浪微博 转发(47) | 收藏 | 评论(53)

6月3日10时20分许，京溪派出所民警会同街道工作人员清查辖区银兴路某住宅时，屋内一名年约40岁的男子突然从房间冲出，从身后拿出一支手枪对民警先后开了两枪，击伤一名民警。在场民警迅速反击，并将受伤民警立即送附近医院救治。警方迅速调集警力封锁现场，将嫌疑人控制在室内。

2010-6-3 16:17 来自新浪微博 转发(337) | 收藏 | 评论(177)

图5-17 “@广州公安”在微博直播突发事件

又如瘦肉精、地沟油等热点事件，2012年2月2日“@公安部打四黑除四害”微博开设了#打四黑除四害#话题，公布公安部和各省级公安机关“打四黑除四害”专项行动举报方式，积极邀请网民举报“四黑四害”线索，对专项行动提出宝贵意见和建议。这一则微博转发和评论共1 510条，网友“@宋彦林”表示：“我觉得量刑不够狠，我觉得关系到人民饮食安全的问题就应该重罚重判，他们这叫知法犯法，等于变相杀人。判得太轻啦！”针对热点事件，政务微

1 周清树、周至美：《广州公安微博直播持枪袭警案处置 网友专家称赞》，http://news.sina.com.cn/c/2010-06-04/101920411027.shtml，2011年6月4日。

博与网民之间双向互动，倾听民声，能够实现高效的推广。

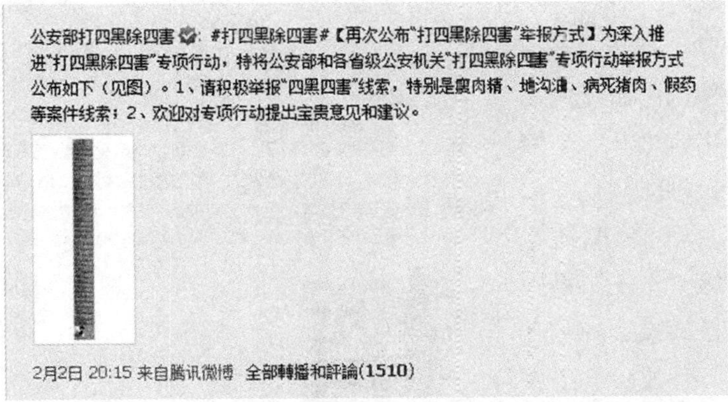
公安部打四黑除四害：#打四黑除四害#【再次公布“打四黑除四害”举报方式】为深入推进“打四黑除四害”专项行动，特将公安部和各省级公安机关“打四黑除四害”专项行动举报方式公布如下（见图）。1、请积极举报“四黑四害”线索，特别是瘦肉精、地沟油、病死猪肉、假药等案件线索；2、欢迎对专项行动提出宝贵意见和建议。

2月2日 20:15 来自腾讯微博　全部轉播和評論(1510)

图5-18　“@公安部打四黑除四害”发起#打四黑除四害#话题

5. 邀请公众出谋划策，拉近政民距离

公安系统的政务微博，常将一些打击违法犯罪，维护公共秩序的行动与网民有效互动，紧密联系，一方面拉近了警民互动的距离；另一方面能够通过微博平台使此类行动得到更快更便捷的普及推广，吸引更多的网民参与进来，提升推广力度。

2012年3月，“@平安南粤”举办的微语录征集活动，通过设置了#打击欺行霸市微语录#话题，吸引网民举报违法犯罪线索，参与到打击欺行霸市专项行动中来。这种邀请公众参与活动的方式，不仅能够被网友迅速响应转发，还能够吸引网友直接参与到行动中来。类似的征集微博口号语录的活动都有很多，并回赠一些精美礼品，也是推广政务微博的一种方式。如“@平安南粤”从2012年3月10日—18日开展全民打击欺行霸市宣传微语录（标语、短信）创意大赛，其参与的方式是邀请网友转发和评论本条微博，并向“@平安南粤”提供作品，如果被选中后，将赢取精美纪念品。在类似的征集活动中，要求网友提交作品并转发原微博、加关注，能迅速地通过一个网友传到另一个网友的微博，吸引更多的网友参与进来，从而实现微博的推广。

平安南粤V：#打击欺行霸市微语录#为充分发动群众举报违法犯罪线索，参与打击欺行霸市专项行动，从3月10日到18日@平安南粤 开展全民打击欺行霸市宣传微语录（标语、短信）创意大赛，请您转发+评论本条微博向我们提供您的创作，赢取精美纪念品。活动具体细则和要求请您移步以下网址http://t.cn/zOVOP4V

3月9日 22:10　来自新浪微博　转发(391) | 收藏 | 评论(246)

图5-19　“@平安南粤”开设的征集微语录活动

又如“@济南公安 ”举办的微签名征集活动，通过设置了#微博反酒驾联

盟#话题，吸引网民参与到反对醉驾的行动中来，邀请网民将这个话题转发并回复，征集签名。话题发布后，立刻受到了网民的积极响应，如“@齐兵”：“严查酒后驾驶、超员超载等各类违法行为。亲们，注意了，不要心存侥幸！尤其中午在南部山区游玩的童鞋，中午别饮酒开车！撞到枪口上，别怪我们没提醒你！”同时该微博也受到了同级“平安”系列微博的关注转发，如“@泰和警方”转发：“【警方警示】#清明安全出行#济南公安提示大家：节日期间交警全员上路，将严查酒后驾驶、超员超载等各类违法行为。亲们，注意了，不要心存侥幸！尤其中午在南部山区游玩的童鞋，中午别饮酒开车！撞到枪口上，别怪我们没提醒你！”

图5-20 “@济南公安”开设的征集微签名活动

6. 通过“微直播”打造政务微博的自媒体效应

以“@佛山中院”“@深圳中院”等司法部门微博为例，通过官方微博，对各类案件进行全程直播，引来众多粉丝围观。通过微博平台使案件按公平、公正和公开原则审理，消除社会上对法院工作的误解。网民可以通过微博平台了解到案件的受审，司法公开也在一定程度上拉近了法院与老百姓的距离。

据报道，2011年6月底开通的“@佛山中院”三个月来就已发表原创微博200多条，拥有4 000多名粉丝。佛山中院官方微博发布的信息，包括案件庭审过程和审理结果等，微博已成为该院自觉接受监督和新闻发言人进行信息公开的第一平台。

“@深圳中院”将庭审直播变成了司法部门推广政务微博的途径之一，并慢慢显现成熟。“@深圳罗湖区法院”：#庭审直播—预告#我院将于2012年4月12日下午三点微博直播被告人黄某某抢劫案，敬请关注。案情简介：罗湖区检察院指控，被告人黄某某伙同另四名同案到其曾经工作过的公司，将保安员控制住后，劫走铂金首饰、笔记本电脑等物品，得手后逃离现场。公诉机关认为，被告人的上述行为已构成抢劫罪。

深圳中院：#庭审微直播#从本期庭审微直播开始，我院将推出“法官点评”的栏目，请各位网友持续关注我们。

2月20日 11:25 来自腾讯微博　全部轉播和評論(15)　轉播 | 評論 | 更多

图5-21　“@深圳中院”发布的庭审直播通知

此外，“@深圳中院”除了定期进行庭审微直播外，还密切地与网友保持互动，对网友提出的问题都一一作答。例如，“@沈芳”对“@深圳中院”说：“法官您好，我可以旁听2012年6月25日9点30分开庭审理的〔2011〕深中法知民初字第477号华为技术有限公司诉中兴通讯股份有限公司专利侵权纠纷案件吗？需要准备什么证件？”“@深圳中院”对“@沈芳”说：“您好，如果该案属于依法公开审理的案件，您可以凭您的身份证件申请旁听。”

深圳中院 對 沈芳 說：您好，如果该案属于依法公开审理的案件，您可以凭您的身份证件申请旁听。

沈芳：@深圳中院：法官您好，我可以旁听2012-06-25 09:30开庭审理的（2011)深中法知民初字第477号华为技术有限公司诉中兴通讯股份有限公司专利侵权纠纷案件吗？需要准备什么证件？

6月21日 09:18:59 來自腾讯微博

6月21日 14:23:43 來自腾讯微博　檢視對話　轉播 | 評論 | 更多

图5-22　网友向“@深圳中院”提问

7. 分享知识，培养网友对政务微博的忠诚度和认同度

政务微博通过发布一些与部门相关的科普知识、生活贴士，可以培养网友的阅读习惯，从而提高网友对政务微博的忠诚度和认同度。

如“@江宁公安在线”发布的“警察故事番外篇”，介绍警犬知识的两条专题微博，引起了网友们的强烈反响，并不断地“@”“@江宁公安在线”，咨询警犬的很多相关知识。这两条微博采用了大量的网络文体，比如“游戏体”，引用游戏玩家熟悉的游戏角色如坦克、牧师等介绍了我国选用的7种警犬的具体情况；“调侃体”，戏称哈士奇“像小孩子，喜欢贪玩，不能成为警犬，但是可以成为‘井’犬，横竖都是二”；“武侠体”，将白色的萨摩耶喻为冰清玉洁的小龙女，长“胡子”的雪纳瑞是周伯通，金毛是黄蓉，哈士奇是段誉……随着这些“不靠谱”的狗狗们被比喻为金庸笔下的人物，最终引发了网友的疯狂转载，网友留言：“在萌警带领下，警犬萌了，科普萌了，我们懵了，警察蜀黍，太泪菜（有才）了!”

最终，这两条专题微博，第一条被转发1万余次，评论1 000多条；第二条转发量达到惊人的33 062次，评论6 027条，并借此登上了新浪微博风云榜政务微博影响力榜。

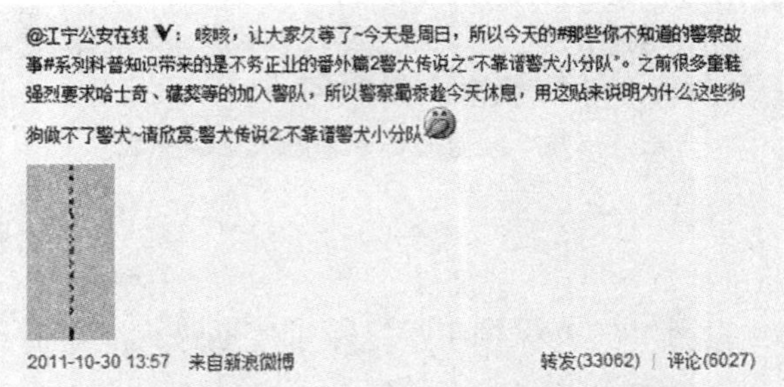
@江宁公安在线 V：咳咳，让大家久等了~今天是周日，所以今天的#那些你不知道的警察故事#系列科普知识带来的是不务正业的番外篇2警犬传说之"不靠谱警犬小分队"。之前很多童鞋强烈要求哈士奇、藏獒等的加入警队，所以警察蜀黍趁今天休息，用这贴来说明为什么这些狗狗做不了警犬~请欣赏:警犬传说2:不靠谱警犬小分队

2011-10-30 13:57 来自新浪微博 转发(33062) | 评论(6027)

图5-23 “@江宁公安在线”定期制作一些科普知识传播给网友

另外，外交部的政务微博“@外交小灵通”，除了发布最新的外交动态、记者会微报、领事服务等常规化微博外，还设置了“外交小知识”“外交史上的今天”“出国提醒”“外交官看世界”“外事英语角”“大使演讲录”“外交老照片”“外交书香”“外交掠影”“走近外交人员”10个模块，通过普及外交知识，收到了很大的关注度。其发布的“外事英语角”模块，通常发布一些与外交有关的知识进行推广，其英文的翻译规范性和严密性很强，篇幅简短，容易记住，获得很多的转发和评论；“出国提醒”模块以长微博的形式发布一些国家近期情况，提醒要前往该国的网友注意一些事项。

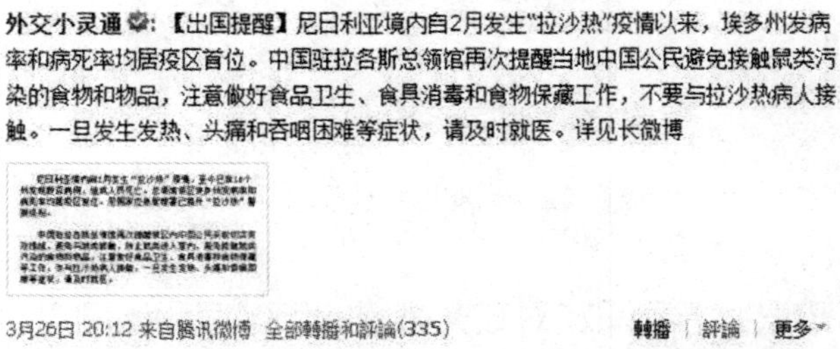
外交小灵通：【出国提醒】尼日利亚境内自2月发生"拉沙热"疫情以来，埃多州发病率和病死率均居疫区首位。中国驻拉各斯总领馆再次提醒当地中国公民避免接触鼠类污染的食物和物品，注意做好食品卫生、食具消毒和食物保藏工作，不要与拉沙热病人接触。一旦发生发热、头痛和吞咽困难等症状，请及时就医。详见长微博

3月26日 20:12 来自腾讯微博 全部轉播和評論(335) 轉播 | 評論 | 更多

图5-24 “@外交小灵通”向网友发布的出国提醒

三、怎样适度增加粉丝数量

利用政务微博增强官民互动，正逐渐成为一种共识。如何获得高转发率和评论数、如何通过微博让更多的受众参与互动等问题，都是值得关注的地方。粉丝越多，意味着关注这个微博的人数越多，是衡量微博影响力的标志之一，但切勿把增加粉丝数量看作衡量微博推广效果的唯一标准，更重要的是粉丝的质量，要适度增加粉丝，但更要强调粉丝特点和自身定位的匹配程度，增加高质量的粉丝。这里列举出了七种方式来邀请网友加关注，增加粉丝数，但也不必过意苛求，避免政务微博囤积一群“僵尸粉”。

1. 与同行互动关注

对新上线的政务微博来说，邀请同行关注能够获得更多的粉丝。特别是一些职能相似的微博，一方面可以提高微博问政的效率，另一方面也可以帮网友在第一时间内找到相关政务微博进行发问。

“东莞微博发布厅”“@莞香花开”上线后，“@中国广州发布”发布微博“您有没有朋友在东莞工作？您是否想认识‘制造名城’东莞？赶紧围观新鲜上线的‘东莞微博发布厅’‘@莞香花开’吧，无论是治安、教育等大事还是镇（街）巷议，应有尽有”，这样借助“@中国广州发布”的同级推广，可让关注了该微博的粉丝中对此话题有兴趣的网友，通过该渠道关注“@莞香花开”微博。

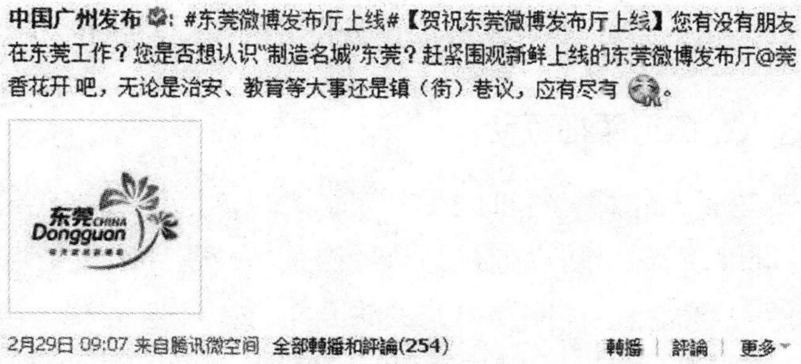

图5-25　“@中国广州发布”向网友推荐“@莞香花开”

2011年11月28日，“@上海发布”在腾讯微博上线。这是上海市人民政府新闻办公室实名认证的政务微博。上线当日，来自其他城市的政务微博和官员向“@上海发布”发去贺电。“@微成都”自创了“收听体”呼叫上海“上海！上海！我是成都！收到请回答”，“@上海发布”随即做出了回应“收到收到，向你学习”，此即“收听体”由来。这一举动被网友称为“卖萌”，同时也引发了网友的效仿，纷纷发送“××！××！我是OO，收到请回答”来求收听。“收听体”得到了博友们的大力追捧，尤其是在官方微博之间，更是成为大家互相交流切磋的重要方式。[1]据《新闻晚报》报道，“@上海发布”在新浪网、腾讯网、东方网、新民网同时上线，立刻引起网友热烈关注，20分钟内粉丝总数破万。

“@中国广州发布”在2011年12月19日上线后掀起了微博“贺电体”的流行

1　腾讯微博：《腾讯“政务微博发布厅”分析报告》，2012年3月。

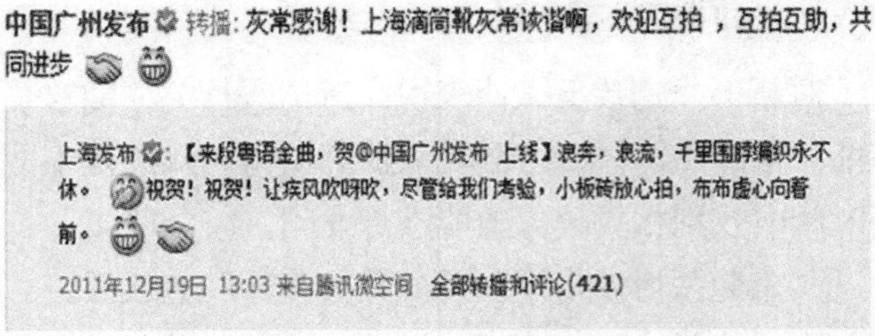

图5-26 “@上海发布”向“@中国广州发布”发来祝贺上线

趋势，创造出“不做僵尸不作秀”的标志性流行语，发布当天在腾讯微博的转播数达到了14 979条。如河北省发来的贺电体“广州！广州！我是河北！恭贺‘@中国广州发布’隆重上线！织博为民，服务于民，愿‘@中国广州发布’越办越好”。“@中国广州发布”转发“@上海发布”发来的贺电体，通过互拍互助，能够快速吸引两地粉丝关注。[1]据《南方都市报》报道，“@中国广州发布”上线仅10个小时，在新浪和腾讯上的粉丝、听众加起来，就已经超过了10万。

2. 与名人、意见领袖互动

微博上一些名人和意见领袖的影响力堪比媒体，其带动的是某一个特定结构的粉丝群，因此政务微博可以通过与该部门关系较密切或者是当地的名人、意见领袖互动，借力增加自己在网友中的关注度。

“@上海发布”上线第一天就主动邀请粉丝关注，与603位认证用户转发互动。其邀请“@刘翔”在第一时间转发“@上海发布”的首条微博，邀请“@吴敏霞”“@范志毅”发来了祝贺微博。中共浙江省委组织部原部长蔡奇向腾讯网友大力推荐“@上海发布”：“祝贺‘@上海发布’正式上线！这是了解中国经济中心、国际大都市的主要窗口，向童鞋们推荐！政府部门信息集中发布的做法，也值得各地效仿！”2011年 12月16日11时16分，“@上海发布”在腾讯微博中首先发出了“张华荣师傅，侬模子！”——704路公交车司机张华荣师傅捡到10万元现金立即上交车队的事迹，同时寻找巨款失主。据统计，该条微博在腾讯微博上总共引起4 624人参与了互动。[2]

另外，设定一个背景话题，由知名学者、相关领域的专家等意见领袖通过微博平台对这个话题发表见解，借助名人的渠道多重转发，会吸引更多的粉丝关注这个微博，以此达到良好的推广效果。

2012年3月7日，“@你好成都”在腾讯微博策划了“成都　中国最佳休闲城

1　中国广州发布微博：《广州发布满月座谈发言稿》，2012年1月。

2　腾讯微博：《腾讯“政务微博发布厅”分析报告》，2012年3月。

市”背景话题，邀请上海大学中文系教授、新生代作家“@葛红兵”在上海说：“成都可以打‘中国最佳休闲城市’牌的观点：一是这里的自然环境，二是这里的人文环境，三是目前这里形成的文化休闲产业集聚环境。”这一则微博通过“文化、休闲”等标签的表达，并配上了一张成都悠闲街道的图片，其转发和评论数达到了1 523条，吸引了粉丝关注“@微成都”。

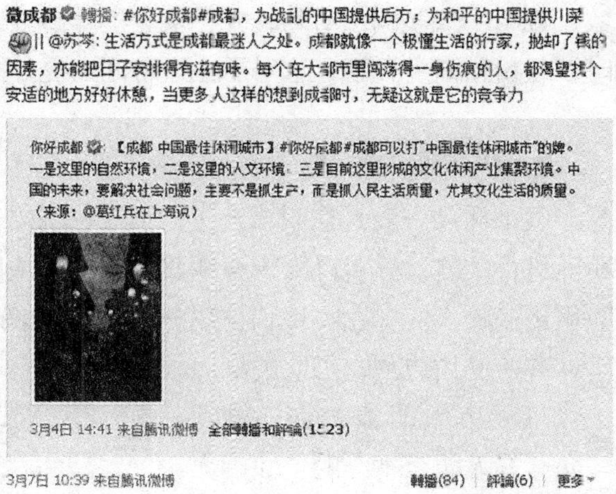

图5-27　“@你好成都”邀请名人做客微博

3. 组织“微活动”

“微活动”可以是线上投票、微访谈、微征集乃至线上线下结合的活动，通过微博平台参与的便利性，增加粉丝参与互动的机会，便能以“滚雪球”的方式，带动微博的人气。

“@外交小灵通”称其粉丝为“通心粉”，主动发微博邀请他们参与“冲刺百万粉丝”的活动，以投票的方式从“外交动态”“领事服务”“记者会微报”“外交小知识”“外交史上的今天”“出境提醒”“外交官看世界”“外事英语角”等13个模块里选择出最喜欢的栏目，并从参与投票的粉丝中抽取10位幸运者，奖品是外交邮封一枚。

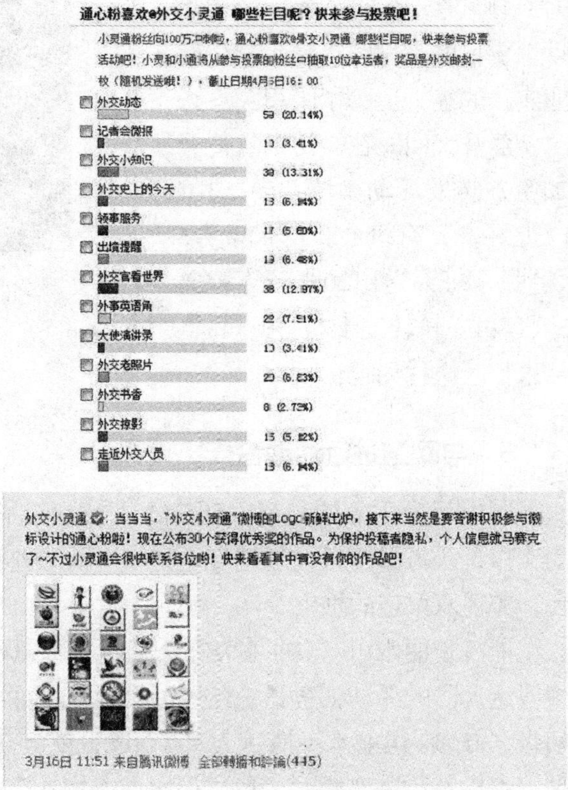

图5-28　“@外交小灵通”邀请网友参与微博Logo的设计活动

此外，“@外交小灵通”通过征集“外交小灵通微博的Logo”来增加粉丝数，吸引了众多网民参与，并将优秀的作品公布出来，在主动吸引粉丝关注的同时，与粉丝高度互动，这对于在短时间内提升微博关注度起到了关键的作用。

4. 组织线下活动

线下活动一般是在微博上进行预告、宣传，通过策划、举办现场活动，邀请粉丝进行关注，并可以附带一些奖励提高关注度和参与度。现场活动的模式能够吸引更多的人实实在在地认识政务微博，了解政务微博定期举办的形式各异的活动，并带动周边网友加以关注。

东莞市大朗镇的官方微博“@荔香大朗”举办的“大朗大学生‘梦想大富翁’工商模拟市场微活动”于2011年7月30日—8月3日晚在大朗广场举行。该活动主要目的是增强当地大学生商业实践的能力。为了吸引关注，“@荔香大朗”在微博中宣传：加粉并转发活动微博“@”3位以上好友，有机会获得代金券5元1张，每天送出20张，连续送5天！第一轮转发于7月30日15点结束！赶快行动吧！

图5-29 “@荔香大朗”邀请现场朋友关注微博，参与活动

5. 与网站进行活动合作

国内目前主流的腾讯、新浪、人民、新华微博背后都有强大的门户网站作为支撑，政务微博可以通过与这些门户网站进行合作，打通微博和网站的两个平台，实现双渠道的推广。

浙江省丽水市“@丽水发布”通过与腾讯网和移动公司合作举办评选“丽水微博达人”的活动，邀请粉丝通过收听“@丽水发布”，前往丽水市政府门户网站报名并参与#丽水微博达人赛#话题，就能获得精美奖品。其策划的参赛方式是组织周赛和决赛模式，每周一主办方按参赛者在上一周转播或评论#丽水微博达人赛#话题的次数提取前50名（剔除已获奖的参赛者），随机抽取5名（个人3名、单位2名）幸运微友，成为上周微博达人。最后，按转发“活动指定微文”的广播数取前50名进入评选大名单，主办方进行综合评分，确定20名“丽水微博达人”。其活动的奖品包括周赛奖品——QQ公仔一个，价值50元的移动充值卡一张；总决赛奖品——QQ公仔一个，Q币150个，价值500元的充值卡一张。

如在2012年3月24日—30日的一周评选中，中共丽水缙云县委组织部官方微博“@好溪先锋”共发表了14条原创微博，被转播106次（平均每条原创被转播7.57次），34条转播，新增听众1 201人，收听1人。“@好溪先锋”当选为第十二周“丽水微博达人”。

打通微博和门户网站等其他平台来宣传，吸引了众多粉丝关注参与。类似的利用微博宣传推介丽水的氛围在丽水日渐浓厚，政务微博也逐渐成为政府部门对外宣传的品牌载体。与网民互动沟通，一方面能够拉近距离，另一方面能够收到很好的推介效果。

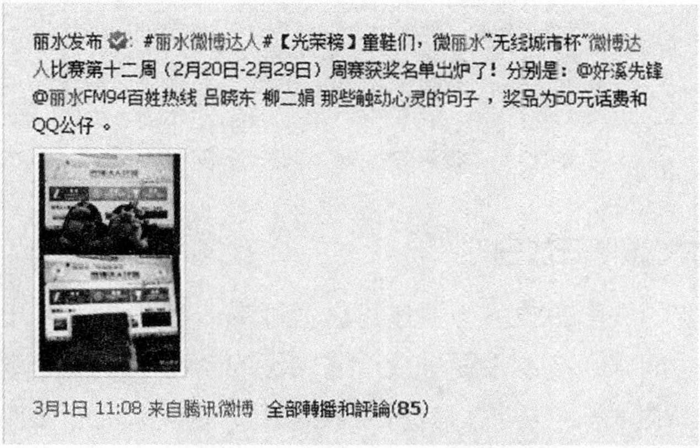

图5-30 “@丽水发布”邀请网友参与‘评选微博达人”活动

6. 提供便民咨询和行政服务

微博问政是政务微博的长期发展方向，反映了许多网友对政务微博能够真正取信于民、服务民众的期待，说到底政务微博还是应该多做点实事，解决人民群众发来的疑虑、困惑等问题。政府机构可以定时地安排工作人员通过微博平台在线为网民解答疑难困惑，也可以主动提供与部门职能相关的便民咨询和行政服务。

图5-31 “@平安肇庆”每周一公布的微博值班表

如“@平安肇庆”每周一公布一星期微博值班安排表，每一天当晚值班的微博人员也会发微博告知，并附有卡通人员头像。网民如有疑问可随时找到当天值班的工作人员，方便进行在线发问。

此外，政务微博还可以定期设置一个提供咨询的专题进行Q&A式的资讯传播。

如“@平安肇庆”通过#签证在线#话题，即时地为网友“@思念是Coffee”解答有关签证的疑问，有助于快捷地了解群众的诉求，且这种服务避免了办一件事情要跑很多部门，走许多流程，能够吸引更多的群众参与，实现更为高效的服务。

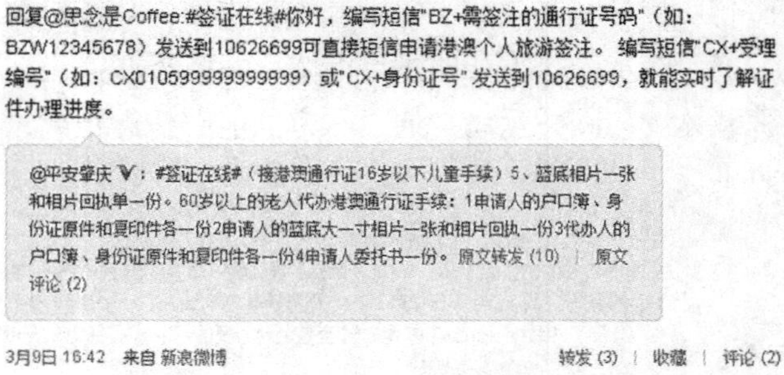
回复@思念是Coffee:#签证在线#你好，编写短信"BZ+需签注的通行证号码"（如：BZW12345678）发送到10626699可直接短信申请港澳个人旅游签注。编写短信"CX+受理编号"（如：CX010599999999999）或"CX+身份证号"发送到10626699，就能实时了解证件办理进度。

@平安肇庆 V：#签证在线#（接港澳通行证16岁以下儿童手续）5、蓝底相片一张和相片回执单一份。60岁以上的老人代办港澳通行证手续：1申请人的户口簿、身份证原件和复印件各一份2申请人的蓝底大一寸相片一张和相片回执一份3代办人的户口簿、身份证原件和复印件各一份4申请人委托书一份。原文转发（10） | 原文评论（2）

3月9日 16:42 来自 新浪微博 转发（3） | 收藏 | 评论（2）

图5-32 “@平安肇庆”在线回答网友的问题，与网友互动

7. 举办“微博开放日”

针对网友的好奇，政务微博还可以通过专门举办“微博开放日”表达微心愿，关注民生问题，有助于促进政府与网民的互动。“微博开放日”包括微调查、微直播、微问答、实地探访、参观等项目，展现政府在微博时代的新面貌。

在全国两会期间，“新疆微博开放日”“浙江微博开放日”等引起了数百万网友关注。在“重庆腾讯微博开放日”当天，开博已逾一年、听众达15万的全国人大代表，重庆律师协会会长韩德云就降低个人所得税税率、提高低保人群国家救济标准等问题在腾讯微访谈与网友互动，解读两会议案，引起网友热议和追捧。

2012年3月31日，“@广州国税”推出#广州国税微博开放日#话题，在广州海珠区国税局设立会场，邀请广大粉丝到现场围观。在“广州国税微博开放日”期间，除了现场解答网友的疑难困惑外，还通过微博介绍了广州国税平台业务内容，如“@广州国税”：#广州国税微博开放日#[自助服务区]纳税人可以在这里自行网上申报，办理部分涉税事项的预申请，查询企业信息等，轻轻松松就能办好税。

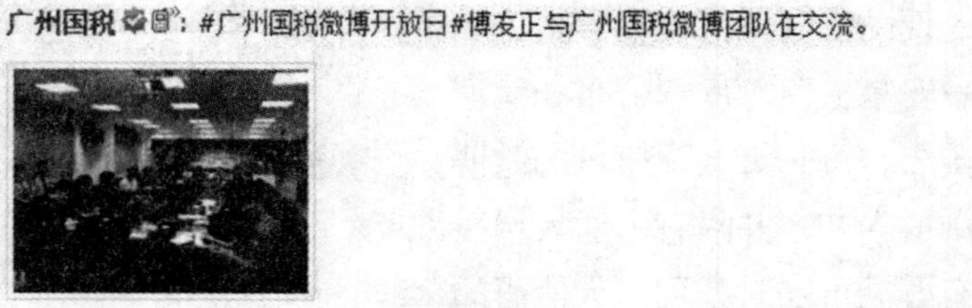

图5-33 “@广州国税”举办“微博开放日”活动

四、如何凝聚关注提升人气

政务微博想要赚人气，开通和日常发布只是走出了第一步，要获得网友的支持与赞许，还需克服一些“短板”，有网友总结政务微博的不足之处为：用词不当、关注不当、回复雷人、更新迟滞、官话套话、功能简单、漠视民意。总结起来即形式化、空心化、名利化成为政务微博的三个“短板”。另外，各部门微博有的互动频繁，有问有答；有的则从不回复网友留言，与在官方网站发布信息无异。有的部门半年勤发微博近万篇，有的部门半年仅发20多条微博，政务微博也应该避免成为“僵尸微博”。[1]

因此，提升政务微博的人气，一方面除了要吸引网友来增加转发数和评论数外，另一方面还要注重与网友之间的交流。这里介绍了6种提升人气的方法，以完善政务微博问政平台。

1. 举办满月、周年纪念日活动营造话题

以“@中国广州发布”为例，它于2011年12月19日开通，上线1个月后举办了“@中国广州发布”满月座谈会，邀请30余名专家网友“拍砖”，建言政务微博发展，吸引了新浪、腾讯共计超过103万微博粉丝关注。网上的热心网民、网络上的意见领袖、新浪和腾讯等政务微博平台的项目负责人、交通和公安等职能部门微博管理员、各高校新闻传播学者、媒体人士等都对“@中国广州发布”提出了意见和建议。在满月发布前，2012年1月12日，“@中国广州发布”已在微博发起投票和咨询“你认为我们在哪些方面需要加强”，答案包括“政务信息公开、政策法规解读、民生服务信息、网友互动回复和本土文史信息”5个选项。截至1月18日下午5时，共有780名网友参与投票，其中选择“政务信息公开”和“民生服务信息”两项的网友人数居前两位，分别占69%和71%。[2]

类似的还有微博周岁生日纪念活动。如“@莞香花开”，通过策划“东莞元素拽起来”微活动来纪念微博周岁生日，并举行抽奖活动，邀请网民在2012年3月25日中午12：00前转发该微博，提供限量版“东莞元素拽猫公仔”共50套。该

1　《政务微博赚人气还需克服“短板”》，http://forum.home.news.cn/thread/91373855/1.html，2011年12月3日。

2　孙莹：《@中国广州发布满月，邀意见领袖切磋》，http://gcontent.oeeee.com/8/4c/84c6494d30851c63/Blog/375/1d95ac.html，2012年1月19日。

活动一发起，立刻收到了转发和评论共5 413条，获得了很高的人气响应。

图5-34 "@莞香花开"开办"东莞元素拽起来"微博周岁纪念活动

2. 发起"微求助"等实现微博互动

"微求助"在"@微成都"政务微博上经常看到，并成为一种求助模式，通过网友的互相转发评论，政务微博吸引了众多的人气关注。以"@微成都"为例，开设了#小微帮忙#分账户，已经吸引了越来越多的网友通过政务微博的平台来寻求帮助，如利用微博找人是最常见的一种求助。2012年3月19日，"@微成都"发布微博："【微博找人：川师美女失踪一周】#小微帮忙#这个女孩叫汪奕秀……已失踪整整一周……""@微成都"凭借其微博粉丝多的优势立即进行了转发，不少网民们发上了祝福的语句，也对此类政务微博的迅速响应给予了高度评价，纷纷发出了"给力""感谢"等语句。

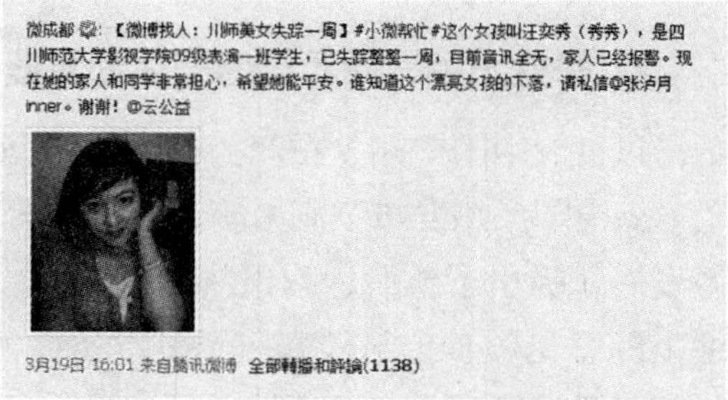

图5-35 "@微成都"发布"微博找人

此外，通过微博帮忙促销当地产品也成为"微求助"活动的一种方式。2011年10月11日下午，重庆市政府新闻办的官方微博转发了一条消息："巫山县双龙镇乌龙村冻椒丰收却卖不出，村民为此头疼。"微博转发之后，不少商家前去洽谈，两天基本上就全卖完了。[1] 又如"@丽水发布"为当地橘农卖橘在微博上摇旗呼喊："#购买爱心橘行动#【请帮帮橘农们】2011年丽水市莲都区柑橘产量11.45万吨。因出口减少，市场疲软等原因，椪柑出现销售慢、销售难现象。截至2月下旬，该区椪柑销售进度为产量的30%，销售价每公斤0.6—0.8元。为促进销售，将给予销售者每吨40元的奖励。联系电话：0578-2656319。另附【柑橘生

---

1 林祺：《政务微博大比拼 政府新闻办稳居影响力和人气第一》，http://cq.cqnews.net/sz/2011-12/09/content_10913728.htm，2011年12月9日。

产大户名单】”。

3. 举办商业推广活动扩大影响

定期在节假日或纪念日通过策划一些商业活动，能够很快速地聚集人气，商家民众的高参与度也能提升微博的影响力。以“@中国广州发布”为例，其策划的活动形式多样化，并且对近期举办的活动，在“@中国广州发布”的页面采取置顶方式，不同的主题均吸引了众多粉丝的关注。

2012年2月9日，“@中国广州发布”策划了情人节“#在幸福广州晒幸福#晒出幸福照，送您浪漫游摩天轮”的活动：“无论您和TA是初坠爱河的小情侣、齐为生活拼搏的两口子还是走过金婚的伉俪，在充满温馨的2月，在爱意弥漫的广州，你们幸福的一刻是怎样的？各位粉丝以指定形式参加‘@中国广州发布’和广州塔举办的#在幸福广州晒幸福#活动和我们分享，即有机会获赠广州塔浪漫情侣套票一份！”

其策划的参赛方式是“@中国广州发布”“@广州塔”官方的粉丝们只要编辑#在幸福广州晒幸福#+爱情宣言（附甜蜜图片）+“@中国广州发布”发布微博即可投稿。微博图片须体现双方在广州共度的幸福一刻；爱情宣言的内容可以是爱的告白、山盟海誓、未来承诺，又可以是相濡以沫多年后的真切感言。例如：#在幸福广州晒幸福#小明你是我今生的唯一。@中国广州发布+甜蜜照片。

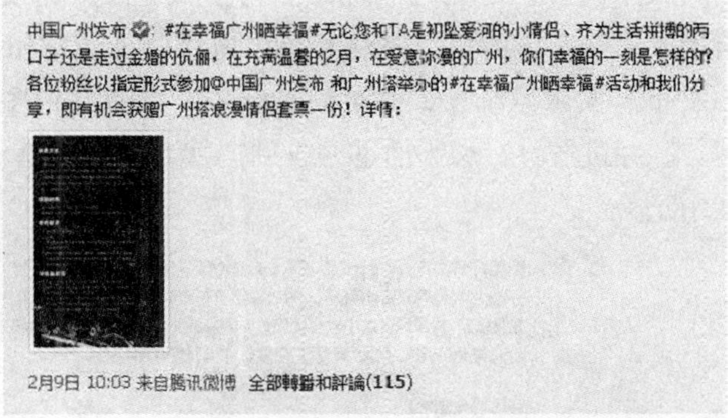

图5-36　“@中国广州发布”开办“情人节登广州塔”活动

该活动在发布后几分钟评论和转发数达到115条，并从征集到的照片中挑选出候选网友并在线发布，邀请更多的粉丝参与。

类似的还有“@文化莞城”在情人节、六一儿童节等开展一些活动，比如“对你的话说一段话”活动，在参与者中摘一些最好的，邀请莞城的杂志、周末报的主编打分，并赠送一些三国演义情侣装或者东莞宾馆的情人节套餐。这笔经费不会很多，一般是奖品的费用。

4. 策划公益活动提高认可度

公益活动相对于其他活动而言，目的更为纯粹，主动参与的网友会更多，并且一次好的公益活动可以提升政府部门在公众中的形象，聚拢人气的同时增强网友的认同感。比如“@中国广州发布”定期策划的“爱心羊城”系列活动，它的内容形式多样，如献血、义剪等，部分爱心活动参与者还可获赠小礼包一份，吸引了众多粉丝的关注参与。

2012年3月31日—4月15日期间，“@中国广州发布”举办#爱心羊城#“献血赠景区门票”活动，其策划参与的方式是凡在广州市10区2县（县级市）参加献血的市民，持献血证于4月30日前到广州花都香草世界可获赠价值100元景区门票一张。而4月8日当天在该景区无偿献血，献血者除获赠景区门票一张外，还可获熏衣草爱心礼包一份。

中国广州发布: #爱心羊城#【3月末至4月中旬献血可获赠景区门票】3月31日至4月15日，凡在广州市10区2县（县级市）参加献血的市民，持献血证4月30日前到广州花都香草世界可获赠价值100元景区门票一张。而4月8日当天在该景区无偿献血，献血者除获赠景区门票一张外，还可获薰衣草爱心礼包一份。

今天 10:01 来自腾讯微博 全部轉播和評論(37) 轉播 | 評論 | 更多

图5-37 “@中国广州发布”举办“爱心羊城”献血活动

2012年2月11日，其策划的#爱心羊城#“全城义剪　温暖碧心”活动，邀请了广大市民在指定的时间地点参与全城“义务剪发”筹款活动。该活动举办后引起了广州市民的广泛关注，该微博获得了转发和评论数130条。据“@中国广州发布”发微博统计，截至活动结束，约有九百多位市民到主会场参与了“义剪”。经过统计，当天活动共收到捐款人民币381 983.56元，港币1 102.40元，美金20元。

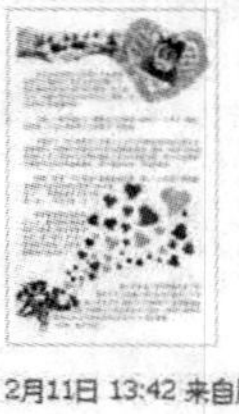
中国广州发布: #爱心羊城#【全城义剪 温暖碧心】“爱从头开始，十万火急救碧心”全城义剪筹款活动明天上午10:30至下午4:40在广州举行。活动设两个会场，主会场在盘福路7号东风西路小学盘福校区，碧心的父亲刘任能在这里参与义剪；分会场在黄华路43号大院7楼。剪发“剪爱”汇善意，你情我爱暖“碧心”。

2月11日 13:42 来自腾讯微博 全部轉播和評論(130) 轉播 | 評論 | 更多

图5-38 “@中国广州发布”开办“爱心羊城”义务剪发活动

5. 转发网友微博，与网友贴心交流

在官本位的中国，普通民众的观点和提问若能得到公职人员的回应，常常会感到莫大的荣幸。因此政务微博积极转发网友微博，及时回复网友提问，有助于拉近政府机构和网友之间的心灵距离。如“@广州物价”“@广州教育”等微博对于网友的留言不但积极回复，而且回复内容服务性强，不少收到回复的网友感

到惊喜。例如对网友提问的“档口管理处乱收费可以找谁？”“今年中考政治科目开卷考能多带一本中考政治指导书吗？”等问题均及时给予回复。

“@江宁公安在线”被广大网友戏称为公安微博第一“萌警”，除了发布日常警务信息外，还经常转发网友的微博，积极回复网友的评论，与网友保持交流互动。它采用幽默的句式，转发后的微博也常常被二次转发。如网友“@JA殿下”咨询“@江宁公安在线”要不要养哈士奇，原微博转发数达169条，“@江宁公安在线”的回复又被转发了144条，获得了93条评论。

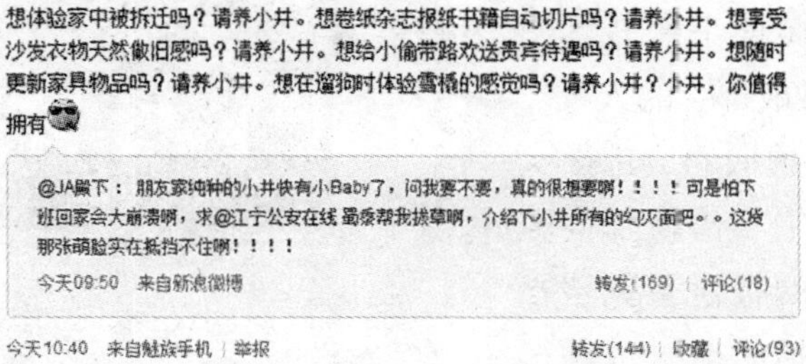

图5-39　“@江宁公安在线”与网友展开的热烈互动

“@问政银川”转发网友的微博，并及时地将网友的问题转发给相应的职能部门，促进官民之间的有效沟通交流，帮助网友尽快解决疑难问题。

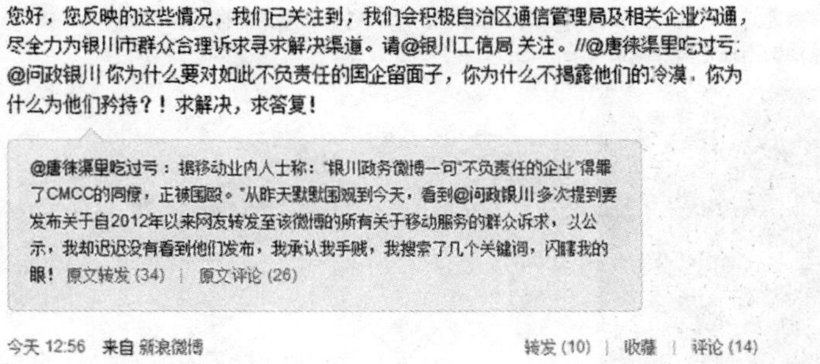

图5-40　“@问政银川”将网友的提问转发给相对应的行政机构

6. 发起“随手拍”活动，吸引网友关注参与

“随手拍”活动是微博运营中被广为使用的一项提升人气的活动，通过拍照与热门话题结合，可以吸引网友关注参与，“随手拍”活动还可以通过号召网友关注社会，关注身边的人和事，实现公民与政府的积极互动。

“@欢乐长安”通过随手拍原创DV有奖征集的形式，邀请网友参与活动，提升微博人气。“喜欢拍原创DV的童鞋们，机会来了！‘发现精彩·东莞故事’东莞市首届原创DV大赛正式开始啦！立足东莞，深入生活，拍出你眼中的东莞吧！以己之力，展现东莞的城市魅力，宣传东莞城市人文风情，发现东莞的新精彩！10月31日截止投稿哦！赶紧行动吧！”

“@微成都”通过发起#图说成都#、#你好成都#、#随手拍成都#等随手拍话题，邀请粉丝参与到成都街景、美景的拍摄活动中，将粉丝眼中的成都景色通过微博平台展示出来，提升“@微成都”的人气。如#图说成都#拍摄的成都街头乞丐，每天中午和傍晚都会准时来红星路的阅报栏看免费报纸，这一随手拍的街景也获得了网友们的转发，该微博转发和评论数达到了208条。

图5-41 “@欢乐长安”举办“随手拍DV”活动

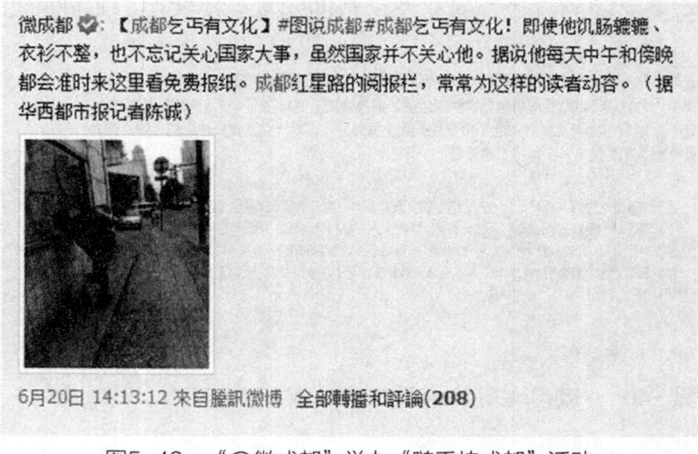

图5-42 “@微成都”举办“随手拍成都”活动

【本章小结】

当前政务微博在现实运营和推广中还存在不少问题，主要表现为形式化、空心化、名利化。例如有些政务微博开通后，只发布了少数微博，成为一个空壳；还有一些政务微博存在着大量的“僵尸粉”；也有的一味追求粉丝增长，过多依赖内部人员互粉。政务微博的宣传推广策略应贯穿整个微博运营过程中。本章通过大量案例分析，为政务微博运营的各个阶段提供了一系列宣传推广的策略和方法，这对提升政务微博的知名度、关注度、美誉度及塑造政府形象都具有借鉴价值。

针对政务微博上线前的视觉形象规划，本章详细介绍了政务微博命名、Logo设计、界面布置的方法和技巧。

为提升刚上线政务微博的知名度和关注度，归纳总结了七个推广途径：借助传统媒体进行宣传推广；推广政务微博群，形成网络问政合力；通过官方辟谣，推广权威形象；利用热点事件的关注效应扩大影响；邀请公众出谋划策，拉近政民距离；通过“微直播”打造政务微博的自媒体效应；分享知识，培养网友对政务微博的忠诚度和认同度。

列举了增加粉丝数的七种方式：与同行互动关注；与名人、意见领袖互动；组织“微活动”；组织线下活动；与网站进行活动合作；提供便民咨询和行政服务；举办“微博开放日”。

提升政务微博人气的六种互动方式：举办满月、周年纪念日活动营造话题；发起“微求助”等实现微博互动；举办商业推广活动扩大影响；策划公益活动提高认可度；转发网友微博，与网友贴心交流；开设“随手拍”活动，吸引网友关注参与。

第六章　政务微博的互动策略

【本章摘要】

互动是政务微博的灵魂，政务微博是在与网友、公众、媒体、组织机构等不同利益群体的互动中一点点成长的。不同群体关注政务微博，除了获取信息，也注重自己的话语能否得到关注，自我的需求能否得到满足，困难能否得到帮助，而这些需求的满足都离不开互动。

那么，政务微博的互动包括哪些形式呢？一般来说，互动可以分为四类：第一类是常态互动，指通过评论、转发等方式对网友留言和“@”内容进行回复，包括解答咨询、受理投诉、回应批评等；第二类是非常态互动，指在发生突发公共事件的时候，政务微博对网络舆情进行跟踪，及时发布信息，回应质疑，澄清谣言；第三类是活动策划，指通过在微博中组织活动与网友进行话题式的交流讨论，包括进行微访谈、微话题和微调查等；第四类是政务微博的关系管理，包括与用户粉丝、关注对象、媒体、意见领袖以及其他政务微博之间的互动和关系管理。

一、政务微博的常态互动

政务微博的常态互动方式主要是通过微博中的评论、转发等功能，与其他微博用户（包括个人和机构）进行沟通交流。在政务微博的日常运营中，这些互动方式主要有发布信息、回复评论、转发微博三种，互动的内容和主题包括咨询解答、投诉反馈、宣传推广等。

发布信息：给广大网友提供新闻、政策以及生活服务信息，可以引起网友关注从而加入互动，也可以设置议程，掌握话语的主动权。

回复评论：解答网友咨询，回应网友批评、建议和投诉，表达政府的立场和看法。

转发微博：具有表示关注、认同、分享扩散的含义，在转发的同时附上评论，可表明对转发微博的观点补充和价值判断。

一般来说，评论和转发的数量和质量最能体现政务微博的互动意识。

1. 评论和转发

（1）评论“三部曲”（What，Who，How）

图6-1　政务微博“评论”步骤

做好政务微博的评论需要明确三个问题：哪些留言需要回复，哪些用户应该回复，如何跟帖评论。因此，政务微博的评论步骤可概括为三点：判断留言内容（what），辨析用户身份（who），发表跟帖评论（how）。

（2）判断留言内容

政务微博每天可能会面对数十条、上百条甚至数千条网友留言和“@”的微博，不可能对其一一回复，必须有一个甄别筛选的流程。筛选的第一步就是对留言的内容进行判断。

一般而言，服务咨询、投诉爆料、批评建议等方面的留言是政务微博经常需要处理和回复的内容。对于有针对性的咨询问题，政务微博应该积极、及时地进行解答；对于问题的投诉和爆料，则应该及时转交给相关部门，获得反馈后要回复告知留言者；对于超出本单位职能范畴的问题，则需要给予必要说明，并引导网友有针对性地找相关部门反映；而对于一些不够友好的批评或谩骂，政务微博运营者也可以本着包容心态不予理睬，如果出于愤怒贸然删除，反倒可能引火上身。我们建议，政务微博应该具有包容不同声音和意见的胸怀和勇气，尽量减少删帖的行为，因为删帖有可能会引起网民的不满和抱怨。

（3）辨析用户身份

在对留言内容和主题进行判断、确认后，微博运营者还需要对留言者的身份进行简要辨析，避免出现“政务微博和苍井空老师交流”等情况。政务微博是为老百姓提供公共服务的，所以一般情况下，对于留言的网友，我们都应该一视同仁，积极互动。但是，在这一环节，政务微博需要查阅对方的职业、工作、教育背景等身份信息，通过简单浏览对方的过往微博，对兴趣爱好、价值取向有一个大体的判断，确认评论对象的身份没有敏感之处方可进行回复。

在回复评论的时候应该对网络意见领袖的动态给予重点关注。尤其是当意见领袖就某项话题给政务微博进行评论，提出某些意见或质疑，或者“@”政务微博的时候，微博管理员不应该忽视这种现象，应该根据内容的重要程度及时反馈给上级，并且尽早对他们的合理投诉、咨询、建议给予积极的回复，对于其中不合理的内容也应该进行必要的解释和说明。由于网络意见领袖在微博舆论场中具有巨大的影响力，一件简单的事情通过意见领袖的传播有可能会演变成一起重大的新闻事件，因此，政务微博应该加强和意见领袖互动的意识，在日常的话题以及突发的公共事件中积极、主动、及时地介入话题，和意见领袖们进行良性的互动交流。

2012年5月20日，“@莞香花开”转发了中山大学传播与设计学院张志安教授关于东莞火车站站名的更名建议，转发的同时表明了自己的态度和意见，该事件推动了动车东莞站的命名优化。

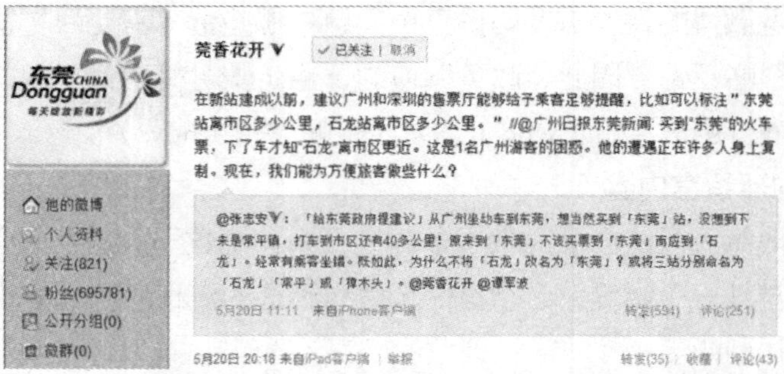

图6-2　“@莞香花开”转发了“@张志安”关于东莞火车站站名的更名建议

（4）发表跟帖评论

政务微博在沟通互动中应该秉持放低姿态、热情服务、有礼有节的基本态度，而微博管理员也应该时刻谨记自己的“评论”是一种职务行为，因为政务微博的每一句话语都代表了政府部门的整体形象和具体态度。在发表跟帖评论的时候，应该做到逻辑清晰、表意明确、有礼有节，以及没有语病和错别字。当遇到网友的业务咨询，比如给新生婴儿办户口、缴纳医疗养老保险、户口档案迁移、工商税务登记等，政务微博应该根据情况给予解答。

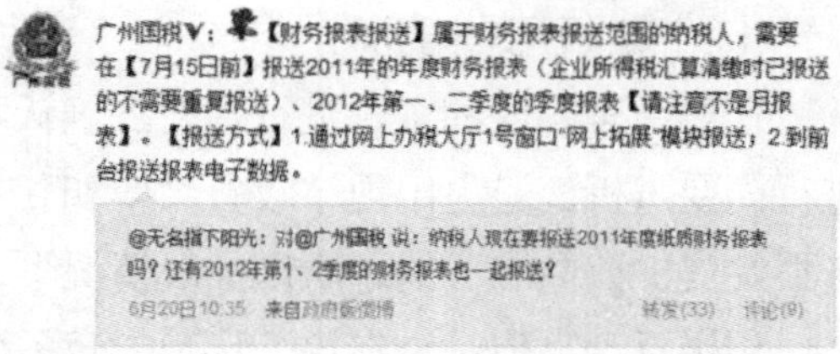

图6-3　“@广州国税”回应网友的问题

对于网友的一些不合理的咨询或诉求，比如不属于本单位的业务范畴等情况，也应该友好地做出解释和说明，并告知恰当的处理方式，有条件还可以附上网址链接。

当一些公共危机事件发生时，如果相关职能部门的政务微博不能及时公开信息，会招致网民的质疑甚至批判，这种情况下，政务微博应该“及时讲真话”，尽快公布事实真相、调查结果和处置方式，以满足公众的知情权。此外，在某些情况下，政务微博可能会遇到部分不理性网友的嘲讽和谩骂，对于这种情形，建议政务微博一般选择忍耐，不予理睬，情况恶劣也可以考虑删除帖子。在微博的管理维护过程中，管理者难免会遇到一些难以理解、让人生气的事情，微博管理员应该谨记自己在微博中的一言一行属于职务行为，应该严格遵照微博管理规范，切忌一时冲动，粗暴回应留言者，更不能与网友展开对骂，否则很有可能成为新闻事件，给政府部门带来很大的负面影响。

（5）转发的三要素（Who，What，How often）

掌握转发的技巧首先要明确三个问题：转发哪些内容，选择哪些转发对象，每天转发微博数量控制在多少条范围内。因此，我们把政务微博的转发技巧概括为三要素，分别是：转发对象（who），转发内容（what），转发频率（how often）。

①转发对象

选择转发的对象首先要明确哪些用户的微博是不能转发的。一般而言，只要微博内容恰当，转发的对象应该包括所有网民，而不仅仅局限于政府官员、媒体人和企业家等社会精英群体之中。但是，由于转发行为在某种程度上代表了官方的态度，其一言一行都关乎政府的形象和声誉，因此在转发之前，微博管理员应该对转发对象的身份进行审核。审核转发对象一般可以通过用户的认证信息进行判断，对于非认证用户可以通过观察该用户的过往微博内容，对其身份是否具有敏感性和争议性做出判断。

媒体从业者、公务员、企业家和学者对于公共话题比较关心，在公共事件的舆论场中往往扮演着意见领袖的角色，而且他们对问题的分析比较深入，观点也较为理性和客观。因此，这些知识精英群体能够为政府提供建设性的意见，而且这些观点一般都具有较广泛的传播效力。所以，政务微博可以在和这些知识精英群体的互动过程中适当转发他们的微博，尤其是对意见领袖“@”的信息进行回应，对其中具有良好社会效应的信息进行转发，以形成一种良性的互动。

2012年3月4日，行为艺术家区志航在腾讯微博上发帖：“给@微成都　所有的努力为了自在，愿成都继续自在。”第二天，成都市官方微博“@微成都”转发了该条微博，并附上幽默风趣的互动话语：“区老师这是在成都哪儿拍的呀？大家晓得不咧？”这条转发微博被网友转发144次，评论14条，网友“@秋风醉了”留言惊呼：“是傩戏面具！”

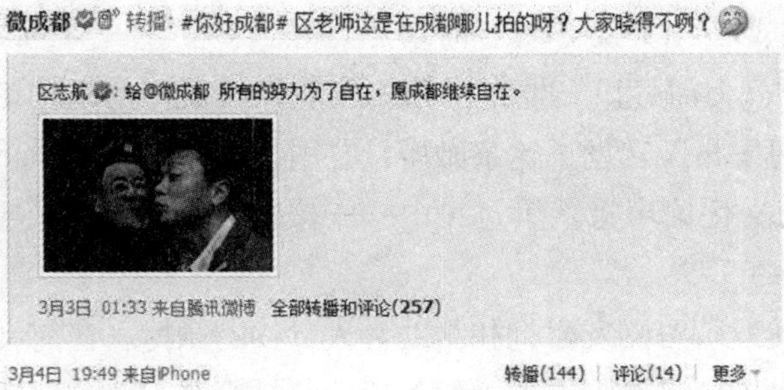

图6-4　“@微成都”转发“@区志航”的微博

此外，政务微博经常会

转发其他政务微博的内容。转发其他政务微博一般分为三种情况：转发同类下级部门的微博，转发不同类下属部门的微博，以及转发其他地方同级别的微博。

第一种类型是指同一党政职能系统中，上级微博转发下级微博的情况。这种情况常发生在政府新闻办的“发布”系列、公安系统的“平安”系列中。在这种情况下，下级部门发布的微博可以成为上级部门的微博发布素材，而且由于职能相同，转发的内容往往高度切合本微博的定位。比如腾讯微博中的“@广东省公安厅”经常会转发“@平安肇庆”“@平安中山”“@珠海公安”等微博的内容。

第二种类型是指上级政府部门的微博转发其下属政府部门的微博，比如广州市政府新闻办的“@中国广州发布”转发“@广州天气”“@广州国税”“@广州工商”的微博。

第三种类型主要发生在不同地方的政务微博对某一话题的联动，或者互相之间的“捧场”交流行为中，比如2012年3月1日，“@新疆发布”在腾讯微博上线，当天“@微成都”转发了这条微博，并附上祝福语：“咱们新疆亚克西！”该条微博发出后转播和评论总数达到近800条，由此可见政务微博之间的联动具有强大的传播效力。

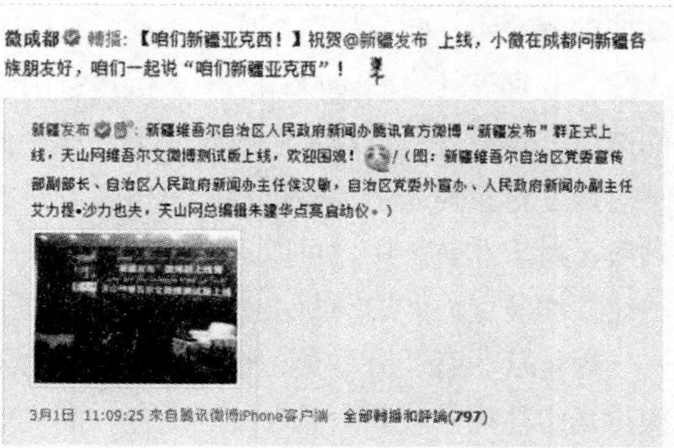

图6-5 “@新疆发布”在腾讯微博上线，当天“@微成都”转发庆贺

② 转发内容

政务微博的转发内容多种多样，而不同的政务微博根据其职能和定位的差异，在转发的选择上各具特点，没有绝对统一的标准。不过，一般而言，政务微博的转发内容主要分为四类：信息发布、民生服务、网络问政以及宣传推广。

信息发布类的内容包括公共政策、地方事件、时事热点等。

比如，2012年3月19日，“@上海虹口”发布了第二届北外滩财富与文化论坛的预告信息，当日，“@上海发布”转发了这条微博，并附上文字：“今天下午1点半，第二届北外滩财富与文化论坛将聚焦‘2012——转型之年’，有兴趣的网友可以关注微直播‘@上海虹口’。”

民生服务类的内容主要指转发解答网友咨询和帮助寻人寻物的微博。在前文如何评论的内容中提到，政务微博可以对网友关于税务登记、婚姻登记、户口迁移手续等与人们生活息息相关的咨询进行解答，同时转发微博，以便满足其他市民的信息需求。

例如，郑州市某餐饮集团经理“@张书华”对郑州某路口的红绿灯问题向“@郑州市城市管理局微博”反映，“@郑州市城市管理局微博”及时做出回应，并且引导负责部门“@郑州交巡警”关注。

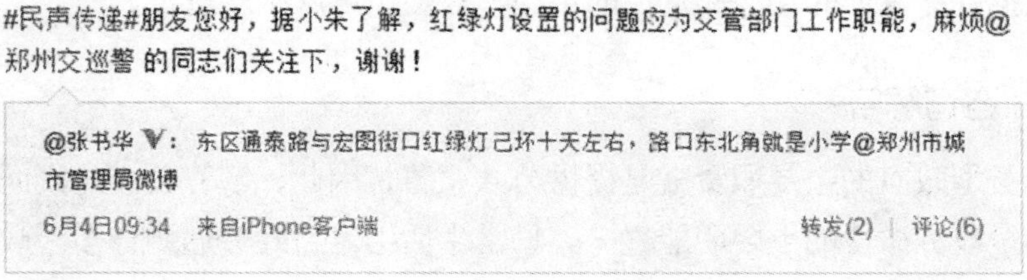

图6-6　“@郑州市城市管理局”回应网友

网络问政类指的是政务微博受理网友的投诉，回应网友的批评和质疑，并对问题进行解释和说明。长期以来，政府部门往往视公众的投诉和批评为洪水猛兽，刻意淡化和回避这些话题。其实，如果政府部门能够正视群众提出的问题，以一个负责任的姿态，积极地回应质疑，并公开、公平、公正地解决问题，则可以大大提高政府的威信。因此，在回应网友的同时，转发微博把问题公开处理显示了一个负责任政府的积极、开放心态。

宣传推广类的微博是“发布”系列等外宣微博的主打内容，它包括各种城市美食、旅游景点、风俗文化等城市特色信息，以及体现市民风貌和城市精神的正面事迹。

比如，2012年3月8日，腾讯微博认证用户“@许绍连”发微博赞扬成都市民排队秩序井然，素质高，并“@”“@微成都”。“@微成都”在11日转发了该条微博，并附上评论赞扬了市民的文明行为，同时也引出话题，对如何通过制度来引导市民文明出行征求广大网友的意见。

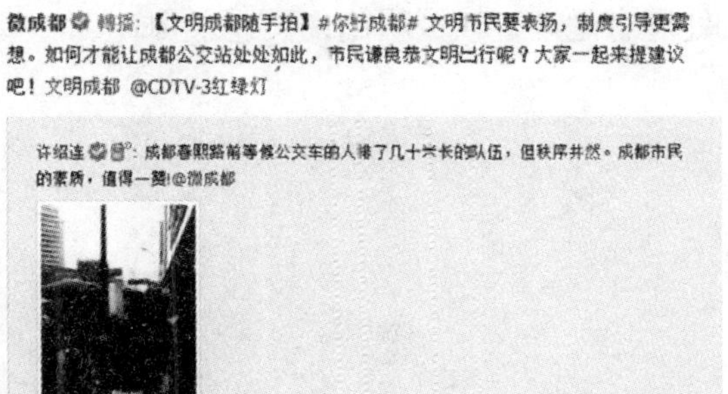

图6-7　“@微成都”转发网友的微博并进行推广

③转发频率

目前在众多政务微博中存在转发量走极端的现象，有的政务微博（如“@平安肇庆”）中有超过一半的微博都是转发的，原创微博的不足不仅影响到政务微博的信息服务，也会影响政务微博的自身形象；然而也有的政务微博，比如“@中国广州发布”，发布的微博几乎都是原创，罕见其转发他人微博。政务微博不进行转发会大大减弱其互动功能，同时影响网友关注和评论的热情，还会导致发布的内容过于单一和乏味。因此，管理员要把握好转发的频率以及每日的转发数量。微博的转发量控制在总体微博的20%—30%比较合适，当然根据政务微博的功能和定位的不同，数量也可以相应进行调整。

2. 咨询解答

服务型政府的主要职责就是提供公共服务，因此，解答公众的疑问，提供信息咨询是政务微博的主要职能之一。日常生活中老百姓会遇到许多与政府部门息息相关的问题，例如办理工商登记手续、办理税务登记、给新生儿童办理户口、去民政局办理结婚证、办理档案和户口迁移手续等。在政务微博出现之前，人们普遍感到流程比较烦琐，尤其是遇到紧急的情况时无法迅速获得有效信息。虽然不少政府部门通过公布咨询电话和开通网站等方式，为人们提供了相关资讯和政策介绍的渠道，但是这些方式或者热线繁忙接入困难；或者无法直接交流，理解困难；或者存在时间、渠道等条件的限制，不能即时沟通。政务微博开通后，网民在与政府部门打交道的过程中可以大大提高效率。对于生活中遇到的问题、需要查询的信息，公众都可以通过给相关政务微博留言而获取权威答案。政务微博的即时性特征使得咨询者可以迅速得到答复，文字形式的交流可以留下清晰的记录，避免了电话咨询的短板。

郑州市城市管理局主管城市市政、公用事业、环境卫生、户外广告、市容市貌，其官方微博自2011年8月16日开通以来，不回避问题，有问必答，态度谦虚，成为城管微博的典范。[1] 截至2014年8月，其在新浪微博上已有39万多粉丝，发布了19 000多条微博，其中多为对市民咨询的解答以及投诉的热情回复，包括汇报处理进展、处理结果。尤其值得称道的是，几乎每一条回复都说明回复者是谁，处理者是谁，权责明确，又显亲切。

1　窦含章、李未柠：《政务微博实用指南》，北京：中共中央党校出版社，2012年3月1日。

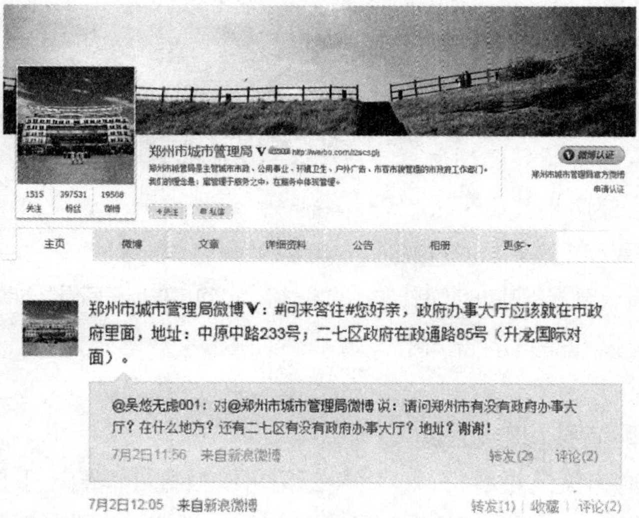

图6-8 “@郑州市城市管理局”官方微博

3. 投诉反馈

投诉反馈是政务微博的另一个重要基本功能。老百姓在生活中遇到的各种问题，例如市政建设、司法、教育、交通、个人消费等方面，一旦出现利益矛盾，就需要和相关部门沟通和反映，维护自身的合法权益。根据诉求的性质，网民诉求一般分为三种：一为需要投诉者举证配合；二为本部门职能范围内的市民爆料，可自行处理；三为非部门职能范围的投诉，需要让相关部门跟进。针对这三种情况，目前政府官方微博可以采取相应的受理方式。

图6-9 针对三种网民投诉的受理方式

（1）举证配合，私信解决

对于需要投诉者举证配合的情况，需要投诉人通过私信方式，提供个人具体联系方式，以便进一步沟通，包括相关信息、证据的核对等，更多具体工作是在线下完成的。因此，政府部门首先需要建立和完善内部沟通和协调机制，当微博管理人员遇到这种投诉时，可以按照程序把信息和材料转交给部门相关负责人。此外，微博运营者还需要通过私信提醒投诉者大致的回应时间，完成之后，可以在微博上告知事情的处理结果。

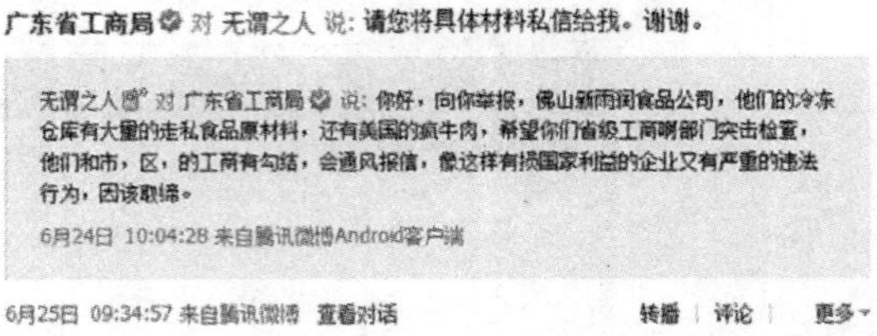

图6-10 “@广东省工商局”对网友举报的回应

（2）职能范围，直接回复

对于热心市民的爆料投诉，有关部门可以自行处理的，工作人员应对热心爆料者表示感谢，并即时将投诉问题告知相关主管部门，及时跟进处理进展，并将结果发布在微博上，以供网民查阅监督。一般来说，在回复网友的投诉中包含感谢语、微博受理者、事件处理者、处理方式、事情进度、致歉语等。

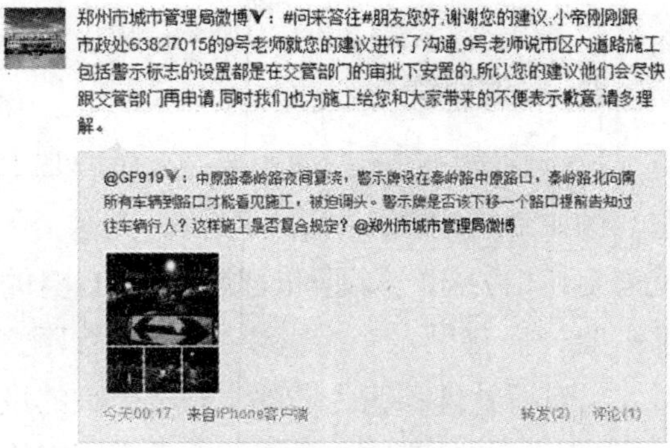

图6-11 “@郑州市城市管理局微博”对网友的建设进行及时回复

比如，2012年6月23日，“@郑州市城市管理局微博”回复网友“@GF919”：“朋友您好，谢谢您的建议（感谢语），小帝（微博受理者）刚刚跟市政处63827015的9号老师（事件处理者）就您的建议进行了沟通，9号老师说市区内道路施工包括警示标志的设置都是在交管部门的审批下安置的，所以您的建议他们会尽快跟交管部门再申请（事件处理方式），同时我们也为施工给您和大家带来的不便表示歉意，请多理解（致歉语）。”

（3）网络问政，督促督办

对于网友的投诉，如果投诉内容并不属于本部门的职责范畴或者需要有关部门配合解决的，可以充分利用政务微博群的资源，在线“@”有关部门，由有关部门跟进事件并回复投诉人员。

“@问政银川”在受理网友投诉，反馈信息的过程中扮演一个“指挥者”的角色，开创了一套网络问政的新模式。目前，银川市各部门各单位的政务微博全面开花，作为银川党务政务网络平台的工作专用微博，“@问政银川”的主要功能是汇集投诉，并“@”有关部门跟进，并把受理结果发布出来。在受理市民的一般性事务性投诉的过程中，“@问政银川”主要起的是统筹协调，督促督办的作用。此外，他们还承诺：“对网友@问政银川　的问题，该微博在工作时间1小时内、节假日休息时间8小时内，有呼必应！”该政务微博的犀利作风为网民所称道，但凡有网民咨询问题或者遇到行政办事不力的情况，“@问政银川”都会在第一时间转给职能部门或者相关机构，真正起到了督办作用。

例如，2012年6月23日，网友“@鹏-飞喽”向“@问政银川”投诉中国移动在未经他本人同意的情况下进行彩铃的强开强订和扣去费用，并且对他的投诉不予解决。对此，“@问政银川”及时请“@宁夏移动新业务达人汇”核实回复。当天，“@宁夏移动新业务达人汇”发微薄回复“鹏-飞喽”：“请您将您反映的被开通彩铃的手机号码私信我们，我们会尽快核实情况，给您一个满意的答复。”

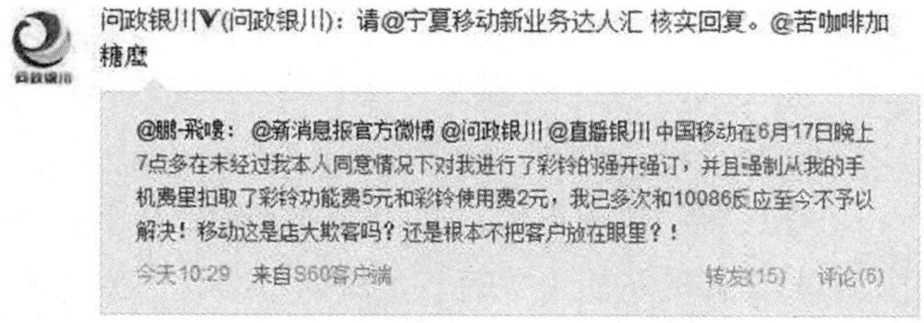

图6-12　“@问政银川”督促“@宁夏移动新业务达人汇”回应网友的质疑

小贴士：网友互动须知

①引导网友尽量通过网下渠道举报

网络举报数量往往较多，党政机关和官员微博管理者没有足够的时间和精力进行一一回复，更没有条件对举报内容进行一一甄别。所以，如果对方举报内容不是非常清晰明了，还是要引导举报人通过网上或网下其他正常举报途径进行举报。政务微博可在微博的“自我介绍”中，对相关机构的职能、联系方式和办事流程予以公布，便于那些向党政机构和官员微博反映问题的网友了解。

②避免与网友激烈争辩

拥有开放的心态以及过硬的本领赢得他人的信报，增加信息的可信度。鉴于官方微博有较大的传播力度，当网友提出质疑并不断纠缠时，应避免与其发生激烈争辩，以防止信息二次传播放大。

③选择性回复网友诉求

网友在互联网上的提问、投诉看上去数量庞大，但实际上无需过多担心。一个普遍的公众的网络心理特征是，互联网的虚拟特性使得网友的提问同样虚拟化了，在这种情况下，网友自身对于得到回复的期待并不高。所以，如果政府微博选择了一些有意义、具有针对性的问题回答，会提升政府的亲民形象；如果不回复网友投诉，造成的影响却可以忽略不计。

（Via：《腾讯政务微博使用手册》）

二、政务微博的非常态互动

突发事件，是指突然发生，造成或者可能造成严重社会危害，需要采取应急处置措施予以应对的自然灾害、事故灾难、公共卫生事件和社会安全事件。

——《中华人民共和国突发事件应对法》

政务微博的非常态互动主要是指在突发事件发生之后，政务微博通过跟踪事件动态，及时发布信息，澄清谣言，避免事态的扩大化和恶化。一般情况，突发事件发生后，谣言往往容易快速传播，但“谣言止于公开”，而微博是最快速的传播平台。过去突发事件的危机公关有“黄金24小时”原则之称，网络时代将这个速度提高到“黄金4小时”原则，而通过微博可以实现“黄金1小时”原则。此外，通过新闻发布会，突发事件的信息经大众传媒报道后，比较容易导致信息流失或误解，而微博作为自主可控的平台，可以充分保证信息的准确、全面。因此，对政府来说，“养兵千日，用兵一时”，微博在突发事件中可以发挥不可替代的重要作用。此部分将重点介绍政务微博突发事件的互动技巧。

1. 突发事件微博传播原则

微博作为一种传播工具，使得政府能够在第一时间发布信息，并在短时间内迅速传播以平息谣言，但如果方法不当，即便在第一时间通过政务微博发出信息，也可能会适得其反。一般而言，政务微博要遵循“突发事件传播四原则”。

（1）快速反应，快速处理

面对突发事件，及时发现舆情，并且快速做出反应，第一时间扼杀谣言传播的空间。面对突发事件，微博爆发式的传播威力显得尤为突出。伴随突发事件的发展，势必会有谣言产生。微博既是谣言产生的主要来源，也是辟谣的有力工具，如果党政机关和官员微博运用得当，及时发布权威信息，针对网络上散布的不实信息进行及时回应，可以让谣言没有生存和发酵的空间，或者让谣言尽快平息。在谣言应对方面，政务微博的效力甚至高于新闻发布会。

（2）诚恳道歉，承担责任

当所发生的自然灾害、事故灾难、公共卫生事件、社会安全事件涉及政府的责任或政府失职时，政府应当通过政务微博在第一时间诚恳地道歉并且明确表示追查真相，给公众交代。政府的主动道歉可以在一定程度上起到平息民怨的作用，道歉不仅不会有损政府形象，反而显示了政府主动承担责任的负责任态度。

（3）多报事实，少做解释

信息有两种，一种是事实陈述型，一种是观点解释型。在面对突发事件的时候，应当主动发布事件的最新消息、处理情况，遇到有人员伤亡的情况应该及时公布伤者和遇难者信息。在事件的处理过程中，尽量避免对事件做出过多的解释。在舆情沸腾的情况下，政府的解释会使得公众认为政府在逃避责任或开脱责任，从而进一步激起民愤。

（4）持续跟进，引导话题

突发事件中，不但要求信息发布得快，还要求信息发布得准，因此还要提倡顾全大局，谨慎发言，事实清晰、意见统一后，再及时发布与本机构职能相关的信息。同时要根据事件发展情况，随时修正信息，追求动态真实。在报道过程中，对于事发原因要谨慎解释，以免引发网友的负面情绪。

在中国-亚欧博览会召开前期，新疆少部分网民由于网络状况不稳定，出现了上不了网的情况。而这个消息在网上却被谣传成新疆将要封锁互联网。谣言一度引起网民的各种猜测，造成恐慌。新疆党委宣传部新闻处官方微博及时出面辟谣，同时发布相关机构的通知，有效地通过微博平台化解了一场网络谣言危机。

2. 政务微博突发事件互动模式

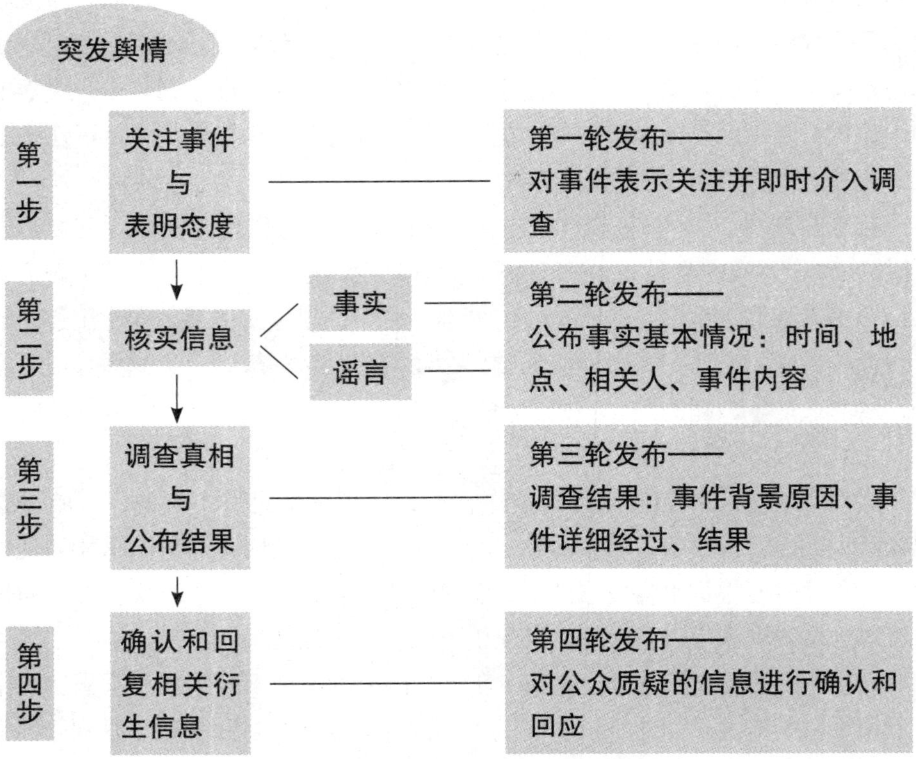

图6-13　政务微博突发事件互动模式

网络舆情是指公众借助网络传播工具表达自身意见、观点和诉求所形成的新媒介舆论场，其具有传播爆炸性、主体隐蔽性、信源模糊性、网民动员性、意见指向性和影响显著性六大特点。[1] 根据网络舆情的特点，政务微博的舆情应对可以分为四步走：关注与表态、核实信息、调查与公布、确认和回应。

（1）关注事件与表明态度

在这个阶段，政务部门的首要工作是尽早发现舆情，然后在第一时间通过政务微博做出应对，旨在事件传播的初期就把问题解决，从而把不良影响降到最低。要及时发现舆情，需要微博运营团队设计一个完善的舆情监测方案，比如，微博管理员可以在自己的个人微博中关注许多媒体官方微博、网络意见领袖等含

1　曹劲松：《政府网络传播》，南京：江苏人民出版社，2010年6月1日。

有庞大信息量的微博账号，或者同地方媒体建立合作关系，共同监测舆情。

（2）核实信息

微博工作人员需要根据已经发布的信息，判断其是否符合逻辑性，或者可以通过联系相关知情人、媒体等渠道核实信息的真伪。对于虚假不实的信息，政务微博应该及时发布微博澄清和说明，有条件的建议附上相关的图片、链接、视频等作为证据，从而使发布内容更具信服力；对于属实的消息，应该在微博中进行证实，并把了解到的诸如时间、地点、相关当事人、事件内容等基本情况进行说明。

（3）调查真相与公布结果

通过政府部门的内部协调，让有关部门立即介入调查，并及时发布调查的进展和最后的调查结果。调查结果包括事件的背景、详细经过、事件结果等信息，条件允许的话应该在微博中言简意赅地概括调查的逻辑、重点信息，并附上长微博、图片、视频，以增强可信度。

（4）确认和回复相关衍生信息

在突发事件发展成为热点公共话题时，网络中经常散布了大量的谣言，其中的部分谣言具有巨大的传播力量，有时会跻身为网络中的主流舆论甚至引起网络骚乱。大量的网络谣言给政府部门澄清谣言和维护稳定带来了巨大挑战，这时政务微博应该就网络中的主要谣言进行针对性的回复。需要注意的是，澄清谣言时不能一味地说教，应该强化证据意识，用事实来说话，利用微博把事实真相展现给公众，粉碎谣言。

3. 政务微博突发事件互动案例

（1）上海地铁追尾事故——诚恳道歉赢得市民理解[1]

2011年9月27日14：37，上海地铁10号线两辆列车发生追尾事故，造成295人到医院就诊检查。15：17，上海地铁官方微博“@上海地铁shmetro”通告了事故情况，随后直播救援情况，并用“今天是上海地铁有史以来最黯淡的一天”表示歉意。

亮点一：事故发生半小时后，政务微博便迅速发布事故信息并直播救援情况和更新地铁运营信息，为公众的交通出行提供动态指引，避免发生拥挤和混乱。

亮点二：诚恳道歉，承担责任。最大的亮点是当天20：18发布的道歉微博：

1　人民网舆情研究室：《2011年新浪政务微博报告》，2011年12月。

“今天是上海地铁有史以来最黯淡的一天，无论最终原因和责任怎样，给市民乘客造成的伤害和损失尤感愧疚。全力抢救伤员，尽快恢复运营；接受和配合有关部门对事故的调查和追责；坚决整改举一反三，再多致歉比起实际损害也显苍白，但还要深深道歉。”该条微博主动承担责任，没有解释和为自身开脱以及表态调查和整改，并且对事故表示了诚挚的歉意和悲悯的态度，凸显了政务微博的人文关怀和公共责任意识。

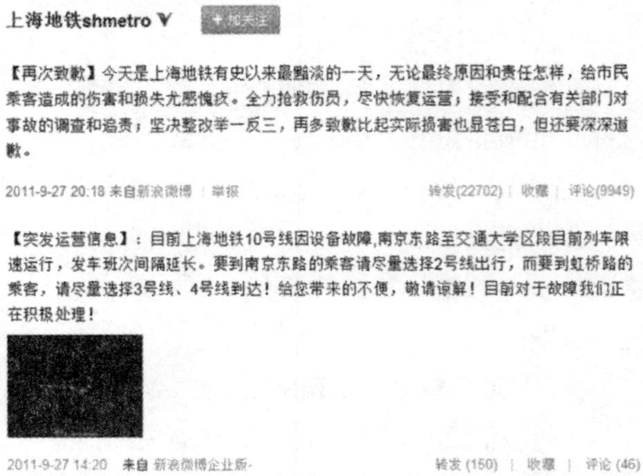

图6-14 “@上海地铁shmetro”回应地铁追尾事故

（2）武汉生物制品厂爆炸事故——政务微博成为新闻第一信源

2012年3月27日13：30，武汉某生物制品厂突发爆炸。37分钟后（14：07），“@湖北消防总队”首发该事件新闻，成为当天该事件所有媒体新闻的第一线索。突发事件面前，政务机构往往在第一时间直接介入，微博时代更应充分发挥这种时间、现场等优势，告知真相，遏制谣言。

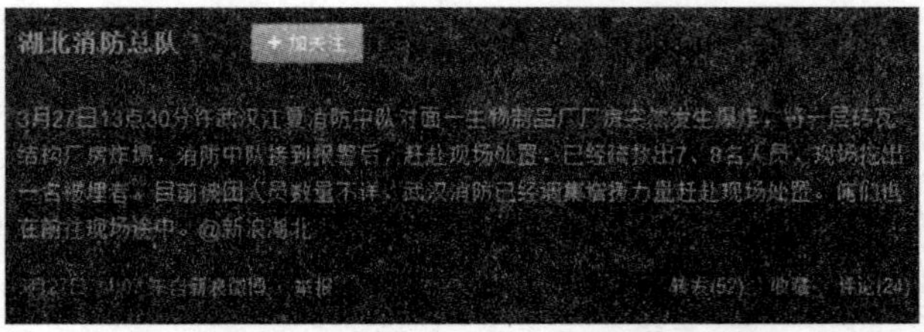

图6-15 “@湖北消防总队”关于生物制品厂爆炸的首发微博

（3）北京“3·19”谣言风波——政务微博集体缺位导致谣言泛滥

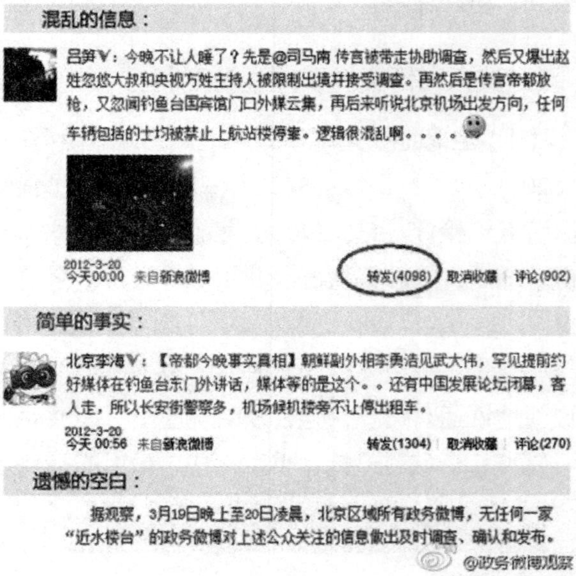

图6-16 政务微博在“3·19”谣言风波中的话语缺位

2012年3月19日，在几大

微博平台中传出了北京出事、长安街枪声的谣言，当晚谣言在微博中广泛传播，以至于产生了较大的负面影响。据观察，在谣言弥漫，网络舆情不清晰之时，北京地区的政务微博没有一家对公众关注的信息做出即时调查、确认和发布。

这件事情显示当前政务微博虽已初具规模，但政务微博的传播意识和服务意识等远未确立和成熟。当公众面对纷繁嘈杂的舆论信息和泛滥的社会思潮而莫衷一是、困惑不解，甚至风声鹤唳之时，政务微博应该主动查证，迅速发声，澄清谣言，以便于公众在面对谣言的时候有权威信息可以查询和确认。

（Via “@政务微博观察”）

三、政务微博的活动策划

1. 微访谈

微访谈是建立在微博基础上的访谈方式。与传统访谈不同的是，微访谈在访谈过程中，嘉宾收到的所有问题都来自微博网友，并且由访谈嘉宾直接对网友提出的问题进行回答，真正做到了嘉宾与网友之间的零距离交流。

与运营商沟通后，政务微博可以运用自己的账号开展在线微访谈活动，既可以邀请自己部门的对口工作人员，也可以用公务人员的个人微博账号组织微访谈，就网友关心的问题进行访谈。做微访谈不需要很高的硬件条件，只需提前与微博运营商沟通，即可开展微访谈。

与传统的访谈不同，网民的问题各式各样，是未经过加工的“原生态”问题，采用多对一，即多个采访者对一个采访对象的形式，这需要采访对象有极强的应变能力，能应对网民的各种问题；微访谈不是在一个私密的空间进行的，访谈内容可以被数万网民现场围观，只要网民点进微访谈页面，即可看到问答情况，嘉宾和围观人群都有一种很刺激的“现场感”；同时微访谈将“官”与民沟通起来，让政府部门通过政务微博了解到百姓真实的诉求，有利于提高政务工作开展的针对性。

（1）微访谈的优势

①庞大的用户基数

微博拥有庞大的用户基础，访谈面对的人群范围极大。

②便捷的沟通方式

由于微访谈与微博话题是紧密结合的，用户可以轻松通过电脑、手机等任何终端在访谈中浏览和发言。同时，被采访嘉宾可以在工作场所、演播厅甚至在家中来进行访谈，给予嘉宾极大的自由空间。

③零距离的沟通体验

微访谈的访谈内容来自所有微博用户，开放、透明的交流体验可以让用户和嘉宾零距离接触。用户可以提出更加贴近的问题，而嘉宾也可以更清晰地了解到目前大众的关注重点。

（2）微访谈界面（以腾讯微博为例）

左1：微访谈话题内容介绍。

左2：嘉宾回答网友问题集中展示区。（嘉宾只需对网友的提问话题点击转播，输入回复后，此区域即可将嘉宾发言与网友提问按照问答的方式进行展示。清晰的展示方式，完全符合网友的阅读习惯。）

右1：访谈主题及人物图片总体展示。

右2：嘉宾资料展示。

右3：网友话题发布区。

右4：网友问题即时滚动展示区。

图6-17　腾讯微博微访谈界面

（3）微访谈操作流程

政务微访谈一般分为四个阶段：预告、开始、直播、结束（总结）。在微访谈的进行过程中，除了嘉宾在微访谈界面发布回复与网友进行互动，政务微博同时需要在这四个阶段发布微博。

图6-18　微访谈四阶段

①第一次发布：活动预告

活动预告是微访谈的提前推广，通过提前告知受众信息，让潜在受众提前安排时间以参加活动，也让更多的网友关注到这次活动，可以有效提高政务微访谈的传播效果。

政务微访谈的节目预告一般提前1—2天发布，在节目预告中，建议注明政务微访谈的嘉宾、主题、时间等基本信息，有条件的情况下还可以配上效果图或宣传视频。

此外，为了增强互动元素，发布预告时可以“@”嘉宾、相关政务微博以及其他相关当事人。强化互动意识，运用微博“@”的功能，可以加强和当事人的互动，也可以和其他政务微博形成联动发布，增强政务微博的传播互动效果。

②第二次发布：活动开始

第二次发布相当于一个活动的开幕仪式，在微访谈活动中是总起的效果，不仅提供了本次活动的人物、主题、时间等信息，还可以吸引在线网友关注和参与活动。

这次发布的时间建议选择在微访谈活动开始前的1个小时左右。发布的信息要包含活动嘉宾、主题、开始时间（尤其是表明多长时间后开始）等基本内容，还要附上微访谈的活动界面链接，并在结尾处与网民进行互动交流，邀请网友参加活动。

此外，把以上的基本信息用图片展示出来是值得借鉴的做法，左图参照“@上海发布”的做法，用图片把活动主题、嘉宾、时间、参加的链接展示出来，既美观又直观。

③第三次发布：直播精选

由于微访谈互动过程是另成一个活动界面，所以政务微博还需要把访谈活动中的信息选择性地进行发布。考虑到微

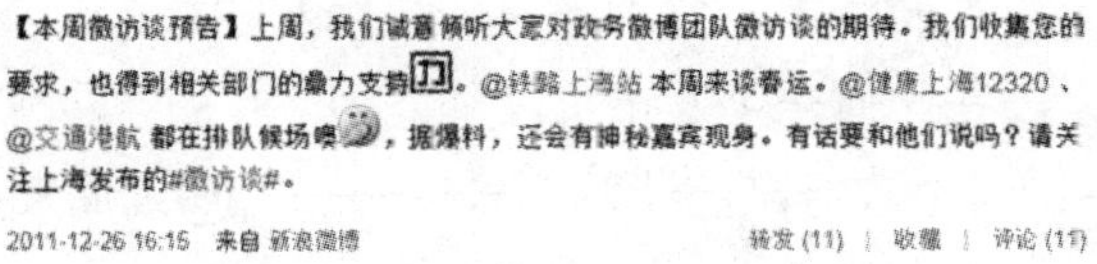

图6-19　“@上海发布”微访谈预告

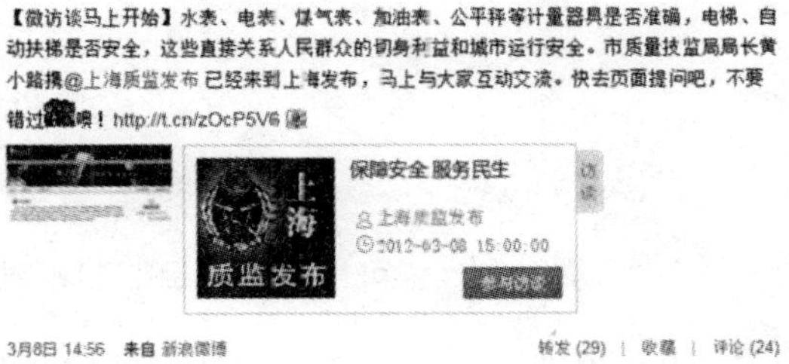

图6-20　“@上海发布”微博访谈开始

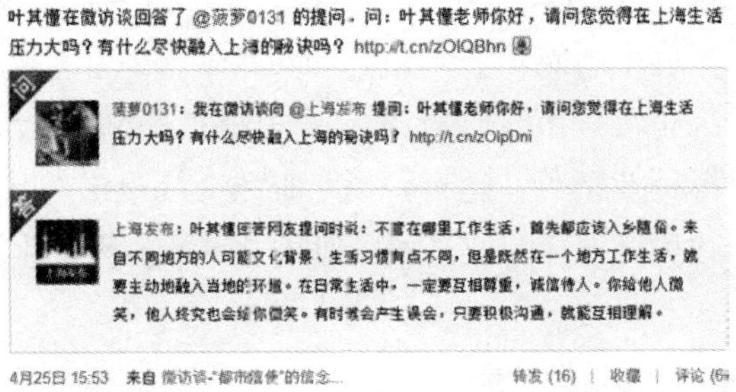

图6-21　微访谈发布界面清晰美观

博的交互习惯，过多地发布使得受众难以阅读和捕捉重点信息，这种刷屏的方式也会让受众反感，因此，在微访谈的直播过程中发布的微博数量建议控制在5—10条的范围内。

④第四次发布：概括总结

结束和总结阶段是微访谈的结尾，对活动进行总结和点评，可以把微访谈中的最大亮点呈现出来。此外，可以利用长微博配上当日的微访谈实录，把微访谈的全部内容用长微博的形式呈现出来，以便于有兴趣的受众仔细阅读和回查信息。

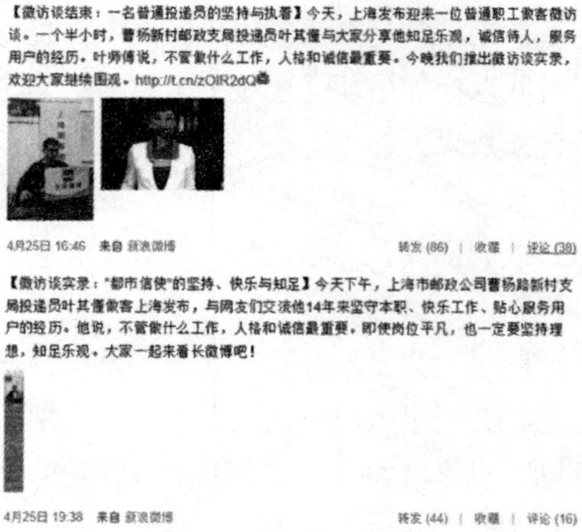
【微访谈结束：一名普通投递员的坚持与执着】今天，上海发布迎来一位普通职工微客微访谈。一个半小时，曹杨新村邮政支局投递员叶其懂与大家分享他知足乐观，诚信待人，服务用户的经历。叶师傅说，不管做什么工作，人格和诚信最重要。今晚我们推出微访谈实录，欢迎大家继续围观。http://t.cn/zOIR2dQ

4月25日 16:46 来自 新浪微博　　转发 (86) | 收藏 | 评论 (38)

【微访谈实录："都市信使"的坚持、快乐与知足】今天下午，上海市邮政公司曹杨路新村支局投递员叶其懂做客上海发布，与网友们交流他14年来坚守本职、快乐工作、贴心服务用户的经历。他说，不管做什么工作，人格和诚信最重要。即使岗位平凡，也一定要坚持理想，知足乐观。大家一起来看长微博吧！

4月25日 19:38 来自 新浪微博　　转发 (44) | 收藏 | 评论 (16)

图6-22　微访谈结束：总结和实录

第四次发布中除了文字内容和附上长微博之外，还可以配上图片（活动现场或当事人照片）。总的来说，强化配图意识，增强图、文、影、音等多媒体并用的手段在任何一个发布阶段都适用。

（4）政务微访谈案例分析——“@上海发布”微访谈

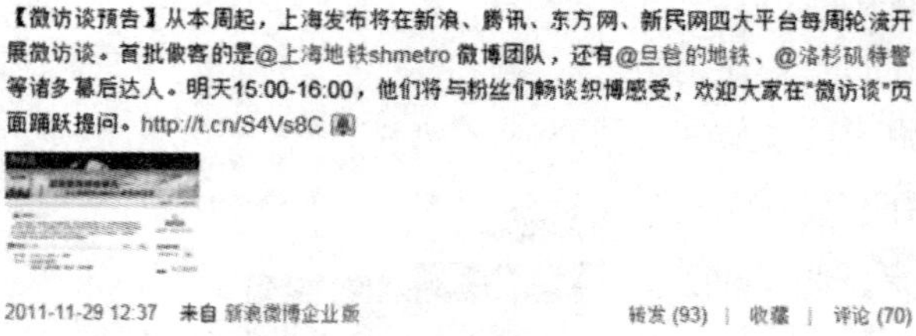
【微访谈预告】从本周起，上海发布将在新浪、腾讯、东方网、新民网四大平台每周轮流开展微访谈。首批做客的是@上海地铁shmetro 微博团队，还有@旦爸的地铁、@洛杉矶特警等诸多幕后达人。明天15:00-16:00，他们将与粉丝们畅谈织博感受，欢迎大家在"微访谈"页面踊跃提问。http://t.cn/S4Vs8C

2011-11-29 12:37 来自 新浪微博企业版　　转发 (93) | 收藏 | 评论 (70)

图6-23　“@上海发布”自2011年11月30日始开展微访谈

“@上海发布”从2011年11月30日开始，在新浪、腾讯、东方网、新民网四大平台每周轮流开展微访谈，微访谈直播将在上海四大微博平台中同时发布，其话题涵盖了治安、环保、交通、食品安全、社保等多个民生话题。

“@上海发布”微访谈的嘉宾配置多元，既有时任上海市副市长张学兵、司法局长吴军营等市政府官员，也有昆曲演员张军、奥美中国首席创意长助理“@nono金”等行业精英，还有曹杨路邮政支局投递员叶其懂等工作在一线的劳动模范，显示了政务微访谈定位高端，但是又兼顾各行各业，反映民生百态的特点。

表6-1　“@上海发布”2011—2013年微访谈列表

序号	微访谈嘉宾	时间	主题
1	曹杨路邮政支局投递员叶其懂	4月25日	都市信使的信念和主题
2	上海市司法局局长吴军营	3月29日	上海司法局局长吴军营聊法律援助
3	上海著名昆曲演员张军	3月24日	每个人都是马可·波罗
4	上海市绿化市容局副局长陆月星	3月23日	推广生活垃圾分类
5	上海市商务委副主任张新生	3月14日	上海主副食品市场流通与供应
6	市质量技监局局长黄小路	3月8日	保障安全，服务民生
7	上海市民防办副主任周鸣放	3月1日	安全使用地下空间
8	市农委主任孙雷	2月24日	阿拉本地农产品如何保供应
9	上海大剧院副总经理徐寅	2月15日	上海大剧院公益票常态化
10	市民政局局长马伊里	2月8日	上海面临的老龄化挑战
11	时任上海市副市长张学兵	2月2日	申城警务盘点与展望
12	市食安办副主任顾振华	1月12日	食品安全有问有答
13	市春运办主任、市交通港口局局长孔建平	1月6日	上海春运工作
14	“@铁路上海站”微博团队	12月28日	围观铁路上海站，聊聊春运那些事
15	奥美中国首席创意长助理“@nono金”	12月21日	《十分钟了解上海》的台前幕后
16	上海市人力资源和社会保障局微博团队	12月14日	关注民生，围观人保
17	@警民直通车-上海微博团队	12月7日	Hold住情绪，微笑驾驶
18	“@上海地铁shmetro”微博团队	11月3日	政务微博那些事儿

此外，“@上海发布”的政务微访谈的嘉宾和话题选择紧贴时事热点，服务公众需要。在2012年的春运期间，“@上海发布”先后举办了两期关于春运话题的微访谈，邀请了“@铁路上海站”团队、市春运办主任、市交通港口局局长孙建平和“@交通港航”“@铁路上海站”“@xy勇哥”“@上海徐汇灵灵”团队等嘉宾做客微访谈，聆听网民对春运的意见和建议，回应公众关于春运的咨询，充分体现了政务微博服务公众的职能。

图6-24　“@上海发布”微访谈聊法律援助

2. 微话题

微话题是微博的舆论风向标，在腾讯和新浪的微博舆论场中，微话题占据了

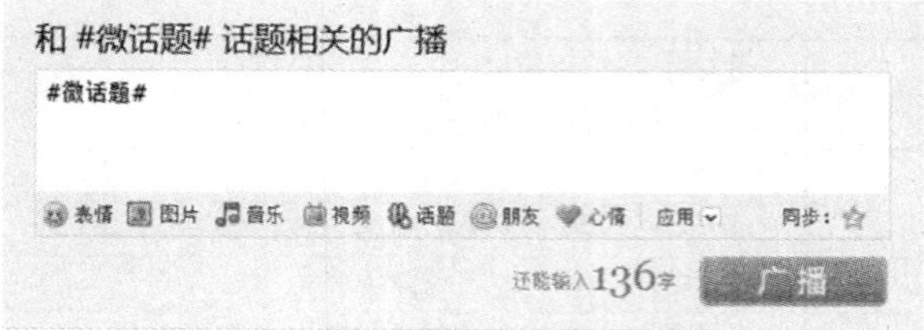

图6-25 腾讯微博的#微话题#设置

重要的组成部分。微话题通过前后两个“#”加上话题名称（#微话题名称# ）的形式构成，其后是关于该话题的内容发言。微话题的设置是微博舆论中议程设置的一种方式，能够有效地吸引受众关注和参与某一议题。

（1）一键全览

以腾讯微博为例，通过“# #”设置微话题可以达到一键全览的效果。大家只要看到这个话题，然后一点击就可以看到全部关于该话题的内容。对于一个政务微博来讲，长期设置一个话题相当于一个栏目功能，可以号召所有人在自己的微博中围绕该话题进行讨论，形成固定的“围观效应”。

（2）发起话题

政务微博可以运用“微话题”功能发起话题讨论，设置微博议题。微话题的内容既可以是政府部门的工作疑难，也可以是社会热点、民生事件等。各微博运营团队要根据自己所在部门的职能来设置议题，汲取公众的智慧，服务于政务工作，最终让人民受惠。

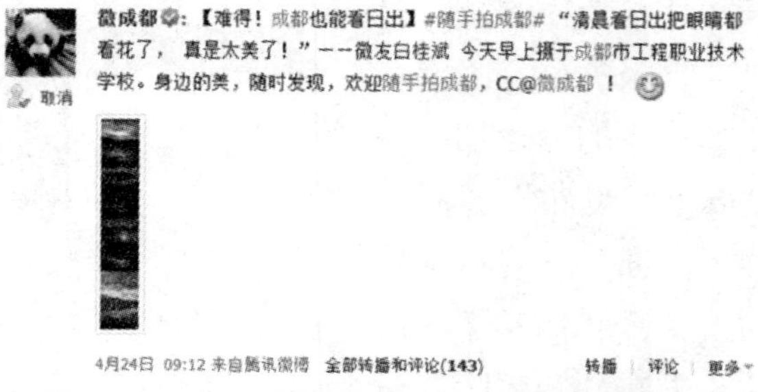

图6-26 “@微成都”发起的#随手拍成都#话题

近年来的“随手拍”活动，一些机构或博主利用网民的地域分布和设备便利的优势，搜罗大量的资源，帮助推动其事业进程。旅游机构微博可以通过“随手拍”来征集旅游景点靓图；工商部门可以通过随手拍来征集伪劣产品曝光图等等。微博活动并不局限于“随手拍”，任何形式的线上活动，只要有意义，得到网民的认可，都能引起巨大的反响，这需要政务微博运营团队的周密策划。这样的活动成本小，影响力却巨大，是自媒体时代带来的福利。

2011年3月，腾讯微博“@微成都”发起了“写给成都的微信”活动，希望在“两会”期间听一下全国网友和代表、委员对成都的真实看法和希望。“写给成都的微信”内容丰富，从成都的美食、美女、美景到成都的统筹城乡改革试验，从成都公交报站名的习惯到创业环境，几乎涉及成都的各个方面。在“@微成都”上，多数网友都表示，对成都悠闲安逸的生活、美食、美女以及大熊猫印

图6-27　“@微成都”发起“写给成都的微信”活动

象深刻，也有网民对成都上下班拥堵等问题提出了建议和意见。“@微成都”发起的活动得到了超过200万网友的关注，得到大量网友的转播，转播者听众总数超过50万。

（3）征集民意

运用“微话题”功能，政务微博还可以征集公众对某项政策的建议，了解公众的态度和看法。2012年3月10日，“@中国广州发布”通过设置#全国两会·微调查#话题，征集对高校自主招生利弊的看法。截至3月底，该微话题收到了54条意见，其中有约64%的人认为利大于弊，应该扩大改革的试点，9%的人认为高校自主招生弊大于利，让个别学校继续拿升学率当幌子。通过将微话题和微投票两个功能相结合，政府部门就可以直接、便捷、高效地了解到网络民意，从而为决策作参考。

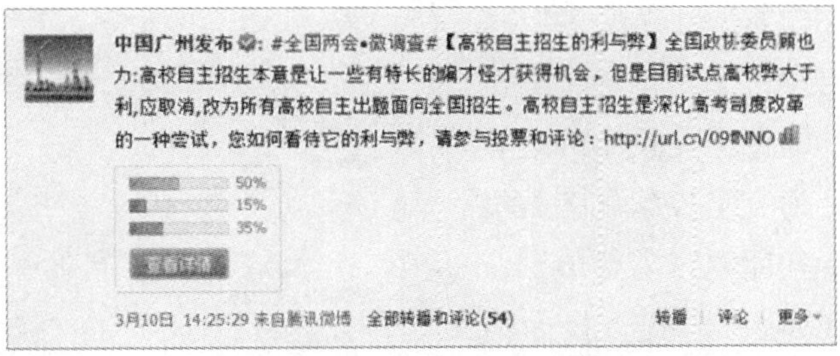

图6-28　“@中国广州发布”发起的#全国两会·微调查#话题

3. 微投票

（1）微博投票的内容

微博投票是政务微博进行互动的一个重要方式，政府职能部门可以通过发放线上调查来搜集数据和情况，例如医疗部门可以搜集公众的生活、卫生习惯；公安部门可以搜集各地区的治安情况；工商税务可以搜罗网民掌握的不法商户的信息或者开展评选优秀商户的活动。微博的一个重要特征就是网罗大众意见，政府部门从没有像现在这样与公众距离如此之近，政务微博应该利用好这种便利，发动公众积极性，汲取大众智慧，真正做到取之于民，用之于民。

微投票一般来说分为两种：第一种是调查民众对政策信息的反馈，了解公众对政策的态度；第二种是搜集网民对政务微博的意见和反馈，比如对于政务微博重点应该做什么内容，网友更希望政务微博提供民生服务信息还是进行网络问政，等等，或者每隔一段时间，可以让网友投票，了解他们最喜欢哪些栏目，对于政务微博发展有哪些建议，等等。

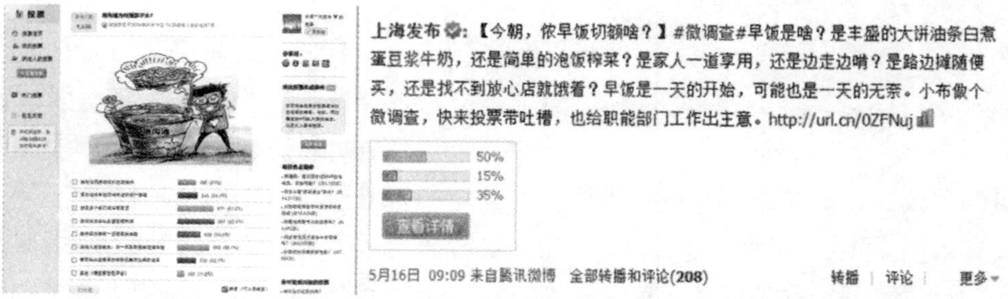

图6-29 “@中国广州发布”和“@上海发布”发起的微调查/投票

（2）微博投票的操作方式

在腾讯微博中，用户只要在“广播”的界面点击右方的“更多”选项，然后就会出现三个子选项，点击其中的“投票”即会出现投票的设置界面。投票可分为文字投票和图片投票，设置界面有五项内容需要填写，分别是标题、说明、形式、投票选项、截止日期，完成上述步骤，点击确定即可。

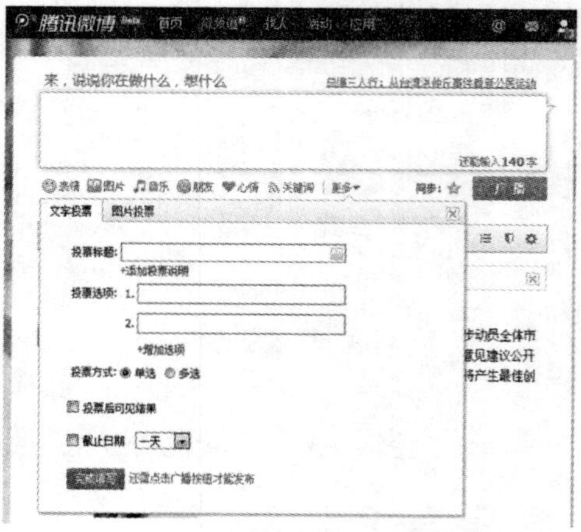

图6-30 腾讯微博的投票发起界面

四、政务微博的关系管理

政务微博的互动除了做好常态发布、突发事件管理以及活动式互动外，还应该投入精力，制订一个完善的方案对政务微博的“人际关系”进行管理和维护，从而更好地履行政务微博的服务职能，同时扩大影响力，提高微博活跃度。政务微博的关系管理根据对象划分，主要有五类：与关注对象的关系、与粉丝的关系、与意见领袖的关系、与其他政务微博的关系以及与新闻媒体和记者的关系。

1. 与关注对象的关系

政务微博所关注和收听的微博用户，应集中在与政府部门业务相关的用户以及意见领袖、媒体和其他政务微博兄弟用户，这样方便信息收集和取舍，若没有针对性地过多关注闲杂账户，不利于政务微博自己页面的信息筛选。有时可关注一些积极互动的网友，让他们感受到政府部门对他们的重视。微博使用是一种透明化行为，微博的“关注”会向所有网友公开。政府机构与公务人员微博加关注，需要考虑公共形象。对于明显有色情、暴力、商业广告等违反法律或具有功利性质的人物或机构微博，不宜添加关注。

实名认证的辽宁省大连市公安局某分局官方微博的微博页面，粉丝人数超过5 000，而关注栏仅1人，发微博数为3条。3条微博是在该微博开通后，于2010年12月30日连发的3条微博，表示加入了微博大家庭，提醒大家新年注意安全，随后就消声了。而在关注栏中，该微博只关注了1人，就是日本艺人“@苍井空”，一石激起千层浪。该公安分局百口莫辩，解释是因微博账户被盗所致，但网友早已不关心解释。

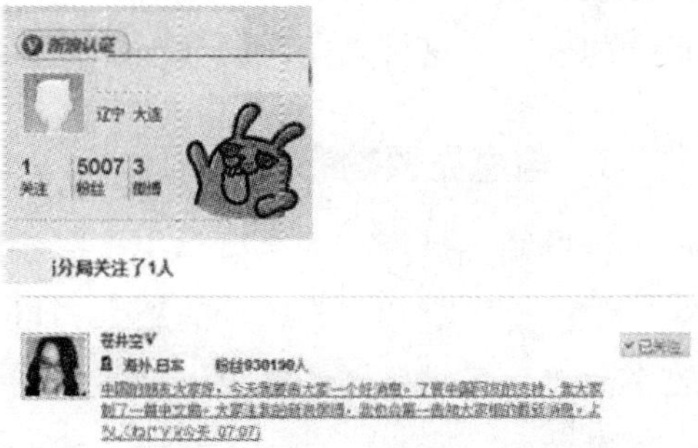

图6-31　大连市某公安分局官方微博关注对象引起争议

2. 与粉丝的关系

粉丝的数量和活跃度是衡量政务微博影响力的一些重要指标，处理好与粉丝之间的关系是政务微博关系管理的基本要求。

放低姿态，以平等、尊重的心态真诚地对待粉丝，积极回复粉丝的提问和意见，做到语气亲切，有耐心，遇到合理的批评质疑要勇于承认错误与不足，及时为自身的失职道歉，积极处理粉丝的反馈问题，从而在粉丝心目中树立良好的形象，在舆论场中养成良好的口碑。

在与粉丝互动的过程中，可以依据现实情况适当提升称谓和用语的亲密度。比如北京市政府新闻办公室主任王惠（“@北京王惠”）亲切地称粉丝为“惠粉”“亲”，语气就像一个知心大姐姐；上海市青浦公安分局交通警察支队（“@青浦警方”）则是自称“青椒”，利用一系列生动的图片向粉丝介绍警队300名警力人员的职能分工，赢得了众多粉丝的喜爱和好评。诸如早晚问候、节假日祝福、安全提醒等温馨互动也都是拉近与粉丝距离，提升粉丝好感度和黏着度的有效办法。此外，政务微博还可以通过举办专题活动、参加微博访谈等形式，调动粉丝互动积极性，巩固和维系忠实粉丝群体。

政务微博需要努力增加粉丝的数量，提高粉丝的活跃度，但需要提醒的是，粉丝数量和活跃度并非衡量政务微博影响力和价值的全部指标，政务微博应有其严肃的立场和原则，“取悦”粉丝需把握尺度，不可一味追求“博眼球”、制造焦点。政务微博应循序渐进，通过自己的高品质内容去赢得影响力，而不是投机取巧购买“僵尸粉”，或是雇用网络水军去左右网络舆论，创造虚假的影响力。政务微博应积极维护健康的网络环境，若是从事不正当行为，一经网友发现，便前功尽弃，后果不堪设想。归根到底，政务微博的影响力和价值的实现在于实际的行政绩效和群众的满意程度，如果本末倒置，即使短期内博得了粉丝的追捧，新鲜劲过后，这种人气也会像泡沫一样轻易破灭。

3. 与意见领袖的关系

意见领袖是指在一个群体里能影响其他人的想法和意见的人。在微博时代，意见领袖是影响和引领舆论的新兴力量，发挥着不可小觑的作用。在微博这个开放平台上，各种各样的意见领袖聚集到一起，形成了一个重要的舆论场。由于拥有数量庞大、忠实度高的粉丝群，他们发表的观点往往能够左右舆论判断，影响话题走向。有时候，他们的一条微博、一句评论就可能引发新的热门话题，甚至引爆一场舆论危机。

在信息杂乱的网络环境中，政务微博应主动与意见领袖建立联系，通过与他们的在线互动，来影响意见领袖所能覆盖的群体，因为有的意见领袖比政务微博的粉丝或听众还要多，因此意见领袖充当了一个扩音器的作用，得到意见领袖的认同和转发，能扩大政务微博的影响覆盖面，并建立政府部门与意见领袖的沟通渠道。

对于政务微博而言，关注意见领袖微博动态是把握微博舆论场“风向”所不可或缺的手段之一，与意见领袖进行互动则是扩大自身影响力、提升活跃度的有效办法。然而，与意见领袖的互动也是一把“双刃剑”，需要谨慎使用。第一，在转发意见领袖的微博时，需要选择相对理性客观、内容与自身定位相关且具有较高专业水平的微博，不宜转发单纯嬉笑怒骂、带负面情绪的内容。第二，在转发或评论意见领袖的微博时，要特别注意斟酌措辞语气，尤其是自我辩护、解答质疑的部分，应做到理直气和，用事实和道理正面直接回应，忌似是而非、闪烁其词，更忌“诉苦”式自我辩护。同时，尽量使用平和谦逊的语气，如有自身的过失或不足之处，应快速、诚恳地道歉，避免事态扩大甚至失控。第三，发布内容与意见领袖有关时，可以通过“@”功能将信息传达给对方，通过该意见领袖的转发或评论，将信息裂变式地快速传播开去，达到扩大影响力的目的。

“@上海发布”与当地的媒体人建立了良好的合作关系，媒体人凭借自身的新闻资源和媒介素养为“@上海发布”提供发布的素材，遇到突发事件及时

“@”“@上海发布”。政务微博则可以借助媒体人的影响力，在公共事件中发出理性的声音，从而更有效地传播信息，引导舆论。例如，2011年浦东机场航班事故发生之后，“@宣克炅”（上海广播电视台电视新闻中心机动新闻部副主任）根据“@上海发布”的公告信息，把事件的最新进展发布出来，凭借其媒体人的身份和资源，使得“浦东航班事故”的最新进展得以迅速而广泛地传播出去，当天，该条微博转发数超过了1 000条。

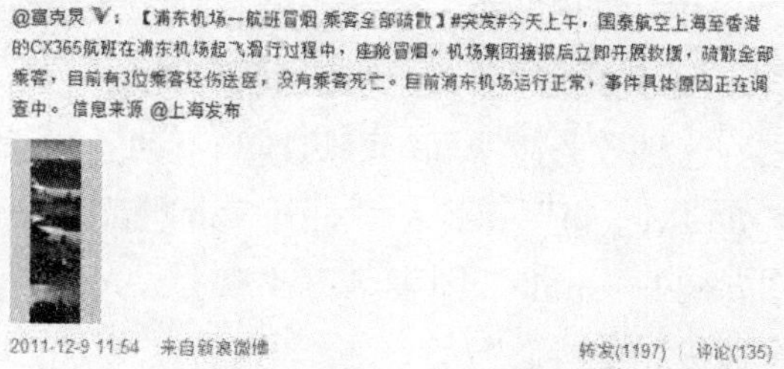

图6-32　“@宣克炅”及时转发“@上海发布”关于机场突发事件的微博

> 小贴士：政务微博与意见领袖互动技巧
>
> ①如果官方账号关注意见领袖，觉得太过“正式”，可以用半官方的账号，如加V的编辑账号来关注意见领袖，这样可以让对方感觉到对他的重视和认同；
>
> ②关于重大公共事件的话题，可以转发或评论意见领袖的观点，让他们积极、理性、建设性的观点通过政务微博传播得更广泛；
>
> ③利用QQ、微信等即时聊天互动的方式，跟网络意见领袖保持比较顺畅的沟通和交流，以便增进他们对政府工作的了解和理解；
>
> ④重大公共危机事件发生后，更要积极主动地跟网络意见领袖沟通，争取理解和支持。

4. 与其他政务微博的关系

政务微博横向和纵向之间的联动，能够加快问题的解决速度，形成上下级监督的阵势，向外部展现政府部门工作的和谐氛围。政务微博上下级之间、同级不同职能部门之间的政务微博互动有利于提高活跃度，强化传播的效果，产生政务微博的联动效应。

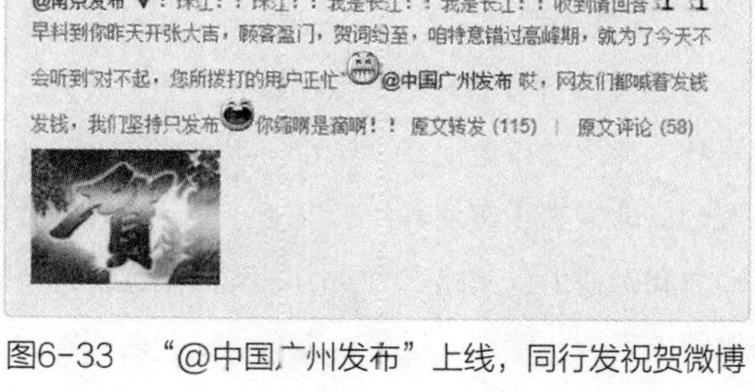

图6-33　“@中国广州发布”上线，同行发祝贺微博

例如，2011年12月19日，

“@中国广州发布”正式上线，第二天“@南京发布”以“珠江！！珠江！！我是长江！！我是长江！收到请回答”的收听体方式向“@中国广州发布”送上了祝福。这种政务微博间幽默风趣的互动受到了许多网友的关注和好评。其中，网友“@LIM小短”评论：“公开卖萌啊我靠！！！官方发言人们都很可爱嘛。”网友“@with—smile”则表示：“真实、人性、亲和就会有生命力，就会受到老百姓的拥护和支持。”

5. 与新闻媒体和记者的关系

在微博时代，各级党政机关与新闻媒体的关系应由传统的单向转为双向。与相关媒体的互动，是微博扩大影响力、高效解决问题的重要手段。

政务微博可以主动关注与自身相关的各新闻媒体的官方微博和知名媒体人的认证微博，并邀请对方关注，实现信息的流通与共享。此外，政务微博可主动发布媒体关于所在党政机关的新闻报道与评论文章，并在微博的结尾附上新闻链接，同时“@”该媒体的官方微博或用“via@某某媒体机构”标明信息来源。政务微博也可以适当转发媒体官方微博发布的与自身定位相关的信息，并加上代表自身的观点和评论，加强与媒体的互动性。

媒体的报道有时牵扯到政府部门，若是正面报道，政务微博应代表部门以谦虚和继续努力的姿态回复和转发该媒体的微博。对正面报道的回应，一方面是与媒体的良性互动，促进政府部门与媒体间的良性关系；另一方面通过媒体之口加强自身形象的正面传播，对自己的成果通过第三方展现给公众，是一种很好的宣传策略。但如果媒体对自己发表了负面报道，并发布在微博上，政务微博要及时关注，迅速将情况汇报给该部门负责人，部门立即决策并通过微博做出回应，积极交涉，及时降低负面报道的破坏作用。因此，与媒体的联动需要做好对媒体微博舆情的实时监控工作。

此外，当发现微博上出现涉及所在党政机关或其公职人员的不实信息时，政务微博在主动发布辟谣声明的同时，也可以借助部分媒体官方微博的影响力澄清谣言，及时阻止有害信息的传播，维护党政机关的形象。

【本章小结】

互动是政务微博区别于以往政府沟通刻板方式的新突破口，政务微博管理者应把互动置于战略高度加以重视，又要切切实实地掌握互动策略和技巧。本章着重从政务微博的常态互动、非常态（突发事件）互动、活动策划、微博关系管理四个方面提供增强政务微博互动力和沟通力的策略和方式。政务微博运营是个有机整体，互动策略与前几章所述的政务微博的定位、管理、运营、编写、推广在某些方面存在交叉重叠关系，读者可在重复交叉之处感受到政务微博运营中的重要观念和策略技巧，也便于加强读者的记忆。

作为政府与公众沟通交流的新渠道，政务微博通过与网民、媒体、意见领袖之间的互动，可以发挥多重功效：一方面，可以拉近政府与公众之间的距离，倾听民意，缓解压力；另一方面，及时主动地对事件进行回应，还可以让政府在公共突发事件中掌握舆论话语权，从而减少公众对政府的质疑。因此，政府若想要利用好微博平台，必须把互动作为政务微博运营的核心竞争力，注重提升沟通和互动技巧。

第七章　政务微博的舆情管理

【本章摘要】

过去十年，中国的舆论生态发生了巨大变化。随着互联网的发展以及新媒体的广泛使用，普通民众逐渐习惯使用论坛、博客、微博等新媒体渠道参与公共事务和意见表达。网民在微博上发布的信息设置了网络议程，影响公共舆论的焦点和走向，微博意见领袖积极参与公共热点事件的讨论，成为公共事件的重大推动力和传播的转折点，“围观改变中国”已经有了越来越多的实践。

舆情不是洪水猛兽，但在微博时代它更加难以捉摸，并且一般是伴随着公共危机事件发生而快速变化的。政务微博要如何进行舆情和危机管理呢？我们将从微博舆论生态、舆情信息监测和政务微博的危机管理三个方面对政务微博的舆情和危机管理进行阐述。

危机管理遵循快速、公开、统一和针对四个原则。首先，政务微博要跟谣言赛跑，也就是要在舆情事件发生后的1个小时之内快速发布权威信息，表示政府部门及时关注介入此事。其次，信息发布要做到公开透明，除非涉及国家机密，或者出于大局考虑，“一把手”坚决不让公开的情况。此外，在消息发布中要注意统一口径，一般情况下设置新闻发言人，如果微博代表政府发言，必须注意和其他渠道统一口径。最后，微博发布不要急于为政府开脱责任，应该针对当事人或公众诉求进行沟通。

一、微博舆情特征和规律

改革所累积的许多社会问题使得一些老百姓对政府等公权力机构有一种结构性的怨恨和普遍的不信任。许多看似不大理性的舆论背后，是一种理性的社会心态，即对官员权力滥用的痛恨。我认为中国当下的舆论生态可以概括为：微观或不尽理性，宏观却趋于理性，个体或有委屈，整体却在进步。

——张志安

过去十年，中国的舆论生态发生了巨大变化。一方面市场化媒体大量出现，以《南方都市报》《新京报》《潇湘晨报》《成都商报》《华西都市报》为代表的都市类媒体在过去十年获得了极大发展，它们往往会报道很多服务民生、讲故事的信息，其中也包含许多对政府的批评、监督的报道。另一方面，随着互联网的发展以及新媒体的广泛应用，普通民众逐渐习惯使用论坛、博客、微博参与公共事务和意见表达。微博等互联网虚拟空间也逐渐成为舆论监督的重要阵地，使得社会的声音更加多元，也是社会进步的重要体现。我们发现，网民开始在微博上发布信息，设置网络议题，影响公共舆论的焦点和走向；微博意见领袖越来越积极地参与公共热点事件的讨论，甚至成为某一公共事件的重大推动力和传播的转折点，微博上舆论监督所形成的“围观效应”正在一点一点地改变中国。

图7-1 “新闻联播”与“新浪微博”的区别

与过去相比，互联网大大拓展了普通民众的发声渠道。而社会转型所累积的许多问题使得一些老百姓对政府等公权力机构有一种结构性的怨恨和普遍的不信任，网络自然成为老百姓批判发泄的主阵地。在这样的舆论环境下，单向度的正面宣传和舆论引导方式往往起不到好的传播效果。如2012年，在“7·21”北京暴雨爆发的第二天，北京某电视台报道称：北京市民“高度”肯定北京市政府的救灾工作。为此，微博中有一些批评认为这样的正面报道有点过度宣传，不少网民发起了“寻找北京市民高度”活动，该活动微博被转发了5.6万多次。在当今的互联网时代，老百姓有了更多的发声机会和协作渠道，传统宣传理念下的主流舆论引导越来越容易被消解和扭曲。因此，政府应该摒弃以往的宣传和管控思维，以一种更包容、更理解和更尊重的态度来对待互联网舆论。

1. 微博的舆论功能

（1）议程设置：影响公共舆论的焦点和走向

微博的首要舆论功能是设置公共议程。近两年来，越来越多的传统媒体报道跟着微博上的热点走，网络正在为传统媒体设置议题。据不完全统计，2011年，大约有20%的公共事件最早在微博上发起，而2012年，大约三分之一甚至一半以上的公共事件是在微博上发起的。因此，为了更好地应对公共事件，政府部门应该对微博进行舆情监测，因为如果不能及早发现问题，及时疏导和沟通，相应的危机处置就会很缓慢和落后。

近年来，互联网上出现了一系列影响重大的“微博事件”。2011年4月，有网民爆料称中石化广东石油分公司购买几百万元高档酒供私人支配。中石化广东分公司的新闻发言人证实，2010年公司确实采购了数批酒，但称这批酒是公司正常的商品购进，属于公司“非油品经营项目”。同年4月10日，安徽利辛县国土局工作人员周文彬在微博上说：“我可能要做出一个人生中艰难的决定，这个决定足以改变我的后半生，我也为此成为另类。”之后，他利用微博举报自己单位领导和内部“腐败窝案”。2011年6月23日，郭美美微博炫富引发公众对中国红十字会的普遍质疑，中国红十字会收到的捐款大幅下降，2011年接收社会捐赠约28.67亿元，比2010年减少59.39%，事件到了2013年仍未消除影响。

诸如“郭美美炫富”“局长用微博与情人调情”“中石化天价酒事件”等等，这些事件的共同特点是发生在微博上，并且在微博中迅速、广泛地传播，事件的舆论也受到微博的重大影响。在这些微博事件中，传统媒体不再是新闻的第一见证者或发布者，而往往是跟着微博走，对微博事件进行后续的跟踪报道。

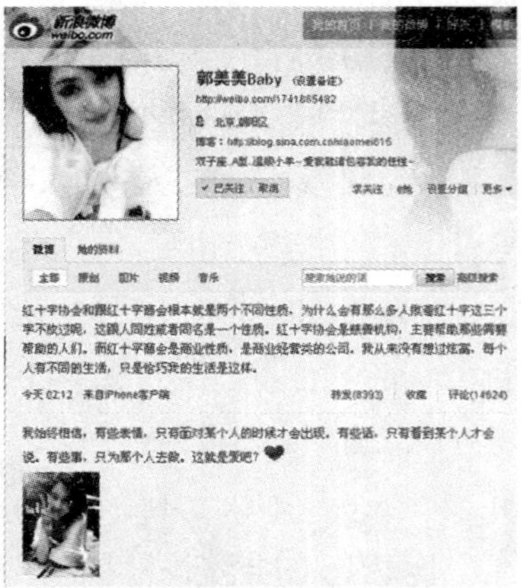

图7-2　郭美美微博炫富引发公众对中国红十字会的普遍质疑

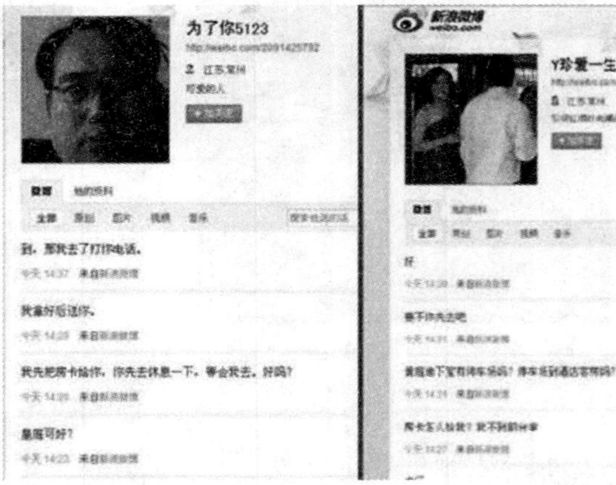

图7-3　江苏溧阳市卫生局长谢志强把微博当QQ/邮箱，在微博上公开与情人打情骂俏，最终被撤职

（2）汇集舆论：围观改变中国（网络舆论监督）

微博的第二个功能是汇集舆论。民众在微博上可以相对自由地发起话题，也可以通过评论和转发来参与讨论话题，这种网络舆论，尤其是在公共事件中的集聚式舆论对政府产生了一定的压力。因此，我们说“围观改变中国”，舆论正在真实改变着政府的执政理念和方式。

2012年7月22日，第八届“海峡两岸暨港澳地区大学校长论坛”在南京大学举行，来自台湾、香港、澳门与祖国大陆的40余位著名大学校长等嘉宾出席。在论坛进行时，一条“教育不行，玩牌在行！——浙大校长开会玩牌”的微博被迅速传开。微博说：“今上午在南京大学举行的‘海峡两岸暨港澳地区大学校长论坛’上（现正在进行），香港城市大学张信刚前校长正在精彩演讲中，会场上，浙江大学杨卫校长竟一直在用笔记本电脑玩牌。这个论坛的主题是‘如何共司弘扬中华文化’。”该条微博经由“@代军哥哥”的网友发布后，几小时内转瞬被转发13 000多次，当天#浙大校长开会玩牌#上了腾讯微博和新浪微博的热点话题榜单，参与该事件讨论的微博超过30万条。

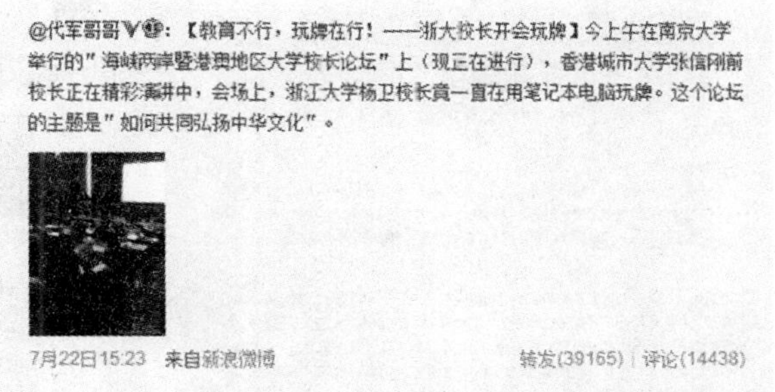

图7-4　“@代军哥哥”发布的浙大校长开会玩牌的微博引起网络巨大讨论

（3）意见领袖：重要的推动力+传播的转折点

对于政府或者某一个行业的舆论走向而言，微博上的意见领袖正在起到越来越大的作用。很多人有疑问，普通老百姓在微博上发帖能有那么大的影响力吗？在短时间内，一般没有那么大的威力，但是如果在意见领袖的推动下，情况就大不相同，他们往往是舆论的重要推动力，也是非常重要的转折点。

2010年9月10日，江西省抚州市宜黄县的钟如奎一家因拆迁矛盾与拆迁人员发生冲突。有报道称，钟如琴（钟如奎妖妹）、罗志凤（钟如奎母亲）、叶忠诚（钟如奎大伯）三人自焚烧伤。但是宜黄县人民政府办公室于2010年9月12日在其官网发布《关于“宜黄县一拆迁对象泼洒汽油不慎烧伤”的事实情况》，称事件并非自焚，而是不慎将自己点燃。

2010年9月16日上午8：11，《凤凰周刊》记者邓飞在微博上转发网友的微博：“今天上午7点，抚州自焚事件伤者钟家的两个女儿在南昌昌北机场，欲买机票去北京，被宜黄当地四十多个人控制在机场，家属报警无用，现仍在机场，处于被扣状态中，泣血求助网友。”

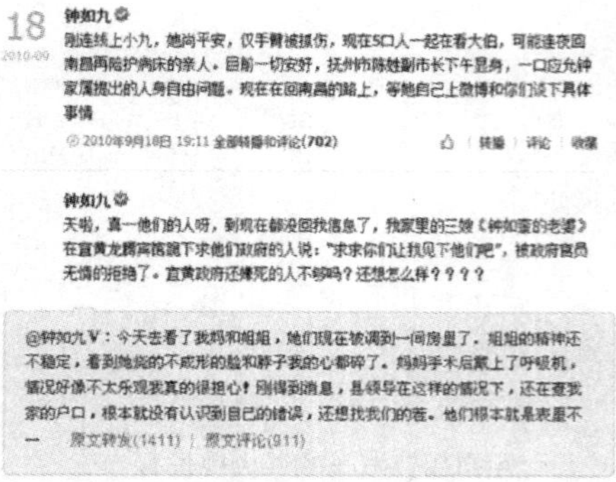

图7-5　钟如九注册腾讯和新浪微博账号，对拆迁现场进行微博直播

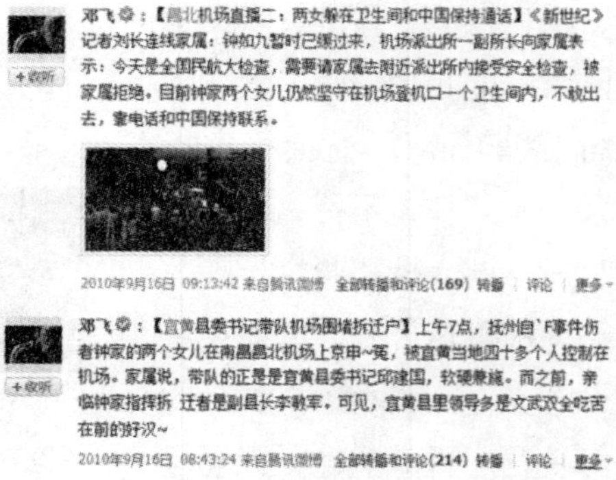

图7-6　《凤凰周刊》记者部主任邓飞在微博中向外界传递钟家姐妹遭围困的消息

同日，钟家小女儿钟如九在腾讯和新浪微博上开通个人账号，直播事件发展。这一周，钟家的拆迁冲突在网上被传得沸沸扬扬，“女厕攻防战”成为当天网络的焦点。靠着“保持通话”，《凤凰周刊》记者邓飞在微博直播该事件的实时进展，引发了全国网友的关注。

（4）新功能：社会动员，公众围观

以微博为代表的新媒体与传统媒体相比还具有两种新功能：社会动员和公众围观。社会动员指老百姓不仅可以通过微博进行批评，还可以直接发起一场运动或者号召事件。在“番禺垃圾焚烧事件”中，一名叫“北风”的网友在Twitter[1]上表示直接去游行是违法的，但是正好明天是广州市环保局领导的接待日，号召网友一起去抗议。于是，出现了后面民众自发组织到广州环保局和市政府门前抗议垃圾焚烧的事件。

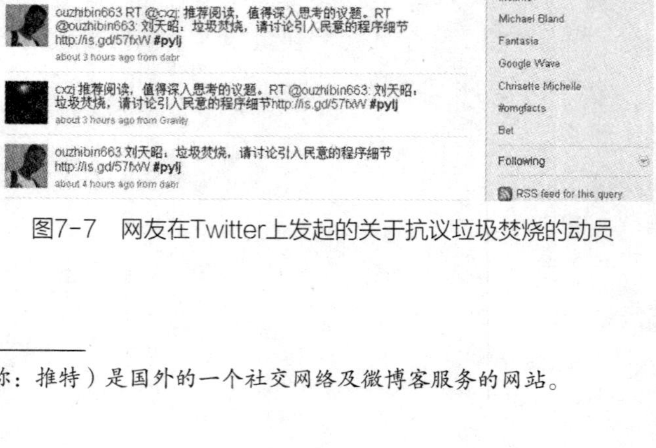

图7-7　网友在Twitter上发起的关于抗议垃圾焚烧的动员

1　Twitter（中文称：推特）是国外的一个社交网络及微博客服务的网站。

此外，微博就像一个虚拟广场，让民众可以围观不同的公共事件，这种“围观”的力量使得许多社会的不公事件暴露在众目睽睽的微博“广场”中，直接促使许多不公正、违法乱纪的事情得到了应有的制裁。在“李刚事件”中，超过900万的微博网友关注并参与了事件的讨论，有的网友对“我爸是李刚”进行了图片恶搞以及视频和诗歌创作。这种看似不大理性的恶搞背后，体现了一种理性的社会心态，就是对官员权力滥用的痛恨。

在“郭美美事件”发生后，为了应对民众的信任危机，中国红十字会发布了微博：“中国红十字会总会再次真诚感谢广大公众和媒体对红十字会工作的关心和监督，希望在今后的工作中继续得到大家的支持和信任。我们将以谨慎务实的态度和作风，继续发扬人道主义精神，致力于保护人的生命与健康，把每一份爱心，每一笔善款，传递给最需要帮助的人。”此微博一经发表，引来网友“呸”声一片！李开复、冯小刚、成龙、李连杰、小S、赵薇、陈坤、姚晨、芙蓉姐姐等名人“呸”声不断。事实上，新近报道已经澄清了“郭美美事件”是对红十字会的“污蔑”或“伤害”，但这场微博上的飞来横祸让红十字会陷入长久的口诛笔伐和有口难辩之中。一方面，我们应该反思网民在舆论监督中的不理性行为；另一方面，也应该反省官办慈善机构因透明公开度不足而缺失民众信任的状况。

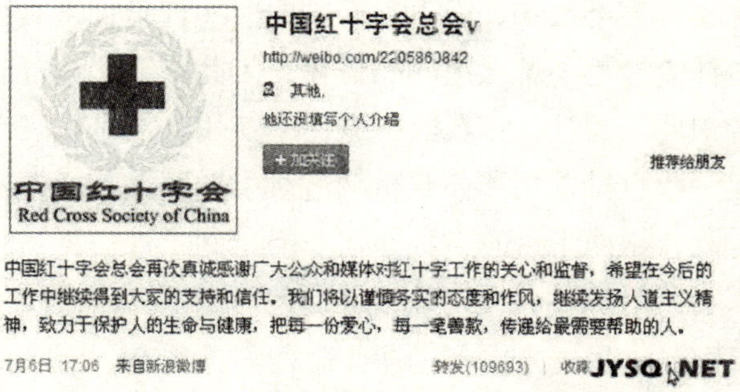

图7-8　中国红十字会总会发布的微博遭到无数质疑

2. 微博的舆情特点

（1）舆情形成迅捷，蝴蝶效应显著

只要拥有终端设备，具备网络环境，用户随时随地可以发布“140字的报道”和“评论”，并成为其他有资质媒体的信源，也可以随意点击“转发”，使消息裂变式扩散。这种传播方式打破了传统媒体的线性传播模式和其他网络媒体的网状传播模式，使得舆情信息和公众态度能在极短的时间内聚合、酝酿、爆发，以裂变的方式进行大面积扩散，蝴蝶效应显著。

在“7·23”动车追尾事件中，出现了明显的“黄金1小时”特征。也就是说，首发的现场网友博文比传统媒体早发一小时，所发布的信息都是原生态的。

而最早由乘客发出的求救微博，在25个小时内被转发了11万次，评论达2万多条。现场有近10人发出信息。

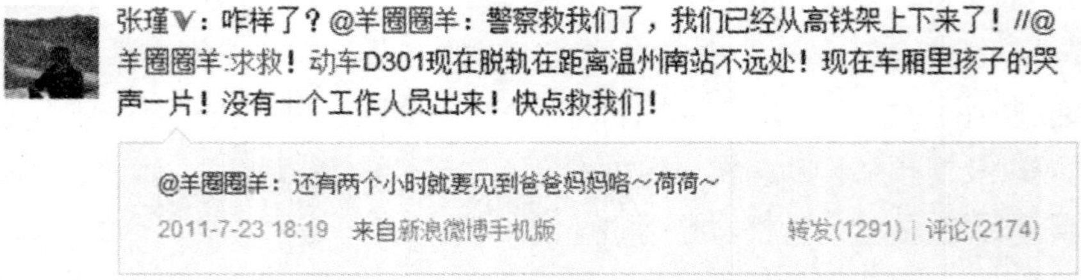

图7-9 “7·23”动车事故中最早的信息来自乘客微博

（2）谣言与真相混合呈现，自净化机制出现

谣言在网络传播平台上早已有之，只是微博“随手转发”的模式，让谣言的传播进入了史无前例的快车道。典型案例是2010年金庸“被逝世”事件，从微博发布到辟谣只用了2 个小时。

谣言不可怕，没有互联网之前照样是谣言满天飞。例如2011年的抢盐事件的主体恰恰是不怎么上网的群体，因此不能夸大互联网或微博承载和传播谣言负面的一面。而且，在我国，微博的使用人群是偏向于精英化和高学历的，同时又存在一些意见领袖和公共机构适时引导舆论，博友的言论理性意识已经得到了较大提高，微博平台的自我净化功能得到了进一步增强：许多微博用户发现言论不实都会及时删帖，同时出现了以“果壳网”为代表的网友自律组织—— 一方面约束自己，另一方面帮助净化微博舆论生态。

图7-10 网友自律组织的微博账号“@真相挖掘机”和“@谣言粉碎机”

（3）情绪化表达与社会减压

字数空间的限制以及对“负面”内容的先天关注，微博舆论表达的感性、率性也显而易见。这种情绪经由微博圈子乃至整个互联网的传递、影响，无疑会在一个较大的范围内生成一个极化的情绪场。这个“场”具有强大的能量，能形成强大的冲击波。在适当的条件下，这一冲击波能够从线上发展到线下，组织一场群众运动。

中国正处于社会转型期，利益格局复杂，社会矛盾凸显。社会群体往往形成情绪化的价值需求，而这种需求仅靠理性难以满足。微博的出现，在一定程度上突破了官方舆论场，为积蓄已久的、没有得到满足的价值诉求提供了较为畅快的发泄渠道，起到为社会减压的功效。

二、微博内容的舆情监测

1. 网络舆情生成和发展的基本流程

政务微博的运营团队应该熟悉掌握网络舆情发展的普遍特征和基本流程，从舆情潜伏、生成、爆发等多个阶段去监测和分析网络舆情。一般而言，网络（微博）舆情分为潜伏期、爆发期、持续期、终止期和反馈期五个阶段，舆情监测并非局限于事件潜伏和爆发期，事实上，好的舆情监测是贯穿于整个网络舆情发展过程，并且横向纵向相交呈网状的一个监测系统。

潜伏期	大事化小，抢抓第一落点，及时表态
爆发期	冷静面对，有效疏导，舆情搜集研判导，媒体组合拳
持续期	掌握主动，精选角度，重在国内，因势利导
终止期	防止舆情反弹，淡化枝节，重塑形象
反馈期	群众路线，社会责任，媒体素养，管理创新

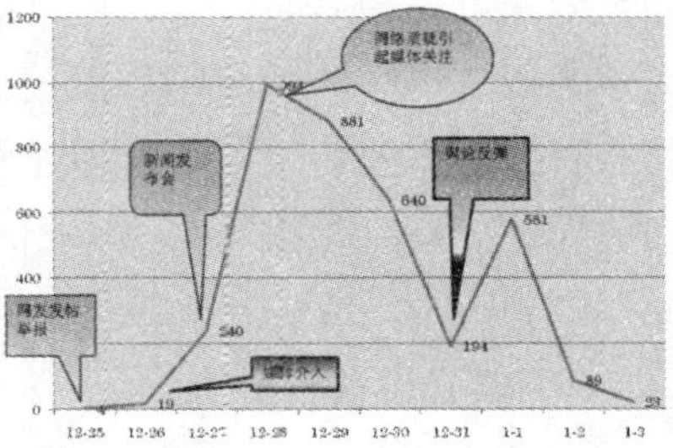

图7-11　以某事件为例的网络舆情走势图

2. 网络舆情监测要点

新闻剪报	手工搜索	整合传播
1990年代	**2000年代**	**2010年代**
收集平媒新闻	收集平媒新闻并做分析	平媒新闻、网媒体转载、社区帖干、网络广告、机构报告
通过邮件发送	邮件发达或网页上传	适时客户端
人工	人工搜索并上传	机器搜索+传播模型+人工搜索
公关公司	公关公司OR 监测公司	媒体与IT机构

图7-12　舆情收集监测在三个不同时期的模式

（1）选择监测平台

网络舆情监测的平台一般分为论坛、博客、微博三大类，尤其以微博的活跃度最高。微博中的舆情主要集中在腾讯微博和新浪微博中，论坛则除了天涯、猫扑、凯迪等综合性社区，还有与具体政府职能部门相关的专业性论坛，比如国土房管局可以选择监测搜房网、新浪乐居的论坛空间。

（2）锁定监测对象

微博中的信息海量而庞杂，如果希望快速、准确地获知舆情，政务微博需要选择部分关注对象作为日常的监测点。一般而言，根据具体政府部门职能的不同，政务微博的潜在监测对象分为网络意见领袖、媒体官方微博、相关行业微博三类。其中，网络意见领袖热心参与公共事件，而且有可能成为事件传播的重要推力和转折点，尤其是热衷于本职能领域话题的意见领袖，往往是舆情的消息发布者或者主要传播者。此外，地方媒体对于本地的新闻热点具有较强的敏感度，因而成为媒体官方微博中的重点关注对象，例如广州国土房管局除了监测“@人民日报”“@新浪头条”等全国性微博外，还会重点关注“@南方都市报”“@新快报”“@信息时报”这些广州本地的媒体微博，以及“@搜狐焦点”“@广州站”“@广州新浪乐居”等行业性媒体的微博。

（3）精确设置关键词

一般而言，舆情监测首先要选择有效的关键词，并且往往要多个关键词组合搜索。例如在“郭美美事件”中，比较好的关键词选择是“郭美美”“红十字会”，为什么要使用两个关键词呢？因为如果只搜“郭美美”，可能老百姓的微博中没有写“郭美美”，但是提及了事件背后的红十字会和中国慈善，这样就会有很多重要而有效的信息缺失；所以，舆情监测需要将关键词设置得更加精准、全面。

（4）对监测数据进行分析和解读

对于搜集的大量监测数据，政府部门应该建立一套规范的、日常性的分析处理程序。针对常规型舆情监测和突发事件舆情监测，以及针对不同部门不同目的的监测，政府部门可以有针对性地设立分析指标和统计方法。例如IP地

图7-13 网友微博辟谣“盐”：我在XX，我不参与抢盐

址、人物性别、职业、地域、话语正负偏向等指标。总之，微博的舆情监测必须采取新的方法，而且要做得更加细致，才会更加直接地发现问题，更快速地预警，尤其是在紧急事件中，微博有很好的辟谣作用。

2011年的日本地震导致核扩散，中国的老百姓纷纷抢盐，但是微博上的网民都不抢盐，为什么呢？因为有一位微博名为“@纪丙健in红味坊”的网友在微博上发起了以“我在XX，我不参与抢盐”为主题的微博转发倡议。“俺在青岛，俺不参与抢盐”“我在广东，我不参与抢盐”“我在上海，我不参与抢盐”“我在淮安，我不参与抢盐”……短短三个小时的时间，17 000多名网友参加了此次“我不参加抢盐”活动，5 500多名发表留言。

舆情监测的目的在于及早地发现问题，解决问题，把矛盾解决于萌芽之中。这也是一个很好的倾听民意、打捞民意的过程，如果轻视舆情监测，有可能会让原本可以避免的问题或灾难发生。例如，“5·26”江西抚州连环爆炸案的嫌疑犯钱明奇在其微博中早已明示要采取爆炸行为：“十年来，我依法诉求至今未果。我要是拦路抢劫十块钱，又应受法律如何制裁？我该怎么办？当初我没有向唐福珍、汪家正等人舍身保家抗腐那样做，今不想做第二个钱云会和徐武，逼迫我向董存瑞学习。”“求见检察长反映，江西抚州市临川区政府现任区长习东森在2002年任区纪委书记时，非法拆除房屋，经市法院判决，法官故意枉法裁判，至今已近十年，8名原告中两位老人家先后离开人间，到死也没有讨到结果！我不想等到那一天！也不想做第二个温州的钱云会和徐武，用实际行动为百姓除害。”可能是当地的政府没有注意到这些微博，也可能是没有足够重视，如果能够做好舆情监测，在钱明奇公开犯罪宣言到实施犯罪的时间内采取相应措施，这个悲剧原本是可以避免的。

图7-14　“5·26”江西抚州连环爆炸案嫌疑犯钱明奇的微博

三、危机管理的微博运用

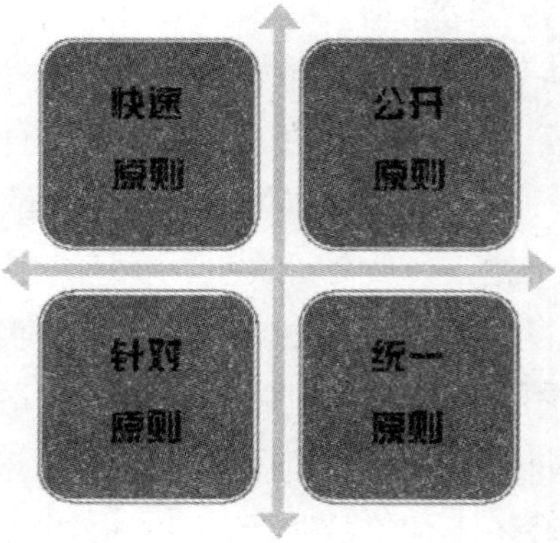

1. 危机管理的四原则

（1）快速原则

危机事件发生后，信息发布的及时与否决定了事件不同的走向。因此，微博的发布必须快速，要跟谣言进行赛跑。在过去的传统媒体时代，危机处理有“黄金24小时”原则之称，这是由报纸等传统媒体第二天发布新闻报道的传播特点所决定的。

人民网舆情监测室基于当下媒体环境提出了“黄金4小时”原则。“黄金4小时”指的是新闻发布的及时性，政府要第一时间发声，要第一时间处理问题，做突发事件的“第一定义者”。事实上，“黄金4小时”的功夫并不只在这“4小时”上，更在地方政府部门长效机制的建立上。对于微博来说，“黄金4小时”可能还要压缩为“黄金1小时”，才有可能更加有效地遏制谣言的传播，建立有利于政府信息传播的舆论场。

（2）公开原则

危机事件处置的过程要公开、透明、开放，一般而言，除非涉及国家机密信息，或者出于全局考虑，“一把手”坚决不让公开的信息，否则都应该尽可能公开。我们发现，在危机事件发生后，很多基层政府依然固守“不能报道、不让拍照、不许录音”的观念，把自己视为可以封闭式存在的独立王国，一旦真有什么被误读被歪曲的，也只能“哑巴吃黄连”了。一些官员甚至把媒体当“自己人”，以为请了记者参加不等于请公众参与，企图将信息限定在特定范围内。这是把自己当“官大爷”的傲慢与偏见：没有把媒体视为公众的眼睛、公共生活当中的第四权。

对于公众来说，人民不相信眼泪，不相信拍胸脯，甚至未必相信媒体，网络社会的民众更加相信自己的所见所闻，相信自己的判断力，官员应当意识到这一点，将公开作为危机传播与管理的第一要务。

（3）统一口径原则

突发事件发生之后，政府在介入、调查、处理的不同阶段对事情的判断和态度会存在不同程度的差异，这种技术层面的差异有时候会使政府的说法“自相矛盾”或者“略有出入”，从而给民众造成误解，进一步激化民众情绪，加深民众对政府的不信任。

然而，危机处置既要快速，又要统一准确，要二者兼顾本身存在一定的难度。我们建议，为了统一政府的口径，要设置新闻发言人制度，由专业的新闻发言人对发布内容进行把关和控制。如果由微博代表政府发言，政府内部各宣传渠道必须做好沟通和交流，统一口径，准确发布。

（4）针对性原则

要针对当事人或公众进行沟通。政府信息公开了，为什么老百姓还不满意呢？好的官员必须换位思考，许多政府官员感觉和以前相比，政府的信息公开有很大的进步，但是事实上距离老百姓的要求还有很大的距离。站在政府自己的角度，我们觉得已经很公开，但是距离我们老百姓所要的公开还有很大的距离，究其原因还是我们政府的信息公开是有限的，是有选择性的。公众对政府有诸多良好的期望，希望政府能够包容异见，理解民心，尊重民意，公开、公正、依法、高效地处理公共事件。

在2012年“海南三亚宰客门”事件发生后，面对传统媒体和互联网上民众的质疑和批评，三亚政府官方微博“@三亚市政府新闻办”在1月29日发布微博：“感谢游客、网民和媒体对三亚的关注、关心和热爱”，避重就轻不讲老百姓最关心的事件处理进展，只是一再肯定政府自身工作，给自己开脱责任，而对网友铺天盖地的质疑没有直接回应。这种漠视民意的微博发布不仅没有缓解政府的危机，而是适得其反，对整个三亚旅游城市的形象造成了严重的打击。

图7-15　“@三亚市政府新闻办”针对游客被宰事件的微博引来一片骂声

2. 舆情应对措施

（1）建立规章

在日常微博运营中建立起明确的危机处理规范，把危机处理制度化和流程化，避免给公众造成随意、混乱的感觉。对于微博用户的反馈、建议、投诉等耐心倾听、即时处理并在内部及时反馈沟通。遇到突发事件，可以通过部门官方微博对负面口碑进行及时正面的引导，若是个案问题，先根据对方身份研判，可私信沟通，取得谅解，争取对方主动化解；若是全局问题，则要尽早公开，真诚致歉。

（2）密切关注

在舆情监测工作中，不定时地浏览、关注微博上的话题热点，及时发现、处理可能与政府部门相关问题有关的微博条文；在舆情事件中，一方面跟踪事件进展，从网友评论中获取舆论态势，另一方面关注利益相关者和网络意见领袖的诉求和态度，紧紧把握舆论的走势和传播动态，从而更加主动地掌握话语权，及时针对微博舆情进行内部协调和外部沟通。

（3）及时公开

遇到突发公共事件，要有积极的态度，应该在第一时间利用微博发布事实，澄清谣言。在新闻发布的过程中，要注意从容冷静，诚恳道歉，承担责任，避免争辩冲突。在发布的方式上多发布事实信息，少做解释和辩护。

一般而言，除非涉及国家机密的信息，或者出于全局考虑，“一把手”坚决不让公开的信息，都应该尽可能公开。在危机事件发生后，很多基层政府依然认为“纸能包得住火”，希望通过封锁信息降低负面影响，但这在微博时代是走不通的，对于公众来说，获取信息的渠道十分便捷，公众也有自己的判断力。因此，现阶段政府官员应当转变“隐瞒封锁信息”的危机应对思路，在危机事件的处理过程中保持对民意的敬畏，确保事件的公开、透明。

（4）打造强音

建设和加强政务微博，充分发挥“养兵千日，用兵一时”的效应，在公共危机中有效利用机构微博和官员微博，形成“以我为主、正本清源”的传播效果。

政府部门开设政务微博，日常的微博运营维护可以作为提供公共服务的辅助手段，可以更真实直接地倾听民意，还可以塑造政府部门的良好形象。除此之外，一个具有良好信誉和广泛社会影响力的政务微博在政府遇到突发危机事件的时候可以充分发挥其传声筒的作用，可以充当新闻发布平台，完整地回应质疑、发布事实和澄清谣言。由于政务微博的发布渠道掌握在政府自己手中，政府不用担心官方信息被媒体断章取义、选择性报道而导致误解，从而更加有效、主动地处理危机事件。

2011年“4·22”湖南株洲拆迁自焚案中，微博实现了网友的反复“围观”，可以想象对公众情绪的刺激有多么大。这个事件主要涉及株洲市法院，当事情发生后，微博上开始流传《株洲荷塘区法院关于召开舆情问题会议通知》，主要内容是法院召开会议要严密地控制言论，且要把当事人塑造成一个刁难、贪婪的“钉子户”形象。这个所谓的内部帖在微博一经流传，就在网友之间广为传播，舆论矛头指向了株洲法院。随后，法院调整了应对策略，使用微博进行辟谣，并转发了“点子正关于《株洲荷塘区法院关于召开舆情问题会议通知》系伪造的通知”的微博。“@点子正”是辽宁某媒体记者，在微博简介中自诩“辟

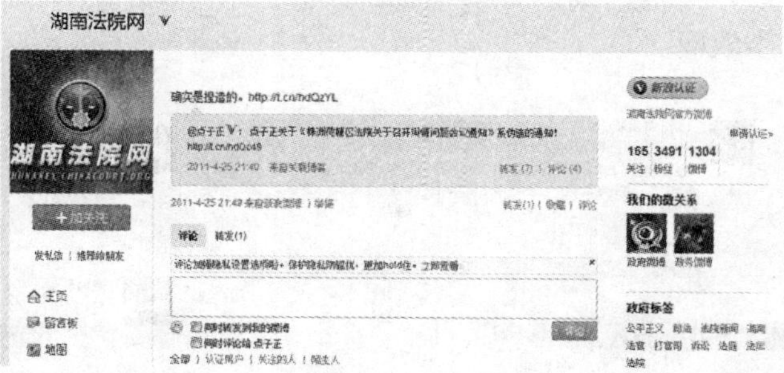

图7-16　“@湖南法院网”转发“点子正关于《株洲荷塘区法院关于召开舆情问题会议通知》系伪造的通知”并进行辟谣

谣党主席”，拥有20多万粉丝，转发他的辟谣微博能借助其强大的舆论影响力；此外，“@点子正”通过公文写作常识来论证《会议通知》实属伪造，有理有据，增强了辟谣的可信度。这一伪造的政府公函，漏洞百出，但广为流传，从侧面反映了自焚事件发生后政府信息的缺位。但后来湖南法院通过新浪微博，联合意见领袖微博、媒体微博等进行辟谣，对澄清谣言、引导舆论起到了关键作用。

3. 舆情应对案例：上海黄浦江死猪事件

2013年3月5日，上海黄浦江上游水域发现有死猪漂浮，之后死猪数量不断增加，截至3月12日下午，上海已累计打捞起死猪5 916具。由于靠近事发地域的斜塘港，是上海市松江自来水公司的水源所在地，涉及80万人口的供水，这又引起了人们对饮水安全的巨大关注。据悉，部分死猪来自上游浙江嘉兴地区。上海市向嘉兴通报情况，并要求其采取措施制止当地养殖户向河道抛扔死猪的行为。之后，上海市动物疫病预防中心发布消息，只在一份样品中检出猪圆环病毒病，专家介绍称此病不属于人畜共患病。另据相关报道，黄浦江上游原水水质稳定。

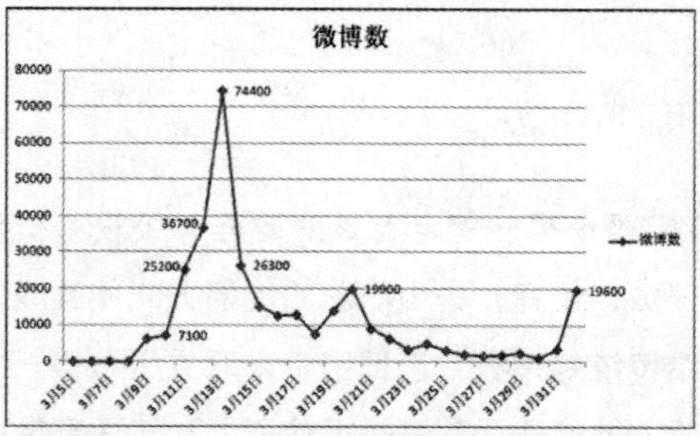

图7-17　“上海黄浦江死猪”微博热度

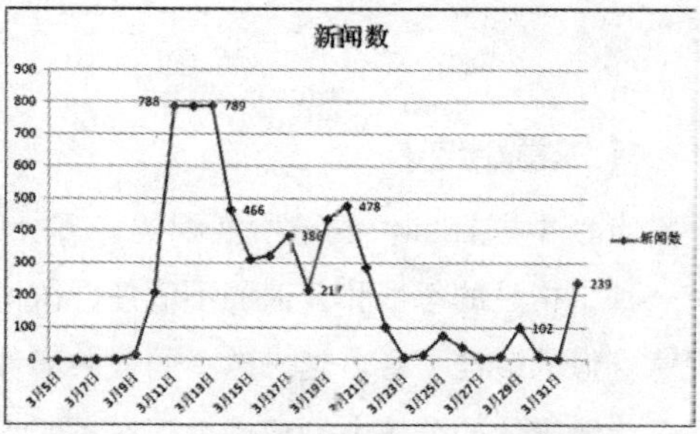

图7-18　“上海黄浦江死猪”新闻热度

“黄浦江死猪事件”发生后，直接负责相关事务的上海市水务局、海洋局通过腾讯官方微博“@上海水务海洋发布”第一时间披露事件进展，在公众间进行信息公开；“@上海发布”通过制作相关长微博对信息进行公开发布，及时避免了谣言的传播，让市民第一时间了解真相，缓解了市民焦虑的心情，得到了大家的认可。“@上海水务海洋发布”与“@上海发布”达到了很好的联动传播效应。

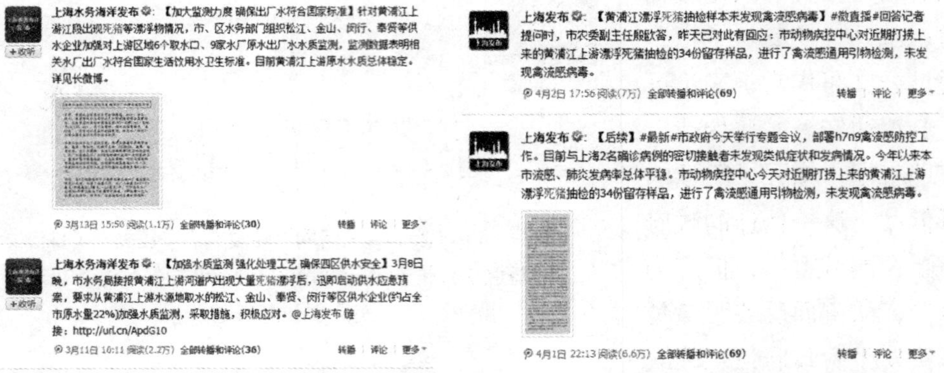

图7-19 “@上海水务海洋发布”与“@上海发布”达到了很好的联动传播效应

随着时间的推进，“@上海发布”又发布了一些事件后续进展报道，同时在微博上采用“你问我答”的方式回应网友质疑，通过持续的信息公开和与公众之间的互动，消除了事件带来的恐慌和负面舆论。

该事件中政务微博充分发挥了舆情管理的作用，在突发事件中，表明官方态度，提出解决措施，并接收网友监督和意见。在整个传播过程中，腾讯微博网友广播量峰值达到74 400条，相比于网友和媒体的活跃，相关的政务微博在这方面的活跃度还显然不够。而如今的舆论趋势要求政府相关部门在应对突发事件时应该赢得权威发布的“话语权”，及时向公众传播透明、真实的信息，避免谣言的传播，同时增强政府的公信力。

【本章小结】

当今中国社会，改革所累积的许多社会问题使得一些老百姓对政府等公权力机构有一种结构性的怨恨和普遍的不信任，微博开放、便捷、去中心化的传播方式使其成为民意宣泄的最佳平台。越来越多的公共事件给传统媒体和政府部门带来双重压力：一方面，传统媒体的公信力和权威性正在不断下降，政府运用其进行舆论引导和正面宣传的喉舌作用正在弱化；另一方面，重大公共事件发生后，如果政府不及时进行新闻发布，提供真相、回应质疑，微博裂变式的传播方式无疑会让政府部门陷入更大的网络舆论压力场。对于当下数十万个各级政府部门的政务微博来说，网络舆情管理是其不可回避的难题。

微博带来挑战的同时也提供了契机，相对于以往陈旧的“灭火式”舆情应对思维，当下微博提供了一个信息高度公开、透明的舆论环境，政府部门通过组建队伍、制订方案、及时沟通、开诚布公等一系列努力，可以将舆论的主动权牢牢掌握在自己手中，并且对微博上数以亿计的网民达到最直接的传播效果。政务微博的舆情管理需要政府部门跳出旧思维和旧框架，认识新媒体时代微博和网络舆情的功能和特点，形成自己一套微博舆情监控模式，特别是在公共危机事件发生时，要把握快速、公开、统一等原则进行舆情疏导和管理，塑造新的政府形象，发挥政务微博“养兵千日，用兵一时”的效用。

第八章　政务微博的考核与激励机制

【本章摘要】

政务微博为官方发布信息、公众问政议政搭建了优质的网络平台，大大促进了官民互动。然而，政务微博的发展也面临着种种困境。不少政府部门注册微博或是为了追逐潮流，或是为了应付上级派下的任务，疏于管理。

要做好政务微博，不仅需要组建一个完善的微博运营团队，还需投入充足的资金、人力支持，并逐步健全管理运营机制。此外，建立一个行之有效的考核与激励机制是保证政务微博正常良好运行的重要手段之一。

本章将首先阐述当下政务微博发展遭遇的困境，从而引出对政务微博考核与激励机制的探讨。政务微博的考核机制主要包括设计原则及指标、评估主体等方面，为激励公职人员对政务微博的运营热情，将考核机制落到实处，政务微博管理部门应依据考核的标准，采取相应的激励措施实施管理。

一、政务微博发展遭遇的困境

在政府积极推进社会管理创新和民意诉求渠道相对稀缺的时代，政务微博为公众问政议政搭建了优质的网络平台，大大促进了官民互动。然而，政务微博的发展也面临着种种困境。不少政府部门开通微博或是为了追逐潮流，或是为了应付上级派下的任务，疏于管理。看似发展前景一片光明的政务微博也存在着大量的问题。

目前，典型的“问题政务微博”主要有以下三种：

1. “行尸走肉”型

鉴于政务微博在公共事务中发挥的重要作用，不少政府将政务微博纳入政绩考查范围。很多基层政府机构开设微博并非出于自身意愿，而是领导要求开设，要求“全面覆盖”，要求“有条件的要开，没有条件的创造条件也要开”，甚至自主随意开设。

2011年呈“井喷式”发展的政务微博，目前已步入“优胜劣汰期”。与粉丝互动性强、不把微博当作秀平台的政务微博脱颖而出，拥有稳定、活跃、高质量的粉丝群，已逐步进入平稳发展期。而一部分寡言少语、“官腔”严重、关闭了评论功能的政务微博已如同“行尸走肉”。

由于对政务微博建设主动性不足，区域发展差异性大，微博的管理缺位，责任不明确等原因，不少政务微博逐渐沦为“空壳”微博。这类微博往往只是顶着一个微博头衔，仅开通后发布一两条微博便再也无更新迹象，评论量也少得可怜，更不用说与网民的互动了。比如“@某某发布”的新浪微博，坐拥31 141个粉丝，微博数为0；而其在腾讯微博上拥有15 148个听众，所发的微博只有1条。

图8-1　某政务微博主页截图

这种“形象工程”不仅使政务微博本身的公信力受损，同时也使其背后的政府机构和官员的公众形象大打折扣。

2. “自说自话”型

一些政府部门将微博当作单向的媒体，官话连篇，充斥着“公文”或“消息”，发布的“消息”主要是政府信息的应时更新，此类政务微博如同缩写版的政府网站。另外，这类微博常以“请关注本网站”或“请你咨询某某处”等简单、生硬的话语回复网民的咨询和疑问，这种做法不仅大大削弱了微博的优势，而且导致网民对政务微博产生了消极的情绪。

与其他媒介不同，微博最大的优势在于互动效果，光是一味自言自语无法施展微博的功能。“政府部门需要放下姿态，拿出诚意与网民沟通互动。把微博作为一种采纳民意、倾听呼声的重要渠道来改进我们的决策，改进我们的政府治理。”国家行政学院电子政务专家委员会汪玉凯教授认为，微博问政已是大势所趋，在新媒体的促进作用下，政府迟早会变成“玻璃房”，接受民众的监督，采纳民众的意见。[1]

互动型的代表人物是新疆“一把手”张春贤。2011年3月3日，一个被实名认证过的微博账户“@张春贤”出现在腾讯微博上，立即引发广泛关注。短短两个小时内，关注张春贤微博的听众就超过了1 600人。张春贤在微博上真正与老百姓实现了零距离的沟通，他曾发博：“连续几个晚上看大家留言至凌晨两点多。”有网友指出新疆义务教育中的问题，张春贤立马回复：“可寄区教育厅，抄尔肯江（新疆维吾尔自治区党委常委）。”两会期间，张春贤几乎天天在微博上与网民互动，正如他对自己微博的定位——“超九成与网友互动交流”。

图8-2　新疆维吾尔自治区党委书记张春贤开通腾讯微博与网友交流

3. “心血来潮”型

除去以上两种问题微博，还有一种类型的政务微博，其发布微博毫无规律性可言，兴致来了便发三五条微博，没时间的话则十天半个月不理会，疏于对微博的管理。同时，对微博的发布内容缺乏“把关人”，充斥着大量的转载现象，缺乏原创内容；政民互动反馈不及时，答复质量不高，与公众的实际需求还存在着较大差距。

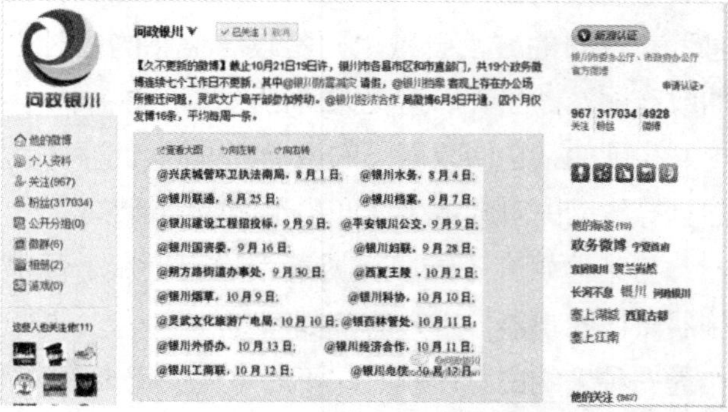

图8-3　“@问政银川”点名批评19个政务微博

2011年10月25日，“@问政银川”的一次发飙成为

1　《透视政府官员微博：厅级官员发微博数最多》，http://news.sina.com.cn/c/sd/2011-12-20/125323662228.shtml，2011年11月20日。

国内媒体关注的焦点，因为微博集群中银川地税、银川经济合作局等19个部门的微博连续7天没有更新，对网民的提问置若罔闻。“@问政银川”公开在微博中点名批评19个部门。这一消息引起媒体高度关注，“@问玫银川”受到社会各界的广泛好评。

武汉大学互联网科学研究中心发布的《2011年政务微博发展分析报告》指出，作为政务微博发展的最终受益者，45.85%的被调查者希望“建立网络民意表达的‘制度性回应’，加强对民意的吸纳、回馈、说理制度”，42.82%的被调查者希望“制定有关的电子政务管理办法，遇到不作为行为进行有效问责，将其纳入制度化轨道”，还有11.69%的被调查者则认为，“进行专人管理，提升政务人员的媒介素养，管理日常化、专门化”是管理政务微博的有效途径。当时任职于武汉大学信息管理学院的沈阳教授在2013年上半年对腾讯政务微博的调研分析中指出“互动性不足的问题，一个比较明显的例子，便体现在大V政务微博对监督性爆料事件的处理上，对监督性爆料事件的冷处理会降低网民热情，为此，我们特意将这问题写进了报告，呼吁政务微博能提高公开回复率，切实为百姓解决问题，从而真正体现自身价值。”[1]

以上三种问题微博的出现，使政府部门意识到，要做好政务微博，就要切切实实为民众提供信息服务，为民众排忧解难，提供一个平等交流的平台，而不仅是为了完成领导交代的任务，做好一个网络形象工程。

针对以上问题微博，首先需要扭转的是领导的意识，不能将政务微博视为一个“时髦的小玩意”，开设后就扔在那里不问不管，而是要将其视为一个协助政府办公的有效平台，不仅需要组建一个完善的微博运营团队，还需投入充足的资金。对许多部门来说，开微博是上级领导布置的命题作文，但后续的资金、人力支持和管理机制并没有跟上。

政务微博的可持续发展，必须建立一个行之有效的考核机制和激励机制。很多政府部门的领导将政务微博的运营维护工作交给下级负责，仅仅布置了大量的任务而无任何激励措施。对于微博的运营管理人员而言，只是增加了额外的工作量和压力，自然不愿意全身心投入。而有一些政府部门虽然对于政务微博的运营建立了一套考核机制，但其要求死板，仅以粉丝量、转发量为硬性指标，使微博的运营人员只关心涨粉丝、多转发而无心提高微博内容质量和与民众的互动。

政务微博开展到现在，当务之急是建立政务微博持续运营的考评和激励机

1 廖颖谊：《武大发布腾讯政务微博报告：听众主力为80后》，新快报微博，2013年7月10日。

制，不搞形式主义，让政务微博切实有效地发挥其与民众沟通的作用。

二、政务微博考核体系及案例分析

我们认为，对于政务微博，首先要解决好保障和激励机制的问题，然后再来考虑考核方式的问题。如果要进行考核，也应要建立"质化考核为主、量化考核为辅"的动态、多元评估机制，对不同类型、不同层级的政府机构，进行分类定位、分类考核，千万要避免搞"一刀切"。比方说，交通和旅游等与民生更接近的部门，每天会发布大量实用信息，受网民的关注度和欢迎度就比较高，但对于档案局、统计局这类部门，可能就没有那么多的信息来进行常规发布。因此，对这些部门的政务微博在考核上就得区别对待。在考核其互动性的时候，越敏感的部门在回应敏感问题时压力就越大，面临问题的频度、解决问题的难度各不相同，这也是在考核时需要考虑的因素。

1. 政务微博考核的基本原则

建立一个行之有效的考核机制是保证政务微博良好运行的重要手段之一。因此，要建立完善的政务微博考核评比机制，定期对政务微博的信息发布、互动以及影响力各方面进行检查考核，同时依据考核的标准采取相应的激励措施。其考核机制的基本原则有以下四点：

（1）激励为主，考核居次

建立考核机制的最终目的并不是为了评选哪个部门的政务微博最优秀，而是为了促进政务微博各方面的良好发展。因此，对政务微博的考核需建立在对微博运营团队激励的基础上，适当的奖励和鼓励能够增强团队的凝聚力，激发团队工作人员的干劲，从而达到进一步完善政务微博的目的。

（2）分类定位，考核差异

对政务微博进行考核并不能只建立一个标准。不同部门所开设的微博由于其功能性质不同，受众不同，其发展态势也不尽相同。

例如，广东省东莞市的社保局"@东莞社保"和东莞市政府新闻办公厅"@莞香花开"在东莞市"政务微博发布厅"开通了微博。前者的粉丝数量不到6 000，后者的粉丝数量则超过了80万。前者主要发布养老保险、医疗保险等社保政策，其受众大多为参保人员；后者则涵盖了本市新闻、天气预报、文化娱乐等各方面实用信息，其受众范围远远大于社保局。若仅以粉丝数量作为硬性的考核指标，"@东莞社保"无法与之相较。但与其他地区社保局的粉丝数量相比，"@东莞社保"的粉丝数量则位居前列。

以信息的发布量来说，交通、公安每天承载的信息量，发十几二十条轻而易举，但像房管局这样的部门，如果也用同样的标准衡量就是不客观的。因此，在建立考核指标时，应先对不同的部门机构进行分类，灵活地制订与之相符合的考核指标来进行差异考核。

（3）质化为主，量化为次

在对政务微博进行考核的时候，不仅要将粉丝增长率、平均转发数、平均评论数、平均每日微博数等量化指标作为考核标准，这些指标能够在一定程度上反映出政务微博的发展态势；同时也要将质化的标准引入其中。微博内容的质量高低才是反映该政务微博水准的重要标志之一。

说到底，政务微博是否受到民众的欢迎，是否能够长足地发展，归根到底要看其是否为民众提供切实有效的信息和服务，是否能够为民众提供一个平等交流的平台，是否能够解决民众的困难，而这些最终都要归功于微博内容。对微博内容进行质化的考量才是微博考核机制的重中之重，如微博内容是否充实有信息量，话语风格是否丢掉官腔平易近人，是否有传播的价值等。

（4）动态考核，综合评估

建立政务微博考核的机制还需要有整体意识和局部意识，对其考核不仅要考量某一时间段的总体数据变化，同时还要考量不同时期的动态数据，将不同时期的数据进行对比考核，才能得到更为准确客观的结果。在对每一部分的数据进行考核的同时，也要将各部分综合起来得到一个完整的评估数据。

2. 考核体系的指标设计

政务微博的考核是一项持久的工作，应当采取日常考核与年度考核相结合、全面考核与专项考核相结合、单位自查与部门考核相结合、定性评价与定量考核相结合的方式进行。首先，要对考核办法实行分类考核，不同机构的微博考核可选择不同的指标，同时其指标的标准也可根据实际情况进行调整。

其考核指标主要分为以下两大项：

（1）日常更新的量化指标

一般而言，考查政务微博日常运营最基本的指标包括粉丝增长率、平均转发数、平均评论数、平均每日微博数、平均每日微博的原创率。

基本指标	指标说明
粉丝增长率	粉丝增量/上个统计月度时间粉丝总量
平均转发数	每条信息的转发数之和/信息总数量，单位：次/条

（续上表）

基本指标	指标说明
平均评论数	每条信息的评论数之和/信息总数量，单位：次/条
平均每日微博数	该月发布的微博数量/天数，单位：条/天
平均每日微博的原创率	当月发布的原创微博数量/天数/平均每日微博数

将日常更新的量化指标以一个月为周期进行统计，考评周期以月为单位，每月1号为统计日，统计上月得分。季度得分为月度考核累积得分的平均分（季度考核得分=当季三个月度考核累计得分/3）；年度得分为月度考核累计得分的平均分（年度考核得分=全年月度考核累计得分/12）。将量化指标分别按照不同部门的实际情况进行加权得出平均分。

该部分占政务微博最终考核总分（满分100分）的30%。

（2）综合评价各项指标

①内容质量考核：以三个月即一个季度为单位，由每个机构微博的管理层从这三个月内所发布的微博中选取十条质量较高的微博来加以评判，评判的标准从微博文本的写作技巧、微博内容的价值大小、与网民的互动状况以及其所带来的影响四个方面进行考核。每方面总分10分，从1—10分来进行评判。

②实际效果考核：以一个季度为单位，对这一时期内网友咨询回复情况、网友投诉回复处理情况以及对需协同处理问题的跟进处理情况这三类情况进行考核。每方面总分10分，从1—10分来进行评判。

③加分项：在有以下情况时，每满足一条可以加2分。

政务微博工作的创新举措被省级（含省级）以上行政机关作为经验推广或表彰奖励；

政务微博有关工作被省级（含省级）以上新闻媒体作为典型经验予以宣传报道；

突发事件中能够及时通过微博澄清事件并发布新闻通稿等应对措施。

④减分项：在有以下情况时，每满足一项减2分。

接到公众投诉；

发布了不实信息；

发布涉密信息、损害政府形象的言论；

连续三个工作日未发布原创信息。

综合评价分数=内容质量考核×4+实际效果考核×3+加分项-减分项

3. 政务微博的评估主体

以三个月即一个季度为周期，将每个周期政务微博的日常更新量化指标、综合评价各项指标以及其数据库交给以下三类主体对其微博质量进行评估。

（1）宣传部/办公室评分：由政府宣传部门或办公室组成专人小组来对各机构的微博进行评分。

（2）媒体评分：分别将各机构微博数据库发给当地三到五个知名媒体（报纸、杂志、广播台、电视台、商业网站等），由其对各个单位评分，各单位取平均得分。

（3）专家评分：邀请当地新闻传播、公共管理的专家对其进行评选，给各单位评分1—10分，取平均得分。

综合评价的各项指标分别由以上三类主体进行审核，将得出来的结果再分别进行加权平均，得出考核结果。将综合评价的各项指标与日常更新的量化指标相加，就是当季各机构的最终考核结果。

最终考核结果=综合评价结果（70%）+日常更新的量化指标（30%）

同时，在每一期的考核机制结果出来之后，还应当与上一期的考核结果进行比较，考查动态的考核结果。累积的成绩并不能完全反映出一个政务微博的发展状况，每一阶段内的动态情况更能发映出其进步与否。

本章节仅提供一个可参考的考核机制，在对不同机构的政务微博进行考核时，要根据当地的实际情况进行调整。

4. 典型案例分析

目前，许多政务微博在考核、激励和奖惩等方面没有工作条例、制度的配套，在管理人员安排、微博信息发布内容上缺乏相应的规章制度，随意性较大，因此较难促进政务微博的持续性发展。可喜的是，自2012年以来，政务微博的规范化管理受到不少政府部门的重视，相关管理办法、运营规定的诞生也促使政务微博发展有规可循。2013年，一些地方如上海、河南、佛山市南海区政府等将政务微博列入日常考核，以督促下属各政务微博坚持不懈。2013年7月15日，河南省洛阳市公布了《洛阳市政务微博考核评分细则》，力求通过可以量化的标准来推动洛阳市政务微博发展，解决存在的问题，并着重强调要加强微博互动。

本节将起步较早的“佛山市南海区政务微博”和“东莞微博发布厅”的考核激励机制作为案例进行分析。

（1）佛山市南海区政务微博

图8-4 佛山市公安局官方网络发言人“@公安主持人”

佛山市南海区全面开展政务微博建设，2011年“@南海微力”作为全国首个县区微博群，也是全国最大规模区域微博群，进驻新浪微博城市广场。2012年7月31日，“@南海微力”“@南海发布”以全新形象，在腾讯微博、新浪微博同步上线运行，二者共同构成南海政务微博集群的“双塔”双主体结构：“@南海微力”专司微博问政与行政，是百姓办事的“城市管家”和“服务生”，它负责统一接收市民反映的问题，通过与南海“三中心一平台”的无缝对接，转到各单位限时处理，广大博友有服务诉求可直接“@”“@南海微力”或者发私信；“@南海发布”则主打信息发布，是网友的信息“小灵通”，它将及时发布南海的大事小情，是南海区的权威信息发布平台。

2011年12月12日，政务微博年度高峰论坛在北京举行，佛山市南海区受邀作为全国唯一的县级单位介绍政务微博经验。全国首个公安官方微博——佛山市公安局的政务微博“@公安主持人”，获颁政务微博特别贡献奖。

2013年1月，南海区先行先试，发布了全国唯一的政务微博管理和考核办法《佛山市南海区政务微博考核管理办法》。2013年8月，新浪独家发布《新浪政府机构官方微博管理与考核办法》，广东佛山南海区政务微博考核办法作为唯一的案例解析和经验分享，成为被全国推广的案例。[1]《佛山市南海区政务微博考核管理办法》规定考核对象为各镇（街）、区直局以上单位（含直管单位、查验

1 中国政务信息网：《广东南海政务微博考核办法成全国推广案例》，2013年8月5日。

单位）的门户微博，并强调区直局以上单位要按照职能细分之后进行考核。由南海区纪委（监察局）统筹全区政务微博考核工作。同时，对不同的微博实行分类考核，采取不同的计算方式。

考核内容主要包括以下六项：

①政务微博工作责任落实情况；

②政务微博发帖情况；

③网友咨询回复情况；

④网友投诉回复处理情况；

⑤对“微博督查”事项的回复处理情况；

⑥对需协同处理问题的跟进处理情况。

根据以上考核内容可以看出，南海区政务微博着重考核信息报送及发布、公众咨询投诉处理两方面的能力。考核采取日常考核与年度考核相结合，考评周期以月为单位，每月1号为统计日，统计上月得分。年度得分为月度考核累计得分的平均分（年度考核得分=全年月度考核累计得分/12）。

考核采取百分制计分方式。被考核单位当月各项考核指标加权计算后的最终得分，能够直观体现当前单位考核周期内任务处置的工作量、工作效率、工作质量和群众满意度。

其评分标准主要有以下六项：

①微博建立与维护得分（10分）

②微博发帖数量得分（20分）

③公众咨询回复得分（15分）

④公众投诉案件处理得分（20分）

⑤微博督查办理得分（20分）

⑥协同处理案件（15分）

尽管南海只是佛山市的一个区，但其政务微博的发展已经相对成熟。其所建立的配套的考核机制对于其他政务微博也有一定的参考性。除了每月通报考核情况外，还根据年度考核得分情况，将年度考核结果分为优秀、合格、基本合格、不合格四个等次，并且将政务微博的考核情况纳入单位年终绩效考核。

（2）东莞微博发布厅

2012年2月29日，“东莞微博发布厅”正式成立。3月21日，全市41家市直单位、32个镇（街道）、3大园区进驻“发布厅”，基本实现了东莞官方微博全覆盖。自运营以来，该市官方微博发布情况整体较为平稳，各政务微博粉丝数量和影响力也逐步提升。部分镇（街道）及单位微博亮点频现。目前，《东莞微博发布厅成员单位测评标准》已制订完成并予以实施。

该测评标准分为三大部分：微博运营状态评分，总分40分；机构评审综合评分，总分50分；突发事件应对，总分10分，该项属于加分选项。每个部分又进行详细的指标细分。“东莞微博发布厅”微博一个季度评比一次。该考评机制最大的创新点在于引入了外部考核指标。“东莞微博发布厅”运行后，由市政府新闻办牵头，协调新浪网、腾讯网及专业微博研究团队对各单位微博进行统计、分析和评分，定期开展经验总结和交流培训，评分标准大致如下（每年实际测评标准有变化）：

①微博运营状态评分（总分40分）

a. 微博发帖量

b. 微博粉丝量

c. 评论及转发量

d. 内容原创微博比例（按发帖数量比例计算，超85%得10分，低于30%得1分）

②机构评审综合评分（总分50分）

a. 宣传部评分（总分20分）

b. 媒体评分（分别将各单位微博数据库发给《东莞日报》、《东莞时报》、东莞广播电视台、《南方日报》、《南方都市报》、《广州日报》、《羊城晚报》，由其对各个单位评分1—10分，各单位取平均得分，并由各媒体选出5家运营情况较好的官方微博并写出推荐理由，及5家运营情况不好的官方微博并写出理由）

c. 网络评分（由东莞网络文化协会会员组成4—5家网络媒体，给各单位评分1—10分，取平均得分）

d. 专家评分（由东莞理工学院文学院新闻传播系专家组成评分团，给各单位评分1—10分，取平均得分，并以专业角度选出5家运营情况较好的官方微博并写出推荐理由，及 5家运营情况不好的官方微博并写出理由）

③突发事件应对（总分10分，加分选项）

在评选期间，官方微博重视与网民在线互动，解答网民问题；突发事件中能够及时通过微博澄清事件，发布新闻通稿等应对措施，此项加分，总分不超过10分。

2012年第一季度过后，“东莞微博发布厅”完成首次测评。值得说明的是在该次评比过程中，评比小组只是向各单位说明了三大部分的总体分值，并没有给出每一个大项中的详细指标。主要是考虑到目前还缺乏合理的激励机制，详细的评比指标容易限制不同部门微博的发展，降低微博管理员的积极性。所以在缺乏合理的激励机制的情况下，只是笼统地给出评价标准也不失为一种好的尝试。

该次测评的对象是首批16家市直单位及23个镇（街道）、3大园区的官方微博。官方微博测评标准主要包含三大方面：一为基础数据评分，数据包括各政务微博粉丝量、发布频率、转发及评论量统计，数据统计时间为2012年2月29日—3月19日，共40分；二为机构评分，其中市政府新闻办评分为10分，各政务微博互评所占分数为20分，《东莞日报》《南方日报》等九家传统媒体评分所占分数为20分，东莞阳光网、东莞时间网等4家网络媒体所占分为10分，共60分；三为突发事件应对分，官方微博重视与网民在线互动，解答网民问题，突发事件中能够及时通过微博澄清事件，发布新闻通稿等应对措施，此为加分项目，共10分。

该考核标准兼顾了对微博内容和外部因素的考核。但是引入外部考核指标也存在一些问题，比如，编者在调研过程中，有微博管理员反映：“媒体评分，主要靠平时的感情积累，看我们给他提供多少爆料，还是看媒体关系。相互评分，更没谱了，你没有标准。”

综上所述，政务微博的考核机制是一项不断完善的工程，不仅要对微博的各项数据进行详细指标考核，同时还要适当地引入外部考评机制和加分机制，并在实际考核的过程中不断改进考核机制。

三、政务微博的激励机制

政务微博的考核机制与激励机制是相辅相成的。理想的考核指标应该是建立在合理的激励机制之上的。若是仅仅对政务微博的运营状况进行考核而不给予适当的奖励措施，会使微博的运营人员失去干劲，不利于政务微博的长远发展。

因此，一个合理的激励机制对于政务微博来说也是必不可少的。

政务微博的激励方式主要有以下几种：

1. 运营商奖项评选

2011年末，腾讯微博依据微博活跃度、微博传播力、微博亲和力等指标对1 500余个党政机构微博进行分析评比。例如，听众、人气最高的“@微成都”被评为“最具人气奖”。

又如2013年度腾讯政务新媒体论坛，“@精彩洛阳”和“@平安洛阳”荣获“2013年度微博先进应用奖”，“@洛阳工商”荣获“2013年度十大工商系统机构微博”。

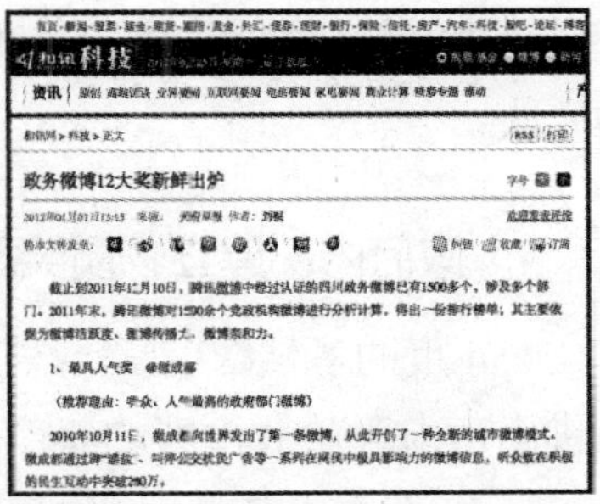
和讯科技

资讯

和讯网 > 科技 > 正文

政务微博12大奖新鲜出炉

截止到2011年12月10日，腾讯微博中经过认证的四川政务微博已有1500多个，涉及多个部门。2011年末，腾讯微博对1500余个党政机构微博进行分析计算，得出一份排行榜单，其主要依据为微博活跃度、微博传播力、微博亲和力。

1、最具人气奖　@微成都

（推荐理由：听众、人气最高的政府部门微博）

2010年10月11日，微成都向世界发出了第一条微博，从此开创了一种全新的城市微博模式。微成都通过推广语录、叫停公交扰民广告等一系列在网民中极具影响力的微博信息，听众数在积极的民生互动中突破280万。

图8-5　腾讯微博开展政务微博评比

2. 各部门进行公开表扬，给予正面肯定

例如，佛山市南海区的政务微博在每一季度的考核完成后，将各镇（街道）、各单位每月度考核和年度考核得分及排名按周期上报区有关领导、抄送区绩效考评领导小组，并通报各责任单位主要负责人。对连续3个月考核得分排名前三名的单位，给予通报表扬。

同时佛山南海区的政务微博考核还将纳入年终绩效考核挂钩机制。将各镇（街道）、各单位政务微博工作情况作为年终绩效考核的重要参考指标，年度累计有3次月总分排名后三位的镇（街道）或单位，年终考核不能参与评优。

又如，2011年11月28日开始，银川市政务微博集体开展统一标准和内容的自查互查工作，确定30家政务微博参加2011年度“银川十佳政务微博”评选活动。通过开展评选、表彰活动，对当前工作情况进行总结，对优秀管理员予以奖励，以进一步激励银川市各单位、各部门对该项工作的重视。

图8-6　银川十佳政务微博评选网页截图

3. 有条件的情况下可以对其进行正面的媒体宣传

在每一期的政务微博考核结束后，可以在其“微博发布厅”将优秀的政务微博给予表彰，或是在与其合作的网站、纸媒上进行结果发表，激励优秀的微博运营团队。

4. 政府内部建立物质奖励机制

一年度的考核结束后，按年度总排名给予相应的物质奖励，按总分来排名。如佛山南海区政务微博的年度考核后，按照得分排名，计一等奖1名，二等奖2名，三等奖3名，依次获得相应的奖励。除了奖励优秀的政务微博运营团队外，同时可以每年由各单位推选政务微博运营的优秀个人进行适当的奖励，激发工作人员的干劲。

5. 适当的内部惩罚措施或媒体曝光

在考核过程中，还应当根据实际情况设定一个基本合格线。对于考核不合格的机构微博，给予内部的通报批评，并号召其向优秀的机构微博学习经验。

例如佛山南海区建立与年终绩效考核挂钩机制。将各镇（街道）、各单位政务微博工作情况作为年终绩效考核的重要参考指标，年度累计有3次月总分排名后三位的镇（街道）或单位，年终考核不能参与评优。

根据2012年4月23日《南方都市报》报道《珠海政务微博全扫描》，珠海29个市职能部门15个没有开通官方微博，众官微中最火的莫若“@珠海公安”。在新浪、腾讯、人民网等门户网站均开有微博的“@珠海公安”，粉丝和听众总量近260万。单单其新浪微博，半年发布的微博数超过3 800条。而发博量最少的是珠海市口岸局。该局同名官微开通于2012年2月2日，开通两个月以来仅发布3条微博。这连续3条微博讲的都是口岸局的定位、职能。记者查询得知，珠海至今没有出台相应文件要求各单位必须开通政务微博。不过有职能部门办公室负责人表示，虽然市里的口径是“倡导”开通，但“市府办问过好几次，今年开年第一天还问我们开通没有”，让他们感觉压力很大。

【本章小结】

在国家现代化治理理念下，不同职能权责、管辖范围、行政能力的政府部门都应向民众敞开一扇窗口，才能应对新媒体时代对政府行政能力的新考验，而政务微博正扮演着窗的角色，成为各级政府部门的标配。政务微博不仅仅是追求开通短时间内获取巨大关注，更重要的是要打造成一个长久的信息发布、问政于民的平台，这就需要将政务微博纳入政府部门的行政管理体制建设当中去。同时其考核与激励机制需要逐步完善，作为政务微博系统化、科学化运营的支撑。

在考核和激励机制上，目前条件尚未成熟的政务微博可以借鉴一些政务微博“大号”的先进经验，根据本地区、本部门的特色进行优化改善，逐渐形成具有自我特色的政务微博考核体系。同时要建立和完善相应的奖惩机制，特别是鼓励单位中的年轻人进入政务微博运营管理的前线，使政务微博长久、稳定、高效地为民服务。

下篇 政务微信运营

第九章 政务微信的现状及特色

【本章摘要】

2012年8月底，广州市白云区应急办开通微信公众号“广州应急-白云”，第二天，广东省河源市源城区、东源县交界处于13时52分发生里氏4.2级地震。当天14时33分，“广州应急-白云”就通过微信平台发布了这条消息，打造了广州政务微信首个成功运营的案例。如今，微信挂号、缴纳罚款、出入境业务办理……政务微信在移动行政、应急管理、舆情应对和组织动员等方面，不断进行功能探索和服务创新。

自2013年政务微信元年以来，无论从数量、规模还是功能定位上，政务微信都实现了突破性的发展，由点及面，由单一到多元。从数量上来看，2013年12月20日，据中国传媒大学媒介与公共事务研究院不完全统计，全国政务微信约3 500个。经过近一年的发展，据中国传媒大学媒介与公共事务研究院新媒体实验室最新不完全统计，截至2014年10月31日零时，中国政务微信发展总量已突破13 000个，公安类微信数量居首。从规模上来看，政务微信已覆盖中国内地31个省（区、市）和香港、澳门特别行政区，并涵盖从中央部委到省（区、市），从地县到乡镇的所有行政级别。从功能定位上，政务微信的服务功能愈加凸显，政府部门积极探索新的服务模式。例如广东天气的“缤纷微天气”功能，实时定位地点，实现一对一的天气预报服务。

政务微信规模的壮大和运营理念的创新，与政府的支持密不可分。从中央的支持到地方政府的创新探索，政务微信进入迅速发展期。但一些地方政府依旧踌躇犹豫，政务微信到底开不开，怎么开。要回答开设及运营的问题，首先需要对政务微信兴起的原因、发展现状、类型、评估指标做一个全局性的总览。

一、政务微信的发展契机

如果说2010年是微博元年，2011年是政务微博元年，那么2013年则是政务微信元年。政务微信，顾名思义，是政府部门在微信公众平台上开通的微信公众账号，用户通过关注账号获得相应的信息或服务，实现一对一的信息沟通及政务服务，是继政务微博之后政务服务新的探索。

我国第一个政务微信账号是于2011年9月份开通的“@微成都”。该账号由成都市委宣传部开通，定位于进行“在成都、爱成都”城市形象宣传。2012年8

月17日，腾讯推出“微信公众平台”，许多政府单位试水政务微信。政务微信“破土而出”，其兴起与发展离不开技兴、天时、地利和人和。

1. 技兴：微信平台成为舆论新阵地

以微信为代表的移动新社交媒介，正对我国社会舆论格局产生新的效应，舆情作用力日趋彰显。自2011年推出以来，微信便以实时对话、跨平台沟通、灵活智能等特点聚集了大量用户。经过三年的发展，总用户数达到近6亿，微信和WeChat（微信海外版）合并月活跃账户数达4.38亿。微信作为社交工具，具有使用率高、影响范围广、私密性强、点对点传播等特色，天然的技术优势为政府借助后台支持功能提供公共服务、打造服务型政府提供了有力支撑。

2. 天时：各级政府的重视程度不断提升

2013年开始，越来越多的党政机关、社会组织、主流媒体和意见领袖开始开通微信平台公共账号，由无数个圈子化部落聚合而成的微信舆论场正成雏形。同年1月10日，《人民日报》新媒体版发表《2013关于新媒体的猜想》一文，其中包括对微信政务信息发布新平台的预言。由于政务微信可以发布预警信息、服务信息，因此可能代替手机短信预警，推动政务信息发布渠道的多样化。文中还提到，“在可预见的2014—2015年的发展中，微信会成为政务信息发布的重要平台”。

2013年10月15日，国务院办公厅下发了《关于进一步加强政府信息公开回应社会关切提升政府公信力的意见》。文件明确指出：“着力建设基于新媒体的政务信息发布和与公众互动交流的新渠道。各地区各部门应积极探索利用政务微博、政务微信等新媒体及时发布各类权威政务信息，尤其是涉及公众重大关切的公共事件和政策法规方面的信息，并充分利用新媒体的互动功能，以及时、便捷的方式与公众进行互动交流”。

2013年11月28日，在第十二届中国政府网站绩效评估结果发布会暨电子政务高峰论坛上，政务微信的开通和使用情况被纳入中国政府网站绩效评估指标体系，成为与政府新闻发言人制度、政府网站并列的第三种政务公开途径。

随着开通政务微信的政府部门数量不断增加，开通微信的地区、部门和范围也在不断扩大。2014年8月以来，为进一步推动即时通信工具公众信息服务健康有序发展，网信办发布了针对即时通信工具治理的“微信十条”。其中第7条提出，“鼓励各级党政机关、企事业单位和各人民团体开设公众账号，服务经济社会发展，满足公众需求”。

2014年9月10日，国家互联网信息办公室下发通知，“要求各地要切实加强政务公众账号信息内容建设，不断拓展和升级政务公众账号服务功能。紧紧围绕中心工作，及时回应社会关切，推进政务信息公开。广泛征求民意，加强双向交流，提升施政亲和力。结合职能定位，开办政务办理、信息查询、网上支付等综合性业务，提供精细化服务，优化用户体验，提高运行效率。区分政务公众账号与政务微博的功能定位，实施‘双微’联动、协同发展”，并且提出“力争今年年底，政务公众账号达到6万个”的发展目标。

中央和地方政府对政务微信的重视程度不断提升，一些政府机构相继开设政务微信，探索新的政务服务模式，实现“指尖上的政民服务”，传递“指尖上的‘政’能量”。

3. 地利：政务微博运营中积累了丰富经验

自2010年政务微博发展以来，政府在新媒体技术的采纳和运营上经历了从观念到操作流程的洗礼。政务微信的出现在功能上可以实现与政务微博互补。微博重信息公开，微信重定制化服务。政务微信与政府在新媒体运营中现有的价值观、以往的实践经验以及潜在采纳者的需求具有较高的一致度。对于政务微信的运营者来说，契合用户需求也更加容易。值得一提的是，在政府政务微信开设初期，政务微信的运营团队往往是政务微博的原班人马。

政务微信作为一种网络应用平台，并没有与党政机关传统的价值观产生冲突。微信的产品理念便是简单，注重用户体验，对于政务微信而言，这个理念同样存在。政务微信基本上满足了政府部门对于便民服务、发布信息、提高效率等服务性功能的需求。

4. 人和：受众对使用成本低、效能高的普遍需求

由于政府的非营利性，政府部门不大可能使用企业常用的成本—效益分析来计算使用微信的利润回报率。但也存在一些政务可量化的部门，可以通过成本—效益分析来计算。例如有多少微信用户使用“广州交警”的“快撤理赔”业务，减少了多少出警量，又有多少用户使用“健康佛山”的“微信挂号”功能，减少了多少人次的现场挂号等。通过完善微信服务后台，政府可以实现服务的量化考核。

由于政府部门的许多工作无法从经济效益方面衡量，因此其在具体开展业务时往往会将社会因素列为最主要的考量指标。社会因素具体体现在微信上，一是表现为公众对某个微信账号的认可，二是表现为使用微信可带来的效能。总体来说政务微信的开通成本较低，但效能较高。

借力微信的平台优势和中央的政策支持，政务服务在微信上将开辟一番新天地。基于强关系的社交途径，微信具有隐秘性、服务可定制的特点，已成为网民获取信息的重要途径之一，越来越多的机构及个人通过微信来发布或传播信息。继2013年政务微信元年以来，经过一年的发展，不论从中央的支持政策还是政务微信的规模、数量和使用频率等方面均有显著提升。

二、全国政务微信的发展现状与趋势

与政务微博相比，政务微信未来将具有更为广阔的应用前景。首先，在提供政务服务方面，借助微信支付，政务微信可充分打通支付渠道，为百姓提供水费、电费、燃气费等公共事业缴费或缴纳违章罚款等便民服务。其次，在信息查询方面，政务微信可在全国房产、社会信用等基础数据统一平台建成的基础上，查询社保、住房公积金、出国签证办理情况等信息，或者为公安部门办案提供线索，形成立体化社会治安防控体系。不仅如此，在应急、问政等方面，政务微信也将大有作为。纵观政务微信的发展历程，从单一向多元的扩散主要呈现出如下特点：

1. 从公安类微信开启以点带面发展

据中国传媒大学媒介与公共事务研究院新媒体实验室最新不完全统计，截至2014年10月31日零时，全国政务微信发展总量已突破13 000个，浙江、江苏、广东三省分列全国前三名。当前全国政务微信已发展为39个职能细类，其中公安警务微信以分类总量2 446个独占鳌头。

广东省公安类政务微信发展也初具规模，肇庆市公安局继推出全国公安机关首个政务微博“@平安肇庆”后，2012年9月又在全国率先推出了公安政务微信“平安肇庆”。随后，广东广州、江苏淮安、福建厦门等多地警方都推出了公安政务微信。现广东省政务微信已大致覆盖纪委部门、宣传部门、共青团、气象局等12个部门，全省21个地级市均开通了政务微信。与政务微博的发展类似，从公安类微信开始试水，随着公安类微信获得的关注度和发挥的影响力不断扩大，政府的其他部门也陆续开设微信，其范围逐渐扩展到交通、医疗卫生、旅游部门等。

2. 从东部沿海城市发展带动内陆城市

2013年，全国开设政务微信前十名的省市区为：浙江、江苏、广东、山东、福建、新疆、北京、上海、陕西、河南。截至2014年10月31日的数据，全国开设政务微信前十名的省市区为：浙江、江苏、广东、新疆、山东、陕西、河南、福建、北京、四川。从地域分布上来看，政务微博发展逐渐向中部城市扩散，并且部分中西部城市后来居上，地区发展趋于平衡。

上述趋势在广东省内政务微信发展过程中也有所彰显。广东省政务微信发展呈现出从发达城市向中等发达城市扩散的趋势。以广州为例，从地域分布来看，珠三角地区比较密集。广州、深圳、珠海、佛山及东莞等地的政务微信开设数量较多。广东东部、西部地区开设政务微信的数量较少。在发展初期，从地区分布来看，整体规模不够平衡。广州、深圳、珠海、清远、肇庆等地相比其他地市呈现压倒性优势。

3. 数量和规模增长迅速

从发展数量和规模来看，2013年全国政务微信总量近6 000家，其中公安微信数量居首。据最新的统计显示，截至2014年10月底，中国政务微信发展总量已突破13 000大关。

从职能部门看，公安警务政务微信总量居首位，其次是共青团、政府办、医疗卫生计生、党政新闻宣传（宣传部/新闻办/外宣部/网宣办/网信办等）、检察院、文物旅游、科教文体及法院系统，这九类政务微信占据总量的69.15%。

2014年，政务微信已覆盖中国内地31个省（区、市）和香港、澳门特别行政区。其中，浙江以438个微信总量居首位，广东以340个居第二位，第三位到第十位依次是江苏、山东、福建、新疆、北京、上海、山西、内蒙古。微信公众平台已经覆盖从中央部委到省（区、市），从地县到乡镇的所有行政级别。其中，区县级以下行政级别的政务微信数量最多，占75.93%。

4. 政务微信与政务微博发展速度成正比

2010年2月25日，广东省肇庆市公安局在新浪网开通“@平安肇庆”微博，标志着国内首个公安微博的诞生。无独有偶，2012年9月6日，“平安肇庆”开通政务微信，打造了中国公安第一微信账号，开创了网络问政的“肇庆模式”。

通过对政务微信及政务微博的观察发现，政务微信的开设速度、发展程度与政务微博的被接纳速度具有同向性。较早开设并运营政务微博的政府部门往往较早尝试开设政务微信，并且从活跃程度来看，微博活跃度较高的账号，相对应的微信活跃度较高，真正地实现两个平台的“‘双微’齐下”。

5. 政务微信运营模式和功能多样化

从政务微信的运营模式来看，鉴于政府一方面存在运营人手不足，另一方面存在培训运营人员耗费财力物力等困境，政府部门在积极探索政务服务新的途径。在此背景下，政务服务外包应运而生。

广东省经信委开通的“广货网上行”是广东省最早开始进行服务外包的账号，将政务服务“打包”给专业的团队运营。2013年12月召开的广东省首届政务微信论坛上，“广货网上行”被评为“十大最具影响力政务微信”之一，打造了政务微信服务外包的典范。

由于政府部门具有特殊性，在实行政务服务外包层面也应具体问题具体分析。一些服务民生、不涉及隐秘资料的部门可以将服务交由更懂得新媒体操作规律的网络媒体运营。至于其他保密性较重的部门，可以尝试将其外包给所在地的党报及其所属网站的运营团队，一方面利用专业的媒介技术，另一方面做到开源节流。

从功能的角度来看，政务微信的特点首先是覆盖行业多元，彰显城市特色。例如沿海城市多开设边检部门的政务微信，符合城市需要，契合政务微信重服务的特色。其次是新功能的探索。例如“广东发布”将“政务微博大厅”和“广东省网上办事大厅”集合到微信平台，从“广东发布”的窗口可以链接到广东省户籍、教育、住房等21项事务办理，高效便捷。不仅如此，自“健康佛山”开启网上预约挂号之后，不少医院也尝试探索政务服务的全新方式。例如广东省妇幼保健院，开通了初诊建卡、微信预约、微信支付等功能，开启了医院便民服务的新思路。

三、政务微信的主要类型

1. 两种类型

微信公众平台分成订阅公众号和服务公众号两种类型。服务号，是公众平台的一种账号类型，旨在为用户提供服务，如“广州公安”“广州天气”“廉洁广州”等。订阅号主要是提供信息和资讯。订阅号每天都可以群发一条信息，群发的信息直接出现在订阅号文件夹中，如“广东发布”“平安肇庆”“清远发布”等。

（1）服务号的功能

①一个月（30天内）仅可以发送4条群发消息。

②发给订阅用户（粉丝）的消息，会显示在对方的聊天列表中。

③在发送消息给用户时，用户将收到即时的消息提醒。

（2）订阅号的功能

①每天（24小时内）可以发送1条群发消息。

②发给订阅用户（粉丝）的消息，将会显示在对方的订阅号文件夹中。

③在发送消息给订阅用户（粉丝）时，订阅用户不会收到即时消息提醒。

根据以上特点可以看出，其主要区别：一是服务号每月能群发4条信息，订阅号可以每天群发1条消息；二是服务号群发的消息有消息提醒，订阅号群发的消息没有，并直接放入订阅号文件夹当中；三是服务号可以申请微信支付，而订阅号不能。

（3）服务号及订阅号示例

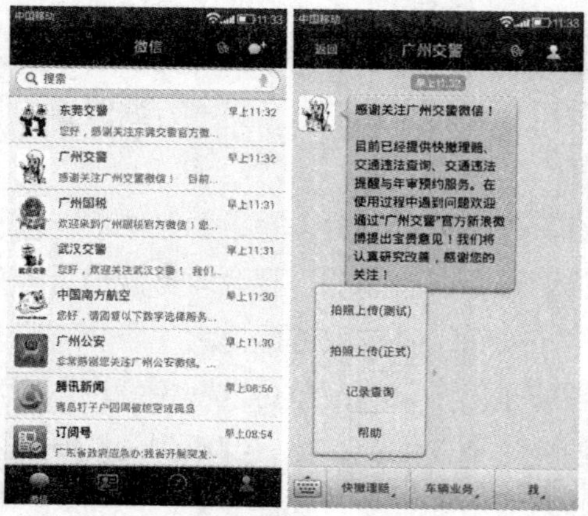

图9-1　服务号示例

图9-2　订阅号示例

2. 如何在服务号和订阅号间选择

对于企业来说，一般需要至少1个服务号和2个以上订阅号，不同账号负责不同功能和不同用户群体，可根据自身资金、人力、用户来部署。但与企业运营模式不同，政务微信由于较侧重服务，因此在开通上应按需而定，注意进行账号认证，以防出现僵尸账号或山寨账号。

在推出订阅号之后，新版微信对于服务号的独立设置，使得服务号逐渐APP化。那么政府部门应该如何在二者之间进行选择呢？这主要看政府部门自身的定位和职能特点，是否有更多服务需要通过微信来提供，如果没有的话则无需勉强上阵，仓促开通服务号。否则，一个月只发一次内容甚至半年只发一次内容，政务微信很容易就沦为和“僵尸微博”类似的“僵尸微信”，反而有损政府部门的执政形象。

上海交通大学王昊青认为，之所以出现“僵尸”现象，首要原因是沟通不顺畅。“僵尸微信”一是体现在更新频次上，二是体现在发布内容上。更新频率低，导致了服务平台“僵尸化”；发布内容陈旧，导致政务微信沦为形式主义的牺牲品。因此在选择开通政务微信时，要树立服务的理念，并且及时更新后台信息，避免沦为“僵尸微信”。同时，政府部门若选择开通服务号，则需要进一步进行深层次的技术开发，进行系统的功能规划，保证后台数据的时效性。总之，服务性较强、服务内容流程化的部门适合选择服务号。

四、政务微信的评估体系

政务微信的运营效果需要科学合理地衡量，在各指标的权重方面，由于订阅号和服务号在功能上非常不同，因此，订阅号与服务号的衡量指标也要有所区分。为了更好地衡量政务微信的运营状况，我们认为合理的评估指标体系如下。政府部门在进行政务微信运营的过程中也可以通过运用以下指标进行衡量，从而更加科学高效地运用政务微信。

对于订阅号来说，专业表现占40%，互动性占20%，影响力占40%。排名计算方法为：$Y=X_1\times0.4+X_2\times0.2+X_3\times0.4$（$X_1$=专业表现，$X_2$=互动性，$X_3$=影响力）。

对于服务号来说，专业表现占20%，互动性占40%，服务占40%。因此排名计算方法为$Y=X_1\times0.2+X_2\times0.4+X_3\times0.4$（$X_1$=专业表现，$X_2$=互动性，$X_3$=服务）。

具体各项指数如下：

表9-1 政务微信评估指标体系体系

整体分布	开通时间	微信账号开通时间或发布首条信息的时间。具体至月
	行政层级	分为省级、市级和区县级三级。1=省级单位，2=市级单位，3=区县级单位
	地域分布	编码员录入所在市、区、县的名称
	部门分布	1=公安系统，2=共青团系统，3=政府办系统，4=税务系统，5=检察系统，6=文物旅游系统，7=医疗卫生与计划生育系统，8=党政新闻宣传系统，9=司法行政系统和法院，10=其他
专业表现	发文总量	所发表的日志总数
	更新频率	发文总量/运营的总天数
	栏目设置的数量	微信可设置菜单栏目，民众可通过相应子栏目查询历史及实时信息，能够方便读者阅读
	发布内容	拟将所有文章按以下类目编码：暂定为“新闻资讯、宣传推广、知识普及、政策法规、公告提示、领导言行、公共服务、其他”，并以此计算各微信的发文特征

专业表现	发布形式	分为图文信息、纯文本信息、视频信息、音频信息等类型。1=图文信息，2=纯文本信息，3=视频信息，4=音频信息
	功能介绍	在介绍页面上对本微信账号的功能介绍是否详细或简略。1=详细，2=简略
	头像特征	分为正式和人性化两类。1=正式，2=人性化
互动	回复方式	分为人工回复、人工回复和自动回复相结合。1=人工回复，2=人工回复和自动回复相结合
	回复速度	分为即时、当天、隔天、不回复。1=即时，2=当天，3=隔天；4=不回复
服务	信息服务	分为人群分类、简单自动回复、关键词自动回复、查询检索。1=人群分类，2=简单自动回复，3=关键词自动回复，4=查询检索
	办事功能	分为位置服务、预约服务、业务受理、线上支付、进度查询、评价投诉。1=位置服务，2=预约服务，3=业务受理，4=线上支付，5=进度查询，6=评价投诉
影响力	粉丝数	账户的粉丝数目
	微信的总阅读量	单篇阅读率求和
	单篇文章的阅读量	可对各类型文章中最高阅读量的单篇文章进行排序，以鉴别何种类型文章的阅读率最高
	平均阅读量	总阅读量/总篇数
	微信的总点赞量	单篇点赞量求和
	单篇文章的点赞量	每篇文章的点赞数量
	平均点赞量	总点赞量/总篇数
	文章在微信平台中的提及率	根据搜狗搜索得出（搜狗微信搜索）

五、广东政务微信的现状与特色

作为中国改革开放前沿阵地，广东省在政务微信发展上也不乏第一批吃螃蟹者。2012年8月底，广州市白云区应急办开通微信公众号“广州应急-白云”，第二天，广东省河源市源城区、东源县交界于13时52分发生里氏4.2级地震。当天14时33分，“广州应急-白云”就通过微信平台发布了这条消息，打造了广州政务微信首个成功运营的案例。肇庆市公安局继推出全国公安机关首个政务微博“@平安肇庆”后，2012年9月又在全国率先推出了公安政务微信“平安肇庆”。

1. 广东省政务微信发展现状

第一，规模领先。2013年政务微信规模排行中，依照行政区划分布，广东省名列全国第三名。据2014年统计，广东省跃居第二位，政务微信发展初具规模。第二，高效务实。“广东共青团”“平安肇庆”“广州公安”“清远发布”等富有特色的政务微信，正成为各自领域里为公众提供移动政务信息和服务的高效平台。第三，覆盖面广。不仅涉及公安、法院、纪委、共青团、政府新闻办等各个行业，而且已在广州、深圳、珠海、清远、佛山、东莞、肇庆、江门等20多个城市逐渐铺开。2013年政务微信元年，广东省政务微信便已覆盖宣传系统、公安系统、气象系统等12大系统21个城市。

表9-2　2013年广东已开通政务微信的部分党政机构

开设机构	微信账号
纪委系统	“中共广州市纪委”
宣传系统	“清远发布”“佛山发布”
政务系统	“福田民生”“广东省政府应急办”“广州应急-白云”“汕头政府应急办”
团系统	“广东共青团”“中山青年”“团台山市委”“四会共青团”“深圳共青团”等
公安系统	“广州公安”“中山市公安局”“平安梅州”“平安肇庆”“珠海公安”“平安江门”等
气象系统	“广州天气”“东莞天气”“深圳天气”“佛山天气 ”
法院系统	“公正肇庆”“东莞市第一人民法院”
检察系统	“黄埔检查”“正义肇庆”
水利系统	“东莞水务”
卫生系统	“健康佛山”
邮政系统	“广州邮政”
旅游系统	“阳江旅游”

表9-3 2013年广东省已开通政务微信地区的部分账号

开设区域	微信账号
广州市	“广州交警”“广州公安”“廉洁广州”“广州国税”“广州邮政”“广州供电”“广州应急-白云”“广州妇联”“黄埔检查”“越秀法院”“荔湾检察”“天河计生办”等
深圳市	“深圳天气”“深圳南山公安”“南山消防”“深圳邮政EMS”“深圳宝安共青团”“福田民生”“东门通”“宝安计生”“罗湖团委”等
佛山市	“佛山天气”“健康佛山”“佛山发布”“佛山边检”“南海共青团”“南海旅游”“南海发布”“顺德交警”“三水天气”“高明边检”等
东莞市	“东莞交警”“东莞天气”“石碣邮政”“荔香大朗”等
肇庆市	“平安肇庆”“公正肇庆”“正义肇庆”“肇庆共青团”“阳光肇庆边检”“肇庆港口海事处”“德庆旅游”“平安德庆”“鼎湖团委”“平安四会”“平安怀集”“端州湖滨所”等
江门市	“平安江门”“江门边检”“江门天气”“恩平天气”“鹤山共青团”“开平边检”“开平天气”“台山边检”“团台山市委”“新会边检”等
中山市	“中山青年”“中山天气”“三乡青年资讯”
珠海市	“珠海人力资源网”“珠海市斗门区人民法院”“金湾公安”“珠海香洲”
汕头市	“汕头市政府应急办”“汕头气象”“平安汕头”
潮州市	“潮州天气”“潮州公报”“潮州行政复议”“潮州行政执法督察”
揭阳市	“揭阳天气”“揭阳共青团”“惠来天气”“揭西天气”“普宁消防”
汕尾市	“汕尾边检”“汕尾共青团”
梅州市	“平安梅州”“梅州天气”“梅州边检”“梅州青年”“丰顺检察”“平远发布”
河源市	“平安河源”“河源天气”
清远市	“清远发布”“清远应急气象”“清远共青团”“清远天气”
韶关市	“韶关天气”“平安韶关”
湛江市	“湛江天气”“湛江边防检查站”
茂名市	“平安茂名”“茂名团委”“茂名边检”“化州共青团”
云浮市	“云浮天气”“云浮共青团”
阳江市	“阳江旅游”“阳江边检”
惠州市	“平安惠城”“惠城共青团”“惠阳区团委”

2. 2013年与2014年广东省政务微信整体发展格局对比

通过对广东省政务微信的大体梳理，广东省政务微信从2013年的130个发展到2014年的340个，发展数量上的变化对广东省政务微信的发展格局产生了显著影响。

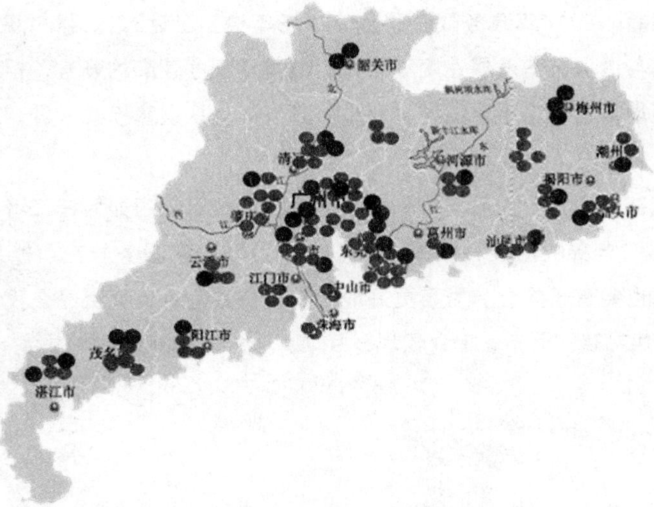

图9-3 深色为2013年格局，浅色为2014年新增数量

从地域分布来看，珠三角地区仍比较密集。广州、深圳、珠海、佛山及东莞等地的政务微信开设数量较多。其余地市均有新增政务微信。从地区发展来看，整体规模逐渐趋向平衡。虽然珠三角地区仍有压倒性优势，但其余地市也有数量上的提升。

【本章小结】

自2013年政务微信元年以来，政务微信发展迅速，截至2014年10月底，全国政务微信发展总量已突破13 000个，公安类微信数量居首。政务微信无论从数量、规模还是功能定位上，都实现了突破性的发展，由点及面，由单一到多元，在移动行政、应急管理、舆情应对和组织动员等方面，不断进行功能探索和服务创新。

政务微信的兴起与发展离不开技兴、天时、地利和人和。（1）技兴：以微信为代表的移动新社交媒介，正对我国社会舆论格局产生新的效应，舆情作用力日趋彰显。（2）天时：中央和地方政府对政务微信的重视程度不断提升，一些政府机构开设微信，实现“指尖上的政民服务”，“传递指尖上的‘政’能量”。尤其是网信办2014年8月发布的“微信十条”和2014年9月发布的《通知》，一次次掀起了开设微信公众号的风潮。

（3）地利：政务部门从微博运营中积累了丰富经验。自2010年政务微博发展以来，政府在新媒体技术的采纳和运营上经历了从观念到操作流程不同程度上的洗礼。（4）人和：微信的使用成本低，效能高。

在获得了良好发展契机的基础上，政务微信发展遵循如下发展趋势。从部门来看，从公安类微信开启以点带面发展。从地域来看，从东部沿海城市发展带动内陆城市，逐渐向中部城市扩散，并且部分中西部城市后来居上，政务微信地区发展趋于平衡。从数量和规模来看，2014年政务微信数量较2013年增加了近3倍。从“双微”平台建设来看，政务微信与政务微博发展速度成正比。微博活跃度较高的账号，相对应的微信活跃度较高，真正地实现两个平台的“‘双微’齐下”。从运营模式来看，政务微信运营模式和功能更加多样化。

政务微信在类型上分为服务号和订阅号两种。政府部门如何在二者之间进行选择，主要看政府部门自身的定位和职能特点。由于订阅号和服务号在功能上非常不同，因此，衡量指标也要有所区分。为了更好地衡量政务微信的运营状况，我们认为合理的评估指标体系应包括整体分布、专业表现、互动、服务、影响力等方面。

第十章　政务微信的功能与价值

【本章摘要】

政务微信具有互动性强、精准覆盖、个性化深度沟通、保密性强等传播特征，与政务微博相比，在提供一对一精准化服务上更具优势。基于政务微信的传播特性和实际使用情况，政务微信在公共事务和服务型政府中扮演越来越重要的角色，主要具有四大功能：移动化的民生服务平台、精准化的信息传播载体、零距离的官民互动频道、创新型的公共服务空间。政务微信功能的发挥，无论是对政府还是对民众而言，都具有多重价值。

随着政务微信运营理念的创新和公众认知的提升，其功能和价值将被不断挖掘和放大。但快速发展的政务微信也存在一定的风险隐忧，一方面来自平台本身的兴衰变化，另一方面来自政策驱动下“僵尸微信”的增长。

一、政务微信的传播特点

基于微信平台本身，政务微信作为新形态的信息传播工具，在传播方式和效能上具有相对的传播优势。相较于其他渠道，政务微信具有四大特点：

首先，互动性强，可自动回复和人工回复。相比于微博来说，微信能够实现自动回复，用户可以通过在后台设置关键词回复用户问题，节省大量时间成本。

其次，精准覆盖，点对点传播，实现信息传播的精准性。微博的信息是点对面的传播，发布的内容很容易淹没在信息洪流中。而政务微博是点对点的传播，通过熟人参与、圈子联动，能够实现信息的精准覆盖以及有效传达。

再次，发送频率有限制，可实现个性化深度沟通。如果微博是一个信息的大广场，每个人都可以在这个广场畅所欲言的话，那么微信则是一个信息加工处理、优质输出的过程。由于微信具有发布频率的限制，发布信息不会被快速刷屏，因此可以促进个性化的深度沟通。

最后，保密性强，对话具有隐蔽性。微信群体的信任度、保密性总体上要高于微博。保密性强从另一个角度来看也是一把双刃剑。它的优势在于能够实现一对一的定制服务，传播精度强，且信息保密。但其劣势在于，不能够形成群体效应，尤其是在用户与用户的互动层面，不能够实现最大限度的公众动员。

二、政务微信与政务微博的异同

政务微信具有互动性强、点对点传播、个性化深度沟通、保密性强等特点。相对于微信来讲，Web 2.0时代，微博“去中心化”的传播方式使话语权逐渐由媒体和精英阶层扩散到一般民众，是一个巨大的发声舞台，成为各阶层群众表达民意、参政议政的重要平台。微博重公开，微信重服务，两者在传播特点和功能上各有分工和侧重，具体参见下表：

表10-1 政务微博与政务微信的区别

	政务微博	政务微信
平台属性	社会化资讯网络 大公共媒介+小社交	圈子关系网络 强社交+有限公共媒介
内容形式	140字、图文、视频等	语音、图文、视频等
参与方式[1]	大量陌生人参与；个体形态参与，个体协同促进热点，“个体合围式”	熟人参与，圈子联动反应促成热点，“集团合围式”
传播方式	开放式发散传播，侧重传播广度，海量信息，易淹没	封闭空间的闭环传递，侧重传播精度，有效信息直接抵达
定位	点到面的多向度关系	点到点的双向互动关系
功能	提供咨询服务、政府信息公开、新闻舆论引导、倾听民众声音、树立政府形象、与民众进行沟通互动等	拓展政府传播的空间和渠道，可进行高效的政民互动、突发事件公众参与、舆情控制等

由此可以看出，基于政务微博和政务微信不同的传播机制，可以发挥各自在传播过程中的优势，政务微博宜侧重信息公开，政务微信宜侧重服务，二者在传播机制和传播方式上进行互补。就如同一些从事政务微信的工作人员指出：“微博像一个大广场或者一个大茶馆，是公共场所；而微信就像小酒吧、小饭馆，更适合比较亲密的朋友，能够更好地进行一对一交流。”[2]政务微信相对于政务微博，其最大的特点是带来了沟通的私密性、互动性以及服务的定制化。

三、政务微信的主要功能

基于政务微信的传播特点和实际运用情况，当前政务微信主要有以下四个方

1 人民网舆情监测室：《指尖上的“政”能量》，北京：人民日报出版社，2013年11月第一版，第330页。

2 人民网舆情监测室：《指尖上的“政”能量》，北京：人民日报出版社，2013年11月第一版。

面的功能：

1. 移动化的民生服务平台

政务微信可以承担行政机关服务窗口的问询功能，一个软件可以节省许多人力和财力，更加高效。微信公众平台的关键字回复功能让网络问政“秒回”成为可能，只要在后台数据库做好相应设置，政务微信就能根据用户提问的关键字自动回复。未能自动回复的内容，管理员可以进行一对一的人工回应。比如出入境签证预约、交通罚款的查询和缴纳、路况指引、天气预报、预约挂号等业务窗口，许多行政服务功能都链接到了政务微信上，受众能通过网络办理各项手续，便捷高效，节省时间。

2. 精准化的信息传播载体

政务微信账号一经用户关注，在发送信息时便可以精准地送达到特定的用户。如果用户不希望接受信息，便可以直接取消关注。由此，政务微信的信息可以实现精准的用户送达及目标人群的互动。例如“清远发布”，通过用户的订阅可以准确地将“微政务”“微发布”“微互动”三个板块送达给用户，不仅精准地服务当地人群，提供本地热点、广清资讯、创文行动等信息，而且方便外地游客了解清远味道、北江文化。

3. 零距离的官民互动频道

微信拓展了网络问政的深度与广度，使获取政务信息的途径更加多样，行政效率进一步提高。政务微信让政民交流沟通，在理论上实现“零时差”“无距离”。政府的正面声音借助新媒体平台发出，提升透明度，打造公信力，真正增进政民互动和互信。比如订阅号“平安肇庆”，在节假日期间积极通过推送信息与用户互动，提醒人们做好安全防范，提醒出入境注意事项并传授安全小常识，这些信息不仅服务了人们的日常生活，而且增进了政民之间的互动及交流。

4. 创新型的公共服务空间

微信公众账号平台集合了所有的媒介形式，降低了媒介准入的门槛，各级政务部门可充分利用成熟的互联网平台改善公共服务，增强用户体验，有效推动政府职能的转变，创新管理和服务方式。如2012年8月底，广州市白云区应急办开通微信公众号“广州应急-白云”，第二天便派上了用场。据广东省地震台网测定，广东省河源市源城区、东源县交界处于当天13时52分发生里氏4.2级地震。当天14时33分，“广州应急-白云”就通过微信平台发布了这条消息，打造了广州政务微信首个成功运营的案例。此外，政府部门还可在应急管理、舆情应对和组织动员等方面，充分利用政务微信进行功能探索和服务创新。

四、政务微信的核心价值

1. 对政府的价值

（1）整合线上线下资源，发挥“双微”联动传播效应

Web 2.0时代，原来泾渭分明、各自为阵的媒体渠道，在移动互联网技术的推进下不断互联融合，互动性、整合性成为一大趋势。政务微信对资源的整合，一方面体现在对线上线下资源的整合，实现了现实行政和移动行政的互融互通；另一方面则体现在政务微信与政务微博的联动传播，充分发挥各自的传播优势。

政府发展政务微信，是全媒体战略的尝试与体现，有效拓展了政务传播和行政服务的空间和渠道，许多现实空间的信息咨询服务和办事流程被转移到政务微信平台，节约了行政成本，提高了行政服务效率。从未来发展趋势来看，政务微信将是O2O行政服务的主要平台。

大多数开通政务微信的政府部门也拥有政务微博，政务微博通常积累了一定数量的粉丝，具有大众传媒的特征，其目标受众与政务微信受众具有高度重合性，是推广政务微信的有效且低成本的媒介。当前，许多政府部门都非常苦恼政务微信推广难度大，增加粉丝困难，如果能利用好政务微博这一自媒体，不但能够有助于政务微信的宣传推广，也有利于公众获知政务微信的开通情况、功能服务等信息。

如“广州公安”在2013年6月6日进行的一系列平台升级，都是通过政务微博将最新功能告知网友的，这就很好地扩大了公众的知情范围，而非局限在微信的小圈子里，使自身获得更多关注。

（2）开辟舆论引导新平台，拓展舆情监测新渠道

政务微信正逐渐成为政府进行舆论引导的新领地，并将在未来的舆论监测中发挥更重要的作用。

人是舆论的创造者，微信庞大的用户规模和节节攀升的用户活跃度，使其成为微博之后的另一个声势浩大的舆论新阵地。据腾讯发布的最新财报显示，2014年第二季度末，微信及WeChat的合并月活跃账户同比增长57%至4.38亿。由此可见，微信成为人们获取资讯和发布信息的重要渠道。与此同时，大量谣言、负面言论也开始在微信朋友圈广泛扩散，有时甚至严重影响社会秩序和政府形象，这就要求政府机构积极开设政务微信，在新的舆论阵地中争夺话语权，开辟新的舆论引导阵地。

政务微博作为开放的舆论平台，其舆情监测作用早已得到政府和社会各界的重视。政务微信虽不能搜集海量的舆情信息，但也有其独特的优势。一方面，政务微信具有私密性，用户与用户之间的互动性削弱，但这会在一定程度上促进个人的理性思考，而非人云亦云。另一方面，政务微信使政府机构与用户之间建立更精准的、一对一的互动关系，因此通过政务微信获得的反馈信息，具有针对性。

（3）增进官民沟通，塑造服务型政府形象

政务微信充分发挥即时传播作用和社会动员优势，完成从政务信息发布和公众互动交流新渠道向综合服务平台的转变，成为移动行政服务新平台。中国传媒大学媒介与公共事务研究院中国新闻发言人研究中心主任武和平表示，政务微信为新闻发言人搭建了新型沟通和发布平台，提供了新的与公众、媒体及网民深入交流的场所，政务微信潜力巨大，可以打造“指尖上的政务互动”。

通过政务微信，可实现官民之间一对一对话，增进官民沟通，打造服务型政府形象。目前，微信用户已近6亿，并继续保持快速增长。随着微信的进一步发展，微信易懂的信息服务平台的功能逐渐显现。人们足不出户便可以进行业务预约与办理，实现政务服务信息精准投放。借助强关系社交的优势，能够在不断的传播中拓宽信息覆盖率，由此相互连接而形成无数个密集分布的圈子网络。开通政务微信，借助信息发布具有用户导向的精确性功能，能够不断拓展新的用户人群，扩大政务信息辐射范围。

在中央国家机关中，中国外交部开通的“外交小灵通”、国家统计局开通的“统计微讯”等在日常政务服务中发挥了极大的作用。当微信遇上政府部门，一种以微信为主导的新型服务方式随之而来。微信使用社交媒体发布信息，拉近了政府和民众之间的距离。

（4）提升信息传达有效性，拓展政务服务新人群

开通政务微信，借助信息发布具有用户导向的精确性功能，能够不断拓展新的用户人群，扩大政务信息辐射范围。

突发事件中，人们获取信息的方式、途径也逐渐转变。与微博的开放平台不同，人们无需在海量的内容中进行搜索，通过微信，人们便可以迅速、准确地获得信息。由于微信是熟人圈子，基于“优先关心身边人”的特点，信息能够传播得更为迅速和高效。微信圈子相比微博具有更高的信任度，有强有力的舆情控制以及过滤信息的能力，尤其在危机突发事件中具有强大的影响力。

例如在四川芦山7级大地震发生后，微博、微信在救灾中发挥着重要作用，成为灾难前期播报灾情的主渠道。在电话与短信无法进行正常通信的情况下，微信成为灾区群众转达个人境况以及传达灾情的最有效工具。来自灾区的文字、图

片与视频，源源不断地通过微信迅速传递到外界。有电信专家建议外界与灾区联络少打电话，多用短信以及微信、微博等移动互联网社交工具，以避免语音通道拥塞。联通和电信运营商，也相继通过官方微博向用户建议，尽量用微信和灾区民众取得联系。“多用微信少打电话，为救命让出通道”一时成为网络的强大号召。通过微信的传播，能够促进政府获得公众认同，培养稳定的用户。[1]

2. 对公众的价值

（1）官民互动，增进情感交流

对于普通老百姓而言，与政府机构进行双向平等的媒介渠道非常稀有，“衙门难进，脸色难看”成为大多数百姓对政府部门的刻板印象。政务微信这一全新的移动化行政服务平台，不仅拓宽了行政服务平台，在一定程度上也促进了政府机构和官员的服务意识。无论是在服务功能的开发上，还是在信息公开的选择上，都能看到政府与民众沟通互动的诚意、提供便民服务的行动力。如“广州公安”的微信界面功能较为全面，有路况资讯、服务事项和便民指南三个菜单按钮，每个菜单里各含三项内容。其中，路况资讯界面可以查询实时的市区路况情况，还有市政施工、交通事故等可能对交通造成影响的事件的通报，这些通报与交警的官方微博同步。服务事项里，交管、出入境和户政三类业务都能直接点进对应的页面进行查询操作。

其次，线上线下活动也可增强与公众的接触互动，进一步增进官民之间的情感交流。“广东共青团”就较善于此道，比如邀请微信订阅用户发送朗诵语音，每日在参与互动的粉丝中抽选用户送书等。曾在“阅读吧”的栏目中推出“在本期微信图文文章中找出团委标志并将其发送到朋友圈即有机会获得赠书”的活动。

（2）微信办事，体验个性服务

新媒体时代的媒介传播方式深深影响了传统的政务信息传播渠道。据了解，除了国务院公报和深圳气象局，利用微信为百姓提供政务服务的早已经有肇庆公安、广州公安、广东共青团等政府机构。

比如用户可以通过微信查询社保、住房公积金、出国签证办理情况等信息，也可以参与到公安部门的案件审理中，知情者可以通过微信将信息传达给公安。“政务微信关键在于树立政府公信力。只有在公信力的基础上，政务微信才能真正发挥出新媒体积极、正面的作用。如何让政府树立公信力，则体现在‘服务’

1 人民网：《政务微信：互联时代网络问政新利器》，2013年5月24日。

二字上。”分析人士指出，只要民众体验到政务微信能够带来便捷的生活，那么利用微信打造的服务平台就实现了应有的价值。更关键的是，政务微信还会吸引更多的人参与到与政府的互动中，让政府听到老百姓的心声。

（3）网络问政，民主监督新利器

政务微信成为互联网时代网络问政新利器，促使政府部门在运营政务微信过程中不断重视民意。首先是对政府微信自身的反馈。若是微信内容反馈者寥寥，可通过后台向微友询问，收集微友观点与看法，以评估微友偏好，改进内容形式或选题方向。同时，要引导微友给政务微信发送回馈信息。

其次，基于政务微信粉丝的真实性，对政府政策的反馈结果也将更具可靠性，这将是一个低成本而快捷的民意调查平台。各地政府不妨将政务微信平台充当信息发布、咨询便民平台的同时，兼顾作为当地政府政策评估、民意反馈的“舆评”平台。这对促进政府决策的科学化，提升民意满意率，把握舆情走势都具有重大价值。

五、政务微信快速发展的风险

政务微信的价值还会随着政府服务意识的提升和公众认知的提升而进一步扩大，从国家政策到地方政府都在积极推动政务微信的开设和发展，但在快速发展政务微信的浪潮中，我们也需谨慎思考、理性评估开设政务微信可能存在的风险。

1. 微信平台风险

政务微博红极一时，然而自微信平台出现以来，便以迅雷不及掩耳之势实现了用户从微博向微信的引流。基于微信平台巨大的用户数量，政务微信能够在短时间内抢占大量用户，并为政府开展服务提供了巨大的契机，政府部门的焦点也纷纷由微博转向微信。然而微信平台究竟能够红多久，会不会有新的服务模式在短时间内替代微信，问题的答案人们不得而知，然而关于平台的隐忧却一直存在。政务微信所依赖的平台也面临着不断的冲击与挑战。

不仅如此，由于微信平台具有隐秘性、定制化的特点，公众的信息能否得到及时的处理，是否有些信息会被遗漏或者被选择性忽略，利用微信平台开展政务监督能够有多大的作用，会不会进行选择性公开，这些都是政务微信平台所带来的隐忧。

2. “僵尸微信”隐忧

经过2011年政务微博元年和2012年的“井喷式”发展，2013年中国政务微博步入成熟。微博平台在政府信息公开和网民沟通等方面的正向作用日益显著。然而在庞大的政务微博中，有不少“僵尸微博”。相类似的，在微信平台中仍有不少“僵尸微信”开通后永久空白。如今，国家网信办正在大力推进各级政府开设政务微信，明确提出“力争今年年底，建成6万个政务公众号”的发展目标，是否会令下级政府部门通过下指标、下文件的形式强行推进政务微信开设，制造更多的“僵尸微信”呢？这一点值得深思熟虑。

上海交通大学城市创造力与传播研究中心主任王昊青认为，这一做法可能会有副作用存在。首先是沟通就不顺畅，本来是希望很亲密地沟通的，但现在“僵”着，基本上沟通就不存在了。必要的时候，可能有些信息的送达和它的影响力就不会像预期的这样有效。她对微博的一席话同样可以用到微信上：“‘微博’有风险，开博需谨慎。这句话其实包含两个风险，一个风险就是说你是不是专业人士，微博不是开完就可以的，你要长期地维护，那维护的话，其实它还有很多的技巧在里面。”这也给予拟开通或者已经开通政务微信的政府部门以警醒，需要谨慎开通政务微信。

【本章小结】

微信等自媒体工具的大量使用，使得政府信息发布和公众沟通进入“移动问政”时代。政务微信具有互动性强，可自动回复和人工回复；精准覆盖，点对点传播，实现信息传播的精准性；发送频率有限制，可实现个性化深度沟通；保密性强，对话具有隐蔽性四大特点。

选择政务微博还是政务微信，这是不少政府部门或多或少面临的困惑。政务微信是移动化的民生服务平台、精准化的信息传播载体、零距离的官民互动频道、创新型的公共服务空间，而政务微博是一个巨大的发声舞台，成为各阶层群众表达民意、参政议政的重要平台。因此政务微博重公开，政务微信重服务，两者在特点和功能上各有分工和侧重。

政务微信具有重大的应用价值。从政府角度来说，开设政务微信有利于整合线上线下资源，发挥“双微”联动传播效应；开辟舆论引导新领地，拓展舆情监测新渠道；增进官民情谊，塑造服务型政府形象；提升信息传达有效性，拓展政务服务新人群。从公众角度来说，政务微信能够促进官民互动，增进情感交流。通过使用微信办事，体验个性化私人定制服务，并且政务微信已经成为互联时代网络问政新利器，可进行网络问政、民主监督。

然而在政务微信的加速发展中，仍然需要评估微信平台兴盛变化、“僵尸微信”涌现带来的风险。

第十一章　政务微信的运营策略

【本章摘要】

经过两年的发展，在中央的政策支持和地方政府的积极探索下，全国范围内政务微信已经初具规模，数量突破13 000大关。如何才能更有效地发挥政务微信的功能，关键在于提高内容品质和服务效果。由于政务微信仍属于一种新鲜事物，之前无例可循，政府机构在运营过程中难免面临诸多困难和挑战。本章将首先从内外部因素考察政务微信运营发展中存在的四大核心问题，再对此提出五大提升策略和十大运营技巧，以供政务微信运营者和管理者参考。

一、政务微信存在的问题

1. 跨部门联动机制尚未建立

总体上看，一些富有特色和影响的政务微博已经建立了跨部门联动机制。比如新浪微博政府版集管理平台、舆情系统、问政平台于一体，实现了前台主页和后台管理的联动。用户可以通过政务微博平台直接参与互动，实现更具个性化的政务宣传需求。通过“直属单位”“工作人员”等模块的建立，可以对相关联的微博账号进行自定义集中聚合展示。后台管理平台包括横向及纵向管理，囊括了“内容管理”“考核管理”以及“沟通管理”三大模块。“@广州发布”的微博账号下就涵盖广州的80多家政务微博，从而实现不同部门的分类以及部门之间的联动，更好地实现了信息第一时间发布以及督办功能。

但比较而言，政务微信的联动机制尚未建立。政务微信是与用户之间的一对一对话，并不能够很好地实现部门之间的联动，不能够像政务微博一样，将需要解决的问题“@”主管部门来促使事情的解决。目前的政务微信公众号仍然是各自为政，很难互相打通，这也阻碍了其发挥作用。因此，政务微信若要在微信平台上更好地发展起来，既需要政府部门之间的协作，也需要腾讯公司的技术支持。

2. 人力财力资源的相对短缺

一方面，政府对政务微信运营财政投入少，少有专项经费支持，且由于地区之间的经济发展水平差异较大，各地政府在新媒体运营资源上存在着较大的差距。一些省建议各个地市部门开通政务微博，但是规定中只有开通倡议，尚缺乏配套的落实机制和相关的资源配套。笔者在调研中，某省地方政府新闻办公室人员就曾反映，“政务微博还没有开明白，现在又有政务微信，资源更加受限了”。对于交警、公安等部门，实现跨部门之间的联动以及常规的运营，都需要大量的资金支持。因此，资金短缺成为制约政务微信运营发展的重要因素。

另一方面，在政务微信的运营中，通常没有专职人员和固定编制，工作人员往往身兼多职，更新速度慢，原创内容少。根据笔者在2013年广东首届政务微信论坛上的调研问卷分析所得，95%以上的政务微信都是由工作人员兼职完成，每天进行排班，运营人员很少接受专业的新媒体运营培训。较完善的运营团队每天会召开编委会，有一套完善的运作机制，但是绝大多数政府部门都面临着人员紧缺的问题。

由于人员紧缺，工作较忙，一些政务微信公众号开通至今仍未办理认证。根据规定，政府部门开通公众号需要提供政府信息登记表、授权运营书、上传加盖公章的扫描件等，手续较为烦琐。因此，有些部门在开通微信公众号时，直接由内部工作人员以个人身份开通，未通过政务微信公众号认证，导致影响力和关注度都不高。

3. 领导和运营人员观念比较保守

在现有的行政体制下，领导的重视往往会对某项政策的推行产生重大影响。政府部门对新技术的采纳往往是自上而下进行的，如果上级领导对下级部门开通政务微信不够重视，除非下级部门对政务微信这一新技术有业务需求，或政务微信账号运营者个人拥有极大的热情，否则政务微信是不太容易推行开来的。

今年，国家和地方网信办通过下文件、下指标等方式积极推动各级政府部门开设政务微信公众号，但这并不能保证各级政府领导在观念上彻底领会中央意思。我们通过实地调查和专家访谈了解到，许多基层政府部门是被动开设政务微信公众号，对运营发展政务微信认同度不高，究其原因可归纳为两个方面：其一，一些政府领导认为政府机构的主要职能是提供公共服务和实行监督管理，而非专注新媒体传播，在他们看来传播工作是宣传部门、党政媒体的工作，没能认识到新媒体时代的政务传播和在线服务是实现公共管理的重要方式，是建立阳光型政府、服务型政府，实现国家现代化治理的重要手段；其二，新媒体传播技术日新月异，从政务微博元年到政务微信元年，仅仅经过短短两年光景，许多政府机构面临政务微博还没开明白，政务微信又得开起来的挑战，有畏难排斥心理，这也是可以理解的。

另外，由于不了解政务微信的技术特点和运作机制，有些政府部门的工作人员会对采纳新事物持旁观的态度，以此来避免因操作失误所导致的问题。无论是微博还是微信，都具有裂变式传播特征，运营人员也会担心开设政务微信后，若不作为或表现不佳，反倒把自己推到风口浪尖上。

因此，一些观念保守的政府部门和工作人员依然更加看重传统媒体的发布渠道，而对新媒体和新技术运用心存疑虑或畏惧，这无疑会阻碍政务微信在各级政府部门中扩散开来。

4. 推送频次和回复时间的技术限制

微信公众平台对信息推送频次有限制，这对政府部门想要及时通过微信发布信息造成了困难。自2013年8月微信5.0版升级后，微信服务号每月只能推送1条信息，2014年4月再次升级调整微信公众平台规则后，服务号每个月也只能推送4条信息，订阅号每天只能推送1条信息。目前，微信尚未形成一个良好的生态圈，公众号中存在着许多诈骗营销行为。推送频次的限制可能是为了更好地发挥微信的积极功能，从长远上优化用户体验，实现公众号的优胜劣汰，让其最后自然形成一个良好的生态圈。

此外，最开始微信规定必须在24小时之内回复用户，之后回复用户消息时限延长为48小时，超过时间则不能回复。很多政府部门尚无法100%做到在48小时之内回复用户，这在客观上影响了他们跟用户的互动和交流。

二、政务微信的提升策略

1. 内外合力建立持续运营机制

（1）内部绩效激励

不少政务微信的运营者都感叹“吃力不讨好”。由于身份是兼职，运作政务微信所积累的经验和业绩很难转化到他们的本职工作中；由于创新技术的未知风险，他们也会经常担心在工作中出现难以意料的差错，这些问题无形中加剧了工作人员的个人负担。而为了提高运营者的积极性，各部门可以将维护政务微信的工作列为年度考核测评的重要依据，并每年对政务微信的优秀运营者予以表彰。

（2）外部政策推动

在现实中，的确有一些地区和部门抱着“不做事永远不会错”的态度，消极应对政务微信这项新事物。面对这种情况，只能依靠上级主管单位强行发文，规定适宜使用微信的部门必须开设微信。不过，推行强制性攻策的同时，也应采取一些激励措施，防止强制开通的政务微信沦为“僵尸账号”。这个激励措施应避免过于形式主义的内部评比，而应将公众的反应纳入考量范围，例如通过微信回复的投票方式选出“公众心目中的十佳便民微信”等。

2. 优化政府内外部的资源配置

（1）开展政务微信业务培训

考虑到大多数政务微信运营者为兼职人员，而政府部门又无预算设置新的岗位来专门负责微信公众号的维护，因此，加强对相关工作人员的培训就显得异常重要了。这种培训的师资队伍可以参照首届广东政务微信论坛的嘉宾来设置，除了互联网公司的技术人员、高校政务微信的研究团队以外，以往一些运作成功的政务微信运营者也可以被列入邀请名单。

（2）实行政务微信服务外包

为解决政务微信运营人手缺乏的问题，一些政府部门选择与第三方新闻组织机构合作，借助第三方机构在内容策划、技术开发、宣传推广等方面的优势。如“广货网上行”就是由广东省经信委外包给腾讯大粤网运营的。在2013年广东政务微信论坛上，“广货网上行”被评为“十大最具影响力政务微信”之一，可以说是政务微信服务外包的一个典范。因此，一些直面民生、不涉及政府机密的部门完全可以交由更懂得新媒体操作规律的网络媒体运营。至于其他保密性较重的部门，也可以尝试将其外包给所在地的党报及其所属网站的运营团队，一方面利用专业的媒介技术，一方面做到开源节流。

3. 发挥政务微博微信联动效应

大多数开通政务微信的政府部门也拥有官方微博，为了增加政务微信的粉丝数量，应利用好政务微博的集群效应和粉丝效应，借助政务微博推广政务微信，实现“‘双微’合璧”，这在第十章有过详细论述。另一方面，还可根据信息发布类型的差异，实现微博微信传播平台的优势互补，如政务微博更适合发布短平快的信息，而政务微信则适合相对深层次阅读的、私密性的信息。

对于紧急的动员、有时效性的信息发布，应该首选政务微博，并利用政务微博的集群效应快速扩散，稍后可在政务微信上发布一些更详细的信息作为解释；若为了能够精准地推送和到达，则应首选政务微信，在政务微博上形成策应和补充。而对于一些敏感性议题，如在微信平台收到的投诉、曝光的内容，核实相关材料后，把其中一部分发布在微博上，这样利用私密性在微信上沟通问题，利用公开性在微博上形成更好的监督。

4. 优化移动行政服务

正如清华大学新闻与传播学院沈阳教授所言，若只重视政务微信的信息发布功能，实际上是没有把政务微信的效能发挥到极致。政务微信点对点、精准化、私密性的传播特质，为提供个性化、移动化的行政服务提供了条件。服务性是衡量政务信息的一个重要指标，因此优化信息查询、微信办事等行政服务功能是提升政务微信运营的重要策略之一。

首先需设置功能齐全的微信界面，让公众享受到在线政务服务的便利。目前“广州公安”的微信界面功能较为全面，有路况资讯、服务事项和便民指南三个菜单按钮，每个菜单里各含三项内容。其中，路况资讯界面可以查询实时的市区路况情况，还有市政施工、交通事故等可能对交通造成影响的事件的通报，这些通报与交警的官方微博同步。服务事项里，交管、出入境和户政三类业务都能直接点进对应的页面进行查询操作。

其次要优化服务程序，移动行政不能只是简单地将线下办事流程搬到微信公众平台，而是应该根据移动互联网特性和公众需求，优化、重构办事流程，用最便捷、简单的方式为公众提供一站式服务。

5. 调动公众互动参与

互动是移动互联网时代最为瞩目的特征，开放的社交平台彻底颠覆了单向传播思维，公众在网络上的参与热情也得到了前所未有的提高。公众的互动参与能够激励政府部门做好政务微信，同时对政务微信的良好运营提出建议，形成良性循环。

例如可发起线上线下活动，增强与公众的接触互动。“广东共青团”就较善于此道，比如邀请微信订阅用户发送朗诵语音，每日在参与互动的粉丝中抽选一位送出一本书等。其曾在“阅读吧”的栏目中推出“在本期微信图文文章中找出团委标志并将其发送到朋友圈即有机会获得赠书”的活动，巧妙地宣传了自家账号。

三、政务微信十大运营技巧

1. 准确定位，打造特色政务微信

（1）组建优秀的运营团队

一个优秀的政务微信账号背后，是一支优秀的微信运营团队。在分工明确、相互配合的基础上，政府部门的政务微信运营团队应至少配备三类人。

一是主题策划人员，工作职能涉及主题内容和线下活动策划，主要包括策划用户感兴趣，同时在本部门职能范围的话题，开展相关主题的线下活动，从而与用户互动，增强公众号的用户黏性。二是内容编辑人员，主要负责微信文案的撰写、音视频的剪辑、图文消息的编排、内容的文字版式设计及图片的美工，并分析用户对内容的阅读转发次数等数据，帮助策划人员制订出更好的策划方案。三是后台服务人员，主要负责收取用户的反馈意见和互动消息，及时、有针对性地解答问题。

在团队组建完成后，还需不定期对运营人员进行政务微信运营相关知识的专业培训，定期汇报运营结果并进行总结，方可保证其高效运作。

（2）根据部门职能选择开通服务号或订阅号

有重要消息推送或和市民有大量直接互动需求的政府部门和事业单位适合开设政务微信公众号，但开通服务号还是订阅号，则要根据主要的职能进行选择。如信息推送频率较高的气象局，可通过其官方政务微信每天向市民发送天气预报，更适合开通订阅公众号。而承担大量政务办事功能的部门则可开通服务公众号，把办事流程迁移到微信里，一方面可以节省自身的人力资源等运营成本，另一方面也可提供更便捷的服务，使市民可以利用碎片化的时间完成过去需要来回跑才能完成的业务。

“广州公安”经过精准定位后，就致力于打造便民业务查询特色品牌，它的微信定位不在于信息内容的硬性推送，而是聚合政务办事信息，成为一个在公众需要时可随时查询的非干扰性移动官方平台。它标杆性地将政务在线办理融入微信平台，为市民提供46项在线业务查询、路况信息、办事指南，4项预约服务、1项网办服务，交通违法查询、车辆及驾驶证状态查询等，出入境、户政业务办理进度查询，出入境和户政业务网上预约功能，往来港澳通行证再次签注办理及各类办事指引。作为全国首家实现综合查询和网办业务的政务微信平台，“广州公安”开拓出了一条新网络媒体时代公安机关积极应用社会化媒体服务社会和管理社会的新路子，也为自身获取了大量粉丝。

（3）强化政务微信内容的个性化

需彰显政务微信本地化、个性化的角色，积极研究本地人群的需求、特性和关注点，探索在发布政务信息的同时，开通就业、健康、天气预报等惠民便民信息，打造一到两个固定的、市民喜欢的品牌栏目，高品质的政务微信依靠其强关系圈子传播政务信息必然会获得较好的口碑效应。比如中山市共青团官方微信“中山青年”便专注于发布青年活动独家信息，预告各式各样的公益活动，提高青年人的参与热情。

要注意的是，强化做本地的“专属微信”，无疑会对政务微信的粉丝数量构成抑制，在开通前期尤为明显。粉丝下滑带来传播的隐形效应明显，传播效力评估的难度上升。这也要求政府转变运营理念，一是由看重粉丝数量转向粉丝质量，从侧重规模走向注重品质；二是由看重传播广度的纸面化转向传播效力实质化。有政务微信运营人士指出："因为微博是点对面的传播，微信是点对点的传播。打比方，我们的微博有423万粉丝，我发1条微博，真正能看到的人恐怕只有1%—5%。但微信就不同了，就算你只有1万粉丝，由于是点对点的传播，我可以基本保证发布的消息有90%以上的人会看，这样一来实际传播面就更广，能够真正传递我方的声音。"此外，微信的强关系圈子对促进政务信息的高认可度的二次传播富有意义，口碑效应明显。

2. 形成稳定的推送频率和时间，控制推送数量

作为一个24小时开放的平台，政务微信运营不能因循党政机关常规的8小时工作制，应根据不同时间段调整发布数量和内容，形成一定的规律性。每天的9—10点、16—18点、21—22点三个时间段，市民一般临近上下班空闲时间，在线人数较多，发布信息易被更多人看见。

在每天的发布数量上，政务微信需遵循适当的节奏，避免失语或刷屏。每天发布的消息最好控制在1—3条之间，这样既不会给市民带来信息过剩的困扰，也可避免重要内容淹没在推送的众多信息中。

3. 信息分栏归类，重点一目了然

为了使微信内容更加一目了然，方便市民查找，信息的分类十分有必要。而固定栏目的定期发布也有利于培养稳定的用户群。

"广东共青团"就长期设有许多固定栏目，如"最热Hot"介绍最新与青年有关的新闻资讯；"阅读吧"介绍符合青年口味的经典好书；"胶片记忆"介绍优秀的摄影师和摄影作品；"如影随形"介绍最新影片资讯和杂志影评……这些信息分类都能帮助用户更方便地查阅自己感兴趣的内容。

4. 微信信息回复以自动回复代替人工回复

随着关注微友的增量，相关咨询工作量难免大幅增加。不断涌现的信息互动将对政府部门的人力配置提出考验。为提高回复群众问题的效率，政府不妨预先准备好一些常见的咨询类题库，以应对同质化询问。及时地丰富关键词回复，将大大省去一些重复的工作量。

据"平安肇庆"微信介绍，"大约70%的咨询业务可由后台设置的视频、文字、图片、语音等自动回复，而剩下的30%不适宜程序化即时回答的咨询，则由

‘平安肇庆’的值班人员人工服务来答复”。“只要输入一些关键字，如户口、车管所、出入境等，‘平安肇庆’微信马上会自定义回复相关的公安业务”。

5. 语言要接地气，使用亲民话语，内容贴近民生

和政务微博一样，政务微信要放低身段，与市民保持平等交流，多用生活用语、网络用语、口语等，语气平和、公允，避免官腔官调，尽量避免使用机关公牍式的语气。同时，推送的内容应与民众的生活相关，文章简短，尽量杜绝严肃单调、长篇大论的官方通讯稿件。

“黄埔检查”的固定栏目如“微故事”“微案例”“微感悟”“微服务”“微问答”“微趣味”等，多使用娓娓道来的方式，吸引用户阅读。其中“微故事”为原创连载故事，故事围绕虚拟人物“小明”的经历展开，用生活化的语言向市民普及司法知识，力图避免官方传统的说教模式。

6. 采取多种表现形式，图文并茂，增强可读性

除了内容上贴近民生，政务微信还需做到形式上的多样活泼。相对于纯文字内容而言，“富文本”的微信内容更能吸引用户的关注和兴趣。政务微博中就常常通过插入表情、图片、视频、语音等各种“富文本”方式以增强内容的可读性，政务微信应予以借鉴。

在编排图文内容时，需注意以下几项：

（1）巧用插图，图少而精。合理利用插图能帮助用户更形象地理解文章内容。若图片较大则要先压缩，避免因消息打开速度慢，影响用户体验，耗费用户流量。

（2）字体大小最好设置为18px。考虑到用户通过手机屏幕阅读文章，字体太小的话眼睛容易疲劳。

（3）每一个段落的长度尽可能缩短。考虑到手机屏幕较小，应尽量避免出现大段大段的文字，若迫不得已还是有，应将其拆分。

（4）在每篇文章的末尾附上微信二维码信息。在这个社交时代，微信内容很可能会被分享到各种网络平台上，文末附着的二维码信息能为更多的读者增加入口，从而增加粉丝数。

（5）图文消息的摘要尽量简洁扼要。图片引起用户阅读兴趣，摘要影响用户对内容的阅读欲望。简洁扼要的摘要既不浪费摘要部分的空间，又成功吸引读者，一举两得。

（6）文章长度尽量控制在1 500字左右，不可过长。在发出每篇文章之前，进行仔细的校对，避免出现错别字。

7. 调动市民参与热情，加强互动

（1）努力提高回复民众问题的效率

政务微信可开发具有自动回复功能的自定义菜单，可供市民自助即时查询。准备好一些常见的咨询类数据库，应对同质化询问及时丰富关键词回复，节省重复的工作量。如果查询不到，可再向人工提问。

目前，“平安肇庆”已回复市民问题7 800条，解决实际问题6 800条，赢得了良好的社会口碑。只要输入一些关键字，如户口、车管所、出入境等，“平安肇庆”微信马上会自定义回复相关的公安业务。

（2）设置功能全面的政务微信界面

“广州公安”的微信界面分为路况资讯、服务事项和便民指南三个菜单按钮，每个菜单里又包含三项内容。其中，路况资讯界面可以查询实时的市区路况情况，还有市政施工、交通事故等可能对交通造成影响的事件的通报，这些通报与交警的官方微博同步。服务事项里，交管、出入境和户政三类业务都能直接点进对应的页面进行查询操作。如果是第一次操作，需要进行手机验证。验证后会自动形成一个金盾网账号，以备以后使用。如果用户需要给警方留言，点击下部菜单里最左边的键盘图标，也可以进行文字或语音输入。

（3）发起线上线下参与活动

“广东共青团”就较善于与用户互动。其邀请微信网友发送朗诵语音，每日在参与互动的粉丝中抽选一位送出一本书等。其在“阅读吧”的栏目中推出“在本期微信图文文章中找出团委标志并将其发送到朋友圈即有机会获得赠书”的活动，巧妙地宣传了自家账号。

8. 保证时效性，不发过期信息

发布过期信息在公众眼中是一种消极怠慢的态度，是政务微信的大忌。因此，政务微信要与政府各项工作紧密结合，及时更新推送相关信息，真正发挥出微信的正面、积极作用，避免像某些政务微博患上“痴呆症”或沦为“僵尸”。

从整体上看，发布信息及时迅速，更新内容勤快的政务微信通常都拥有较多的粉丝关注，其粉丝的互动积极性也比较高，这些政务微信影响力也从而提升。

9. 微信、微博双管齐下，优势互补

大多数开通政务微信的政府部门也拥有官方微博，应在了解并把握微博和微信二者各自的传播特性的基础上，实现“‘双微’合璧”，优势互补，提高政府服务社会的执政水平。

（1）政务微博微信联动传播

我国政务微博的数量已突破25万，克服了以前政府网站之间互不往来的弊端，政务微博间互动增强，已形成集群效应。对于紧急的动员、有时效性的信息发布，一方面应选择政务微博发布短平快的信息，利用微博集群效应快速扩散；另一方面借助政务微信，实现传播信息的精准推送和到达。

（2）借助政务微博推广政务微信

因微信是私密空间内的闭环交流，其传播扩散力较弱，公共账号的宣传是一大软肋。借助政务微博推广政务微信，大力扩展账号的人群覆盖面，增强政务微信的权威性和信息传播扩散能力，有效推动新媒体问政深入发展。

“广州公安”在2013年6月6日正式开通综合查询和网办功能、更新路况资讯中的“电子警察分布图”功能以及服务事项中的“机动车违法查询”“护照、通行证等业务预约”“港澳再次签注业务办理”“身份证业务预约”功能。这一系列平台升级都是通过官方微博将最新功能告知网友的，从而扩大了公众的知情范围，使政务微信获得更多关注。

10. 及时打击“山寨”政务微信

目前，不少貌似“官方出品”的政务微信账号纷纷出现，有些“山寨”微信还采用了当地政务微博的专用图案作为头像，外观上足以乱真。一旦这些微信账号被利用来发送诈骗及不实信息，政府公信力便有可能受损。

及时打击“山寨”政务微信，一是需要各地政府的舆情监测部门给予高度关注，防止出现借官方名义发布谣言等情况；二是尽快开通各自的官方认证政务微信以示区别，如果条件暂未成熟而不能开通的，应在相应的官方微博或其他途径及时澄清，公布“山寨”账号，或考虑交涉注销相关“山寨”账号；三是可效仿肇庆公安，成立网络问政办公室，及时发现和打击“山寨”政务微信。

【本章小结】

总体来看，政务微信的发展存在着以下四大问题：尚未建立跨部门联动机制，各部门之间仍然是各自为政，业务上难以互相打通；人力财力资源短缺，无专门经费支持，管理人员身兼多职，更新速度慢，原创内容少；领导层观念守旧，运营人员因对新媒体技术不熟悉而存在畏惧心理；技术上，微信公众号限制了推送信息频次和回复时间，给政务微信信息发布和用户沟通带来不便。

针对以上问题，我们提出五大提升策略：第一，利用内部绩效激励和外部政策推动，促使政府工作人员观念革新；第二，优化政府内外部的资源配置，开展政务微信业务培训，实行政务微信服务外包，开源节流；第三，积极发挥政务微博、微信联动传播效应，借助政务微博推广政务微信，实现“‘双微’合璧”，优势互补；第四，利用政务微信点对点、精准化、私密性强的传播特质，为民众提供个性化、移动化的行政服务；第五，调动公众的参与和关注积极性，扩大微信号的影响力。

基于五大提升策略，我们又提出十大运营技巧，供政务微信运营者参考：准确定位，打造特色政务微信；形成稳定的推送频率和时间，控制推送数量；信息分栏归类，重点一目了然；微信信息回复以自动回复代替人工回复；语言要接地气，使用亲民话语，内容贴近民生；采取多种表现形式，图文并茂，增强可读性　调动市民参与热情，加强互动；保证时效性，不发过期信息；微信微博双管齐下，优势互补；及时打击“山寨”政务微信。

第十二章　政务微信优秀案例

【本章概要】

美国著名传播学者罗杰斯的创新扩散理论表明，敢于尝试新观念的创新者和早期使用者对新传播技术的扩散起着至关重要的作用。政务微博作为一种新兴的传播技术，其功能与价值的扩散离不开政务微信运营领域的先驱者和开拓者。从无到有，从有到优，许多政府机构对微信公众号运营的探索和实践走在全国前沿，一方面激励推动着同类型政务微博的开设和创新，另一方面也为其他政务微信的运营发展提供了宝贵的经验。为此，我们就内容运营、平台建设、功能特色、困境调整、未来发展等运营者关心的问题采访了全国十个优秀政务微信公众号的运营者。

选取的十个优秀微信公众号是：首个实现全省21项办事功能的公众号“广东发布”，政务信息的一站式公开平台“廉洁广州”，综合性服务一步到位的“广州公安”，力求最大化满足市民个性需求的“珠海12345市民服务热线”，私人定制、贴心服务的“广东天气”，全国首个实现医保实时结算的微信公众号“广东省妇幼保健院”，国内首家实现预约挂号的政务微信“健康佛山”，内容生产内外结合、“出入口”服务受追捧的“广州教育”，三次升级引领掌上便民交警的“乐行南昌”，绿色出行好帮手“郑州地铁”。

一、“广东发布”：首个实现全省21项办事功能的公众号

2014年7月10日，“广东发布”微信正式上线。依托广东省人民政府网和“网上办事大厅”功能，“广东发布”开设全国首个全省“微信办事大厅”，在全国率先实现全省微信办事，可办理21项个人业务。该功能一经推出便获得了网友的高度认可及参与，当日粉丝上涨近700倍。

“广东发布”是广东省人民政府新闻办公室的官方微信账号，于2014年6月3日开始试运行，除常见的信息发布、意见征集、活动参与等功能外，在微信基础功能上进行了二次开发，开展平台创新服务应用。“广东发布”设有“微服务”“微发布”“微活动”三大板块以及“微视睇广东”“微博知南粤”“梦圆南粤”等品牌栏目。

“三微”联动：准确高效、权威发布、互动及时

随着“广东发布”微博、微信、微视相继上线，“广东发布”的“三微”平台已初具雏形。“广东发布”发动省直各部门、各地市尽快开通各类政务平台，在全省范围内建立“‘三微’政务平台发布厅”，形成全省政务“三微”一体化大格局，架起政民之间随时随地互联互通信息的沟通桥梁。

连通政务微博，打通“双微”平台。“微服务”板块中的“政务微博大厅”可直接链接到“@广州发布”“@广东省公安厅”“@珠海发布”等政务微博，实现跨平台的一站式服务。在7月15日发生的广州301路公交车纵火案件中，“广东发布”第一时间与广州公安联动，通过微博、微信发布案件侦破相关消息，微信图文消息总阅读量超过10万人次。通过政务微信和政务微博配合，人们便可以迅速、准确地获得信息，成为突发事件信息有效传达的主渠道。

政务微信创新功能凸显，足不出户享21项办事功能，获取省内第一手权威资讯。通过广东省网上办事大厅微信接口，市民可以通过这个入口办理21项个人事项，包括生育、收养、户籍、教育、兵役、就业、纳税、社保、出入境、社会救助、住房等21项。足不出户，通过网络就可以办理之前耗时又费力的个人事项。

不仅创新服务模式，“广东发布”同时也是重要的权威信息发布渠道。7月17日，“广东发布”微信第一时间发布《省府同意汕尾按“3+1”模式加入深莞惠经济圈》的报道，近5万人次阅读，当天微信图文消息总阅读量超过10万人次。由此可见，网友们对“广东发布”微信发布权威、官方消息的认可和需求。

8秒微视，“秀”出广东风采。通过“微视睇广州”栏目，饱览南粤大地秀美的山水风光、深厚的历史底蕴，全方位展现广东社会人文风貌。各行各业好榜样推选、正能量传递、广东好声音……通过微视拍摄、微信参与，展现幸福广东、活力广东、美丽广东，开启了广东在移动互联网时代政民互动的新篇章。

平台建设：流程规范、定位明晰、重视互动

经历了一个月的试运营阶段以及前期的服务摸索，“广东发布”形成了较为完善的内容编辑及平台建设模式。目前由4人组成的运营团队负责“广东发布”微博及微信的运营。从运营流程上来看，每天召开选题会，内容编辑并审核后再进行发布。通过挖掘新闻线索、结合节假日等进行主题策划。每天更新5—6条图文消息，并有固定的栏目及互动机制，及时回复网友信息。

至于微信公众号的定位，“广东发布”运营负责人李洁茹指出，之所以会将21项办事功能的服务嫁接到政务微信上面，正是基于账号明晰的定位：政务服务和权威政策信息发布。在用户定位基础上，创新内容编辑，实现内容运营采、编、审流程的专业化，从而实现流程规范、定位明晰。

“广东发布”内容侧重重大时事热点、民生新闻、便民信息、趣事乐事分享等。作为政务微信，“广东发布”承载着传播全省重大政务消息的任务，所以“广东发布”将尽力在第一时间将重大时事热点推送给网友，民生新闻主要偏向于交通、健康、教育、就业、招考等内容，便民信息偏重于气象、交通、出行、生活等提醒消息，趣闻乐事分享则将精心筛选、制作的图文及音频等内容推送给网友。政务消息、民生新闻、互动分享内容相结合的内容运营，既保持了“广东发布”政务平台的高度，又接地气，有利于保证推送内容的传达率和接受度。

在网友互动方面，通过“微征集”栏目开通抢票、话题征集等互动栏目，增加网民互动。自“广东发布”微信上线以来，在微信里发布了“微视作品征集大赛”“众议粤东西北振兴”“‘梦圆南粤’大赛”“我想要的广东发布”“七夕最想跟谁过？电影票大放送祝你如愿！”等征集活动，不少都取得了较为可观的互动效果。尤其是最近推出的“七夕最想跟谁过？电影票大放送祝你如愿！”征集活动，从7月29日到现在已经有18 440的阅读量，过千名网友参与活动，运营人员李洁茹指出，“今后这样的有奖征集活动‘广东发布’微信将继续推出，比如下个月我们将推出‘南国书香节’‘科普一日游’等策划活动，征集网友进行参与，通过线上线下活动不仅拉动网民互动，更是可以提高微信关注度，维护粉丝稳定系数”。

困境及展望——2.0版本的广东发布

在运营过程中，“广东发布”同样遇到了不少的困境。从内部来看，体现在运营人员紧张。由于微博、微信等新媒体编辑是一个比较新的工种，从职业规划长远的角度来看，很少会有人专门去从事这一项工作。不仅人员紧张，而且新媒体的编辑对运营人员的语言组织能力、对新事物判断的敏锐度等都有较高的要求。在短时间内难以获得人员支持。从外部来看，“广东发布”较难获得政府政策颁布等第一手资源，因此在信息发布上略有滞后。但随着“广东发布”的不断发展，这一困境也有所改善。

提及“广东发布”未来的发展进程，运营人员李洁茹指出，要打造“广东发布”的2.0版本。从运营人员角度来看，2.0版本较为理想的人员构成状态应包括至少四个方面的人员：文字编辑、图片编辑、活动策划、外拓人员。从服务创新角度来看，要进一步升级服务，获得更好的用户体验。从宣传影响力角度来看，要加大政务信息的公开，争取更多的资源，打造最权威的政府信息发布平台。

（文/徐晓蕾）

二、“廉洁广州”：政务信息的一站式公开平台

“廉洁广州”是中共广州市纪委的官方微信公众号，于2013年11月正式开通。目前“廉洁广州”主要设有“公告公示”“信息查询”和“意见反馈”三项功能菜单，用户不仅可以通过“公告公示”获得政府部门行政权力清单、公共资源交易等信息，还可以利用“信息查询”功能实时查询行政执法结果、网办进度

等，使用过程中有什么意见也可以直接反馈。

2012年9月，广州市纪委就已经开通“@廉洁广州”政务微博。微信公众平台兴起后，为了让市民更加快捷便利地查询信息，广州市纪委又建立了自己的微信公众平台。基于微博和微信不同的传播特性，他们为两个平台进行了不同的功能定位：微博平台主要用于宣传和沟通，微信平台则侧重服务和信息查询功能。在“廉洁广州”的运营人员、广州市纪委智能监察室的余炬文看来，政务微信给政府工作和民众服务带来最大的变革是：很多服务在手机上就可以完成，不仅降低了行政成本，节约了行政资源，还大大方便了市民，让市民可以通过集约化的平台一站式地解决问题。

运营：一人负责维护，侧重信息公告

由于“廉洁广州”属于公众服务账号，在完成前期的平台搭建后，信息的公告和查询功能都由后台直接处理，日常维护不需要太多的人力，目前该服务号仅由1人负责维护。考虑到已经有网站、微博等多个宣传平台，“廉洁广州”也不向用户定时推送信息，而是根据用户的需求来提供信息，提高服务的针对性。考虑到微信举报的风险性，在已经有来信、来访、来电、网络四个举报渠道的前提下，目前“廉洁广州”也还未开通微信举报功能。

特色：政务信息一站式公开，农村用户更活跃

“廉洁广州”服务号最显著的功能特色是资源整合，不仅可以通过“公告公示”获得多个政府部门的信息，还能通过“信息查询”功能查询与自身利益相关的信息。用户只要关注了这一个账号，就能查看多个政府部门的职责权限和服务信息，并且可以通过文字、声音、图片、视频等多种方式进行反馈、互动或投诉，有效地解决了资源整合不够、交流互动不强、内容形式不多和网络兼容不畅等问题。

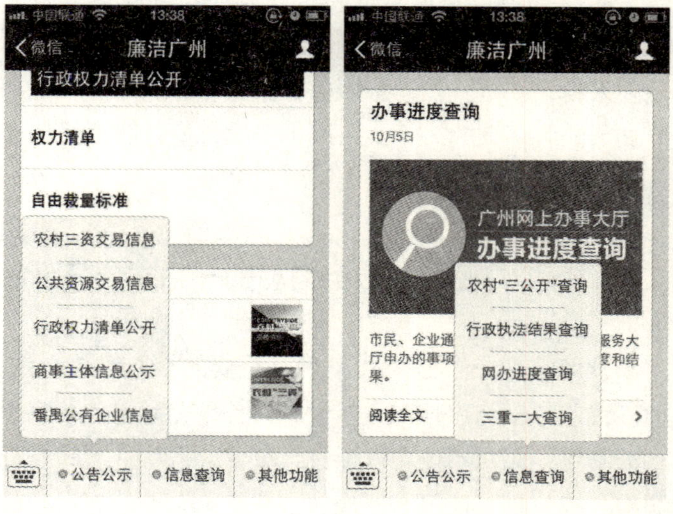

“公告公示”栏目中设有“农村三资交易信息”“公共资源交易信息”“行政权力清单公开”“商事主体信息公示”以及“番禺公有企业信息”5项子菜单。点击其中任意一项就可以看到具体的公示信息，例如在“行政权力清单公开”中可以查

询到市政府、市发展改革委、市经贸局等70多个部门的行政权力清单；在“公共资源交易信息”中可以看到公共资源的招标公告、资审结果公示、中标候选人公示等信息。余炬文解释，之所以选择公布公示这些信息，是因为这些领域是以往腐败案件的多发区，让这些信息更加公开透明，可以让市民进行监督，减少寻租腐败的空间。

此外，只要用户绑定自己的手机号，就可以利用“信息查询”功能，进行“农村‘三公开’查询”“行政执法结果查询”“网办进度查询”以及“三重一大查询”。但是由于农村“三公开”信息、国有企业的“三重一大”等信息，还未完全对全社会公布，所以系统会自动根据绑定的手机号判断用户是否属于公开对象，例如农村“三公开”的查询只针对农村人口，并且只能查询用户本村的“三公开”内容；国有企业“三重一大”信息也同样只针对国有企业的工作人员，并且只能查询本人所在企业的信息。

信息公开的重要目的是监督权力的运行过程。通过将各个政府部门的行政权力清单公开以及对农村三资交易和公共资源交易信息公开的方式，让行政权力的运作透明化，方便市民监督权力的运作。此外，通过例如行政执法结果查询、网办进度查询等功能，也能督促相关职能部门提高行政效率。市民如果对查询到的结果有什么意见，也可以通过电话或者网络等多种方式，投诉到原办事部门或直接向纪委投诉。

一个值得注意的现象是，据粗略估算，“廉洁广州”的农村用户要多于城市用户，而农村用户在“信息查询”功能的使用上也比城市用户活跃。余炬文分析，这一方面是由于农村人口基数大，而且手机在农村人口中的普及率已经非常高；另一方面是因为农村集体资金、农村集体资产、农村集体资源交易信息，以及农村“三公开”等信息和农民的切身利益息息相关，所以农村人口会更加关注这方面的信息。

困境：宣传推广不够，新功能落实费力

在运营过程中，“廉洁广州”也存在一些不足和困境，例如目前的用户数量还太少，除了开通初期有过一轮推广，目前对自身平台的宣传和推广还不够，很多有了解政府部门信息需要的人还不知道有这样一个平台；此外在平台搭建和后期完善过程中，“信息查询”功能需要和多个政府部门形成对接，但是在对接协调的过程中往往还比较费时费力，因此也不利于新功能的开发。

未来：以服务市民为导向，“微信举报”有待论证

余炬文认为运营好政务微信，最重要的因素应该是以服务于市民为导向，从市民的利益出发，根据本部门的职能，考虑微信平台的功能设置，最大限度地为市民提供便利的服务。他认为公开政务微信的用户数，对评价政务微信的活跃度

有一定的参考价值，但是用户数不应该成为唯一的评价标准，还应根据不同部门能否通过政务微信，完善自身服务职能来判断。

下一步，“廉洁广州”还将论证“微信举报”的风险性和便利性，根据论证结果，决定是否开通“微信举报”功能。此外，在其他部门的网络服务平台逐步建立和完善之后，“廉洁广州”还将剥离出一些功能到这些服务平台上。

（文/刘文骁）

三、“广州公安”：综合性服务一步到位

2012年11月，继在新浪微博上累积人气，成为坐拥255万粉丝的广州第一大政务微博后，广州市公安局开通了官方微信公众号“广州公安”，尝试以“指尖上的互动”进一步拓展政民交流的空间。“广州公安”运营人员刘艳认为，政务微信与政务微博的区别主要在于二者的定位不同。政务微博更注重信息的发布和传播，政务微信则主要做互动和服务性、功能性方面的内容，二者相互补充，互不影响。而运营好一个政务微信的关键在于，首先考虑定位，然后从用户角度出发，把服务性充分体现发挥出来，在用户体验上不断提升，才会有生命力和活力。

运营：主要工作是与用户互动回复

“广州公安”的日常运营工作主要是与用户互动和回复用户问题，一般需要1—2个人。对于回复速度，“广州公安”的标准是在一个工作日内给予答复，运营人员一天中大概有10个小时在进行问题答复。如果民众的问题较为复杂，需要去相关业务部门查证，运营人员会告知用户问题已转达，稍后将给答复。当需要开发新功能和新板块，其他同事将给予技术支持。

在考核机制方面，“广州公安”目前没有定量考核。刘艳认为，政府机关的微博、微信不应该以转评数量或粉丝数量为考核依据。“我们主要是综合各方面来评价，基层的负责人也都会亲身投入微信公众平台的运营维护中，对微信运营人员的工作情况掌握比较到位。”此外，回复速度、作答质量、群众反映问题的后续跟进情况，都在考核范围之内。

特色：综合性服务一步到位

目前，“广州公安”下设“服务事项”“警务信息”“更多”三个栏目。“服务事项”栏目下设有“治安业务”“交管业务”“出入境业务”“户政业务”“快撤理赔”5项子栏目；“警务信息”栏目下设有“警方新闻”“广州金盾网”“平安地图”“防骗专区”“平安宝典”5项子栏目；“更多”栏目下用户可绑定手机号，进行举报或报警，查看并关注“@广州公安”微博等。

对于栏目设置时考虑的因素，刘艳认为有两个：“首先，要考虑我们能在微信上提供什么样的服务，哪些服务事项是成熟的、可以放的。其次，从用户的角度考虑，他们需要什么样的服务，再对可行性进行评估。”

在提供的服务事项上，“广州公安”囊括了交警、治安、消防、户政、出入境等业务，可谓是综合性服务一步到位，有的甚至比交警的探索更快一步。例如刚刚发布的新车上牌预约功能，比“广州交警”微信公众号还快了一步。在所有服务功能中，交通违章和出入境再次签注的查询量是最大的，这两个是群众使用最多的，也是最方便、最快捷的。

除了提供服务之外，“广州公安”每月还推送4条新闻信息。总结运营经验，刘艳认为两种信息最受关注。首先是对微信平台功能改进的通报；其次是重大突发事件新闻，例如“7·15”公交汽车爆炸事件发生后，在当天凌晨，“广州公安”便推送了微信信息，于第一时间配合微博同步发送。

困境：技术难题亟待攻克

在运营的过程中，“广州公安”也遇到过一些技术上的困难。腾讯公司为政府部门提供了9大接口，它们的标准是一样的，如果想要设置个性化的服务则比较难实现。同时，公安部门有一定特殊性，市民办业务的需求量很大，但因为有为外网物理隔离的问题，在新的服务功能开发上需要更多的时间。

未来发展：不断提升用户体验和互动服务

刘艳认为，政务微博和政务微信为政府服务民众开创了新的时代，从一开始的面对面办事，发展到PC业务，再发展到手机移动APP，再到如今的微信时代，这是一个不断进步的过程。通过微信这样的新媒体平台向公众提供更多精细化的服务，是政府服务于民的渠道趋势。

未来，“广州公安”依然会努力在用户体验方面和互动服务方面不断提升，“要把服务越做越好，充分地利用这个平台，用到极尽，实现公众想通过它做到的事情”。

（文/武茜）

四、“珠海12345市民服务热线”：力求最大化满足市民个性需求

“珠海12345市民服务热线”是珠海市市民服务热线管理中心的官方微信公众号，于2014年8月15日正式上线。作为珠海市政府为市民提供的除话务、网站、邮件服务外的又一便捷的信息沟通渠道，“珠海12345市民服务热线”在运营之初就有良好的技术支持，并与原本成熟完备的话务组相互补充合作。

运营：强大的市民服务团队

“珠海12345市民服务热线”的运营团队由5名技术人员和3名日常运营人员组成，加上话务组的80人，共同形成了一个市民服务团队。他们对平台页面、功能结构都进行了整体设计，目前有“@我”“投诉建议”及“便民服务”三大栏目，并能与注册用户的手机号进行绑定，实现个人信息反馈、查询结果等的推送。

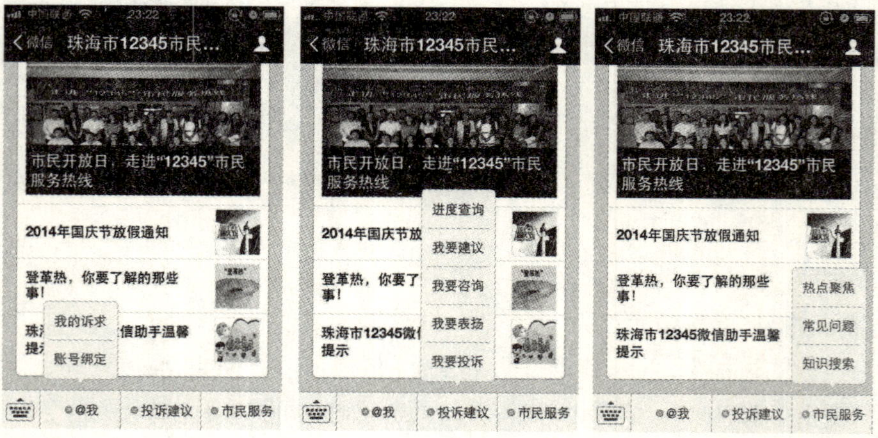

在对运营人员的个人绩效考核方面，在线客服情况、诉求处理情况、市民反馈情况等都在考核范围中。对微信团队的考核则分为两个方面：一是专题建设和维护情况，即信息的准确性；二是市民反映的热烈程度。

特色：功能开发以服务用户为中心

“珠海12345市民服务热线”的特色功能有：第一，建立了数据库，市民可用关键词来检索信息，进行提问；第二，重视用户群的建设，将微信号和话务平台相结合，用户在完成注册后，注册的手机号与公众号绑定。菜单栏中专门为用户提供“@我”的功能，可以将用户的历史检索和投诉建议的相关信息推送给用户，用户可以随时关注投诉建议的处理情况。

除了这两个特色功能外，微信号的日常工作内容也都是以服务用户为中心。首先，通过服务接口和内部团队测试等方式，运营团队研究用户如何使用微信公众号，以此为依据不断优化微信界面。其次，每天都对微信的用户诉求进行全面的数据分析，并与电话诉求进行比对，发现二者的共同点和不同点，然后将话务的一些诉求整理统一提供给微信后台，方便统一推送。此外，运营团队还关注微信功能的进一步开发，结合GPS技术，力求实现定点诉求服务，以方便市民日常使用。

困境：政府自有OA系统与微信系统兼容困难

在公众号的运营过程中也面临着一些困境。目前，微信平台还未像新浪微博那样开发出专门的政务版本，政府没有专门的数据接口，因此与政府内部的OA系统很难共享，微信系统的应用很难嵌入政府的自有系统中去。而政府自有系统界面呆板，互动性很差，老百姓不愿意用。

令运营者感受深刻的是，政务微信开通后，政府部门感受到了老百姓对政务公开、政民交流、在线服务的迫切需求。比如近两年珠海有很多外地商人过来投资，他们很想知道政府招商引资方面的政策，政务微信开通后，他们在微信上留言，直接表达他们的愿望。这样的需求越来越多，倒逼政府不得不升级服务，落实政民交流和政务解决。

未来：根本在于转变服务意识

“珠海12345市民服务热线”的负责人认为，能否运营和发展好政务微信，关键还是在于政府能否转变服务意识。“我们微信运营最重要的还是服务意识的转变，如果服务意识没有转变，再好的平台也达不到效果。”这也是它公开自己的消息阅读量和点赞数的原因，它希望发出去的每条消息民众都能看到并给予反馈，通过微信客户端对其服务进行评价。

谈到公众号未来的发展规划和部署，负责人指出，计划把所有的沟通渠道打通，将上面的内容整合起来，使市民的生活更便利。在推广微信的同时，鼓励微信用户也通过电话、邮件、网站等方式来获取信息，避免长时间固定在某一个渠道上，信息获取不全面。目前，技术层面已经搭建完成，下面将会进行进一步的推广。

（文/胡诗然）

五、“广东天气”：私人定制，贴心服务

自2012年8月微信开通公众号以来，迅速吸引了大量组织机构和个人用户加入公众号运营的行列。而作为官方与民间沟通交流的又一新渠道，政务微信成了众多公众号中一道亮丽的风景线。然而，绝大多数政务微信还停留在信息单向传播状态，并没有发挥新媒体互动性强的特征，其效果也受限。

不过，“广东天气”微信公众号在策划和运营中别出心裁，将天气信息实现了定制化服务，告别了微信内容“图片+文字”的单调形式，并推出了多项贴心订阅服务。

天气信息可以私人定制

天气状况时时刻刻都在发生变化，导致天气类信息对时效性有着极高的要求。在同一时间段内，天气状况也随着地域的变化而有很大的不同。此外，随着社会的发展，人们的活动范围越来越大，空间转移所需时间越来越短，受众对天气类信息的要求也越来越高，以往以地级市或者省会城市作为播报对象的天气预报，已远远无法满足广大受众需求。天气信息的精确化、实时性成了天气预报服务的新趋势。

凭借新媒体平台实时互动的先天优势，站在受众的角度，公众号“广东天气”开通了信息精确化定制服务，用户通过输入城市名称或者城市电话区号，另外还可以语音输入城市名，私人定制该地的天气信息，用户可以随时获取该地一周内的气温、降水、舒适度的各项数据，为用户的衣、食、住、行的安排提供参考信息。

此外，该公众号虽然为广东省气象中心的官方微信，且名称也限定为“广东天气”，但借助省气象中心强大的技术和资源优势，该公众号的服务范围并不只

局限于广东省内，上述的定制服务可以覆盖全国2 000多个县级以上城市和世界主要城市。

酷炫效果呈现丰富信息

受限于微信平台的自身特性，也由于思维和技术的原因，微信公众号内容一般还是以“图片+文字”的形式呈现，用户长期使用难免产生审美疲劳。而且，当前网络信息视觉化呈现已在各大网络平台逐渐普及，单图文的形式已难以满足广大受众的阅读需求。

今年年初，“广东天气”全新打造“缤纷微天气”，一改传统的微信平台按钮式菜单和自动应答式服务，“广东天气”从用户的感知出发，强化用户界面美工设计，制造炫酷的崭新体验，带给用户强烈的视觉冲击。同时，将所有功能模块集成于一个页面展示，实现各功能模块的高度集约和协同运作，在全国气象部门尚属首创。

在“缤纷微天气”的界面中，除了包括基本的气温、降水信息外，还有天气趋势、卫星云图（显示云态状况）、雷达图（雷达回波可以显示降水情况）、防御指数（应急预警防灾知识）、台风路径（台风的实况及预报），实现了信息聚合的同时，一定程度上还起到普及气象知识的作用，让广大受众不仅知道“是什么”，还进一步了解“为什么”。此外，在这个界面中，也会因地制宜地推送更新诸如“那些广东小吃的诱惑”等生活服务类信息，丰富界面信息。

此外，整个界面作为一个结构单元，用户可以通过微信的分享功能，把整块信息分享到朋友圈，或者直接发送给微信好友。用户也成了该公众号的推广者，一方面扩大了服务的范围；另一方面也可以通过酷炫的界面吸引更多的订阅用户，增强自身影响力。

互动订阅将服务做到最佳

除了上述个性化、可视化的服务外，“广东天气”微信平台还推出了各种信息订阅服务，用户可以查天气、查预警；也可以通过“生活助手”栏目，订阅天气短信；还可以通过“微谈天气”栏目获取图文并茂的温馨提示和人文关怀，出行、健康、饮食、养生、运动、休闲、穿衣、洗晒……各式各样，丰富便利，生动有趣。

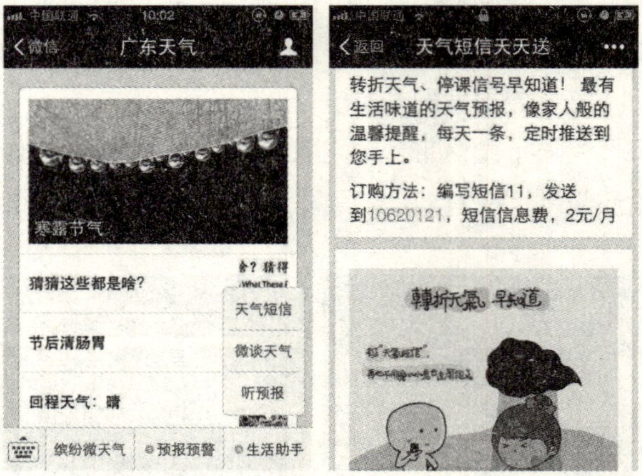

“转折天气、停课信号早知道！最有生活味道的天气预报，像家人般的温馨提醒，每天一条，定时推送到您手上。”天气短信订阅是一个付费的项目，按照每月2元或每季度6元、每半年9.6元以及每年18元的标准收取服务费用。用户可以通过付出并不算高的费用，得到贴心的天气信息服务。“我们从公众的需求出发，努力将专业性强的气象知识变得更通俗化，听得懂，用得着，让‘广东天气’微信真正成为百姓的生活好参考、好帮手。”广东省气象局有关负责人说。

该微信公众号在实现大量信息聚合、设置丰富多彩栏目的同时，削弱了作为一般公众号来说最主要的功能——图文定期推送。查看“广东天气”公众号的历史消息可以发现，该公众号大概每十天左右才推送一次信息，且以衣、食、住、行类的生活服务信息为主。我们可以看出，该公众号紧紧抓住了当前微信公众号众多、信息繁杂的特点，从受众的角度出发，把受众由原来的信息被动接受者，逐渐转化成信息的主动获取者，用户不再需要在众多的公众号中找寻自身所需，而是主动找到特定公众号，获取私人定制的服务内容，其运营思路走在众多公众号的前列。

（文/官建洪）

六、“广东省妇幼保健院”：全国首个实现医保实时结算的微信公众号

在医患关系日益紧张的当下，微信公众号逐渐成为医院与患者良性沟通的新桥梁，广东省妇幼保健院（以下简称“广东省妇幼”）就在这一背景下开通了官方微信公众号。通过打通医保，患者可以利用微信完成医保和自费部分的自动扣费，这使它成为全国首家实现微信医保实时结算的医疗机构。

有了微信公众号，只要动动手指，进行简单的操作，患者就可以在微信上进行预约挂号、排队候诊、网上问诊、在线付费的一站式服务，简化了就医流程，让看病变得不再烦琐。自2014年6—9月，广东省妇幼的微信公众号已有12 000多位用户通过微信支付结算了6 000多笔订单，交易总额超过21万。

提供细致个性化服务，开微信医保支付先河

覆盖面广、服务细致、操作便捷，是广东省妇幼的微信公众号的服务特点。广东省妇幼的微信公众号菜单栏分为三大部分，分别是“医院介绍”“就医服务”“我的账户”，其中每个一级菜单下又分出几个子菜单。每一个关注了此账号的人，都可以在这里预约一周之内的医生号源，实时查询候诊信息，在线缴费，等等，并可以建立个人账号，管理个人单据。

除了方便全面的菜单服务，广东省妇幼还在细节中体现了人文关怀和服务意识。比如，在“就诊缴费”这项服务中，系统自动回复的说明中还提及了关于发票和退费等用户可能需要的服务，提醒用户“如需打印发票或办理退费请凭微信缴费‘电子凭条’到各楼层收费处办理”。

与一般的微信医疗服务不同的是，广东省妇幼是第一个开启微信医保实时付费的账号。医保支付与普通支付的操作同样简单方便。用户只需在微信公众号上绑定个人医保卡，需缴纳金额便会自动划分为医保记账和自费金额，用户只需用微信支付缴纳自费部分，系统自动扣除医保记账部分，医保缴纳部分明细也在第一时间推送给用户。

培养“用户意识”，缓和医患关系

广东省妇幼通过接入微信智慧医疗解决方案，改进了就诊流程。一方面，为患者节省了时间，避免了病急乱投医；另一方面，提高了医院工作运转效率，缩短了就医耗时，高效利用人力物力。

运用政务微信平台，缓和医患关系，是广东省妇幼的一大特点。微信公众号的存在，让患者成为“用户”，体验到院方的贴心服务，缓和了对医院的态度。医院通过微信平台，树立了良好的形象，培养起“用户意识”，真正做到为民服务。

广东省妇幼还将推出“就医五星级评价”制度，这意味着患者掌握着消费者的主动权，面对医院的各项服务，均可做出个人评价，就像在网上购物一样，满意再给好评。这也将推动医院工作人员的不断进步，提高患者的就医质量。

（文/张小瑞）

七、“健康佛山”：国内首家实现预约挂号的政务微信

“健康佛山”是佛山市卫生和计划生育局的官方微信公众平台（以下简称“佛山卫计局”），属于订阅号。它于2013年12月份开通，是国内政务服务类微信中第一个实现预约挂号的公众号，目前利用微信绑定健康卡号的活跃用户已超过3万人。“健康佛山”设有“健康服务”和“健康资讯”两个子菜单，其中“健康服务”可以实现全市约10多家医院的微信预约挂号功能，“健康资讯”则推送“健康讲座”“卫计动态”“卫生常识”等资讯。

在开通微信之前，佛山卫计局已经在新浪和腾讯运营两个政务微博，为了实现功能服务性的提升，他们还是开通了政务微信。对于两个渠道的功能划分也比较明确：政务微博用于政务信息的发布，政务微信主要侧重于预约挂号和推送健康资讯等服务功能。

运营：政府与媒体合作管理

“健康佛山”由佛山卫计局委托广佛都市网开发和运营。目前设有责任编辑1名，负责日常消息的推送和对用户资讯的反馈。微信内容则由两个团队负责制作，一是广佛都市网的新媒体团队，共有30多人；一是佛山卫计局的各部门相关工作人员。一个星期平均推送4—6条消息。

推送内容主要侧重于服务性的健康资讯和卫生常识等，例如预防登革热的方法等，较少有政务宣传类信息。对于用户回馈的信息，则由责任编辑根据不同的信息内容进行处理。如果是咨询类信息，则由责任编辑自行回复，或者咨询相关人员后回复；如果是投诉建议类信息，则由责任编辑通过工作QQ群反馈给佛山卫计局的相关工作人员，受理后再回复用户。

对于这种政府和媒体合作运营政务微信的模式，广佛都市网的总编辑龙上淳认为还是比较利于政务微信的专业化发展。他认为，政府部门自己来运营政务微信，首先面临的是人员配置的问题，因为政府部门没有专门负责运营政务微信的编制，所以只能由其他人员兼职，效果肯定不如媒体的全职人员来做。

功能特色：全国首个实现微信预约挂号

“健康佛山”最突出的功能特色是全国首个实现了微信预约挂号，目前已经可以对全市10多家医院预约挂号。预约挂号的方法也较为简单，只需要用户拥有佛山健康卡或居民健康卡（均可在各大医院门诊大堂凭身份证领取），并将健康卡号和自己的微信做一次性绑定，即可通过选择医院、科室、医生实现预约

挂号。预约成功后还可通过“预约管理”预览和取消。这个预约过程完全免费，只需要到院就诊结算时补交挂号费即可。

此外，一个微信用户还可同时绑定多个佛山健康卡号，比如可绑定父母或子女的健康卡号，从而实现多账号预约挂号、管理功能。

据“健康佛山”的运营负责人、广佛都市网的龙上淳介绍，在“健康佛山”之前，同样隶属于佛山卫计局的“佛山智能健康网”就已经实现了网上预约挂号功能，并且推出了预约挂号APP，但是为了适应移动互联网的发展，提供更为方便快捷的预约服务，佛山卫计局还是和广佛都市网以及腾讯公司合作，推出了“健康佛山”的微信预约功能。

困境：资金投入不足，功能更新缓慢

在运营过程中，“健康佛山”也遇到了一些困境。一是政府的资金投入不充足，因为财政预算中并没有新媒体运营的专项资金，所以对于政务微信的资金投入主要从其他宣传经费中“挤”出来。二是新功能的更新缓慢，“健康佛山”公众号开通后，成为全国首个实现预约挂号的政务微信，但其他地区的政务微信也紧跟脚步，实现了这项功能。在这样的情况下，“健康佛山”没有其他新的功能推出，在功能的丰富性上逐渐显得滞后。

龙上淳表示，现在对政务微信的发展还主要取决于领导的重视程度，领导是否具有互联网思维，是否能够给予足够的经费和制度支持，很大程度上决定了政务微信的发展好坏。

在新功能发展过程中，需要协调政府部门、医院和运营媒体等多方不同的诉求，达成共识也往往需要较大的时间成本。此外，市民对于政务微信的接受程度也是一个制约因素。

未来：适时推出新功能，完善健康服务

政务微信给政府工作和服务人民带来的最大改变，是政府服务的信息化、移动化，市民通过移动互联网就可以享受到政府提供的各项服务。

龙上淳认为，运营好政务微信，最重要的首先是功能、内容要好；其次是要有服务意识，从用户的需求出发，对自身的功能和内容进行定位；再者，不能把政务微信当作政绩工程，完成平台建设后就止步不前，而应该根据用户需求、技术发展和市场状况而不断改进完善。

下一步，在达成各方共识，完成技术突破后，“健康佛山”还将陆续推出健康档案管理、病历查询、体检报告查询以及在线支付挂号费等实用功能，为市民打造一体化的健康服务。

（文/刘文骁）

八、“广州教育”：内容生产内外结合，教育“出入口”服务受追捧

“广州教育”是广州市教育局的官方微信公众号，于2014年6月正式开通。目前，“广州教育”主要设有“我是学生”“我是老师”“教育资讯”三项功能菜单，兼顾教育查询服务与信息服务，包括三方面的功能：第一，服务学生与家长，提供各学段的信息服务、招生考试数据查询；第二，服务教师，提供教师招聘、培训、职称评审信息及互动交流服务；第三，提供权威教育资讯，如“动态”“读书”“亲子”等。

2011年12月，广州市教育局已经开通了“广州教育”政务微博，目前运营已经比较完善。政务微信平台兴起后，了解到微信在传播应用方面的优势，为了让市民更加方便快捷地查询信息，让教育资讯更大范围地覆盖民众，广州市教育局建立了微信公众服务平台。“广州教育”的运营负责人、广州市教育局办公室副主任戴秀文表示，微信平台作为一种新的传播渠道，更好地提高了民众的参与度，从而找到民生和教育的契合点，可以更好地服务民众。

运营：专门团队，打造内外结合的内容生产方式

“广州教育”微信公众服务号，希望打造一个专业的信息推送平台。从开始搭建平台时就选择和腾讯合作，将“广州教育”的微信服务需求报送给腾讯后台，由腾讯后台落实功能实现。

平台搭建的同时，“广州教育”也成立了专门的运营管理团队，每月一次例会，组建“策划—编辑—审核”流水线。目前该团队组织架构基本搭建完成，主要有三个小组：文字采写组、图片供应组、技术支持组。考虑到“广州教育”的应用都是在手机客户端，对于文字和图片的稿件质量要求较高，为了适应手机屏幕式的阅读，“广州教育”采用内外结合的内容生产方式。文字采写小组，在每个业务部门都设立了信息员，专门收集各个地区和教育领域的最新信息；同时，也会与一些在教育方面比较有经验的文化传播机构合作，整合最新最热的教育资讯。图片供应小组，除了日常活动的照片拍摄，为了更好地达到阅读效果，和《漫友》杂志等一些漫画生产机构合作，让信息更加活泼，让用户喜闻乐见。技

术支持组，主要是在微信服务号不断完善和推广中，提供板块扩容、数据统计等支持。

一方面，“广州教育”从自身的特点出发，了解民众期待的信息，编写微信内容；同时，和外部在教育方面有经验的文化传播机构合作，整合教育界的最热资讯，形成了一个内外结合的内容生产方式。

特色：教育查询服务系统化，“出入口”服务最受欢迎

“广州教育”服务号最显著的功能特色就是查询系统服务，其中从粉丝数量的增加时段可以看出，中考和高考的分数查询功能，是“广州教育”得到推广的重要原因。

“我是学生”栏目，主要提供学区查询，幼儿园、小学、初中报名和录取结果查询，中考、高考、成考、自考、研究生考试成绩和录取结果查询。该栏目将按照学段分为：“幼儿园”“小学”“初中”“高中”“大学”“研究生”“自学考试”“成人高考”“招考查询”9个子栏目，家长和学生通过相应子栏目获取某学段的信息，通过“招考查询”子栏目实现查询功能（开通伊始拟接入中考成绩、录取结果和高考成绩、录取结果查询）。

“我是教师”栏目，设置“教师招聘”“资格职称”“继续教育”“师德垂范”“教师e家”5个子栏目。目前该栏目还没有完善，每期推送的内容中有相关子栏目信息，但是查询不到。运营团队负责人表示，目前正在建构与教育网站的链接，还没有做到完全匹配，不久即将实现网站和微信推送的结合。

“教育资讯”栏目，设置“政策动态”“安全教育”“健康亲子”“读千卷书”“行万里路”等若干子栏目（待定）。进入每个子栏目，将会出现对应的相关信息集合页面。与此同时，信息将按照区域、学段划分归类，以便查询。比如输入关键字“越秀”就会出现与越秀区相关的所有教育资讯，涵盖幼儿园到大学。比如输入“幼儿园”，将会出现广州市所有幼儿园信息。信息还可以有其他标注方式，比如“高考”“中考”等，用户只需输入相应正确的关键字，便可查询获得。

戴秀文表示，通过近四个月的运营，发现“出入口”服务最受民众欢迎；其次是与切身利益相关的政策调整信息，以及重大的活动。“入口”服务主要是指入学就读等方面信息功能，“出口”主要是毕业信息、考试分数查询等方面功能，政策调整类信息主要是异地高考、大学生创业等，民众对于此类接地气的功能非常认可，不用特地跑到相关部门去查看文件，手机客户端就可以传播信息，互动交流，节省了办事成本，更好地打造了服务化的微信平台。

未来：加大宣传推广，继续专注民生教育

“广州教育”作为政务微信中较为年轻的一员，前期一直在打造高质量的内

容，下一步开展微信号推广工作，让更多民众可以使用该微信服务号，使获取教育信息便捷化。

戴秀文认为运营好微信，最重要的是两个特点的结合，一是认识到新媒体新技术的特点，改变传统传播平台的话语方式，增加民众的参与互动，更好地对微信平台进行运用，不断开发其优良的功能；二是民生和教育的特点，在内容方面不断地从民众角度出发，推送民众最期待、最需要的信息和功能。为此，接下来"广州教育"将继续打造专业、专注的微信运营团队。

（文/郜梦云）

九、"乐行南昌"：三次升级引领"掌上便民交警"

公安交警微信是政务微信中的一支"轻骑兵"，以其创新、综合、多元且强大的服务功能赢得了社会公众的赞许和认同。2012年11月28日，"乐行南昌"（当时名为"南昌交警便民网"）微信公众平台正式开通，是开启这场微信"警务革命"最早和最重要的践行者和推动者之一。中国传媒大学媒介与公共事务研究院高级研究员、"政务微信观察"首席评论员侯锷曾开展了一次"政务微信观察"课题研究，在不完全统计和取样关注的全国1 000多个政务微信中，甄选出目前在实践中较具可读、可听、可借鉴意义的优秀政务微信，其中"南昌交警便民网"（"乐行南昌"）被列入警务微信推荐目录，并称其为"全国政务微信的优秀先行者"。"乐行南昌"微信已经受到越来越广泛的关注。[1]

最初的理想：打造交通管理业务知识的"搜索引擎"

在微信创建之初，民警们提出了搭建这一平台的梦想："让网民只要一想到有涉及交通管理方面的疑难问题，一问'乐行南昌'就明白了。我们要将'乐行南昌'微信打造成交通管理业务知识的'搜索引擎'。"

"乐行南昌"2.0：推出智能化的五项自助查询服务

2013年8月1日，南昌市公安局交管局微信公众平台"乐行南昌"（微信号：ncjjbmw）正式推出了全天候24小时的自助查询服务，让市民拿起手机就可以随时随地查询车辆违法情况。"乐行南昌"还推出微信交通违法查询、驾驶证查询、交通违法代码查询、记分规定查询、泊位查询五项自助查询服务。

查询功能设置非常智能且人性化，如在关注"乐行南昌"微信公众平台，第

---

1 南昌微信导航：《"乐行南昌"微信小平台，交通服务大舞台》，2014年1月8日。

一次成功查询后，平台自动绑定此车辆信息，之后只需输入相应关键字“1”，平台会自动将车辆违法信息发送到用户的手机；在规定的时间内，对着“乐行南昌”报出自己查询的相关车辆身份信息，交警很快就通过人工查询并回复；遇到交通问题，市民只需微信“对讲”公众号“乐行南昌”，交警立即就会出现在现场协调疏通；发现套牌车，警方迅速查扣；发现停车难、假车位，交警微信协助查询泊车位等等，推开了公安交警微信智能信息化服务的大门。随后，公安政务微信上演了一场“你追我赶”式的基于平台智能化开发的“微信服务竞赛”。

“乐行南昌”3.0：图文实时路况、路线定制等微信功能为全国首创

为进一步丰富便民服务功能，提升微信用户使用体验，近日，“乐行南昌”3.0正式对外发布。“乐行南昌”微信3.0新增加了图文实时路况、路线定制、违法图片查询、车辆年审预约、办事指南等功能，用户绑定车辆或驾驶证后，系统会自动推送各类车驾管提醒告知信息。其中，图文实时路况、路线定制等微信功能为全国首创，违法图片查询、车辆年审预约、车驾管信息推送等微信功能均为全省首创。[1]

近年来，公安交警持续进行着基于微信技术革新的服务应用，使民众从琐碎繁杂的传统查询事务中“解放”出来，简政高效，双向受益。以南昌交警为代表的公安警务微信运营者，倾注了不断满足社会公众需求的责任意识和服务意识，与其说这是他们对微信功能的多次开发，不如说这是他们积极加强政府自身建设的开发。

（文/罗雪圆）

1 辛闻：《微信定制实时路况 南昌交警全国首创》，中国警察网，2014年7月24日。

十、“郑州地铁”：绿色出行好帮手

2013年12月28日，以“地铁·新科技，运营·心服务”为宗旨的郑州市轨道交通有限公司运营分公司，正式上线微信公众平台服务号“郑州地铁”，当天即获得了超3万用户的订阅，实现了与广大市民的实时互动，也给市民提供更多元化的选择。到目前，平均每天超过8 000人关注“郑州地铁”，日均消息被获取次数超过2万次。在2014年元旦当天，“郑州地铁”推出了“1号线首通纪念套票”微信预售活动，上线当天即收集了1 800份登记信息，5 000套纪念票在不到48小时内全部被抢订一空。

“郑州地铁”微信公众平台分为三个菜单栏，微导航“地铁出行”、微生活“地铁e族”、微服务“地铁服务”。“地铁出行”下又设置了二级菜单“票价计算”“进出口”“附近站点”和“线路图”，不仅方便了乘客自主规划地铁出行的线路查询、换乘路径和票价信息，在发送位置信息后，智能平台更能迅速提供附近地铁站点的实时距离和进站时间、路况等，让人一目了然，清晰便捷。

地铁出行虽然短暂，同样也是一种生活的旅行，“地铁e族”定位于地铁生活的互动和参与。比如，在微信对话框内发送照片，即可参与“i拍地铁”活动，使自己快乐出行的地铁故事和靓影“上墙”，分享给“地铁派”们。同时，乘客也可以将自己捡到或遗失物品的相关信息，以留言的方式发布在“失物招领”栏目，这种交互与交流为乘客提供了一项切实而高效的服务。

2014年4月24日，郑州地铁1号线从西流湖站开往郑州市体育中心站的列车连续多站临时停车。面对地铁的异常运行状态，公众的敏感情绪在不安与猜测中迅速酝酿。郑州地铁官方微信第一时间回应："4月24日下午13：46，地铁1号线由于设备故障，导致列车延误，市体育中心站至博学路站区间行车间隔较大。地铁运营公司迅速按照故障处理程序进行处置，并同时将延误情况广播告知乘客。14：00左右设备故障处理完毕，列车运行恢复正常。"

微信，在为郑州地铁不断升级微信服务公众地铁生活的同时，在紧急突发情况面前，也成为地铁沟通乘客和社会的给力媒体。

（文/罗雪圆）

【本章小结】

随着微信的有序开放、平台生态的日趋完善以及活跃用户数的持续增长，微信带来的正能量，也吸引了上至中央国家机关下至地方诸多政府部门的青睐和入驻。移动互联网带来的信息大爆炸，对政府部门的发声渠道和执政方式也提出了更高的要求，政府部门转换思维，通过互联网的传播效应创新服务形式已是当今主流。

以上所列举的十个政务微信运营优秀案例，或是在服务功能开发上率先首创，或是在政务信息公开方面准确高效，或是在与民互动中表现突出，或是在界面和栏目设置上清新明了，或是具有多种优秀特质。从这些优秀政务微信的运营案例中，我们可以看出一些政府机构已经在积极探索和努力践行在线行政服务，为其他政务微信运营者提供许多有价值的思想和经验。从微信运营者的谈话中，可以感受到推动在线政府服务和服务功能开发的，首先不是能力问题，而是思维问题，特别是服务意识。能否做好政务微信，关键在于政府机构和运营人员是否把政务微信定位于服务群众、服务百姓。

第十三章　政务微信运营专家访谈

【本章摘要】

编者就政务微博微信发展新动态、如何区分政务微博和微信功能定位、网信办的政策解读、政务微信订阅号和服务号的发展动态、政务微信的科学评估、政务微信发展困境及应对建议、广东省和上海市政务微信发展现状等问题，深度访谈人民网舆情监测室秘书长祝华新、大粤网执行总裁易海燕、清华大学新闻与传播学院沈阳教授、广东省网信办网络宣传评论处处长黄红英、中山大学传播与设计学院院长张志安教授、中山大学传播与设计学院张宁教授、中国传媒大学媒介与公共事务研究院高级研究员侯锷、复旦大学国际关系与公共事务学院郑磊副教授 。[1]

1　本章除署名外，均由曹艳辉负责采访和整理。

政务微信是政府为老百姓办事的小秘书

——访人民网舆情监测室秘书长祝华新

问：最近国家网信办明确提出年底之前力争建设6万个政务公众账号，您怎样看待这一政策呢?

答：我认为很有必要。这两年微博上的力量构成发生了很大变化，出现了25万个政务微博，以“@人民微博”“@央视新闻”为代表的主流媒体微博，这两支“微博国家队”让政府工作从前些年的被“围观”和“吐槽”转而主动设置议程，我们初步掌握了网上舆论工作的主动权、主导权。目前微信成了最强势的网络舆论载体，微信公众账号580万个，但以体制外力量为主。微信上经常谣言满天飞，敏感议题上乱发声的不少，经常传播社会的负能量。大力发展政务微信，有利于改变微信上的力量对比，高扬网络正能量。

问：在国家政策对政务微信的大力扶持下以及微博活跃度降低、微信活跃度增加的新情境下，有些人认为政务微信崛起，政务微博衰落，您怎么看?

答：当前微信的势头压倒微博。微博人群流失，一是因为新技术媒体用户喜新厌旧，过去刷微博的人，现在选择了微信；第二个原因是政府加大了打击微博谣言的力度，一批造谣传谣的普通网友特别是“大V”受到法律的制裁，人们不太敢在微博发言了。但微博并没有因此而失去它的社会功用。与较为私密的微信相比，微博属于公开的意见表达平台，有利于全社会特别是政府及时了解民间的利益诉求，释放社会的压力。社会转型期也是矛盾凸显期，民众的各种“吐槽”如果不能在微博这种公开的意见平台上表达出来，下沉到私密的微信朋友圈，反而失去了网络舆论的预警功能，对社会的和谐稳定更为不利。从这个角度看，政务微博的民意沟通价值巨大。

问：政务微博在民意沟通中价值巨大，那在微信势头压倒微博的情况下，政务微博该如何发展?

答：建议政务微博继续努力，在沟通感情上下功夫，与网民的交情胜过大道理。政务微博作为政府的“传声筒”，需要在发布政务信息及应对突发事件中做好新闻发布，针对民众切身利益问题释疑解惑，树立敢担当的公权力形象，但这并不意味着一定要扮一个身穿长袍马褂的严肃管家形象。

现代社会中，政务微博有时也不妨着“休闲装”，与网友唠唠家常，给人一个知冷知热的大哥大姐形象。毕竟，建设一个与民亲善的服务型政府，也是我们的目标。比如南京的“@江宁公安在线”，这个被誉为“史上最萌的政务微博”，除了发布警方安全知识、介绍办事流程，给人印象深刻的，就是它像一个热爱生活、精力充沛、诙谐幽默的南京棒小伙儿。指望政务微博办成网上的信访局和办事处，在线解决老百姓的所有诉求，目前还不够现实。但是，如果政府能够在网上放低身段，与百姓真诚沟通，至少能传递政务背后应有的人情味。政务微博穿上人格化的“休闲装”，既展示了作为市民一员的欢喜无奈，增强了乡土的认同感、自豪感，也促进了官民之间的相互接纳和包容。

问：相对政务微博，政务微信在社会功用和政府治理上有什么优势呢？

答：相对政务微博，政务微信的查询办事功能较强，是老百姓找政府的线上办事平台，目前这方面的功能还有待挖掘。在我看来，政务微信是政府为老百姓办事的私人小秘书。建议强化政务微信的政务信息查询和在线办事功能。例如“平安肇庆”不仅是全国开设最早的警务微博，也是最早的警务微信。在“办事指南”栏目，包括出入境管理业务、户政业务、交通业务、治安管理业务、消防管理业务；在“交通违章”栏目，直接链接到广东省公安厅交管局的交通违法查询。老百姓平时与公安系统打交道的事务，基本都能涵盖。“微成都”政务微信分为“在成都”“爱成都”“听成都”三大板块，包括赏美景、尝美食、看美女、读诗词、听段子、说要事和成都手机报等内容，图文并茂，生活气息浓厚，是成都当地人和外来游客的贴心“辣妹子”。

问：除了查询办事功能，政务微信还有别的功能用途吗？

答：政务微信还有一个功能有待发掘，这就是微友回馈的舆情监测功能。舆情监测早期是从新闻跟帖和BBS取样；后来重视微博，微博成为网络舆论的发动机；今天微信大行其道，不妨从微信公号的跟帖，政务微信的微友回馈中，梳理民意素材。微信粉丝比微博粉丝更少水分，微友的议论不受微博平台上网民相互间的情绪感染，意见表达的理性含量较高。如能引导微友养成随手给政务微信发送回馈信息的习惯，作为政府决策的民间口碑评估，恐怕更为靠谱。

人民网舆情监测室提出：政务微信将是一个低成本而快捷的民意调查平台。各地政府不妨将政务微信平台充当信息发布、咨询便民平台的同时，兼顾作为当地政府政策评估、民意反馈的“舆评”平台。这对促进政府决策科学化，提升民意满意率，把握舆情走势都具有重大价值。

问：您对政务微信的运营发展还有什么别的建议呢？

答：其一，我觉得政务微信的发展速度可以更快一些。《人民日报》早在2013年初发表过文章《2013关于新媒体的猜想》，“八大猜想”之一就是预告：“微信　政务信息发布新平台？”因为微博作为公开的讨论平台，如果准备不够充分，会招致网友口水的抨击，无异于自己在网上竖起箭垛。所以我主张政务微博要管理优先，先建立完善的账号备案机制、信息发布授权机制、内容审核机制、舆情监测应对机制，再开通正式账号。而政务微信主要是服务功能，可以从小到大，从不完备到逐步完备，边发展边管理，发展的代价较小，微友的包容度较大。

其二，政务微信重在方便老百姓办事，所以应该建立丰富的政府办事指南关键词库，便于公众查询，并且尽可能地实现多项网上办事功能。政务微信的推广，比政务微博难得多。政务微博可能借助某个突发事件，一炮而红；但政务微信只能靠详尽的政务信息供给、妥帖的服务功能，来逐步赢得微友的认同。

此外，政务微博、政务微信的运营者角色可以差异化，如果说政务微博的运营需要媒体素养和公共关系技能，而政务微信的运营则是图书馆专业出身和秘书背景会做得更好。

用互联网思维提升政务微信服务效能

——访清华大学新闻与传播学院沈阳教授

问：2013年被称为“政务微信元年”，今年全国又掀起开设政务微信的新浪潮。根据您的观察，当前政务微信发展有何新态势？

答：政务微信在今年下半年有了比较大的政策上的支持，相信会迎来一个非常好的发展空间。我们团队每天都出新媒体指数，对政务微信的发展，包括它的阅读数、粉丝数做一些统计，通过相关的统计我们明显地可以发现，政务微信存在着比较严重的不平衡现象，也就是说有的政务微信发展很好，阅读数和粉丝数数万。但大量的政务微信粉丝量比较低下，阅读量很少，甚至可以用惨淡来形容。从这个角度看，政务微信还有比较长远的发展空间。

问：提到政策支持，最近国家网信办明确提出今年年底之前力争建设6万个政务公众账号，您怎样看待这一政策呢？

答：今年年底要力争达到6万个目标，我个人觉得完成这一任务的难度较大。第一，基层在政务微博人员配备本来就比较紧张的情况下又要运营政务微信，显得工作量较大。第二，现在整体上基层单位仍然没有重视移动化问政、发布和服务功能，而是投入了大量时间精力在传统媒体、网站上，没有从互联网思维的角度出发考量我们现在的政务传播现状。所以中央提出的目标，总体来说难度大，这需要我们进一步研究如何快速发展政务微信，努力使政务微信符合百姓的期待和中央的要求。

问：您觉得如何才能快速可持续发展政务微信呢？

答：要实现快速可持续发展，需要在机制上、政策上、管理上、运营上下大力气，特别强调需要用互联网思维来运营政务微信。互联网思维的核心是快、准、实、极致。

“快”，很好理解，要利用互联网快速了解民情社意，通过微信公众平台快速回应公众的反馈，经常反省自身的一些做法是否受到公众欢迎。

“准”，指的是抓住要害，纲举目张，把公众在各个领域的痛点抓住，下定决心帮助解决，如医疗领域的问题、食品领域的问题等，这样微信运营者就有了问题意识，或者说有了目标意识。

所谓“实”，指的是移动互联网发展到今天，仅仅靠“网来网去”已经难以获得压倒性优势和利润，更多的是需要线上线下打通，虚实交融。政务微信运营者学习互联网思维的“实”，应把现实执政空间和虚拟执政空间贯通，使政务信息获取和发布渠道多元化，从现实交往转向微博、微信，实现线下和线上均衡获取信息。

“极致”，指的是规则内的无所不用其极。对政府治理而言，“极致”则意味着权力监督的极致、多快好省的极致、科学发展的极致。在微信运营中可集中民智民力，实现民主决策，如利用互联网思维拓展网民参与的“众包模式”（号召网友自愿参与某个活动，充分利用网友的力量内外结合完成任务），发动网民的力量来建设政务微信。

问：刚才主要谈了政务微信发展的指导理念，那么在实际操作层面，您还有什么建议吗？

答：我曾在新浪微博上发表过“面向移动而生的内容”，在政务微信运营的实践上同样有效：1. 创新表达，图形、动画、视频，表达方式的轻松、戏谑、网络化；2. 民众视角，从民众的权利和义务、自由与责任角度出发，关注事件和现象；3. 动态运营，没有明确的上下班、节假日概念，连续发布与互动；4. 简洁干练，准确的标题凝练无比重要；5. 粉丝型流量，无粉丝者无恒产，粉丝增长是一个很重要的目标。

问：国家网信办还提出区分政务公众账号与政务微博的功能定位，实施“双微”联动、协同发展。在您看来，政务微博、政务微信在功能上该如何侧重、差异化发挥作用呢？

答：政务微博和政务微信在功能上有很大区别，政务微博是一个观赏型媒体，特别适合消息的快速发布以及不同类型微博之间的联动；而政务微信订阅号是一份移动的报纸，需要投入的人力比较大，其受众是圈层化的，传播内容可供订阅用户直接浏览，也可以在朋友圈中进行转发。

所以，我个人认为快速、高频化的信息发布，应该侧重政务微博。相对而言，比较深度、长阅读的文章应侧重政务微信传播。此外，政务微信如果只是关注于发布，它的效能实际上没有发挥到极致，政务微信应该更多地去关注功能服务这一块，这样会有更大的发展空间。总的来说，政务微博定位于快速发布信息，政务微信定位于功能服务。

问：那您平时是否关注一些政务微信公众号？

答：我偏重关注一些带有服务功能的微信公众号，如武汉交警创办的微信，可以进行违章情况的查询。还有一些校园类的微信，能非常便利地查询信息。但对于一些纯属宣传类的政务微信，我看得都非常少。

问：未来哪些服务功能会受百姓欢迎，在政务微信平台有较好发展前景呢？

答：我觉得既要跟老百姓生活密切相关，又容易实现在移动网络当中走完整个信息流程，这样的一些政府服务我觉得是非常有价值的。像现在的交管系统，跟医疗相关的、跟生活缴费相关的等，都会有一定的发展空间吧，这些可能还需要继续去做一些探索。

问：您曾在微博中提到“服务号是政务微信中的‘高富帅’玩的东西”，但当前政务微信的订阅号比服务号发展势头更好，您怎么看未来服务号的发展潜力？

答：从未来来看，服务号的发展潜力非常大。但服务号的发展有几个条件：第一，要看服务号的政务模板够不够，很多领域政务模板还是缺失的，使得进入门槛比较高；第二，政务微信中的服务号给老百姓、有关部门带来的好处在认识上还有待提高，如果公众觉得政务服务在微信当中非常方便，会有越来越多的人关注。这就是说我们需要把政务大厅中的许多服务项目搬到政务微信当中，政务服务的O2O会有一个很大的发展空间。

问：目前对政务微信发展的衡量还缺乏统一科学的评价标准，应该如何科学评估政务微信，由谁来评估？

答：我认为既要评估阅读量，也要评估粉丝数，还要考虑其服务效能。粉丝使用微信的频率是比较高的，从这一角度来看，政务微信要把粉丝的增长列入一个比较重要的目标。关于服务效能评估，我们会在10月16日出一份这方面的报告，发布后你可以再看看。服务效能大概包含三个方面：一是宣传效果，宣传本身是服务效能中很重要的一块；第二呢，要看能否完成一些基本数据的提供，也就是说能否通过政务微信检索到一些有价值的数据；第三呢，给用户提供服务的便捷性，看能不能把服务的相关流程整合到相对简洁的互动环节中去，比如说把内容、查询、支付在一个移动闭环中完成。

评估的机构最好是第三方机构，这样比较合理，个人觉得纯粹由机构自评，被评的对象会有很多说法。

问：微信活跃度攀升，微博活跃度下降，有些人预言政务微信崛起，政务微博衰落。您又怎样看待当前政务微博发展新态势呢？

答：不太赞同这种观点，我是这样看待当前政务微博的发展新态势的。

第一，政务微博运营人员的交流去常态化，有了各种论坛、沙龙、微博群，交流频繁，逐步提升了运营的策略和素养。

第二，从政务微博的整体格局看，有关部门对政务微博是大力推动的，推动公众持续通过政务微博交流、反映问题，在部分领域和城市，政务微博运营情况整体良好。

第三，政务微博也向着服务化方向发展。在宣传之外，提供了粉丝服务平台，通过粉丝服务平台的一系列交互功能，来为粉丝提供详尽的、互动的查询。你看，像“@平安肇庆”这个账号，在互动服务方面做得很不错。政务微博的服务效能也是业界关注的一个重要的点，怎样利用政务微博来为百姓提供“指尖上的服务”，怎样把政务微博服务放在移动化电子政务这样一个更大的视角来筹划，我认为这是一件非常有价值的事情。

问：您在政务微信、政务微博领域做了不少有意义的研究，其中，最重要的有哪些?

答：我个人觉得比较重要的研究有三方面。

第一方面，我们对中国整体政务微博和政务微信做了一些梳理的工作，在量化统计方面做了一些基础性工作，探寻了部分政务微博和政务微信的运营规律。

第二方面，我们近期有相关的一些论文，专门研究信息公开、大数据、移动互联网、媒体融合、与各地政府舆情组织的相关性问题。我们将政务微博和政务微信跟舆情、媒体进行结合，跟社交性媒体的一般性规律进行交叉性研究。在研究中，我们感觉到政务微博在舆情演化方面起到了相当程度的作用；而政务微信方面，我们今后会更注重从功能服务，特别是从信息化这样的角度去关注研究。

第三方面，就是政务微博和政务微信在政府网络形象当中所起到的作用。我们初步形成了日报、周报、月报以及年度系列报告，对其中有科学价值的问题进行提炼，来发表相关的一些论文。

问：您认为学者的研究，对政府的微信、微博实践，有哪些具体的帮助和作用?

答：我个人觉得，有四方面的帮助。

第一，是理论上的指导，通过对一般规律的把握，我们可以了解到政务微信的内在运行规律及未来发展趋势，从这个角度来看，学术研究具有实际指导意义。

第二，我们团队最近在打造“新媒体指数”和“刺猬公社”两个账号，“新媒体指数”的定位是做数据快速开放的分享平台，“刺猬公社”更侧重对新闻人的人文关怀，这些账号的运营实践经验是可供政务微博和政务微信运营直接借鉴的。

第三，在政府信息公开方面，我们的这些研究非常有利于促进政府进行信息公开。

第四，我们对舆情的研究，是希望政府能够秉承一个更加开放的心态来面对公众的质疑，快速有效回应，化解舆论风险，避免我们在网络中爆发的舆论浪潮影响线下社会的稳定。从舆情应对方面，我个人觉得，政务微博和政务微信还有很大的拓展空间。

问：从您和各地政府部门的接触看，他们对政务微信、政务微博的运用和实践，有多大程度上是发自内心、出于主动的？多大程度上，又是无奈地完成“命题作文”？

答：从我们跟各地政府的交往来看，有一部分政府部门在政务微博和政务微信的使用中尝到了甜头，得到了信息的红利，不仅仅在信息公开方面做出了很好的表率，而且在对老百姓的服务方面也取得了很好的成效。

但是还有大多数的政府部门没有意识到，我们获取信息的主渠道已经转移到移动客户端来了，他们面对移动互联网更多的是一种恐惧，不敢真正在指尖上面对公众，也没有足够的机制进行保证，更谈不上人员的配备，所以我们现在可以看到不少政务微博微信已经沦为“僵尸号”。

问：如果您带领团队来运营一个政务微信，最大的策略或最重要的技巧可能是什么？

答：如果我带一个团队来运营政务微信，第一，我们的心态要完全符合互联网的思维。我们要公开一切可以公开的，我们要寻找公众感兴趣的有价值的一些舆论点，为公众做好服务。第二，坚守法治的底线，把握主旋律思想，同时进行创新性的表达。第三，在机制的保障、人员的配备方面，要完全面向移动互联网进行内容生产，只有这样我们的政务微博微信大家才会爱看。

以“广东发布”为标杆　实现“全省一盘棋、同声大合唱”

——访广东省网信办网络宣传评论处处长黄红英

问：近年来政务微博方兴未艾，政务微信又平地崛起，请您谈谈广东省政务微博、政务微信发展有何新态势？

答：据新浪微博数据统计，2014年第三季度，新浪平台广东政务微博中官方机构微博7 218个，公职人员微博1 798个，居全国第二；而腾讯政务微博数量为5 009个，位居全国前十。这些政务微博在政府信息公开、公众互动、倾听民众呼声等方面起到了积极推动作用。

而政务微信方面，中国社会科学院新闻与传播研究所发布的《中国新媒体发展报告（2014）》中显示，广东政务微信以432个位居全国第三。

总的来说，广东政务新媒体建设迎来了多元化的发展。政务微信和政务微博两者相辅相成，政府在颁布相关信息，传播政务内容的时候，形式更加灵活，内容更加丰富。再加上微视等视频社交应用的出现，政务新媒体“三微”平台让政府在信息公开、便民服务、政民互动上渠道更为广泛。

问：看来广东政务微博、微信等新媒体建设已经走在全国前沿，广东网信办在推动省政务微博、政务微信建设方面有哪些具体举措呢？

答：一方面，我们将更加注重新媒体平台的建设，更加注重打造“广东发布”政务微博、微信矩阵，努力实现“全省一盘棋、同声大合唱”。截至2014年10月，“@广东发布”政务微博粉丝近500万，“广东发布”政务微信上线三个月，阅读量累计破300万。今年以来，省内包括广州、深圳、中山、湛江、韶关等地市都先后召开了新媒体建设和运营专题培训会，对全市职能部门以及党委部门相关人员进行了系统培训，其目的就是希望大家能够用好、用活政务新媒体。

同时，为贯彻落实国信办《即时通信工具公众信息服务发展管理暂行规定》（也就是网民简称的“微信十条”）等文件精神，我省将做好全省政务微信发展规划，近期将以省委网络安全和信息化领导小组的名义下发通知，鼓励支持全省各地、各单位、各人民团体尤其各县级以上教育、公安、民政、社保、环保、交通、卫生、工商、食药监、旅游等与民生密切相关的部门率先开设政务公众账号，加快政务微博、微信建设和运营工作。

问：“广东发布”既有微博账号，又有微信公众号，这两者的功能有怎样的侧重或差异?

答："广东发布"的整体定位是"权威的信息发布平台"。正如我前面所言，微博、微信在政务信息平台建设上是相辅相成的关系，在重大信息发布方面，微博、微信都能通过自身的平台优势，将政务信息最大化地传播。

同样，根据微博、微信的平台差异，运营两个平台的侧重是不一样的。"@广东发布"的微博每天发布近20条，涵盖广东省当天或者近期最重要的政务消息，及时向群众播报关乎于民生、城市建设等消息，同时会策划一些互动栏目，在微博上与网友交流、互动。

微信每天推送一次消息，因此在内容发布上，选取更加贴近民生、更接地气的政务信息和互动策划。同时，在平台建设上，将互动、服务进行更大的发挥。通过下拉菜单的建设，设立了"微服务""微发布""微活动"三个菜单：点击"微服务"，可以进入网上办事大厅的个人办事功能；还有"全省政务大厅"栏目，进入后可以浏览全省所有的政务微博发布平台；而"微活动"可以随时参与我们策划的与民互动活动。

总结一下就是，微博可全面地进行政务信息的发布和宣传，作为权威发布平台；而微信则是在权威发布基础上，更加侧重于服务和互动方面，努力打造政民互动平台。

问：微信公众号既有订阅号，又有服务号，"广东发布"为何选择开通订阅号?

答："广东发布"政务微信之所以选择开通订阅号，而不是服务号，这跟"广东发布"政务微信作为一个政务信息宣传平台，需要及时推送消息的属性有关。目前，微信服务号对推送消息限制较多。综合考虑，我们认为订阅号更符合"广东发布"政务微信平台建设需要。

需要强调的是，尽管以"订阅号公众平台"的身份亮相，"广东发布"亦兼具服务平台的功能，服务理念的凸显是"广东发布"最大的特色之一。"要像做服务号一样，把'广东发布'打造成全国一流的订阅号。"这是自"广东发布"诞生的第一天起，运营团队一直坚持的理念。这既符合微信精准到达的传播规律，又能够使"广东发布"长期保持对用户的吸引力。

为落实服务便民，"广东发布"开辟"微服务"一栏，将广东省人民政府网以及网上办事大厅的部分办事功能嫁接到平台上。只要点击"广东省网上办事大厅"，可迅速链接进入相关页面。老百姓足不出户，便可进行看病预约、婚姻登记预约、网上申办港澳通行证等21项个人办事事项。

问："广东发布"作为全省首个实现21项个人业务办理的政务微信公众号，网民对这些服务功能的实际使用情况如何?为促进网民微信办事，"广东发布”是否有进一步的规划?

答：网民使用情况可以通过数据说明。今年7月10日，“广东发布”正式上线当天的接口请求数据（也就是菜单栏的点击率）达到23万人次，而截至10月5日，接口请求数为45.5万人次。从数据上来看，网友对此项功能的开通还是比较认可的。

下一步，我们将根据省政府网上办事大厅工程的建设进度，进一步完善服务事项，在目前实现21项微信办事功能的基础上，进一步将网上办事大厅关于“招商引资、企业办事、部门服务”等服务项目嫁接到“广东发布”政务微信端，让服务变得更加智能、便捷。未来，广东省人民政府网中的“文件查询”搜索功能，也将移植到该微信平台，实现信息资源共享，推动政府政务信息公开。

问：除了服务功能设置特色，能否再跟我们分享一些“广东发布”的其他运营经验?

答：在内容运营策略方面，采取“政务消息+民生新闻+互动分享”相结合的模式，以保证推送内容的传达率和接受度。作为省政府新闻办公室主办的政务信息发布平台，“广东发布”承载着传播全省重大政务消息的任务。为保证权威信息落地，“广东发布”与省政府门户网站、省发改委等单位以及各地市进行战略合作，共同推出直播访谈、政务信息发布、民生热点透析等栏目。经“广东发布”推送的《省府同意汕尾按“3+1”模式加入深莞惠经济圈》，当天的图文总阅读量超过10万人次，《2013年度粤东西北“振兴指数”发布》等文章也获得超过3万点击率。

除了第一时间发布重大政务信息，“广东发布”还立足全省，主动策划展示广东深化改革成果系列报道。在“粤来粤好——2014年网络名人看广东”活动期间，“广东发布”推出系列图文消息，图文并茂地展示广东大项目建设成果，累计获得近16万人次的阅读量。再比如，我们策划发布的《今天起有哪些政策改变你的生活》《广东深化改革你最关心啥？》等文章，借助微信平台精准传播、互动能力强的优势，发动了大批网民参与到广东改革发展的热议中。

在平台运营上，探索出了政企合作的新模式——“广东发布”政务微信大胆探索政府和商业网站合作运营政务微博、微信，采取政府购买服务的方式，把具体的经营业务交给第三方——腾讯·大粤网。同时，建立了一套严格的内容审核制度，实行精细化管理，保障信息发布的安全。

要尽快建立政务微博和微信的联动机制

——访中山大学传播与设计学院院长张志安教授

问：微博已经成为人们获取政务资讯和服务的一种重要渠道，您如何看待当前政务微博的发展态势？

答：经过2011年政务微博元年和2012年的“井喷式”发展，2013年中国政务微博已经步入相对成熟期。应该承认，微博平台在政府信息公开和网民沟通等方面的正向作用日益显著，政务公众号已成为与政府新闻发言人制度、政府网站并列的第三种政务公开途径。然而，在庞大的政务微博数量中，有不少却面临着“关注少、转发少、评论少”的问题，导致不少政务微博变成了“僵尸微博”。在我看来，政务微博首要的是明确它的定位，并充分考虑所在部门的行政资源、当地的网络文化和公众的社会参与热情。如果政务微博不懂得分享，不注重互动，很难达到政务微博应有的效果。

问：随着微信活跃度攀升，微博活跃度降低，有人认为政务微信崛起，政务微博式微，您如何看待这种观点？

答：由于产品特性和平台特点不同，微博与微信在信息传播方面有很大不同。相较微博上的滚屏阅读和大众传播，微信用户对于收到的推送内容的质量要求更高。它将原本碎片化的信息整合，以数百字或千余字的篇幅推送给用户，使得信息传播更加精准、理性、优质。同时，利用朋友圈等交流机制，微信也可以实现熟人社会间的良性互动，因此使用的活跃度也更高。

对政府部门来说，不应“喜新厌旧”，而应“新旧结合”，发挥政务微博和政务微信的不同功能。政务微博更像是大众化的传播平台，更有利于信息的快速传播、舆情监测和危机沟通。当公共突发事件发生后，政务微博是精准信息滚动报道的主渠道，发挥着重要的“阵地战”作用；政务微信更像是移动化的服务平台，便于政府部门提供信息查询、在线办事的互动平台。政府可以通过政务微信跟网友之间形成更紧密的互动和反馈机制，此外，也可以在公共危机事件发生后利用政务微信尤其是微信朋友圈的转发来打“游击战”。

问：您提到对待政务微博和政务微信，政府部门不应“喜新厌旧”，而应“新旧结合”。在具体操作上，您认为“双微”应如何侧重、差异化发挥作用？

答：目前，大多数开通政务微信的政府部门也同时拥有政务微博，“双微”之间应该根据各自不同的传播特点，实现优势互补。对大部分政府部门来说，要尽快建立政务微博和政务微信的联动机制。

一方面，微博面对的受众更广，传播速度极快，用户和用户之间的互动性强，可能会产生“爆炸式”效应，因此政务微博仍应是信息公开的主要平台，可以比作信息公开的“主战场”。微信信息呈一对一传递，用户和运营方（政府）之间的互动性强，沟通的深度、个性化和渗透率会“细密式”提升，应该主要推送一些更贴近受众、相对深层次阅读的内容。比如，舆论热点事件出现时，政务微博更适合发布事实，广而告知；政务微信则可以实现定向推送，并利用朋友圈等交流机制实现熟人社会间的互动，进一步解释事实。

另一方面，微信具有私密性更强、定位更加精准等优势，在政务服务方面具有更为广阔的应用前景。比如，借助微信支付，政务微信可充分打通支付渠道，为百姓提供水费、电费、燃气费等公共事业缴费或缴纳违章罚款等便民服务。那些粉丝量比较大的政务微信往往满足了受众对于民生服务、公共服务的需求。

简而言之，一方面要继续保持政务微博的更新频率和内容质量，实现常态化的信息公开和民生服务；另一方面也要通过政务微信整合资源、优化服务，实现更加优质的内容传播和更加便捷的移动行政。

问：您是否会关注一些比较有特色的政务微信公众号？

答：作为新广东人，我比较关注“广东发布”微信公众号。这个账号有三个特色。一是服务性强。比如“微服务”栏目中的网上办事大厅、广东天气，都能提供实实在在的民生服务和相关信息。二是互动性强。“微征集”中举办的各种活动，公众很方便就能了解活动细则和参与方式。三是实效性强。“微发布”第一时间就能快速传播广东的新闻资讯，而且这些资讯的宣传味不那么浓，新闻味比较足。

此外，我也比较赞同“广东发布”借助“政务微博大厅”试图打通微信和微博两个平台的尝试，可以一目了然地点进去查看广东各地的政务信息。这种微博、微信联通互动的机制值得推广。

问：可以看出，您对政务微信发展是持乐观态度的。不过在您看来，基层政府在政务微信的运营发展中会有什么困境和挑战？

答：整体上，伴随越来越多的政府部门开设政务微信，这个新平台、新工具的信息公开和服务功能会更积极地释放出来。不过在我看来，基层政府在政务微信的运营发展过程中普遍面临着三个困境：

一是领导观念的问题。广东某发达城市的政务微博做得非常好，最近拟定了政务微信的发展计划，但迟迟无法实施，因为领导还有所顾虑。实际上，既然国家网信办都已经做了积极倡导，省级政务微信也已经风生水起，基层政府部门还有啥可犹豫的呢？归根结底还是老问题，主管领导的观念不转变，具体职能部门的同志很难做事。

二是人手紧缺的问题。不少基层政府部门之前开设政务微博的时候，就普遍感觉人手不足，经费不足，于是，只好采取请实习生来兼职更新微博或者跟商业公司合作外包服务的做法。现在，又要开设和运营政务微信，人力保障上更加捉襟见肘。所以，上级政府部门下命令、提要求的时候，一定要仔细考虑基层政府部门的编制问题和人手问题。政务微信对于受众而言，最重要的作用可能就是提供服务和及时反馈、紧密交流，这是需要专人去做的，基层部门的编制不够的问题短时间内难以解决。

三是优质内容缺乏的问题。开设政务微信服务号，对那些与百姓民生关系紧密的政府部门来说，不是什么难事，只要实现原先的办事功能在线化、移动化即可，但如果要开设政务微信订阅号，大部分基层政府部门都会发愁“无米下锅”的问题。对这些政府部门来说，如果将大部分的宣传通稿挤掉水分，压缩成140字的微博来进行发布，还不算太难的话，现在要通过政务微信提供千字左右的既有“干货”又有“美感”的优质原创文章，实在太有挑战性了。

除上述困难外，还有数据安全问题，微信服务号后台数据需要有效的管理；再就是线下各个部门之间的协调机制是否顺畅的问题。

问：针对上述困境，您认为应该如何科学评估政务微信，并实现可持续发展?

答：我认为，科学评估政务微信需要分类定位、分类评估，即订阅号和服务号要分开。

最近，我们中山大学传播与设计学院的研究团队设计了一个指标体系，具体包括四个方面：1. 专业表现，包括发文总量、周平均更新天数、发布内容类型和文本形态等；2. 互动性，包括回复速度、回复方式、回复的详细程度；3. 服务表现，包括多样性、实用性、服务类型；4. 影响力，包括粉丝数、总阅读量、单篇文章阅读量、平均阅读量、总点赞量、单篇文章点赞量、平均点赞量。我们初步认为，对政务微信订阅号来说，专业表现、互动性、影响力各占40%、20%、40%；对政务微信服务号来说，专业表现、互动性和服务性各占20%、40%、40%。

为增加说服力，项目组还拟在后期采用德尔菲法向多位专家进行意见征询，确定三大指标的权重。项目组发出征询意见书，向专家学者以及业界精英介绍三大指标的构成，并请各位专家将100分分配给三大指标。

至于实现政务微信的可持续发展，大概要从六个方面进行考量：一是加快推动政务微信的开通和认证；二是厘清部分政务微信的定位；三是进一步凸显政务微信的互动功效；四是保障政务微信的内容质量；五是加强线上线下跨职能部门的协同合作；六是投入适当人员、资金支持，以实现可持续发展。

问：最近，国家网信办下发通知，要求“各地网信部门推动党政机关、企事业单位和人民团体积极运用即时通信工具开展政务信息服务工作”，并明确提出“力争今年年底，政务公众账号达到6万个”。您是如何看待这一政策的?

答：总体上看，我们的政府部门采纳新技术主要有四类动因。1. 命令，即上级政府部门下通知、发文件，要求基层政府部门落实某项新媒体、新技术的采纳政策。2. 竞争，即同级政府部门之间的“赛跑”，如果隔壁地市在某方面工作做得比较好，那么，本地也会有所压力，希望有所作为。3. 效率，即政府部门通过采纳新技术，实实在在享受到了办事效率、传播速度提升的好处，于是会更加积极主动地去利用新媒体。4. 需求，即来自公众的普遍需求，使得政府在为民办事过程中的确需要去利用新媒体来提供民生服务。总体上看，这四类动因中最立竿见影的恐怕还是“命令”因素。

这次中央网信办要求年底之前建设6万个政务公众账号，无疑自上而下做了积极有力的倡导。不过，要真正实现这个目标的确难度不小。广东在这方面走在了全国前列，去年，我们中山大学全媒体研究院也与大粤网举办了全国首个政务微信论坛，应该有一些经验可以分享给其他省份。

（文/刘杰）

政务传播要“有理念，懂方法，熟悉工具，随时可以转换战场”

——访中山大学传播与设计学院张宁教授

问：近几年，政务微博发展迅速，您如何看待当前政务微博的发展态势?

答：从每年新浪网或者人民网的统计来看，政务微博在数量上的增长非常快，且有些政府部门已经把有没有政务微博作为一个考核指标。在我看来，政务微博能直接形成一种新的官民关系，一种新的官民对话渠道，对政府的政务推广、政策执行、部分政务职能网络化等的促进和提升是比较大的。社会公众也欢迎这种新的官民沟通方式，经常可以看到一个基层的政务微博就拥有十几万、几百万粉丝。这种现象说明，通过新媒体传播技术增加政府与社会公众的沟通渠道，改进对话方式，提升政府服务职能的效率，是受欢迎的，是公众乐意接受的。

从政府未来的执政理念和政府职能角度看，社会公众对公共信息公开的要求会越来越高，对政府各项政策制定及执行、对公务人员工作效率的知情和监督意识也会不断提升，这是一种被公认的趋势。政府通过新媒体传播渠道主动适应也好，被倒逼仓促上阵也好，这已经是一种不得不做的工作了。未来的新媒体渠道将会在社会各阶层的信息沟通、协同合作、共意形成和社会动员方面发挥重要作用，政府部门应该看清这种发展趋势并思考如何把新媒体工具与政府具体职能相结合。

问：在您看来，政务微博未来的社会功能，会主要表现在哪些方面?

答：政策告知、政策沟通、危机管理、形象建设，这是政务微博最基本的四个功能。首先，政务微博还是要把政务组织的政治主张、见解和理念告诉社会公众，发挥政治动员的作用。其次，要去解释政治理念的优势，获得社会的理解和支持。再次，当危机和问题发生时，可以通过微博来进行危机传播，减少社会伤害，保持社会心理情绪的安稳。最后，通过长期良好的政民沟通提升政府形象的美誉度，让公众对政府保持信心。

未来如果政务微博成为社会公众与政府之间最主要的沟通渠道的话，我们当然期待它还能在政治传播方面发挥更重要、更具体的作用。例如，作为特定政务组织可以自控的一个“民意数据库”，为政策制定提供民意参考；维系政府职能部门与公众之间的情感和关系，促进政务工作的顺利执行；通过信息沟通和网上公共服务形成一个新的网络信任纽带，化解问题和危机，提高公共管理的效率。

问：您比较欣赏的政务微博有哪些，这些微博的特色是什么？

答：我个人比较欣赏一些职能部门的政务微博，例如公安系统的一些政务微博，能把本部门的工作职能与政务微博的传播优势结合起来，体现政务微博的服务功能，在社区服务与安全、预警报警、市民个人问题的解决上，确确实实发挥了政务微博快、广、具体、针对性强和网上群策群力的互助精神。政务微博不是一个面子工程，还是要切切实实结合本部门职能为公共管理和市民生活做出贡献，才是真正的好的政务微博。通过这样的信息传播和沟通，政务微博可以和社区、公众建立起一种“微关系”“微信任”。

人民网、新浪网在每年的报告中都会提到不同的政务微博影响力评估标准，比如，粉丝量、更新程度、互动程度、每天发政务微博的频度、微博的主要内容等。我觉得好的政务微博还是要看影响力，就是政务微博的“关系黏合度”和“信任程度”，也就是粉丝数和互动程度这两个指标所体现的。尤其是微博上的互动频度，能不能与粉丝互动沟通，能不能解决他们的问题，能不能借此方式促成政府社会治理的目标的达成，这是评价政务微博的重要指标。

问：近期，国家网信办下发通知，并明确提出“力争今年年底，政务公众账号达到6万个”，您是如何看待这一新政策的？

答：有人说过任何一种新媒体的产生都意味着一种新的社会关系的诞生，从国家网信办的这个政策中我读出这样几种信息。

第一，重视通过新媒体平台打造新型的政民关系。从以往国家与社会、政府与公众之间关系紧张问题多发的情况来看，通过新媒体沟通平台修复或者重新构建新的政府公众关系，确实是一个迅速而便捷的方法。这种新型沟通方式可以免去旧有的“形象包袱”，以一种新的态度、新的立场和新的话语方式来进行关系构建。

第二，政务微信的功能服务确实能为政府公共服务的效率提升加分。很多政府职能部门的服务性内容可以通过政务微信进行定制，公共服务通过微信个人化。一种关系的改变和提升不仅仅要看情感沟通，还要看实际服务是否落地，政务微信的这个功能切切实实让公众体会到了方便有效。

第三，仍然是政务传播最基础功能的发挥，即社会管理主张和理念的传播、政策的解释和沟通、社会动员与政治认同的实现，都依然要靠政务微信快、广、有针对性的传播来实现。

问：政务微信兴起后，有人认为政务微博会走下坡路，您怎么看这种观点？

答：政务传播是一种通过信息沟通告知政策主张，同时关注民意采纳，提高社会治理效率的传播活动。不管哪种新媒体传播平台，政务传播的主要理念是不变的，就是要重视与社会公众的沟通，要重视民意。以前是政务微博，现在是政务微信，未来可能还有其他新媒体平台，一方面体现了传播技术的迅猛发展让政务传播只能紧随其后，选择大多数公众喜欢的平台；一方面也说明，不管是微博和微信，哪种传播平台都处于一个动态发展过程，政务传播要紧跟形势，掌握基本的传播理念和传播要领，紧跟新媒体技术的发展。

与政务微信目前的发展势头相比，政务微博好像是式微了，但是这是一个客观过程，如同当今人们对日常接触通信工具的选择也是不断淘汰不断更新一样，政务传播要有一个“有理念，懂方法，熟悉工具，随时可以转换战场”的心态，政务传播要和所有的社会人一样，面对新媒体的不断发展，淘汰不合适的传播工具，接受大多数人选择的新的传播工具。政务传播最重要的是理念和方法，以及对新媒体传播平台的迅速适应和使用，同时也要对日新月异的新媒体技术发展导致的网络沟通平台的多元化融合、多功能汇集有心理准备和技术准备。

问：有人说“政务微博定位于快速发布信息，政务微信定位于功能服务”，但目前政务微博也提供民生服务信息，政务微信订阅号依旧以信息发布为主，您是如何理解政务微博、政务微信在功能上进行差异化定位和优势互补的?

答：从传播学的角度我是这样理解的。

第一，政务微博和政务微信确实各有优势，但是传播的广度和深度往往要靠多种媒体、多种渠道来实现，不能指望一种媒体一个平台就能达到全、广、深的效果，社会传播效应是多媒体、长时间、重复不间断地传播来实现的。不同的平台，应各有侧重，进行互补，不同新媒体平台的同时传播也能防止信息遗漏。

第二，每个人有其不同的信息接触方式和阅读习惯，有的喜欢使用电脑，有的喜欢手机，有的整天在办公室，有的要户外移动，所以新媒体工具的便携性、面对怎样的受众、能获得哪种信息，都是仁者见仁，智者见智的。

第三，我觉得在政务传播方面，微博和微信可以互补。政务微博应该重视发挥组织政务信息的发布、政策沟通、危机预警和应对等功能，同时可以比较方便地整合社会舆论领袖和其他有影响力的社会组织的微博，或观察舆论，或转发助声，获得社会理解和认同。政务微信应该发挥重视个人针对性的功能服务，通过便捷高效的服务获得关系认同，提高政策发布和说明、危机预警与辟谣的公信力。

问：除了受微信发展的影响，目前政务微博运营，还存在哪些主要问题?

答：我觉得还存在三个主要问题。

第一，政务微博的开设目的不清晰，一些单位按照上级命令把政务微博办起来了，但是不知道除了发布本组织的政务信息外，政务微博还能发挥什么作用。作为一个新媒体沟通平台，政务微博最大的优势是传播信息快、范围广，信息直接到达社会公众个人，这在公共危机预警和应急管理、重大政策信息的说明解释、具体的政策执行过程中的问题解决方面是非常有效的，因此，平时积极通过微博沟通树立政务微博的传播公信力，危急时刻可以有效沟通和动员，政务微博的这种信息管理作用要被重视。我的相关研究结果表明，目前政务微博能发挥的较大作用还只是政务信息发布，在被期待的政民沟通和危机应对方面，成功的案例还不普遍。

第二，知道政务微博开设的目的，但是不知道通过什么方法去发布、去回应，使得政务微博这个新媒体平台上还是充满原有的官方话语体系。要知道，新媒体平台上的传播公信力，首先建立在粉丝与这个微博账号之间的情感认同上，然后是关系认同上，有这样的情感和关系认同，最后才能看见你的传播效应。情感认同和关系认同，要求政务微博放下官架子，淡化官方立场，换位公众角度，讲有人情味的话。

第三，政务微博便于政务组织与社会公众个人直接沟通互动和信息交流，这些交流的信息长期积累也算是一个“大数据”库，政务组织可以通过这个信息交流平台采集民意，倾听民声，发现现实问题和漏洞，汇集社会资源和智慧进行解决，并且可以通过这些数据来预测社会问题和危机，预测公共舆论对政策的反应等。政务微博这种长远的深层次的作用还很少被认识到。

问：政务微博若想在未来实现可持续发展，应该从哪些方面下功夫？

答：我觉得比较重要的有两点。

第一点，政府应该把政务传播放到战略计划里来，政府所有管理目标的达成不是靠自己完成的，一定要通过社会动员带领公众共同完成。传播这项工作往往初期的人力、物力、财力投入很大，效果不一定马上就能看见。但是从长远角度来看，重视对外沟通和公共传播的组织，一定能在未来的工作中更加容易地获得社会公众的理解和支持，在公共管理层面有较好的效率和效果。所以，政务微博能否可持续发展，与政务组织对公共传播的定位理解和重视程度有很大关系。现在很多政府单位都有疑惑，政府单位为什么要花这么大的精力，这么多的时间去运营微博？政府的工作是公共管理不是传播呀。这还是一种很守旧的意识，在当今信息化时代，信息沟通其实就是一种管理手段，政务组织的对外信息沟通传播就是社会管理最重要的内容之一，也是最有效的方法之一。有远见的政务组织会把传播包括政务微博或微信放到组织的战略层面上来的。

第二点，战略上重视了之后，通过什么样的方式来进行传播也需要下功夫。新媒体沟通平台的物理建设比较容易，马上就能注册开设一个政务微博，但是政务微博传播些什么，怎么对公众说话，说什么话，都是需要重新规划的。政务微博不是把政府公文通知、政策纲领等文件原封不动贴到微博上，而是一开始就要有传播计划——政务微博为政务战略目标服务，有运营团队——政务微博专人专职才有成效，懂传播业务——政务微博的传播方式、沟通话语要符合新媒体语境，微博信息沟通服务的范围也需要明确。

总的来说，一个是主观意识上的功夫，一个是客观能力上的功夫。

问：作为政治传播领域的专家，您认为学者的研究对政府的微信、微博实践，有哪些具体的帮助和作用?

答：我认为主要有两方面。

第一是理论基础对于政府的实践可以提供长期战略性的指导。政务组织在运营微博和微信时可能更加针对于本部门的实际情况，但在长远性、战略性和公众角度的思考可能不够，所以学者在理论方面的研究，可以在战略层面上提供一个较为长远的框架。

第二是学者跨学科的研究往往能提供多元化、多层次的建议和对策。例如我是研究政治传播的，政治学和传播学是我经常进行交叉思考、换位思考的两个领域，在研究政务微博和政务微信的时候，要考虑政府组织的政治主张和管理职能如何通过新媒体传播平台实现，也要考虑社会公众作为政务传播的受众，他们如何看待政务微博微信，他们的接触习惯和接受特点。同时，政务微博微信的传播特点、运营模式和传播效果，也都是我研究的范围。

（文/胡诗然、邰梦云）

“双微”模式推进智慧城市建设

——访大粤网执行总裁易海燕

问：相比政务微博，政务微信有什么功能和优势呢？

答：政务微信是基于传播的基础上更具有服务的功能，可以实现点对点服务和互动，让网民真正能体验到移动客户端的便利。政务微信也更好地结合了宣传与服务的双重功能定位，将是政府政务公开和移动应用的新趋势。城市职能部门开通政务微博及政务微信，采用新媒体，打破了传统政务服务模式和格局，跨出建设智慧城市第一步。

总的来说，政务微博可以作为公告、新闻咨询发布及事件通报为主的信息展示平台；而政务微信除上述定位之外，更要注重功能的开发，服务好你所服务的对象。

问：因微信5.0版本弱化公众号功能，曾有专家认为政务微信功能可能会大受限制，建议政府理性评估，谨慎进驻。您怎么看待这种观点？

答：新的微信版本增加了订阅号内容的折叠功能，是为了保证更好的用户体验。这确实使一部分订阅号的阅读量受到影响。但是，微信仍然是至今使用覆盖面最广、活跃度最高的社交软件，我认为我们应该多去想想看如何更好地用好这个工具，而不是固步自封。订阅号被折叠，对运营者提出一个更高的要求，要尽量推精品才能留住用户。

此外，5.0版本只是对订阅号有所影响，我们还要看到，服务号的功能实际上在不断加强，这对政府实现阳光政务、利用微信实现“微行政”理念是一个很强大的利好。比如公安、税务等窗口部门都能够通过微信实现更便利的服务。所以我反而认为，政务微信功能现在是一个很好的发展机遇。

另外，今年8月，国信办发布了著名的“微信十条”（《即时通信工具公众信息服务发展管理暂行规定》），其中有一条就是：“鼓励各级党政机关、企事业单位和各人民团体开设公众账号，服务经济社会发展，满足公众需求。”这表明了国家对政务微信的明确鼓励。

问：当前政务微信的订阅号比服务号发展势头似乎更好，在您看来，未来政务微信服务号的发展潜力如何？

答：我并不认为订阅号比服务号发展势头好，而是看更适合开通运营哪一种公众账号。比如偏重于宣传以及信息发布的政府部门，可以开通订阅号，有具体的办事服务事项的政府部门，我们就建议开通服务号，打通便民服务的最后一公里。

就发展潜力而言，我个人认为服务号更符合移动互联网的发展特点。微信是一个相对私密的平台，注重一对一、点对点的沟通，服务号对服务功能的重视让网友从被动浏览转为主动浏览，用户黏性更高一些。例如在微信支付方面，政务微信服务号可充分打通支付渠道，为百姓提供水费、电费、燃气费等公共事业缴费或缴纳违章罚款等便民服务。在微信应急、微信问政等方面也将大有作为。此外，将来在全国房产、信用等基础数据统一平台建成基础上，政务微信还可应用于查询社保、住房公积金、出国签证办理情况等信息，或者在公安部门办案过程中通过微信提供案件线索，形成立体化社会治安防控体系等。

问：在您看来，应该如何科学评估政务微信订阅号和服务号的运营情况呢？

答：我认为评估政务微信应当对订阅号及服务号分开来看，因为二者的功能及承载的主要诉求完全不同。订阅号侧重内容推广、信息传递，而服务号则侧重在服务及功能实现上。订阅号可以评估用户量、阅读数、活跃度等，服务号则看实现功能的完整性、体验度以及用户实际使用的情况等。

在实际情况中，二者目前功能相互也有交叉，一些订阅号也有服务功能，一些服务号也能实现信息查询和推送，所以这个评估指标应该细化，分不同纬度，并给这些纬度设定不同权重来体现两种公众号的差异。我们现在也正在做这项工作，准备推出一个政务微信指数来给各个微信号进行自我评估时做参考依据。

问：微信公众号的服务功能开发门槛高，据您所知，未来腾讯微信公众平台是否会对政务微信公众号的开发和管理提供帮助？

答：微信的核心价值观是做连接，“微信连接一切”是微信的口号，目前微信提供各种接口以更好地让企业、政府单位等做更个性化的应用开发，其实是鼓励各单位根据自己的需求做开发，从而更好地服务于人民。由于目前各机关单位对微信的重视程度不一样，原始的数据系统不一样，投入的人力、物力也不一样，使政务微信的功能也差别很大，我认为只要找准定位，抓住核心，政务微信将是一个很好的服务平台。

据我了解，微信公关服务部对政务微信是非常重视的，将来也很有可能对政务微信进行统一的入口管理，我们也非常期待。

问：政府部门普遍感觉到运营政务微信、微博的人手有限，对此有何建议？

答：首先，随着移动互联网时代的到来，政府必须提高对政务新媒体平台建设的重视和加大对这方面的投入，在人员编制以及经费上都有所提高。

其次，建议与第三方媒体合作，这样能有效地解决人手有限的问题。比如“广东发布”，就是省委宣传部与大粤网的合作，我们组建了一支专业的运营团队，每天对“广东发布”微博、微信、微视三微平台进行内容更新，平台搭建以及策划互动，保证了“广东发布”平台的稳定以及专业。目前，“广东发布”的微信粉丝已经处于全国政务微信数一数二的位置。

问：除“广东发布”外，大粤网在政务微信服务方面，还有哪些具体的项目和做法？

答：目前，大粤网开发运营的微信项目还有“清远发布”、“广州教育”、“广州民政”、“廉洁广州”（广州纪委）、“廉洁番禺”（番禺纪委）、“广州女性”（广州妇联）等等。

大粤网在政务微信上提供咨询、培训、认证、开发、运营和推广一整套服务。具体而言，大粤网在政务微信上与各级单位积极沟通，提供免费培训、内部通道认证等，同时大粤网的技术团队最早参与政务微信的开发，内容团队利用编辑和策划优势提供运营服务，且利用大粤网最广泛的QQ用户基础推广。与此同时，我们腾讯·大粤网联合微信的相关推广部门也一直在跟各个政府单位联系，希望推出更多的政务公众号经典案例，以此鼓励更多的政府开通微信号。

问：看来已有很多政府部门在政务微信运营上与大粤网合作。具体来说，政府部门是根据什么情形，选择自己运营政务微信，还是跟新闻网站合作运营？

答：根据我们的合作经验，政府部门根据自己的部门属性以及工作重点来选择运营模式。如果是偏重宣传的部门，可以选择“自己运营+媒体（以及文化公司）专项合作”的模式；如果是有具体职能的服务部门，可以选择跟具有开发功能的新闻网站合作，采取代运营的方式；当然，在没有编制的情况下，也建议跟第三方合作。这样，一方面可以保证平台运营的稳定性，同时使得微信平台运营更加专业。

问：腾讯·大粤网有强大的QQ弹出框等广告资源，这些资源对政务微信推广大有帮助。如果很多政府部门都希望你们投入这方面的资源，如何来协调和选择？

答：任何时候，腾讯·大粤网的QQ弹窗都只是为内容服务的资源，这方面的资源不会售卖。但我们愿意在新闻以及内容策划上多下功夫，与政府合作诞生出更多具有新闻价值的内容。同时，腾讯·大粤网的迷你弹窗、大粤网首页以及腾讯新闻APP广东页卡都有很好的流量入口，只要有好的内容，我们都愿意在这些位置推送。

从内容运营特点上看，大粤网以互动为核心，综合运用投票、跟帖、微博、微信等互动社交工具，联动网民、媒体、机构三方，整合构建UGC的原创精品，从而实现由互动运营出发的影响力闭环。最本质的变化，在于从信息分享到用户共振，与用户共同创造社交化、移动化、个人化的体验。

问：一些政府部门是否会担心，跟大粤网这样的平台合作，政务数据库的安全性无法保障？你们如何解决这个问题？

答：从接口层面到数据存储，我们会提供全部的数据加密和封装，数据可以存储在政府部门的服务器上。我们也可以提供腾讯内部的服务器资源，所有腾讯内部的服务器资源都是独立机房，数据均经过多重加密非常安全，同时我们所有的代码都会经过腾讯自主研发的“门神”系统随时进行漏洞扫描后再上传。

问：微博活跃度降低，微信活跃度增加，一些人认为政务微信崛起，政务微博衰落，您怎么看待这种观点呢？

答：随着微信的兴起，用户的使用习惯确实发生了很大的变化，从刷微博变成了刷朋友圈。但是微博和微信具有定位和功能上的区别，我认为政务微博还将是一个为政府服务的重要的新媒体工具。微博的及时性和开放性使其在政务公开、事件通报等用途上具有独特的优势；同时微博的评论可见，这在政府舆情方面也具有优势。作为政府机构形象展示的全新平台，政务微博可以更近距离、更全面地发布最新政令新闻，成为宣传政务网络前沿阵地。

问：国家网信办也提出过区分政务公众账号与政务微博的功能定位，实施“双微”联动、协同发展。这样的倡导有哪些意义？

答：首先，这符合现实情况。据腾讯联合人民网舆情监测室联合发布《2014上半年度腾讯政务微博发展研究报告》指出，截至2014年6月15日，有22家中央机构同时开通微博、微信，实现“双微”联动，“国家队”的崛起也意味着政务新媒体应用将进入全新的“‘双微’时代”。

其次，政务服务“双微”新模式即“微博+微信”，地理位置、文字、图片、语音、视频等多形式的信息融合体，其服务程度已经远远高于以往任何一种载体，两者结合相当于“发布+服务”的最佳新媒体平台。“双微”联动平台一方面有利于政务信息的发布，缓释负面舆论，有效推进社会管理中的公众参与，直接并广泛地征集民众的建议，拉近行政机关与市民之间的距离，更是对外宣传的重要窗口；另一方面契合了80后、90后的资讯获取习惯，不仅是未来的趋势，更是智慧城市建设的重要部分。

问：除了您刚才提到资讯获取习惯上的改变，信息接受心理也发生了巨大改变。在您看来，政务微博微信应该如何适应这种变化呢？

答：在今天，我们与用户的关系发生很大的变化，核心变化就在于更贴近用户，在于有温度、可信赖。从聚众时代的1.0到分众时代的2.0，再到开放时代的3.0，我们通过持续的进化来与变动的环境相适应。从前我们关心新闻的广度，今天我们更关心新闻的温度；从前我们关心内容是否可读，今天我们更关心内容是否有用；从前我们关心传播渠道的数量，今天我们更关心社群网络的品质；从前我们关心用户规模，今天我们更关心用户个体感受。

所以我个人认为，政务微博微信运营要适应这些变化，关键在于用更贴近、更有温度、更有效率、更有品质的方式连接人与人、人与信息、人与服务。换句话说，可以用“双微”新模式来推进智慧城市建设。

问：那您平时会关注一些政务微信吗?

答：首先，肯定是关注“广东发布”微信公众号。这个平台不仅可以办理个人事项，还能及时获得广东最新、最权威的政务消息。其次，我也会关注一些地市的发布，比如“深圳发布”“佛山发布”“清远发布”“梅州发布”等，因为我们目前非常重视政务服务领域的拓展，这些号能让我及时地了解地市的政务动态和城市发展最新政策。而服务号的话，关注“广州公安”“广东天气”“广州交警”等，这些账号能让我及时办事。

问：关于政务微信运营，您能否为我们提供一些总结性的建议?

答：好的，我认为要运营好一个微信号，有这么几点建议。

首先，政府部门要足够重视，有一定的人手和经费，内容编辑和平台建设都是需要精力和成本的。

其次，鼓励政府部门开通与民互动栏目，比如打造服务项目以及沟通投诉栏目。对于执政者来说，通过微博、微信跟老百姓进行互动，获得更多的是老百姓的信任与亲密感，是情感的构建。这才是做微信传播、微博传播最重要的诉求，而不是简单的政令发布平台。

而最关键的一点是服务好民众，提升政府公信力。只有在公信力的基础上，政务微信才能真正发挥出新媒体积极、正面的作用。只要民众体验到政务微信能够带来便捷的生活，那么利用微信打造的服务平台就实现了应有的价值。进一步讲，提升服务功能也会让政务微信吸引更多的人参与到与政府的互动中，让政府听到老百姓的心声。

政务微信加速度发展中的理性思考与顶层设计

——访中国传媒大学媒介与公共事务研究院高级研究员侯锷

问：您的研究团队曾认为政务微信功能已全面“被衰竭”，警惕“政务微信”沦为“政务失信”平台，建议政府机构应理性评估，谨慎进驻。这是基于什么原因做出的研判呢?

答：我们确实发出过这样的学术预警，时间是在2013年12月24日，新浪微博“@政务微博观察”首发，并以有声报告的音频形式同步发布于我在喜马拉雅上的微电台。我们做出此研判基于两个关键因素。

一是2013年8月微信5.0版升级后，从订阅号不再即时抵达提醒和可视化显示，到超过8小时、24小时（随后调整）不能主动回应粉丝/关注者，早期具有移动即时传播功能的媒介属性被极大地弱化，这也是当时业内所称的微信“去媒介化进程”。这一细微而根本性的改变，使得当时占比89.11%的以新闻发布、政策宣传和应急管理与组织动员等以传播功能发挥为主的政务微信订阅号受到极大的限制，失去了时效性的媒介，充其量只是凭借一种培植起来的移动阅读习惯在支撑。

而另一类服务号的政务微信，每月只能主动推送1条信息（现在是4条），重要的是在2013年12月23日左右，微信服务号动态调整规则不再对政府机构开放。这一“新政”我们较为及时地从微信认证的规则说明性文字中获悉，并从某政务机构在申请时被拒的事实中得到了确认。

因此，基于上述这两点（订阅号去媒介化、服务号谢绝政府入驻）不难判断，政务微信的“双号”信息线在当时已全面被扼制而濒临功能性衰竭。但是，我想在此特别提请注意的是，这一研判是基于当时微信公众平台所调整出台的一系列“新政”基础上做出的，如今已时过境迁。

问：现在看来，微信公众平台服务号又继续对政府开放，这是从什么时候起做出的调整呢?

答：这要接着我们前一个话题来讲。随着我们的预警报告发布后，腾讯在48小时内对微信公众平台的规则再次调整（即对党政机关单位的政务微信再次开放服务号的注册及认证申请），也便使得公众，包括我们对政务微信的发展有了进一步的转机和期待。

但是，“理性评估，谨慎进驻”是政务新媒体发展中必须时时遵循的起点，面对新技术、新应用所催生的林林总总、日新月异出现的新媒体平台，党政机关既要顺势而为，也要谋定而后动，在加强媒介研究的基础上客观冷静分析和研究自身需求，评估自身职能与新媒体功能的适配性，以便更好地借助新媒体发挥政务服务水平。

在时隔近一年后再次回顾当初这一近乎“逆势而为”的大胆研判和学术预警，我认为它是严谨且负责的，而且时值我们研究院在和腾讯共同合作年度政务微信发展报告的课题期间。作为对微信公众平台出现后即时介入政务微信的最早观察者和研究者，不回避，且理性、中肯并及时地告知政务微信未来发展所存在的可能风险，这是一种必要的学术责任。而且我认为，如果说某一新生事物的发展在“势能+速度”的推动下出现了某种偏差，从学术影响的角度能够及时助力矫正并推动它回归良性轨道，那这更是学术之价值所在。

问：2014年9月10日，国家互联网信息办公室下发通知，“要求全国各地网信部门推动党政机关、企事业单位和人民团体积极运用即时通信工具开展政务信息服务工作”，并明确提出“力争今年年底，政务公众账号达到6万个”的发展目标。您怎么看待这一新政策呢?

答：国信办的《通知》充分体现了国家对即时通信工具在政务领域应用发展的高度认知和重视，比如《通知》还指出“积极运用即时通信工具开展政务信息服务是落实党的十八届三中全会精神，推进国家治理体系和治理能力现代化的重要手段，是新形势下贯彻党的群众路线、密切党群关系、提升党的执政能力的重要方式”。可以说，对即时通信工具的这种重视和评价高度前所未有，同时也标志着中国政务信息公开进入“移动即时”的交互时态。

关于对《通知》的看法，其中有两个信息点我个人是持部分保留意见的。

一、通知“积极鼓励县级以上教育、公安、民政、社保、环保、交通、卫生、工商、食药监、旅游等与民生密切相关的部门开设政务公众账号”。其中积极鼓励“县级以上”的行政级别引导，与政务公众账号发挥服务社会功能的必要性及现状表现存在偏差。

谨以当前即时通信工具公众平台上的微信公众号为例，据我们对全国政务微信发展的不完全监测统计，截至2014年10月底，全国政务微信总量已突破13 000大关，其中一个显著的发展特征就是，政务微信已经形成“6+1”的行政布局。即在账号的分布上构建形成了“中央部委—省、直辖市—地市、州、盟—区、县、旗—街道、乡镇—村委、居委、社区”垂直体系完整的“六级政务微信行政组织建制”。除此外，还有一部分公务人员个体以个人公务身份信息在微信公众平台上注册开通了公务员（公众）微信。我们认为，公务员（公众）微信是政务微信重要的有机组成部分。

与此同时，数据综合显示，近八成的政务微信分布在区县级以下（区县60.70%、街道乡镇10.88%、村居社区2.48%）的基层单位，级别越低，数量越多，已成为距离人民群众最近、最便捷和最贴身的接地气的移动政务信息平台，及时回应社会关切，推进政务信息公开，发挥着高效且实效的沟通社会和服务公众的功能。因此，应当鼓励政务公众账号保持并深化发展在“区县以下”，这种“身段下沉、扎根基层”的发展格局，我们认为既是群众路线的体现，合理，合乎民意，也符合宏观金字塔式的行政组织分布，而且近年来政务微博的发展也充分印证了这种现实格局。

二、关于通知要求“力争今年年底，政务公众账号达到6万个”，看似目标明确，指标具体，实则笼统模糊，且在考核量化上更可能无从遵循，或需要补充解释。首先，能够在即时通信工具上开展政务信息服务的“政务公众账号”，是一个宽泛的领域和族类概念。具备公众信息服务功能的即时通信工具已有多家，除微信外，还有易信、来往等。“政务公众账号达到6万个”涵盖了哪些即时通信公众平台？微信、易信，抑或是选择主流即时通信工具公众平台的组合？若是组合，又涉及平台指标的比例分解等因素。其次，“6万个”的总量数据基于哪些发展动因而客观推算得出，均无从参照。

基于政务微博发展的前车之鉴，积极重视并推动发展是必要的，但是激进式发展、盲目跟风或以红头文件、行政命令来推动政务新媒体的发展，依照民间舆论场的评议，恐怕是“又一大波‘僵尸政务公众账号’即将诞生”。对此，我个人的意见依然要回归到此前的“理性评估，谨慎进驻”。在没有认真做好媒介研究、理念统一、账号定位、组织分工、人员培训、应用技术、运营与管理建章立制等综合准备度的前提下，基于即时通信条件下更快满足民意期待的时效性要求，账号开通容易，但是政民交互的服务品质更为关键。否则，原本意图通过响应更快、反馈更便捷、交互服务更好，并借此打造政府公信力的政务公众账号，依然难免因为民意落差和失望而沦为“失信平台”。这实在是一把“双刃剑”。

问：站在政府、公众、微信运营平台的综合视角，您觉得政务微信若要更好地发挥作用，需要在平台设计上做些什么改善？

答：截至当前，政务微信公众号有订阅号和服务号之分。除此外，随着微信企业号的最新推出，政务机构是否有必要继续进驻这种类似基于微信的“移动OA”内部办公平台，也有待观察。因此，在这样一个综合多元化的微信公众平台上，党政机关及公共服务机构的政务微信要实现功能与职能的充分发挥，我认为在平台的顶层设计上需要事先做好四个基本层面的功课：

一是平台定位。主要从现实政务的职能出发，延伸到微信公众平台的核心功能定位，如是以政务公开的宣传发布为主，还是以电子政务的便民业务办理为主。

二是组织分工。主要从政务微信运营和管理的职责职能分工角度，对政务微信的组织架构进行设计，细分为运营和管理的岗位编制、职责分派。包括编辑类（文字编辑、图片编辑、影音视听多媒体编辑等）岗位，技术类（后台程序开发与维护等）岗位，管理类（如新闻及评论发稿签署的“把关人”，侧重于微信账号的运营风险管理），做到区域分布均衡，职能分布合理，职责定位准确，团队分工明确。

三是内容管理。包括议程设置、选题、组稿、撰稿等内容方面的宏观构建规划。

四是授权管理。政务微信无论定位于发布或服务，均离不开对民意信息（咨询、质疑、投诉、检举、揭发等）的互动反馈，政务微信作为“移动即时通信”的媒介应用，必然涉及如何响应及时有序、快速应对有效，因此授权机制便成为一种必须前置的顶层组织设计。凡事必请示领导、事事必须开会的传统套路是无法适应移动互联网环境下的微信平台运营的。只有将舆情分级、事件分类、应对分工，才能做到政务服务的快速、准确、有效。

问：据一些调研报告指出，当前政务微信的订阅号比服务号发展势头更好，您觉得未来政务微信服务号的发展潜力如何？

答：结合当前对微信公众平台本身的发展定位和未来方向的探究观察，其实我并不认同政务微信的“订阅号比服务号发展势头更好”的观点，只是绝大多数政务微信因其主体行政职能的性质决定了开设订阅号进行宣传发布更契合自身的需求而已，这种“势头更好”只是表现在订阅号比服务号总量更多。

从现状观察和长远分析来看，真正能够在微信公众平台上发挥实效性政务功能，且在未来真正具有价值实现空间和发展潜力的，都是服务号。这既是微信公众平台以不断创新的技术升级，来驱动无可限量的智能性应用功能的趋势和优势所决定的，也符合腾讯发展微信公众平台的战略利益。这个研判，从微信对自始倾向于媒介属性的订阅号的运营规则不断调整和抑制以及对服务号不断强化的数据交互智能应用的技术投入，即可窥视端倪。微信 7 亿用户的国际化分布格局，必然会因为涉政传播、跨文化传播带来运营和管理领域的政治风险。即便风险再小，起码也是麻烦，这对于腾讯作为商业企业的平台运营商主体性质而言，它需要控制甚至是规避经营风险，这一点也需要理解和尊重。

因此，党政机关应在微信公众平台上大力发展政务微信的服务号，结合自身党政职能定位，开办政务办理、信息查询、网上支付等综合性业务，优化用户体验，提高现实政务的运行效率，以微信O2O模式来升级精细化政务服务，帮助人民群众解决实际问题，从而实现政务服务的社会化转型，打造基于微信政务的智慧城市生态圈，这是未来政务微信发展的巨大潜力和空间。

问：从数量上看，订阅号仍是当前政务微信主力军，能否为政务微信订阅号运营也提供一些发展建议呢？

答：好的。侧重谈三方面。

首先，原创与独创。从当前政务微信订阅号的普遍性表现来观察，内容资讯的同质化倾向较为严重。目前，绝大多数政务微信公众号的内容生产与输出的主要模式，是转载注明作者、注明资讯出处但未经（作者或媒体）授权，但是依照著作权法和《信息网络传播权保护条例》关于"权利人明示许可制"，即《条例》第二条规定："除法律、行政法规另有规定的外，任何组织或者个人将他人的作品、表演、录音录像制品通过信息网络向公众提供，应当取得权利人许可，并支付报酬。"将此前业内一定程度的"默示许可"转变为"明示许可"——即"非经许可不得转载"。毋庸置疑，这种模式同样属于侵权。因此，"搬运"或"抄袭"是没有出路的，只有基于原创的"内容为王"才有公信力，只有基于独创、在思想和深度上下功夫的"观点为王"才有生命力。

其次，创新与创意。如何让订阅者在收到政务微信内容后第一时间就有打开和阅读的欲望，取决于微信订阅号在传播方式和策略方面的创新和创意。但这种创新与创意传播，其一，绝非骇人听闻的"标题党"，而是要深挖资讯传递的亮点、利益点与价值点，新颖呈现，智慧表达；其二，也不是以量取胜，当前许多政务微信以多条内容组合堆砌成"资讯超市"，让受众投其所好去"自主选择性"阅读，这种"贪大求全"不可取，建议聚焦核心议程和内容，精心打造"微信头条"（即多标题微信的第一条图文标题资讯）甚至"独条"，以独特视角、独立思想、独家解读等，让微信订阅号逐步在受众心目中形成品牌区分、形象标签和价值符号；其三，微信公众号是高度融合媒介，资讯的介质形态早已不再局限于图文方式（包括电子版图文），以视听方式来重新解码资讯的呈现与演绎，在更为轻松快捷、雅俗共赏中完成资讯的传播抵达，在转化过程以更为人性化的角度（立场）、温度（情感）、态度（价值观点）来创意传播，这都是对微信订阅号作为媒介功能的传播创新，也是传播主体对资讯进行"深加工"时在观念创新、内容创新、形式创新等综合媒介意识与多媒体技能方面所列出的补修课。

最后，互动与服务。政务微信订阅号除了主动传播的推送式资讯服务，不可忽略的一个重要优势功能，就是后台私密性的点对点回复互动，尤其是以产品和服务为倾重的微信订阅号，已有不少将微信公众平台当成客服平台，在资讯推送发布后继续相关的咨询查询、答疑解惑、接待信访等电子商务/电子政务功能。这无疑会让微信订阅号由资讯单向传播的"硬推送"，兼备交互传播的"软服务”，由“机一人”投放，兼容延伸向“人一人”对话，订阅者在交互过程中对于微信账号主体的亲和力、忠诚度、诚信与公信力等方面的建设，均有积极正向的信赖培育，而对于账号主体的客情舆情的采集力和消解力等，更有无限的渠道拓展和价值创造。

问：当前微博活跃度降低，微信活跃度增加，一些人认为政务微信崛起，政务微博衰落，您是怎样看待这种观点的？

答：俗话说“长江后浪推前浪，前浪死在沙滩上”，但是用这句话来预判微博与微信的发展迭代命运，显然逻辑不通，因为此“前浪”与“后浪”非同一类媒介属性，缺乏可比性。微博是基于弱关系的社会化信息网络，而微信是基于强关系的社会化关系网络；微博是海量信息的开放式传播扩散，而微信则是基于订阅和精选信息的闭环传播，私密交流的网络行为特质更强。“微信崛起”是不争的事实，包括微信在内的后起之秀的新兴媒介出现，在一定程度上分流了微博的活跃度，这是客观且正常的现象，但这与“微博衰落”毫无因果关系。究其本质，二者不是竞争的对手，何谈继承性取代？

国人说“但凡大事看微博”，外媒说“不上微博，如何读懂中国”。微博已经、正在并将继续见证和影响中国社会文明与发展的进程，尤其在突发公共事件和社会热点事件面前，微博已成为名副其实的“第一舆论场”。另外，从实践的表现来看，中国官方媒体不等新闻通稿，率先通过微博来发布党和国家领导人到地方考察的信息已渐成惯例，甚至中央电视台新闻中心在其官方微博“@央视新闻”的简介信息中直接标注着“‘@央视新闻’微博是央视重大新闻、突发事件、重点报道的首发平台”。

所以在我看来，政务微博与政务微信是一个合作与互补的“伙伴媒介”。在新媒体时代，政务传播既要重视传播层级、传播介质与传播主体三者综合泛化的泛传播，也要注重政务信息在传播渠道、目标受众和传播阅读习惯及心理等方面的精准传播；不仅仅要发挥政务微博裂变式传播的传播效率，同时也要充分看重政务微信的移动化、数据化、智能化等优势，追求政务信息聚合式服务的传播效能。援引2014年9月10日国家互联网信息办公室下发的《通知》精神，就是要“区分政务公众账号与政务微博的功能定位，实施‘双微’联动、协同发展”。

问：关于“双微”联动、协同发展，您有一些具体的建议吗？

答：具体来说，我有四点建议。

一、重要的政务信息公开，以及重大突发性事件的新闻发布，应选择政务微博平台首发，并策略性地利用微博客户端进行现场发布、即时发布，以抢占“第一时间”“第一空间”“第一事件定义权”，掌握舆情舆论的议程设置主动权、主导权，成为权威的信息来源。

二、发挥微博的“快媒体”优势，进行碎片化发布，滚动式、补充式发布，辟谣式发布，以驾驭和保持占领舆论的制高地。同时，利用微博互动强、扩散快等特点，及时回应社会关切，在政民互动中增强互谅，促进互信。

三、积极探索政务传播在“双微”平台上内容、形式和手段等方面的创新。媒介形态的发展融合与互相进入，已使得“双微”媒介在传播机理和功能性优势方面相融相嵌。因此，在信息及时、准确、权威的基础上，要研究媒介与受众传播心理，选择并丰富“双微”平台上信息的影音图文等多媒体表现力和吸引力，以受众喜闻乐见且平易接受的方式对政务信息进行“解码编译”，重视媒体与受众间的“关系生产力”，提升受众对政务“双微”平台在资讯传播→阅读体验→价值转换→口碑、品牌传递等更高层次的诉求与塑造，从而产生价值认同、理念追随和情感忠诚。

四、重视微博“粉丝服务平台”以及微信公众平台（尤其是微信公众号中的服务号），加强电子政务在“双微”平台上的信息化建设、开发与应用，从政务传播延伸向“指尖上的政民交流”和基于“移动微政务”的综合业务办理，方便群众，提供独特个性内容和推送渠道，生产能够满足用户选择和定制需求的信息，不断提供传播收益增值的服务。在优化网络行政渠道的同时，提升政务服务在“双微”平台上的服务效能。

实现多渠道全覆盖跨平台的政务传播

——访复旦大学国际关系与公共事务学院郑磊副教授

上海，作为全国最重要的城市之一，在运用政务微博创新管理与服务上已经走到了全国的前沿。如今，政务微信蓄势待发之时，上海市政务微信的发展有何特点？有哪些值得借鉴的运营案例？专家对上海市政务微信的进一步发展又有何建议？对此，我们深度访谈了复旦大学国际关系与公共事务学院副教授、数字与移动治理实验室主任郑磊。

问：您最近对上海市政务微信进行了一项全面系统的调研，能否简要介绍下相关的调研情况？

答：自2013年初上海市开通第一个政务微信号以来，一直保持稳健的发展速度，并于2014年四五月出现一波开通高潮。总体上看，政务微信已成为上海市各级政府部门发布信息的新形式、开展政民互动的新渠道和提供公共服务的新平台，其中有许多表现突出的政务微信号，有的体现在信息发布上贴近民生，形式多样；有的表现在与公众的互动反馈中；有的在信息服务上走在前沿；有的擅长为公众提供办事服务；还有的通过众包方式，实现了政民合作。

我们这次调研聚焦于上海市政务微信的发展现状和趋势。研究样本为截至2014年6月30日的上海市各区县以上政府部门或其下属事业单位开设的微信公众号，不包括国企和公用事业部门开设的微信公众号。样本总数为106个，其中订阅号94个，服务号12个。我们采用定量与定性相结合的分析方法，分别对微信订阅号和服务号的整体分布、账号设计与运维、发布、互动等维度进行分析，并重点对服务号的信息服务和办事功能进行评估。

问：这次调研，发现上海政务微信发展现状有何特色？

答：根据我们的调查，上海政务微信的发展主要呈现出以下特色：

一、整体分布上已初步显示出多层级、多区县、多部门齐头并进的势头，呈现立体化格局。政务微信已成为政府发布信息、提供公共服务、开展政民互动的重要渠道。目前上海市政务微信公众号已超过100个，订阅号数量远远超过服务号；多数公众号的粉丝量在1 000—5 000人之间，少数账号的粉丝数过万；部门分布上，公安局、旅游局、团委、税务局、气象局所开通的微信公众号遥遥领先于其他部门，其中尤其以公安部门开设最多；行政级别上，政务微信号在市级层面还有很大的发展空间，而在区县级层面上正呈现出良好发展态势。

二、发布内容实用，形式多样，频率适中。目前，上海政务微信订阅号发布的内容中，服务类和活动推广类信息占大多数，大多很实用；也有一部分政务微信仍将自身定位为政务信息发布平台，而非公共服务平台，发布信息时从部门自身视角出发，而不是从用户需求出发。在发布形式上，多数政务微信能做到图文并茂，并结合视频和语音等多种方式。在发布频率上，不同的政务微信根据用户需求和信息内容，采取了不同的做法，多数保持在每月5—15条，基本做到频率适当，间隔稳定。但也有部分政务微信发布信息频率过低或过高，盲目追求数量。

三、互动方式人机结合，回复及时，众包合作。在信息回复方式上，上海政务微信账号大多采用自动与人工相结合的方式。大多数账号能做到即时回复或当天回复。然而，也有不少回复仅限于简单的自动回复，不能解决用户的实际问题；互动社区评论寥寥，活跃度低。部分上海政务微信还实现了一对一、一对多或多对多的实时互动。除了在线回答咨询类问题，一些账号还能接受评价投诉，及时解决市民问题和诉求。此外，一些政务微信还开展了线上线下联动，进一步拉近了政府与公众的关系；或发动公众参与到政府工作中来，与政府合作完成公共服务或社会管理工作。

问：有没有哪些方面，还需要改进和提升?

答：主要是两个方面。

其一，界面与功能设计更趋人性化，但仍具有提升空间。上海政务微信账号的名称愈趋亲切，头像设计更具人性化，功能介绍细致详尽，数字导航和搜索指导等首次问候方式实用便捷，有助于改善政府正式、刻板和严肃的形象，有利于提高政务微信在群众中的亲和力与影响力。开发自定义菜单的账号比没有自定义菜单的账号多近一倍，有利于提升用户体验。此外，经过认证的政务微信账号已占绝大多数，有利于用户搜索识别。然而，在整体上，大多数政务微信账号在界面和功能设计方面还具有很大的提升空间。

其二，定制化信息服务初现端倪，全流程在线办事尚未突破。少数上海政务微信公众号已开始通过人群分类、查询检索、关键词回复等方式，为用户提供定制化、个性化的信息服务。还有些政务微信实现了在线办事，如位置服务、预约服务、业务受理、进度查询、评价投诉等。但总体上，上海政务微信账号中能实现在线办事功能的仍屈指可数，服务大多停留在查询和预约层面，尚未深入后台核心层面，也未实现全流程办结，尤其在支付环节尚未实现突破，政务微信重发布轻服务的情况仍较为普遍。

问：从您对上海政务微信现状的描述中，可以感受到一些政务微信号已经在信息发布、互动、定制化信息服务上走在了前沿。在信息发布方面，能否为我们详细介绍一些优秀案例?

答：当然可以。在信息发布方面，不少微信公众号的发布内容紧扣热点，贴近民生，实用实在。比如“上海公交”微信公众号对春运、重大节假日、大型赛事、清明扫墓、上海国际旅游节、防台防汛等市民密切关注的交通保障工作及时发布信息。“乐游上海”在选题上注重新闻性、亲近性，内容制作上强调信息量和服务性，话题设置上强调主题性，在活动设计上强调策划性。“上海发展改革”公众号既发布重大政策图解、自贸试验区最新进展、碳交易情况等信息，又可查询今日菜价、最新超市比价、当前上海成品油价格以及政府定价等民生价格信息。“嘉定发布”公众号发布的内容既有政务信息，又有社会便民信息，同时设置了符合嘉定古韵气质的人文板块。

许多政务微信公众号的发布形式也越发丰富多样。“上海静安”将发布资讯的语言定位为“萌”，语言活泼可爱，并推出首家区县微信表情“静宝”，以供网友下载和使用。“嘉定发布”不定期推出“图说嘉定”，以图解的形式解读政府工作报告、经济运行指标等，均十分受网民欢迎。“青春上海”公众号在视觉呈现上，对每期主要栏目做头图设计，重要内容绘制信息图，通过视觉与内容的组合搭配形成独特风格，还在图文内容中大量运用图标，制作原创信息图。

不少政务微信还充分运用了多媒体形式发布信息，“浦东发布”开通了微电台，以语音方式向用户发送“每天浦东话题精选”“创业故事汇”“小布点歌台”。“上海天气”运用自然语言处理及语音技术，可与用户进行语音聊天，回答天气、科普、生活百科类问题，增强用户体验。“闵晓法”公众账号用微电影、视频、语音等方式宣传、解释法律法规，用丰富的形式帮助市民了解法律知识。例如，发动司法行政工作人员、法宣志愿者、律师，甚至普通居民等多元主体录制《晓法说》语音节目，以1—2分钟的语音向广大用户讲述法律知识；还推出首部“晓法微电影”，结合新颁布的《上海市非机动车管理办法》，自编自导自演了微电影《自行车上的幸福》，通过幽默风趣的演绎形式来普及新法新规。“上海静安”公众号也推出过《文明静安》的宣传片和《机器猫交警梦想》的微电影。

问：这些政务微信公众号的发布频率如何？

答：在发布频率上，不同的政务微信也根据用户需求和信息属性，制订了不同的发布战略。“上海发布”微信公众号平时每天主动推送一期“1+5”的多图文消息，即1条上海当日重要信息和其他5条与市民生活密切相关的服务类信息，而当上海有重大新闻消息需及时让市民知晓时，均在第一时间专题推送1条图文信息。“徐汇文创”公众号坚持在每个工作日推送信息，每天发布内容包含1条主新闻和数条简讯，每条新闻尽量以多幅插图的形式反映活动场景和现场气氛，增强信息的趣味性和可读性。“上海崇明”周一、三、五进行对外发布，每期3条消息，注重发布的每条消息的质量，以内容增加对网友的吸引力。“三农维度”的常规发布为每周2期，每周二、周五推送；有相关领域的重大主题活动时，增加推送次数，控制微信推送信息量，减少对订阅用户的“骚扰”。

问：政务微信跟政务微博相比，更加强调互动反馈。这方面，上海的政务微信有哪些亮点?

答：在与公众开展互动和接受反馈方面，上海政务微信也出现不少亮点。“浦东发布”首批开通微社区服务，互动常态化且参与度较高，“乐游上海”建立了金牌粉丝俱乐部，以吸引微信草根活跃分子，通过民间口碑传播来扩大影响力。“上海虹口”实现常态化的互动活动，每两周1次文化活动抽奖，每周2次联系《虹口报》，以曝光台方式公布百姓投诉的问题。“长宁检察”公众号包含“微社区”“微客服”“举报、控告、投诉”“法律咨询”等功能，打造了一个检民互动的社区平台，使用户与用户之间、用户与平台之间进行多对多的沟通模式，为公众带来了更便捷和畅快的互动体验。此外，一对一的“微客服”功能，也使该院能够与民众面对面进行线上实时交流，在互动中切实解决百姓关于法律方面的疑惑，打造“指尖上的检察院”。

“上海交通”微信公众号则开设了“答网友问”专栏，并与相关业务部门和职能机构进行对接，就网民关心的热点问题公开回答网友咨询，积极解决市民诉求，对于未能及时解决的政策法规层面问题，由信息员负责汇总相关内容制作专题进行统一发布。“上海闵行”公众号则通过 “你问我答”，鼓励公众为闵行发展出谋划策。“上海崇明”在互动反馈方面对于网友自动回复外的咨询，当天人工回复，做到让每条回复都得到回应。“文化上海”通过“微互动”板块提供了一个与粉丝互动的平台，粉丝可以方便地留言，后台及时回复。“上海静安”也及时回复后台信息，接受粉丝的反馈建议，欢乐的互动使得“上海静安”越做越活。

问：依托移动互联网，政务微信更加注重给网民提供民生服务。从服务的角度看，上海哪些政务微信做得不错? 主要提供了哪些服务?

答：政务微信的服务功能主要包括两种类型，一是信息服务，二是在线办事。前者是基础性服务，后者是功能性服务。

从信息服务的角度看，许多政务微信公众号充分利用微信的相关功能，通过自定义菜单、查询检索、关键词回复等方式为公众提供个性化信息服务。比如“上海发布”微信公众号，通过“自定义菜单”，使用户可根据自己的需求，按菜单指示点击查找信息。不仅可在主页看到当日最重要的5—6条信息，在页面底端还有“微互动”“今日推荐”“专题信息”三个一级菜单，点开一级菜单，又可分别进入多个二级菜单页面，丰富了内容层次，拓展了信息容量。“上海发布”还首推了“便民信息数据库”查询，对过去一年多时间里积累的涉及交通、社保、教育、卫生等领域的便民服务信息进行全面梳理、更新，设置了200个关键词，用户可输入关键词进行互动查询。在“上海黄浦”微信公众号上，用户可通过“品读黄浦”栏目里细品慢读黄浦景、黄浦人、黄浦情，在“最in活动”栏目里找到上海人气最旺的文化活动信息，还可跟着手绘地图畅游黄浦12个申城地标，动动手指一键找到想要的实用资讯。“闵̇晓法”微信公众号也在自定义菜单中设有“法律咨询”“法律援助”“金牌调解在线预约”等功能，可满足用户的不同需求，进行有效服务。

从在线办事的角度看，上海政务微信服务号在为企业和公众提供办事服务方面也出现了一些优秀案例。“上海公安出入境管理”公众号使用户可通过微信预约办理出入境证件，查询出入境证件办理进度等，其中预约办理服务可精确到小时，并可享受专窗受理，免去现场填表和排队的麻烦，有效缩短办证时间。“长宁检察”公众号在“在办案件申请”和“律师接待”栏目中也开设了预约功能，还提供了诉讼进程查询服务。此外，一些政务微信开始为用户提供基于地理位置的服务。在“上海闵行”公众号上，用户可查询离所在位置最近的5—20个公共自行车，发送自己所在的地理位置就可看到“上海闵行”推送的附近公交线路。

问：不少政务微信的运营人员感觉比较头痛的问题是优质内容的稀缺。单纯依靠政府部门自己创作和提供的信息，有时候会显得比较单薄和雷同。有什么好的办法可以采用众包理念，让用户生产内容（UGC）也为政务微信所用呢？

答：这方面，上海的一些政务微信做了尝试。比如“爱天气”微信公共号除了可为用户提供全国2 345个城市权威的气象数据、天气资讯外，每天从与用户互动的街拍照片中选出推送的题图，通过众包方式，实现了政民合作。“青春上海”微信公众号与粉丝进行线上线下互动，真正走向“好友”，通过微信招募举办了“春日拍花”活动，招募了近百位粉丝前往鲜花港教学拍摄鲜花，并举办小型摄影比赛。“上海徐汇”开通了投票功能，围绕热点话题发起投票活动，充分调动用户的参与度，在菜单栏开设“美丽行动”专栏，邀请用户参加“十大美丽楼道”“十佳创全黑板报”的评比。“浦东旅游”公众号也在2014年春节期间，发动用户票选上海“人气景点”。

问：关于未来政务微信的运营发展，您有些什么建议呢？

答：当前上海政务微信存在一些问题和需要改善的地方。从总体发展目标看，我们建议政府部门要基于实际需求，打造立体化交叉式的政务微信群。

目前，上海市的政务微信仍集中在少数区县和部门，而公众对于政府公共服务的需求却遍布各个条块，微信的应用也已经深入社会的各个角落。建议各级政府部门基于实际需求，本着群众走到哪个平台，政府就把服务送到哪个平台的原则，开通政务微信，并将其视为在线上实践群众路线和便民利民的民生工程。

尤其是在工作上直接面对社会公众，提供公共服务的政府部门应尽早开通这一平台，打造跨层级、区县与部门的上海政务微信群。此外，还应积极带动具有公共服务属性的国企和公用事业单位开通政务微信，例如公交地铁、铁路航运、医院、图书馆、博物馆、水电煤公司等，实现跨界联动。

此外，随着政务微信的不断开通和数量增长，应避免政务微信之间各自为政，条块分割，形成碎片化的“微信孤岛”。建议在业务职能上关联性强的政府部门打破部门壁垒，整合资源，围绕用户需求和应用场景，开展跨部门合作，联合推出政务微信，形成交叉式的政务微信架构，为公众提供一站式、无缝隙的微信公共服务。

最后，还应避免无视业务属性和用户特性，一刀切、一窝蜂地要求所有层级和部门开通政务微信。一个地区或部门是否开通政务微信应以实际需求作为根本出发点，充分考虑部门特性和用户属性。

问：如何加强政务微信的互动反馈，尤其在人手有限的情况下？

答：的确，政务微信应更多开展平等双向的互动。在信息回复方式上，应多采用自动与人工相结合的方式，既能给用户及时答复，又为后台留有一定的缓冲时间，兼顾用户互动体验和政府内部回应能力。对具有共性的、简单的、标准化的问题，可更多使用自动回复，对复杂的、个性化的问题，可更多采用人工方式予以答复，回复应迅速及时。

政务微信可通过互动社区、互动问答等多种形式，开展丰富多样的互动方式，实现用户与政府部门之间的一对一、一对多或多对多的实时互动。 互动应更加注重实效，避免互而不动， 除了问答资讯类问题，还应接受评价投诉，解决公众的实际问题。此外，还应通过微信开展众包，充分发动公众与政府合作完成公共服务或社会管理工作。

问：关于政务微信如何为民办事，您有何建议？政府部门是不是只要将线下服务流程和功能平移到微信平台上，就能最大限度地实现微信的服务功能？

答：从提供公共服务的角度看，政府微信可通过关键词自动回复、信息查询等功能，为公众提供自动化、个性化的信息服务。同时，政府部门也应充分利用微信服务号，将线下的办事服务搬到线上，通过位置服务、预约服务、业务受理和办结、线上支付、进度查询、评价投诉等功能，实现全流程、闭环式的微信办事，使公众足不出户、随时随地就能获得政府提供的服务，切实地为公众的生产生活带来便利。

不过，需要强调的是，微信办事不仅仅是对既有办事模式的微信化，即只是将现有服务流程未经优化和改造便原封不动地照搬到微信上，而是应在微信环境下实现既有模式转型、流程再造和机制创新。移动互联网已经深刻改变了我们的生产和生活方式，在传统技术条件下形成并已行之多年的办事模式和服务流程，在新技术环境下可能已经不再合理和必要，应在将其转入微信平台前，先对既有流程进行简化、优化和再造。

问：一些政府部门内部也会有所疑虑，是不是政务微信兴起后，政务微博可以适当淡化，而政府网站的作用也会大打折扣？

答：我并不这么看。微信的兴起，并不意味着网站、热线、微博等发布和服务渠道已经过时，反而我们要利用多渠道实现全覆盖，建设O2O跨平台协同联动机制。由于不同人群获取信息的能力不同，使用习惯各异，政府部门应基于各个平台的功能特色和用户特征，围绕不同人群的实际需求来选择和运用平台。在前台，政府部门应充分运用多种渠道，全方位立体化地发布信息和提供服务。而在后台，应打通微信、微博、网站、热线等不同平台的管理运维，实现跨平台协同与联动。

例如，政府门户网站上的重要信息也可同时在微信和微博平台上以图文形式发布，政府热线电话的接线员也可回答来自微信平台的公众语音提问，电子政务系统的办事功能也能在微信端登入。同时，也应注意在发布、互动、服务等方面实现线上线下的连接和协同，避免出现线上线下两条线各自平行，不相往来。政府部门在前台无论通过哪种发布渠道和服务平台，形式上有何差异，其核心都是提供信息与服务，在基础层面和后台管理上应实现协同与整合。

问：但一个不争的事实是微博活跃度降低，微信活跃度增加，您怎么看待这一趋势对政务微博的影响呢？

答：微信确实吸引了大量用户，但是微信并没有完全替代微博。两者具有不同的特性，微博更多表现为媒体属性，就像一个开放的大广场，更适合一对多的发布和突发事件应对，而微信像是一个相对封闭的客厅，更适合点对点互动和服务。平时可能大家会花更多的时间在微信上，但是当发生突发性的公共事件时，仅凭微信朋友圈内的信息可能无法满足其信息需求，这时就会去微博或其他信息平台搜索。因此政府应基于这两个平台的特性，采用不同的方式进行差异化利用，并在不同的平台间实现协作，互相借力。

问：国家网信办要求2014年年底之前，力争建设6万个政务公众号，您怎么看待这一政策？

答：目前不少政府部门对于是否开通政务微信持观望态度，国家网信办的这一政策有利于推动政务微信的发展。虽然政府部门已经开通了门户网站和政务微博，但是当大量用户已经在微信上阅读和传播信息时，政府应本着群众走到哪里，政府就主动将信息和服务送到哪里的精神，积极开通政务微信，这其实就是移动互联网时代的群众路线，而不是被动地观望。

但在这个过程中，也要注意避免一刀切和走形式，不能盲目要求所有政府部门不论性质不论需求一律开通政务微信，而对于确实有需求开通政务微信的部门，也不能一开通就了事，而要注重日常运营和效果。要在数量上实现6万个的目标并不难，难的是真正发挥政务微信的发布、服务和互动效果。

问：您认为应如何科学评估政务微信，并实现其可持续发展?

答：评估政务微信，归根结底是要评估效果，而不是只看那些表面上的数据，不能只看具体开了多少微信号，有了多少粉丝，发了多少内容。这些只代表产出，而不是效果的指标。现在有很多微信榜单在比较阅读数、点赞数、转发数这些数据，这些数据确实代表了一种效果，比简单地比较粉丝量来说是一种进步，但是这些榜单也可能会形成一种误导，让大家把注意力都放在这些数据上，那就是把微信当微博用了。微信不只是传播工具，如果只讲传播功能的话，微博也能做到。在发布和传播之外，还应注重微信的服务和互动功能，这些才是微信和微博的最大区别。所以，对于微信的评估，应该发布和服务并重，并注重实际效果。

【本章小结】

通过对政务微博微信研究、运营、监管领域8位专家学者的深度专访，我们得到一些共识性的观点。

政务微信崛起

政务微信的崛起已是一个不争的事实，专家学者们普遍看好政务微信的服务功能，是连接人与人、人与信息、人与服务的最佳平台。沈阳教授认为政务微信若只是关注信息发布，其效能实际上没有发挥到极致；祝华新秘书长将其比喻为“政府为老百姓办事的小秘书”。

“双微”联动

尽管微信活跃度攀升，微博活跃度降低，但这不代表政务微信可以取代政务微博，微博属于公开的意见表达平台，拥有“大众媒体”特质，在舆情监测和突发事件快速、高频化的信息发布中依旧具有独特优势，因此张志安教授提倡政府部门不应“喜新厌旧”，而应“新旧结合”，发挥“‘双微’联动”效应。

政策解读

对于国家网信办提出“力争今年年底，政务公众账号达到6万个”的发展目标，专家学者们肯定了国家对发展政务微信的充分重视和明确鼓励，但也理性客观地认为达成这一目标的难度大，建议在政务微信加速发展进程中，不应只是简单地定数量、下指标，而应分考虑实际需求、人员编制和机制保障等问题，避免公众号开设后成为“僵尸号”。

现实困境

从发展现状来看，政务微信存在着比较严重的不平衡现象，有的发展很好，但还有很多政务微信的运营可以用惨淡来形容。从观念上看，一些基层政府部门仍未意识到我们的资讯获取方式已经转移到移动客户端，对移动互联网更多的是一种恐惧，害怕在指尖上与民众交流互动。从人员配备和保障机制上，政府部门普遍感到运营人手捉襟见肘，更谈不上完善的机制保障。从实际运营来看，服务号的模板缺乏，进驻门槛高，订阅号中既有“干货”又有“美感”的优质原创内容缺乏。

科学评估

专家学者们普遍赞同订阅号和服务号分开评估。如中山大学传播与设计学院的研究团队设计了一个指标体系，具体包括专业表现、互动性、服务表现、影响力四个方面，并对政务微信订阅号和服务号的评价指标设置不同权重。沈阳教授的研究团队也提出三个评价维度，认为既要评估阅读量，也要评估粉丝数，还要考虑其服务效能。

发展建议

8位专家学者都提出了许多建设性的意见，这里仅选编部分精彩观点。

人民网舆情监测室秘书长祝华新：政务微信重在方便老百姓办事，所以应该建立丰富的政府办事指南关键词库，便于公众查询，并且尽可能地实现多项网上办事功能。

清华大学新闻与传播学院沈阳教授：用互联网思维中的‘快、准、实、极致”来提升政务微信的服务效能。

广东省网信办网络宣传评论处处长黄红英：“广东发布”在内容运营策略方面，采取“政务消息+民生新闻+互动分享”相结合的模式；在平台运营上，探索出了政企合作的新模式。

中山大学传播与设计学院院长张志安教授：对大部分政府部门来说，要尽快建立政务微博和政务微信的联动机制。

中山大学传播与设计学院张宁教授：政务传播要有一个“有理念，懂方法，熟悉工具，随时可以转换战场”的心态，要对日新月异的新媒体技术发展导致的网络沟通平台的多元化融合、多功能汇集有心理准备和技术准备。

大粤网执行总裁易海燕：针对人手不足问题，建议与第三方媒体组织合作。如果是偏重宣传的部门，可以选择“自己运营+媒体（以及文化公司）专项合作”的模式；如果是有具体职能的服务部门，可以选择跟具有开发功能的新闻网站合作，采取代运营的方式。

中国传媒大学媒介与公共事务研究院高级研究员侯锷：政务微信要实现功能与职能的充分发挥，在平台的顶层设计上需要事先做好四个基本层面的功课，一是平台定位，二是组织分工，三是内容管理，四是授权管理。

复旦大学国际关系与公共事务学院郑磊副教授：微信办事不仅仅是对既有办事模式的微信化，即只是将现有服务流程未经优化和改造就原封不动地照搬到微信上，而是应在微信环境下实现既有模式转型、流程再造和机制创新。

附录　中外政务微博运营案例

【精彩速递】

140字的政府微博是一项浓缩的艺术，许多政府机构和官员一直在探索总结政务微博的运营之道。古有云，“他山之石，可以攻玉”，本篇将对国内十几个政务机构及官员的微博运营、美国政府Twitter运营机制及策略、各国政府驻华使馆政务微博使用策略进行案例分析，生动、细致、直观地展现国内外政府机构和官员在微博、Twitter社交媒体上的成功经验和创新理念。

“爱吃火锅，更爱喝茶，不爱没有阳光的天空；爱摆龙门阵，爱打望，不爱没有田园的水泥森林。爱这座城，她发展最快；恋这座城，她生活最慢。爱熊猫，也爱表达；爱互动，更爱分享。我叫小微，在成都，爱成都！”“@微成都”的内容以体现城市价值、服务成都市民、传播成都文化为主，完全符合其“在成都，爱成都；无距离，有力量”的定位理念。

“@广东发布”精心策划2014年广东两会报道：提前两周推出“两会微解读”栏目进行宣传预热；两会期间搭建热门话题#2014广东两会#直播广东两会现场、2013年工作回顾、2014年工作部署、最新政策以及各类民生信息等，并举办两场“两会微访谈”，获阅读量95万次；多渠道宣传，专门搭建#2014广东两会#RICH话题页面及微博首页焦点图，在南方网、大粤网平台设置了“@广东发布”两会直播专区。

中共浙江省委组织部原部长蔡奇说：“我们都知道微博里面藏龙卧虎，草根里有很好的智慧和真知灼见，群众比我们高明得多，任何时候都不能忽视草根的智慧。所以政务微博应该放下身段拜民众为师，问情于民，使我们的决策更加贴近民众的棋盘。”

2012年3月，正值医疗改革两周年，奥巴马号召听众发布自己看到的变化以及自己喜欢“奥巴马医改计划”的理由，随即连续转发了数条听众微博。

美国NASA运用Twitter建立凤凰号火星探测器账户“@MarsPhoenix”，吸引了18万以上的跟随者，成为最为流行的微博之一。这个微博的运营独树一帜，从简介到头像，NASA试图让跟随者忘记这是一个由政府机构运营，以机器为主角的微博，取而代之的是一个有活力、有生命的微博，从而尽量赋予火星探测器人物特征。在签名栏中，作者以第一人称写了三个单词：“我挖掘火星！”

一、国内优秀政务微博案例（机构篇）

微博兴起至今，极大地拓展了中国互联网舆论的广度和深度，亦逐渐地影响和改变着政府的执政理念和方式。各级党政机关工作人员和不同机构都纷纷进驻微博，在微博上提供资讯和服务，及时发布官方政务信息，听取民意，关注民生。

政务微博的开通简单，但之后的运营维护仍需要大量人力物力的投入。因此我们能看到一批持续维护、影响力大、具有地方和行业特色的活跃用户，也不乏少人问津、影响平平的空头账号。本章试图通过对一批优秀政务微博运营机制和策略的分析，总结出一些比较通行的经验。

综合国家行政学院电子政务研究中心在2014年3月发布的《2013年中国政务微博客评估报告》、2013年3月发表的《2012年中国政务微博客评估报告》和人民网舆情监测室出炉的截至2012年12月的“十大官员微博排行榜”，我们选取以下具有代表性的党政机构和官员个人微博典型案例与大家分享。

1. “@上海发布”

“@上海发布”于2011年11月28日登陆腾讯微博，截至2014年9月，听众数量已经超过600万，发布微博超过2万条，每天及时广播各类信息，全方位立体式与博友进行互动交流，成为机构政务微博中的佼佼者。

（1）多平台大融合，致力民生服务

上线之初，“@上海发布”旨在及时发布权威的上海政务信息，努力提供涉沪实用资讯，积极与网友开展互动，回应群众关切。一开始便确定了诸如“早安上海”“上海新闻”“午间时光”“灯下夜读”等栏目，随后在微博上组织微访谈、微活动、微调查，在发布信息的同时鼓励网友一起参与互动，实现真正的为民服务。主页右侧添加了“中国上海”门户网站和上海市人民政府新闻办公室官方网站的链接，平台大融合，共同致力于服务民生。

一般来看，“@上海发布”以话题#早安上海#广播每日气象信息开始一天的微博之旅，诙谐幽默的语言加上生活化的表述方式拉近了与听众的距离。发布内容多属原创，具有极强的地域性，且图文结合让阅读更轻松。交通、本地新闻、教育、就业、物价、文体活动、文化资讯等分别用#交通快讯#、#上海新闻#、#便民提示#、#菜里乾坤#、#午间时光#、#文化资讯#、#灯下夜读#等话题标签明确广播内容，方便博友快速阅读。

上海发布：【崇明乡村巴士2路停驶1个月】#便民提示#经常乘坐崇明巴士乡村2路的居民朋友注意了：巴士集团表示，由于崇明新河镇进化村进隆路的过路地下渠道渗水，导致该处地面严重沉降破损，影响到公交车通行。在修路的过程中，巴士乡村2路明（5月26日）起至6月25日将停驶1个月，请乘客留意。via@交通港航

上海发布：【每日文艺·杨华生和滑稽戏】#午间时光#今晨辞世的杨华生老先生，是上海滑稽戏的泰斗，他的演艺生涯几乎就是一部滑稽戏的历史。今天中午，让我们一起回味《档案----滑稽大腕 杨华生》http://url.cn/109VKK，以及经典段子《宁波空城计》http://url.cn/1m9qRB

5月24日 12:45:38 来自腾讯微博　全部转播和评论(127)　　转播 | 评论 | 更多

（2）配备专业运营团队，制订详细工作章程

从发博规律上看，“@上海发布”锁定关键时段，信息服务性强。比如上下班时间发布交通信息，周末来临前发布天气和短途旅游信息，闲暇时间发布在上海举行的文体娱乐活动信息，等等。每天早上9—12点、下午3—5点都是微博发布的高峰期，且这些时段发布的信息具有极强的服务性，例如交通出行、菜价趋势、文体活动等，刚好符合大众在相应时段的行动需求。

上海发布：【菜里乾坤第42期：抽查】#菜里乾坤#最新的菜价抽查显示：与前一周相比，13种蔬菜均价9降3涨1持平。刀豆降幅最大，下降27%，大白菜降7%。抽查菜场10家，覆盖中心城区和闵行区。你家附近菜场，蔬菜价格的走势怎样呢？今天中午，小布将继续发布全市数十家菜场超市的详细菜、肉、蛋、鱼价格，敬请关注。

上海发布：【早高峰路况：南北、内环均现红色拥堵路段】#交通快讯#又到"忙死day"啦，一大早开车的朋友看过来，目前拥堵的路段有：南北高架西侧汶水路至延东立交；沪闵高架东侧桂林路至漕宝路。请筒子们谨慎驾驶，再忙再赶也要注意安全。via 上海市市政工程管理处

5月28日 07:20:42 来自腾讯微博　全部转播和评论(57)　　转播 | 评论 | 更多

为了保证微博运营的专业性和严谨性，“@上海发布”专门配备了8名全职工作人员。其中一名美编专门负责广播插图，文字编辑在撰写完每一条广播时会相互传阅，小组成员共同编辑出最后内容。

（3）广泛征集网友意见，巧借活动亲民互动

在沟通互动上，“@上海发布”不仅有针对性地回应广大博友的疑问，还主动在广播中“@”其他政务机构，积极互动，形成顺畅的信息流通链；或者主动征求网友对于公共事件的看法和意见，如2012年5月25日，“@上海发布”在微博上以“浦东公交线网拟调整，征求您的意见”为标题来与网友互动，收到网友们的热烈响应。

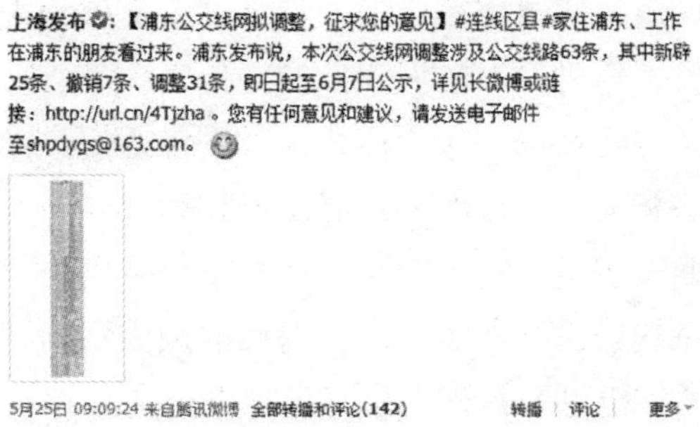

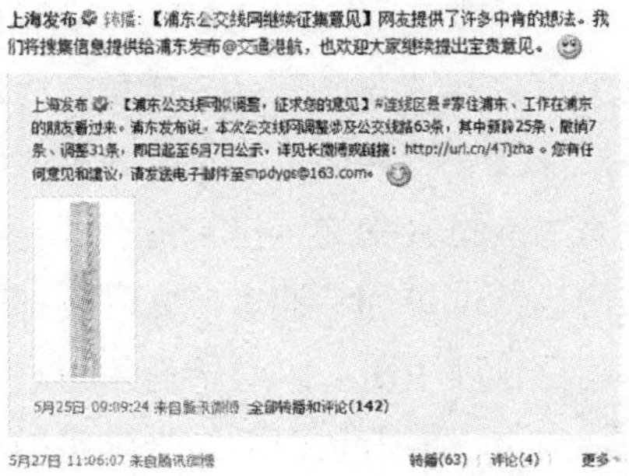

“@上海发布”是目前机构政务微博中运作相对成熟的典型案例之一。其定位、功能与上海的城市形象和市民生活紧密贴近；形式上清新活泼，内容精炼且具针对性，极好地迎合了现代人的生活方式和阅读方式。作为政府部门的官方微博，它在发挥服务民众这一功能的同时也塑造了亲民、便民、爱民的政府形象。

中山大学传播与设计学院院长张志安说：“以‘@上海发布’为代表的省级政府部门微博平台，具有很好的示范效应和带头作用，值得鼓励和赞赏。”他还提到：“政务微博既有利于政府及时传播信息，又有利于政府倾听网络民意，还能强化政府与公众之间的高效交流和紧密互动，从而推动政府决策和信息的透明化、公开化和科学化。”

2. “@微成都”

“爱吃火锅，更爱喝茶，不爱没有阳光的天空；爱摆龙门阵，爱打望，不爱没有田园的水泥森林。爱这座城，她发展最快；恋这座城，她生活最慢。爱熊猫，也爱表达；爱互动，更爱分享。我叫小微，在成都，爱成都！”这段川味浓郁的自我介绍是“@微成都”的特色之一。2010年10月11日，“@微成都”于腾讯微博正式开通，近4年的时间内它的听众突破了530万。

（1）定位明确，立足成都本地，提供城市生活综合信息

“@微成都”的内容以体现城市价值、服务成都市民、传播成都文化为主，完全符合其“在成都，爱成都；无距离，有力量”的城市微博定位理念。所有的栏目设置、内容编选、互动方式、语言风格都以一种更符合互联网传播规律、更容易为网民接受的风格来进行，与关心和关注成都的人友好交流和互动。为了将微博运营得更加专业，“@微成都”编辑部还制定了切实可行的《“微成都”编辑运营管理手册》来对所有编辑进行系统培训和考核。这样的标准化规章制度使团队成员在清晰认识工作激励机制和考核机制的基础上更好地推进日常工作。

（2）设置“主账号—分账号”的工作模式，分工合作基础上集中解决问题

更值得注意的是，在机构设置上以“@微成都”为核心账号及时提供新鲜资讯。以“新鲜资讯，小微有速度；冷暖生活，小微有温度；麻辣话题，小微有态度”的运营宗旨，设置了“@成都小微”（“@微成都”编辑团队微博）、“@成都好吃嘴”、“@小微曝光”、“@小微有态度”、“@你好成都”等一系列按不同需求开设的微博平台。这样的分布使得主账号“@微成都”可以专注于发布城市生活信息，对网友的爆料、疑问、投诉和求助等分散到各专门负责平台进行回应，更利于广播的内容控制和舆论引导。

（3）文字适度卖萌，风格清新活泼

全天候滚动发布广播，几乎每小时及时更新，少则一两条，多则五六条，使得“@微成都”的内容覆盖面广且相对固定。大多数都以“内容标题+话题”引导阅读；图文多原创且地域性、服务性强。例如以#早安成都#和#晚安成都#这两个话题作为每天微博的起始，用#成都词典#、#成都好玩#、#图说成都#、#成都好吃嘴#、#午间时光#、#成都天气#、#成都要闻

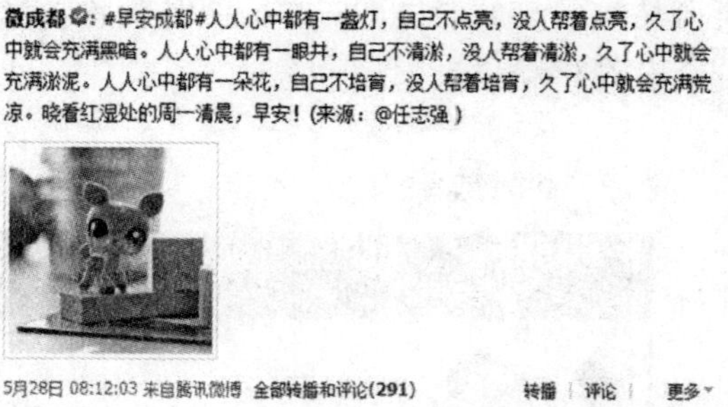

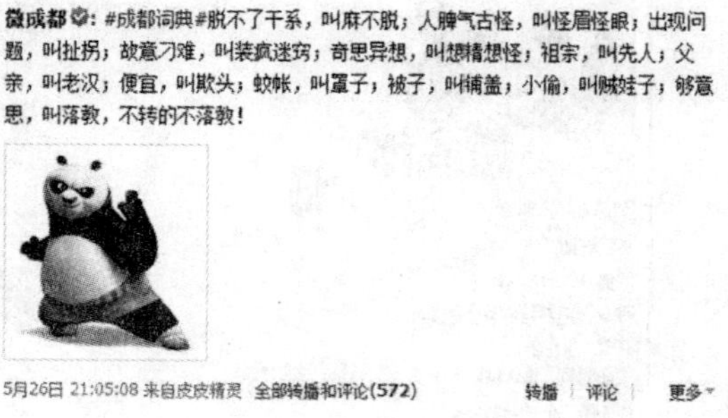

#、#微观天下#、#文化成都#、#历史上的今天#、#成都下午茶#、#道听图说#、#成都好人#等话题来编辑每天的广播，长此以往培养博友的阅读习惯。图文结合，原创内容贴近市民生活。

现在的“@微成都”不仅是四川博友们的交流平台，也成为成都在互联网中的多媒体名片，由此我们能看到一个生动且真实的印象成都。

3. “@广东发布”

“@广东发布”先后在腾讯微博、新浪微博、新华微博平台成立，是广东省政府新闻办的官方微博，也是广东省地级以上市政府新闻办以及省直单位官方微博的集中展示平台。其主要发布广东省重要时政和公共服务类信息，展示广东省“加快转型升级、建设幸福广东”进程和岭南文化特色，既是网民了解广东省经济社会文化发展的重要窗口，也是有关部门与网民沟通联系的网络平台。在2014年广东两会的报道宣传过程中，充分展示了政务微博在重大时事政治中的信息公开能力、舆论宣传力度和网络问政技巧。

（1）两会预热#微解读#

两会召开前一周，“@广东发布”在腾讯、新浪微博平台推出“两会微解读”话题，通过阅读性较强的图解进行两会科普，为广东两会的宣传报道预热。#微解读#共制作5期选题：人大、政协职责和权力简介，人大代表、政协委员出席人员的具体占比，历届有哪些好的提案议案推动过哪些重大变化等。总阅读量达到9.4万，平均每条微博阅读量为1.88万。

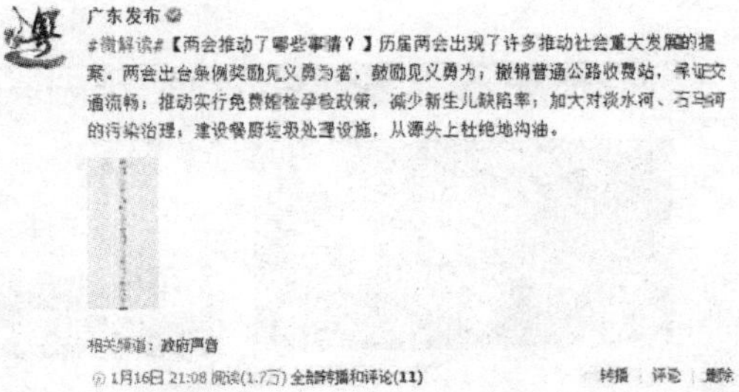

（2）#2014广东两会#现场直播

会议期间，#2014广东两会#共发微博63条，获阅读量91.4万，转评量348

条。从直播内容来看，资讯准确、及时，让网民通过“@广东发布”官方微博及时了解广东两会现场情况、2013工作回顾、2014工作部署、委员提案、最新政策以及各类民生信息等。从直播工作方式来看，分工明确，保证及时，审核流程高效安全。本次直播中，“@广东发布”团队派出两名小编前往现场，另外还有一名值班编辑在办公室内协助制作长微博。从直播形式上来看，发布形式多样，互动充分。主要发布形式为“微博文字介绍+@相关单位互动+现场图片（或现场实录长微博）”，与各政务单位、权威媒体保持密切联动，与广大网友保持亲切互动。

（3）两会微访谈

在广东两会期间，“@广东发布”举办了“梅州全力加快绿色经济崛起”“揭阳谋划建设民生实事”两场微访谈，获阅读量3.7万。

（4）多渠道宣传

两会期间，“@广东发布”专门搭建#2014广东两会#RICH话题页面及微博首页焦点图，一共收集相关话题微博共245条。“@广东发布”#2014广东两会直播#在南方网、大粤网平台均有直播呈现，大粤网两会专题中设置了“@广东发布”两会直播专区，让更多网友能第一时间接收会场信息。

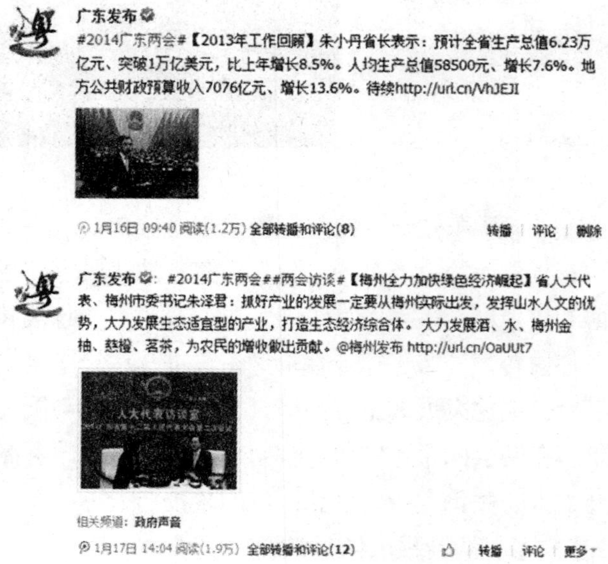

“@广东发布”#2014广东两会#RICH话题页面

大粤网两会专题“@广东发布”直播专区

4. “@平安肇庆”

“@平安肇庆”将自己定位为广东省肇庆市公安局网络问政平台，这样的角色定位决定了它的内容更多地偏向问政、服务民生等方面。作为全国首个认证的公安机构的微博，它在内容发布、人员安排、博友互动等方面都已进行得相对成熟。截至2014年9月，腾讯微博平台上的“@平安肇庆”已有超过220万的听众。

（1）定位明晰，侧重警务信息发布和生活防范知识分享

从内容上看，区别于城市微博，它更多发布日常警示信息、安全教育、预警信息、社会恶性案件、交通事故、警务咨询、犯罪心理学等。并将主要内容直接以话题形式广播，直入主题，如：#不幸遇到小偷跟踪怎么办# 、#家中现金如何存放#、#全家外出摆下迷魂阵#、#冒险斗小偷不可取# 等。措辞上更加严谨、准确、亲民。除了原创内容外，它还及时转播其他同类警务机构的内容，与兄弟单位积极互动。还有一点值得注意的是，在图片的使用上多用漫画的表现手法，引人深思。

（2）公布值班人员安排，主动拉近与网友距离

打开“@平安肇庆”的微博首页，便可以看到详细的值班表。“@平安肇庆”采用轮流值班制度，分为上午、下午和晚上三个班次，每个人都要进行内容编辑，并在自己熟悉的领域选取合适的信息进行广播。三班次值班安排，保证了微博可以作为及时向警方爆料的一个信息通道。值班民警与博友的亲切互动让网友觉得面对的不再是一个形式化的微博账号，而是一个可与之交流沟通的个体，长期的真诚沟通为“@平安肇庆”培养了一批忠实粉丝。

（3）及时互动，增强公信力，培养忠实用户群

每天早上9—11点、下午3—5点、晚上9—10点是广播频率相对高的时段。除了原创微博，这也是一个活跃的互动平台。博友将各种违法犯罪的现象在这里爆料，咨询各种便民信息、警务信息等都能够及时得到相对专业的回应。同时热心博友也会在这样一个平台上提供自己的相关经验和知识。应该说这样的警民互动在一定程度上增加了“@平安肇庆”的公信力和影响力。

自2010年2月25日“@平安肇庆”官方微博开通以来，肇庆市公安局以“倾听民意、了解民情、疏导民怨、疏解民困”为目标，坚持做到有问有答、有答有办、有办有督。经过4年多的努力，“@平安肇庆”微博不仅实现了全市9个县（市）区公安微博“平安”系列的联动响应，还在实践中进一步摸索建立了“网络发言人制度”“答复网民口径库制度”“微博管理制度”“问政邮箱制度”“微博值班制度”“定期通报制度”“微博专家团”七大制度。这些在实践中摸索出的经验将在未来的实践中继续作为工作的准则，也为同样类型的公安机构微博提供了极具实用性的践行原则。

5. “@重庆市政府新闻办”

2011年5月，重庆市政府新闻办公室在腾讯和新浪两个平台上开通官方微博，并同时发布首条微博，为当地网络热炒的一话题进行说明发布，几小时内迎来上万网民关注。作为四大直辖市中最早开设微博的市政府，“@重庆市政府新闻办”创下了省级微博问政的先河。截至2014年9月，其在腾讯微博的听众数量已经超过150万，在新浪微博上的粉丝数量也已经超过了130万。

（1）官民沟通全新平台，网络执政雏形初成

作为重庆市人民政府新闻办公室官方微博，与其他的城市类机构微博相比，它显得更为严肃和正统。时任中共重庆市委宣传部副部长、外宣办主任周波认为：“微博是一个全时全域的全新传播方式。网络微博的广泛应用，极大地影响着公众的沟通交流模式，同时也深刻地改变了政府机关公共服务信息的传递方式。重庆市政府新闻办的官方微博是另一种形式的自主新闻发布，希望能通过官方微博有效传递党和政府的声音，使之成为党和政府联系群众的新方法，成为推进政务公开的新工具。”

（2）及时发布权威政务信息，关注民生解决实际问题

与众多城市微博一样，它每天的第一条微博多是天气预告，其后几乎每小时都进行广播。同时使用#关注百姓#、#服务民生#、#时政播报#、#天气早参考#、#温馨提示#、#微博传箴言#、#微美重庆#等话题来分类广播信息，几乎每一条广播前都有相应标题。形式上多为文字叙述结合精确数据，并使用长微博发布各种便民资讯，措辞严谨、准确。除了原创内容，也常转播其他政务机构微博。如帮巫山县乌龙村“叫卖”冻椒一事，让不少网友称赞，认为这样的亲民微博就是实实在在的民生。除此之外，小孩走丢帮忙寻找、天雨路滑小心安全、交通堵塞等网友关注的问题和服务信

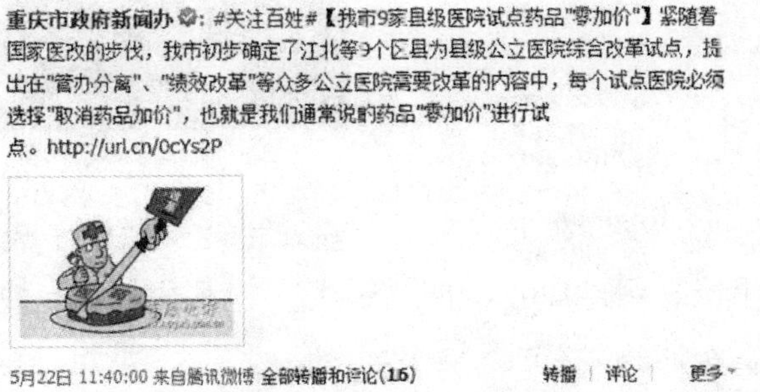
重庆市政府新闻办：#关注百姓#【我市9家县级医院试点药品"零加价"】紧随着国家医改的步伐，我市初步确定了江北等9个区县为县级公立医院综合改革试点，提出在"管办分离"、"绩效改革"等众多公立医院需要改革的内容中，每个试点医院必须选择"取消药品加价"，也就是我们通常说的药品"零加价"进行试点。http://url.cn/0cYs2P

5月22日 11:40:00 来自腾讯微博 全部转播和评论(16)　转播 | 评论 | 更多

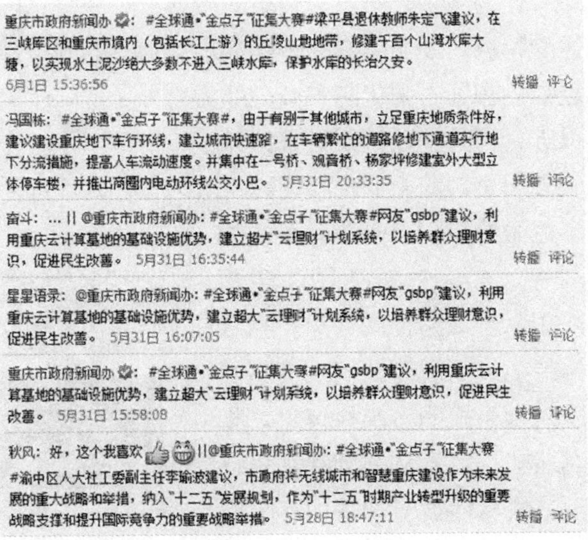
重庆市政府新闻办：#全球通•"金点子"征集大赛#梁平县退休教师朱定飞建议，在三峡库区和重庆市境内（包括长江上游）的丘陵山地地带，修建千百个山湾水库大塘，以实现水土泥沙绝大多数不进入三峡水库，保护水库的长治久安。
6月1日 15:36:56　转播 评论

冯国栋：#全球通•"金点子"征集大赛#，由于有别于其他城市，立足重庆地质条件好，建议建设重庆地下车行环线，建立城市快速路，在车辆繁忙的道路修地下通道实行地下分流措施，提高人车流动速度。并集中在一号桥、观音桥、杨家坪修建室外大型立体停车楼，并推出商圈内电动环线公交小巴。 5月31日 20:33:35　转播 评论

奋斗：…|| @重庆市政府新闻办：#全球通•"金点子"征集大赛#网友"gsbp"建议，利用重庆云计算基地的基础设施优势，建立超大"云理财"计划系统，以培养群众理财意识，促进民生改善。 5月31日 16:35:44　转播 评论

星星语录：@重庆市政府新闻办：#全球通•"金点子"征集大赛#网友"gsbp"建议，利用重庆云计算基地的基础设施优势，建立超大"云理财"计划系统，以培养群众理财意识，促进民生改善。 5月31日 16:07:05　转播 评论

重庆市政府新闻办：#全球通•"金点子"征集大赛#网友"gsbp"建议，利用重庆云计算基地的基础设施优势，建立超大"云理财"计划系统，以培养群众理财意识，促进民生改善。 5月31日 15:58:08　转播 评论

秋风：好，这个我喜欢||@重庆市政府新闻办：#全球通•"金点子"征集大赛#渝中区人大社工委副主任李瑜波建议，市政府将无线城市和智慧重庆建设作为未来发展的重大战略和举措，纳入"十二五"发展规划，作为"十二五"时期产业转型升级的重要战略支撑和提升国际竞争力的重要战略举措。 5月28日 18:47:11　转播 评论

息，都是它发布的内容。

（3）新型网上#新闻发布会#征集网友创意，主动沟通互动

在主要发布市政府的工作和民生服务信息的同时，“@重庆市政府新闻办”也运用微博策划活动呼吁网友参与，提高微博关注度，良性沟通互动。例如举办“重庆科学发展‘金点子’征集大赛”，得到了网友的热烈回应。

总的来看，重庆市人民政府新闻办公室官方微博保持了一贯严谨的作风，与其他城市诙谐幽默的语言相区别，它更注重内容的真实性和表达的精确性，这与重庆的城市形象和微博功能定位极为相符。

6. “@广东天气”

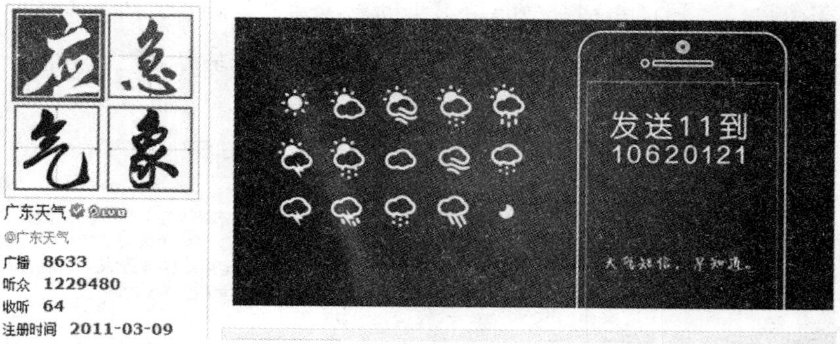

“@广东天气”是广东省气象局官方微博，截至2014年9月在腾讯微博平台上已有超过120万的听众，目前已形成权威、快捷、生动、及时的便民微博气象发布体系。

（1）形式多样，服务网友

作为主要发布气象信息的微博，它更注重内容的多变、形式的新颖、语言表达的特色、图文结合的趣味和本地信息的服务性与贴近性。除个别特定地点天气预报、预警，强化防灾减灾能力之外，“@广东天气”也注重对天气过程的持续跟进，同时辅以气象科普、养生的宣传工作。在形式上图文并茂，将过于专业的气象用语转变为形式活泼的网络语言，并根据需要配以10个字左右的简短标题。多数微博均配有与信息相关的图片，如天气雷达图、卫星云图、台风路径图、全省预警信号生成情况等，偶尔还会辅以视频格式的多媒体信息。相对而言，图片和视频往往更直观，或感性或有冲击力，吸引

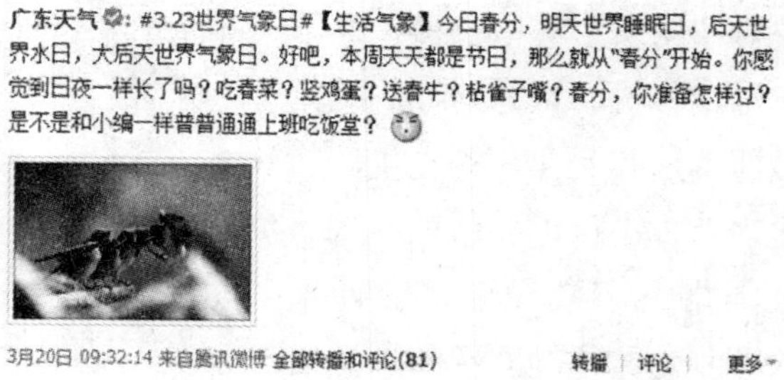

公众眼球，并能对文字信息和内容做进一步的补充与延伸。

“@广东天气”微博每天8：30、12：30、14：30、17：30、20：30左右发布5篇不同主题的信息，内容涉及全省天气趋势预报、过去一天的天气实况、气象科普、生活资讯等，遇到灾害性或突发性天气发生时则增加发布频次。

（2）创建“广东天气小编微博群”，集权威亲民于一体

在工作人员配备上看，“@广东天气”有“苹果”“小牧”“木禾”“小旋风”“黎欧”“西西里”“花生”等10位天气小编轮班进行内容发布。同时，在微博的组织架构上，创建了“广东天气小编”系列账号12个，各小编在自己的账号上以更加轻松活泼的表达方式发布与气象有关的信息，在外围助力“@广东发布”的权威发布。通过“官方微博发布为主，个人微博灵活互动”的形式，“@广东天气”在日常微博和话题互动中与公众进行了有效沟通。

（3）语言俏皮清新，介绍美食佳肴

除了发布气象信息，回顾气象过程，“@广东天气”常在微博上用清新俏皮的语言介绍各种时令果蔬和特色菜肴。

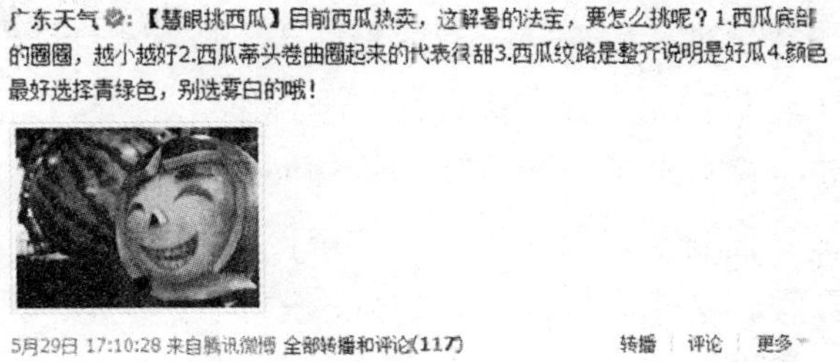

总的来说，“@广东天气”集趣味性、知识性、服务性于一体，达到了很好的宣传效果。

7. “@广东政法”

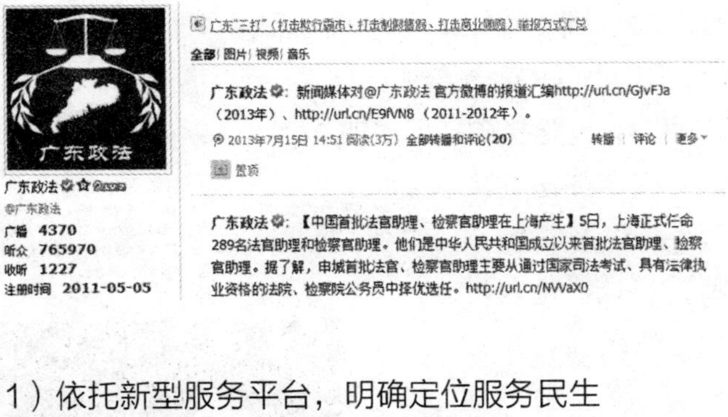

（1）依托新型服务平台，明确定位服务民生

“@广东政法”是广东省委政法委官方微博，截至2014年9月，在腾讯微博平台上已经累计有超过76万的听众，是全国首个省级政法委官方微博。政法委作为政法部门，是同级党委加强政法工作和社会治安综合治理工作的参谋和助手，一般包括公安、检察院、法院、司法、民政等部门。这样的角色限定也反映在其

微博定位上，广东省委政法委将政法官方微博首先定位为组织人，非自然人；其次是服务者，非管理者；三是引导者，非迎合者。

通过微博，“@广东政法”及时发布法治新闻和惠民便民的信息，谨慎回复网友提出的问题，不在微博话语中夹杂任何个人情绪和观点，也从不装萌扮嫩，始终保持一贯的庄重形象。根据前面提到的角色定位，“@广东政法”微博从不以管理者自居，而是认真倾听民生诉求，平等对话沟通，解答网民法律问题，为广大听众、粉丝提供热情而周到的服务，获得广泛认可。

（2）紧贴专业问题，采用精确数据增强可信度

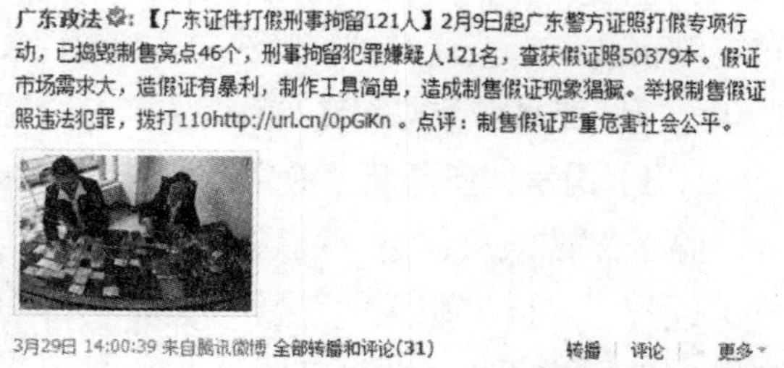
广东政法：【广东证件打假刑事拘留121人】2月9日起广东警方证照打假专项行动，已捣毁制售窝点46个，刑事拘留犯罪嫌疑人121名，查获假证照50379本。假证市场需求大，造假证有暴利，制作工具简单，造成制售假证现象猖獗。举报制售假证照违法犯罪，拨打110http://url.cn/0pGlKn 。点评：制售假证严重危害社会公平。
3月29日 14:00:39 来自腾讯微博 全部转播和评论(31) 转播 | 评论 | 更多

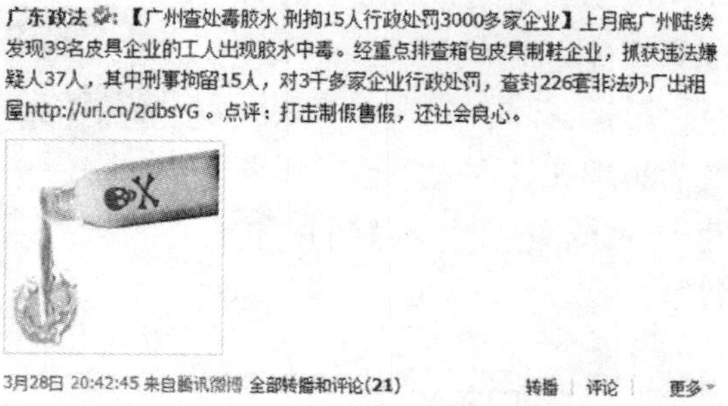
广东政法：【广州查处毒胶水 刑拘15人行政处罚3000多家企业】上月底广州陆续发现39名皮具企业的工人出现胶水中毒。经重点排查箱包皮具制鞋企业，抓获违法嫌疑人37人，其中刑事拘留15人，对3千多家企业行政处罚，查封226套非法办厂出租屋http://url.cn/2dbsYG 。点评：打击制假售假，还社会良心。
3月28日 20:42:45 来自腾讯微博 全部转播和评论(21) 转播 | 评论 | 更多

不同于使用固定的“早安体”“晚安体”开始和结束每天的微博发布，“@广东政法”每天的第一条微博就直接进入主题，发布警务或法务信息等。时间从早上8点多一直持续到晚上10点左右。“@广东政法”上面的内容多是关于政治体制、转型期社会问题、商业犯罪、禁毒、打假、案件审理等综合信息。与城市微博喜欢用#话题#引导内容相区别，“@广东政法”多以10字以内的简短标题引出微博内容，紧接着附上详细信息的链接。基本采取图文结合的方式，原创居多，现场图片和漫画较为常用。措辞上严谨、规范，多引用精确数据，增强内容可信度。

（3）及时回应网友爆料，网络执政初见成效

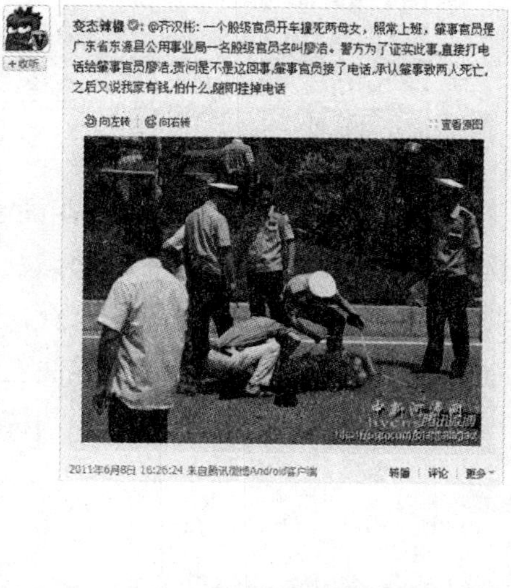
变态辣椒：@齐汉彬：一个股级官员开车撞死两母女，照常上班，肇事官员是广东省东源县公用事业局一名股级官员名叫廖浩。警方为了证实此事，直接打电话给肇事官员廖浩，责问是不是这回事，肇事官员接了电话，承认肇事致两人死亡，之后又说我家有钱，怕什么，随即挂掉电话
向左转 | 向右转 查看原图
2011年6月8日 16:26:24 来自腾讯微博Android客户端 转播 | 评论 | 更多

“@广东政法”针对网友提出的敏感问题和容易引起广泛关注的舆情事件，能够减少中间环节，有选择地及时回应，快速有效地进行舆情疏导。2012年6月8日，“@变态辣椒”等近百名网友向“@广东政法”微博求证如下信息：“东源县公用事业局一名股级官员廖浩开车撞死两母女并逃逸，警察询问时承认肇事，并称我家有钱怕什么！”

同时配发了图片。

"@广东政法"次日即在微博上对此事进行回应：

广东政法：已看到大家对此事求证关注，我根据图片标示从网络上搜索到了新闻：中新社河源5月20日电（缪远东 颜新阳）20日上午9时许，广东河源市东源县一机关单位廖姓工作人员驾车途径该市越王大道雅居乐附近时，将一对横穿斑马线的母女撞死。事故发生后司机逃逸现场，随后被警方控制。http://url.cn/2WEmaM

2011年6月9日 10:53:09 来自腾讯微博　　转播 | 评论 | 更多

事故第二天及时公布了案件进展：

广东政法：河源政法委核查上报：该事故发生后，廖浩立即报警并留在现场等候处理。交警处理完现场后，将廖浩带回大队接受调查并对其控制，目前已解决死者家属差旅、食宿及丧葬费用。|| 刘志祥: || @程刚:求证实！ || @茅侃侃: ||Tegic: CC@平安肇庆 @广东政法 @广东省公安厅 || 詹敏: 求证！

2011年6月10日 20:42:48 来自腾讯微博　　转播 | 评论 | 更多

网友"@变态辣椒"也在微博中感叹，第一次在微博中看到转发的帖子起到了实际作用，微博的力量真大！

变态辣椒：第一次看到转发的帖子产生了实际的作用，微博真的有力量哦 || @程刚: || @广东政法: 河源政法委核查上报：该事故发生后，廖浩立即报警并留在现场等候处理。交警处理完现场后，将廖浩带回大队接受调查并对其控制，目前已解决死者家属差旅、食宿及丧葬费用。

2011年6月10日 23:02:54 来自腾讯微博Android客户端　　转播 | 评论 | 更多

"@广东政法"快速、专业的回应获得了广大网友的一致认可和好评，使得这一敏感的交通事件不再激起更多负面舆情。"@广东政法"微博发展到现在，已经摸索出了自己的一套工作方法和经验，成为政法机关密切联系和服务群众、及时掌握舆情信息、开展网络舆情引导、构建和谐党群关系的新的渠道。

8. "@问政银川"

（1）定位网络投诉平台，“网眼”监督快速便捷

请大家监督。//@银川园林：您好，您反映的西夏公园湖水的问题，该公园已积极进行整改，组织全体职工进行拉网处理，并通过施洒石灰防治和投放200斤鱼苗进行生物防治等措施。目前，水草已得到有效控制，谢谢您的关注。@问政银川

@妞子0610：西夏公园的湖成这般模样，希望有关部门能治理一下，毕竟这里有很多市民游玩锻炼，这是西夏区的一个印证 @问政银川 原文转发 (6) | 原文评论 (5)

5月24日 11:03 来自 新浪微博 转发 (2) | 收藏 | 评论

//@银川市政管理：您好，关于康平街与凤凰北街交叉路口红绿灯前的一个无井盖问题，已告知我单位责任部门，据该负责人告知，井盖并未丢失两周，此前此井盖已于上个月压坏后及时修复。昨晚因大型机动车辆通行，此井盖又被压坏，我单位已报维修所，安排人员进行更换修复，消除道路安全隐患，

@恋花DE蝶：@问政银川 @直播银川 @银川建设 @银川交警 康平街与凤凰北街交叉路口红绿灯前的一个井盖没了快两周了，无人处理，给过往车辆和行人带来极大安全隐患，希望有关部门尽快处理！原文转发 (9) | 原文评论 (11)

5月22日 13:52 来自 新浪微博 转发 (2) | 收藏 | 评论 (12)

“我们承诺：对您@问政银川的问题，本微博在工作时间1小时内、节假日休息时间8小时内，有呼必应！问政银川是银川党务政务网络平台的工作专用微博，主要功能是督促督办，受理银川市民的一般性事务性投诉。重要事项，请上政民互动平台投诉，紧急事项，请打公告栏里的各值班电话投诉。”这是新浪微博平台上“@问政银川”的自我介绍。由此可以看出，它将自身主要定位为网络问政平台。因此，与“@微成都”“@上海发布”这样的城市微博不同，它在内容编排上具有鲜明的特色。

“@问政银川”与其他的城市微博最大的不同就在于，它的内容中绝大部分是回应博友的各种问题，从医保社保政策、城市绿化建设、商品质量检测、市容市貌、水利电力、食品安全、教育制度到咨询各政务部门的电话号码都能得到最及时的回应。

这样一个为民解决问题的平台使得“@问政银川”有着极好的口碑和较高的人气。除此之外，它也转发各种有关物价、就业、民生安全等相关信息，并呼吁博友对此关注。作为银川市委办公厅和市政府办公厅官方微博，“@问政银川”主要负责管理全市的政务微博，督促各部门办理网友反映的情况。

2011年11月1日，“@问政银川”点名批评“@银川地税”未能及时回复市民投诉：

【后进典型@银川地税】检查了转办给银川地税的市民投诉共34件（有些是单纯的政策咨询），很少看到银川地税的回复。该局开博至今共发12条微博，其中，十月份就1条，还是转发。请@银川纪委@银川市直机关工委@文明银川@青春银川关注，在党建考核、文明单位、青年文明号等评选上，检查从严、考核从严。

例如2012年1月1日17时，“@问政银川”点名批评了银川市共19个政务微博连续7个工作日未更新微博内容。

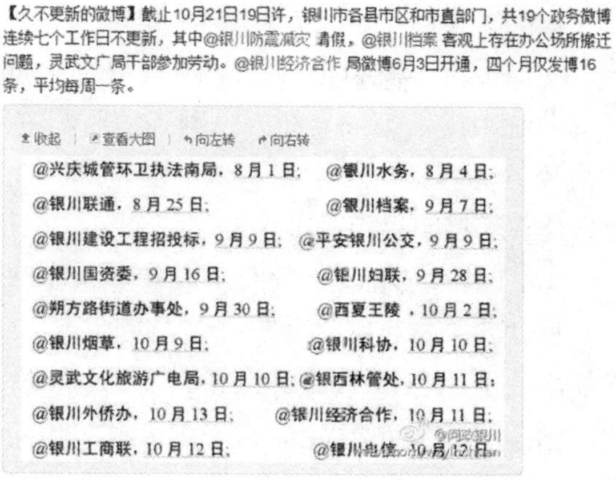

这样的办事风格使得网友切实感受到政府致力为百姓解决问题的诚意，同时借助网络舆论的影响力，弥补了现实中制度无法切实执行的缺陷。

（2）网络互动增强人气，“政务110”深得民心

“@问政银川”突破了前几个政务微博例子中政府与网友互动的格局，它强调当地政务微博群的互动优势。政府机关微博可以互相借力，营造舆论热点，形成群落优势，打造更完善的亲民、惠民、便民话语权。在与网友互动的过程中可以收集网友的各种问题，畅通民意表达的渠道。同时，政府及时向公众发布权威信息，在突发事件的处置上有了更主动的信息发布平台，而网友则改变了以往投诉无门的窘境。

银川市委办公厅微博管理员周鹏表示，“@问政银川”相当于网上“政务110”，迅速反应是政务微博应对突发事件、处理网络舆情的生命线。为践行承诺，“@问政银川”共设3位微博管理员，实行交接班制度，以保证舆情监测的无缝衔接。

（3）“三驾马车”初具规模，明确划分工作职责

通过对政务微博系统的梳理和划分，目前银川市政务微博已形成“三驾马车”通力合作的工作模式：“@微博银川”作为市委和市政府的官方微博，主要负责公布最新重大信息、政务要闻，利用微博开展政民互动；各部门、各单位微博主要负责受理网友意见建议、答复问询；银川市委办公厅和市政府办公厅官方微博“@问政银川”，负责管理全市的政务微博，督促各部门办理网友反映的情况。

9．“@平安北京”

在国家行政学院电子政务研究中心于2013年3月发布的《2012年中国政务微博客评估报告》中，北京市公安局的微博“@平安北京”综合得分位列第四，为公安系统中排名第一。在人民网舆情监测室于2014年7月发布的《2014年上半年新浪政务微博报告》中，“@平安北京”在十大公安微博中排名第二，仅次于“@公安部打四黑除四害”。

（1）组建专业工作团队，善于结合实践来摸索规律、总结经验

据“@平安北京”微博负责人、时任北京市公安局新闻中心科长赵峰介绍，“@平安北京”刚创立时，负责微博的8个人是从各警种挑选的、熟悉业务的人。由于微博的发布需24小时值守，该团队排出“日晚班”，6个人负责日常的微博内容编排和发布，另外几人负责夜间值守，团队变为10人左右。刚运营时，每天发布三四条微博，主要是解答网友咨询，也会着意挑选一些有助于互动的话题。有一次直播活动发了过多的微博形成刷屏，结果一天损失1 000多个粉丝。为此，赵峰和微博团队在专家的建议下，每天按照10—15条的频率发微博，一直延续至今。

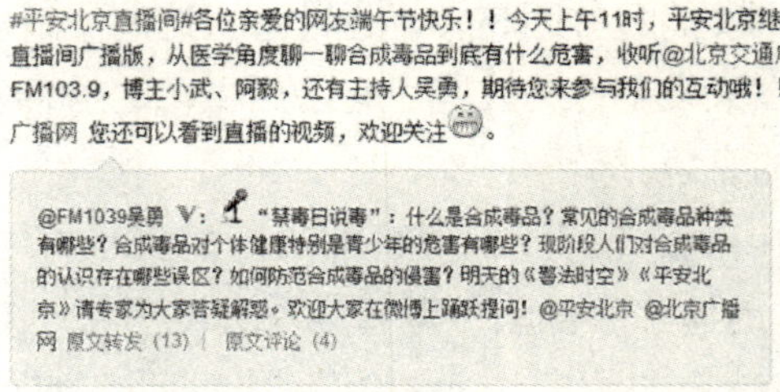
#平安北京直播间#各位亲爱的网友端午节快乐！！今天上午11时，平安北京继续为您带来直播间广播版，从医学角度聊一聊合成毒品到底有什么危害，收听@北京交通广播FM103.9，博主小武、阿毅，还有主持人吴勇，期待您来参与我们的互动哦！！登陆@北京广播网 您还可以看到直播的视频，欢迎关注。

@FM1039吴勇 V：“禁毒日说毒”：什么是合成毒品？常见的合成毒品种类有哪些？合成毒品对个体健康特别是青少年的危害有哪些？现阶段人们对合成毒品的认识存在哪些误区？如何防范合成毒品的侵害？明天的《警法时空》《平安北京》请专家为大家答疑解惑。欢迎大家在微博上踊跃提问！@平安北京 @北京广播网 原文转发（13）| 原文评论（4）

随着“@平安北京”运行成熟，渐渐形成一些类似品牌化的栏目，比如“平安北京直播间”，邀请一些专家级的民警为网友直播等。线上活动进行的同时，“@平安北京”还组织一些网下活动，比如参观警营、警民座谈，以及为打工子弟捐赠图书等公益活动。

（2）对数量庞大的网友进行分类，便于有针对性地沟通

在与网友互动上，“@平安北京”曾要求对网友做到“件件回复”，而当粉丝突破百万级别之后，逐一回复变得不甚现实。同时，“@平安北京”把网友分为四类，一类是打招呼的，一类是遇到疑问需要解答的，一类是遇到具体事项需要办理的，另外是对警方有批评意见的粉丝。根据这样的分类，“@平安北京”再对网友提出的问题进行针对性的回应。

（3）前后台联动作业，分工合作有条不紊

目前，“@平安北京”已建立“工作流转单”制度，“前台”“后台”联动。比如遇到网友的求助，微博团队（“前台”）将会通过“流转单”提交给相关的业务主管部门（“后台”），该部门必须在规定时间内将事件调查清楚，然后反馈到“前台”答复网友。2011年11月10日，朝阳区平乐园小区一名精神病人在家打开煤气自杀，酿成爆燃，致人伤亡。“@平安北京”在1小时之内就及时

发布情况说明，避免谣言与无端猜测。此外，与网友保持良好互动的“@平安北京”不仅改善了公安的形象，还引导网友主动提供案件线索。

“@平安北京”的经验认为，政务微博发展应建章立制，明确政务微博的定位，建立健全相关制度，把政务微博运营与法律、政策和制度相结合。比如，可以借鉴国外经验制订使用指南，如英国政府2009年发布的《政府部门Twitter使用指南》。

10.　“@禁毒在线”

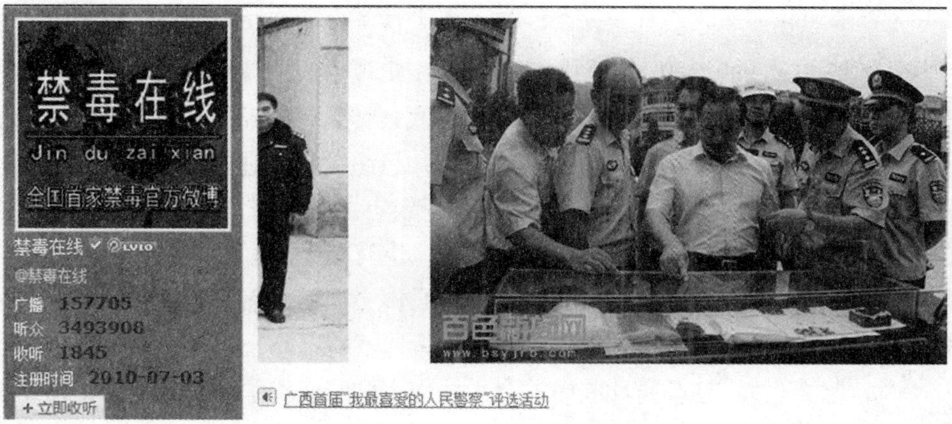

（1）发布信息具有专业性、权威性，紧扣工作特色

在腾讯认证的广西政务微博中，听众数最多的是百色市禁毒办官方微博“@禁毒在线”，截至2014年9月已接近350万，成为禁毒警方与民众互动的一个优良平台。在这里，你能看到各类禁毒知识，禁毒宣传工作的进展，各类缉毒案件的侦破，毒品对个人和家庭、社会的危害，毒品犯罪最新案件信息，等等。打开“@禁毒在线”的主页，左侧列出了警民解毒交流邮箱地址和QQ群号，右侧添加了“禁毒动态”“进度警民”“毒与法规”“话说禁毒”等各微博专题栏目和与禁毒相关的音视频链接。所有的内容都在向网友传递着毒品的危害性，呼吁人们自觉抵制毒品，珍爱生命。

（2）搭建警民互动网络平台，强化网友的参与感

“@禁毒在线”主要由百色市公安局禁毒支队残疾民警马霄建立、操作和运营。他的经验是，除了每天及时更新各种禁毒信息，还要积极与网友互动，“对听众的提问要及时回答，及时引导”。他举例说，2010年11月份，“@禁毒在线”微博听众“@一牵挂”在他的远程指导下，帮助爱人在家中强制戒毒成功；四川网友“@下雨天”的哥哥，在马霄的帮助下历经两个多星期终于走出了毒瘾的困扰；广东网友“@幸福海”曾以自杀的方式要求母亲戒毒失败后，在马霄的

指导下，其母亲现已远离毒品。

为了扩大禁毒宣传声势，马霄将联系比较密切的粉丝们组织起来，建立了网上禁毒队伍。目前，他已经建立14个QQ群，成员达1 900多人。现在，每天都有大批网友要求加入禁毒交流群。他还挑选了一些对毒品有所了解、有责任感的活跃网友帮助管理QQ群。马霄说他的想法是，通过滚雪球式地发展会员，不断壮大网上禁毒斗争队伍，最终实现打一场网上禁毒人民战争的目标。（Via 《坐着轮椅　用微博延续禁毒理想》 发布者：曹安派出所）

（3）线上线下通力合作，禁毒效果日益显著

在接受采访时，“@禁毒在线”的工作人员表示，除了在微博上跟进现实生活中最新禁毒案件的信息，他们的禁毒宣传还实现了线上与线下的互动：在微博上开通了毒品网络举报方式，把听众的举报线索转到有关部门；同时通过“@禁毒在线”宣传推广，成立了禁毒志愿者组织，组织义工走进戒毒所或吸毒人员家庭，帮助吸毒人员戒毒。如今，许多网友只要有关毒品方面的问题，都会直接“@”“@禁毒在线”。有关于毒品知识的，也有关于戒毒方法的，更多的则是类似的求助。每当成功帮到一个求助者后，马霄会非常高兴，他说：“我是一名残疾人，但每次能通过网络帮助他们成功戒毒，就特别开心，特别有成就感。”

“@禁毒在线”在马霄和同事的合力协作下已经取得了不小的成果，帮助许多曾深陷毒品的人们成功进行自我救助。

11. “@莞香花开”

（1）“微访谈”开启网络问政重要阵地

2011年3月23日，东莞市政府新闻办率先开通了官方微博“@莞香花开”，截至2014年9月，在腾讯微博平台上已有超过80万的听众。起初，“@莞香花开”主要致力于介绍东莞独特的历史人文、美食风光、产业优势等。在2011年4月27日，“@莞香花开”举办了全国首例地级市一把手微博问政——“刘志庚书

记微访谈”（刘志庚现任广东省副省长），内容涉及交通、治安、社劳保、人才就业、食品安全、知识产权、教育、环保、医疗、城镇规划等多方面的问题。

对于微访谈中没能回答的网友提问，东莞市委宣传部归类整理给相关负责部门，并及时将大部分的提问和回答在东莞阳光网进行公布。此次微访谈在无意间让“@莞香花开”成为网络问政的一个重要阵地。

在日常微博运营中，“@莞香花开”选择性地及时回复网友私信；对于微博留言或者直接“@”“@莞香花开”来反映问题的网友，则会联系相关部门及时处理，发布事态进展，真正利用网络平台为网友解决实际问题。

（2）全方位推介，塑造东莞新印象

除了网络问政，“@莞香花开”更多地在微博这一平台上介绍#东莞人物#、发布#东莞新闻#、传播#东莞文化#、预告#东莞天气#、分享#美食莞#、畅谈#东莞印象#等，以原创图文集合的方式向网友展现一个真实、立体、全方位的东莞。

莞香花开：#东莞人物#【99岁中医免费义诊60年】99岁了还坚持出诊，每日8小时看病达百例，60余年坚持看病不收诊费，还擅用“金句”为患者解心结。他就是樟木头的老中医洪祥老伯。洪老伯行医60余年，坚持古时制药之道，恪守“制药虽无人见，心存自有天知”的医训。http://url.cn/4J5FW0

3月28日 09:06:40 来自腾讯微博　全部转播和评论(41)　转播 | 评论 | 更多

莞香花开：#东莞印象#【桥头荷花开了】油菜花的美还在脑海里转悠呢，荷花已就高调地开了。神一般的速度啊。公交路线：75路、79路、86路、109路、202路、206路、207路、305路、84路、106路、226路等公汽，到桥头汽车站下车，再转桥头镇公汽1、2、8、6路车即可到桥头莲湖景区赏花，该景区不收费。

5月10日 09:04:51 来自腾讯微博　全部转播和评论(29)　转播 | 评论　更多

莞香花开：#东莞文化#【东莞木鱼歌今朝谁人和】木鱼书是东莞特有的文化，而目前懂东莞木鱼歌“雅唱”之人则是东莞文史泰斗杨宝霖。据悉，5月19日、6月2、16日下午3：00-5:00杨宝霖还将在莞城图书馆 开展木鱼书系列讲座。感兴趣的同学可以@莞城图书馆 报名哦。http://url.cn/2ZmXah

5月7日 15:11:22 来自腾讯微博　全部转播和评论(5)　转播 | 评论 | 更多

（3）多种形式互动交流，“微活动”积聚火爆人气

除了推进网络问政，及时回答粉丝提出的疑问，“@莞香花开”还策划微博抢票、节日专题等活动来主动吸引博友关注。

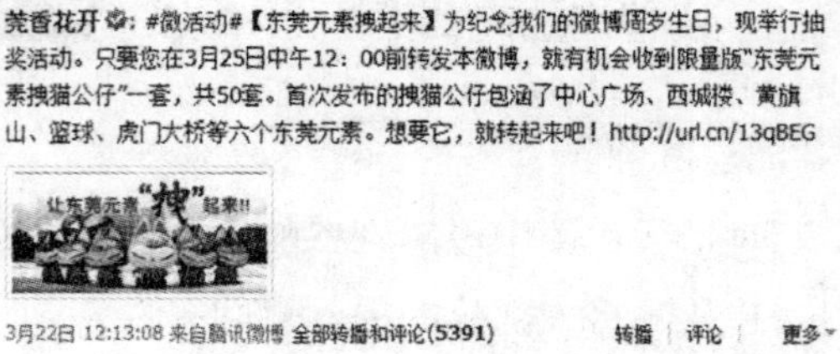

除了将微博的日常运营逐渐规范化和流程化，“@莞香花开”还积极探索激励和考核机制，以保证微博的可持续发展。

二、国内优秀政务微博案例（个人篇）

1. 蔡奇（中共浙江省委组织部原部长）

作为中共浙江省委组织部原部长的蔡奇在官员个人微博的经营上绝对是值得称道的。在国家行政学院电子政务研究中心发布的《2012年中国政务微博客评估报告》中，他的微博综合得分位列党政干部微博客第三名，在《2013年中国政务微博客评估报告》中，综合得分排名第五名，连续两年位列党政干部微博客前十。在腾讯微博、武汉大学互联网科学研究中心发布的《2013上半年度腾讯政务微博报告》中，蔡奇的腾讯微博排在“二十大党政官员微博排行榜”之首。

（1）栏目丰富，使用率高，保持超高的活跃程度

虽有着官员身份，但在微博上，蔡奇轻松地与网友热聊各种话题，从日常消费、语言文化、书评书摘、教育、民生考察到反腐、物价、区域发展、大学生就业等无所不包，博友都亲切地称他为“蔡叔”。在日常发博中，蔡奇熟用#周

末夜话#、#黑板报#、#微茶楼#、#小花絮#、#蹲点札记#、#两会见闻#等话题标明系列内容，同时使用“1、2、3”这样的小标题，方便引导博友阅读。图片、文字、网站链接等多种表现形式结合，组织性强的语言、清晰的逻辑思维、得当的措辞表达让一个有血有肉的官员形象立刻呈现在你眼前。

每天早上7点到晚上9点蔡奇都活跃在微博上，少则发上十几条，多则二三十条。在有重要信息或重大事件需要发声时，凌晨两三点也能看到他对相关事件的跟进。例如动车事件中他密切关注，及时转发网友的寻人信息。

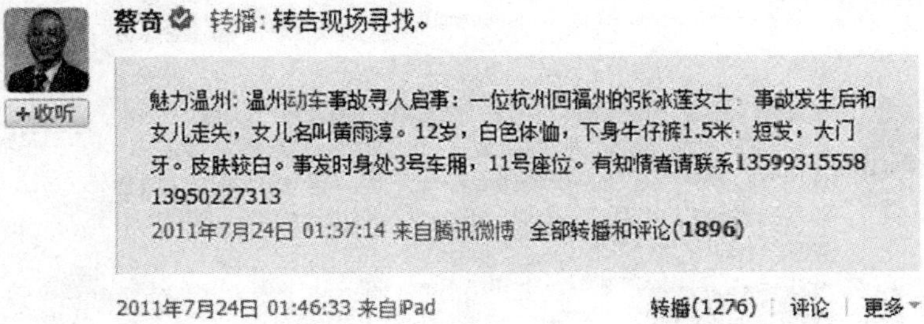
+收听
蔡奇 转播：转告现场寻找。
魅力温州：温州动车事故寻人启事：一位杭州回福州的张冰莲女士 事故发生后和女儿走失，女儿名叫黄雨淳。12岁，白色体恤，下身牛仔裤1.5米，短发，大门牙。皮肤较白。事发时身处3号车厢，11号座位。有知情者请联系13599315558 13950227313
2011年7月24日 01:37:14 来自腾讯微博 全部转播和评论(1896)
2011年7月24日 01:46:33 来自iPad 转播(1276) | 评论 | 更多

（2）熟用微博各种功能与网友平等交流，真诚沟通解决问题

在长期的微博使用中，蔡奇熟悉微博的各种功能，如用#话题#发起话题，主动“@”其他人联系沟通，转播他人微博并附上自己的评论和感想。对于博友提出的各类问题，主动、耐心、细致地进行解答：针对职业问题谨慎应对；针对生活问题，则相对诙谐幽默和励志。真正做到摒除职位身份，平等、亲和且真实地与网友交流沟通。

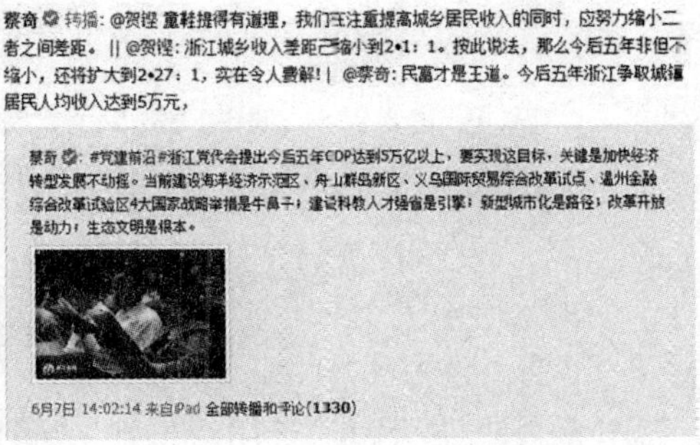
蔡奇 转播：@贺铿 童鞋提得有道理，我们在注重提高城乡居民收入的同时，应努力缩小二者之间差距。|| @贺铿：浙江城乡收入差距已缩小到2•1：1。按此说法，那么今后五年非但不缩小，还将扩大到2•27：1，实在令人费解！| @蔡奇：民富才是王道。今后五年浙江争取城镇居民人均收入达到5万元，
蔡奇：#党建前沿#浙江党代会提出今后五年GDP达到5万亿以上，要实现这目标，关键是加快经济转型发展不动摇。当前建设海洋经济示范区、舟山群岛新区、义乌国际贸易综合改革试点、温州金融综合改革试验区4大国家战略举措是牛鼻子；建设科教人才强省是引擎；新型城市化是路径；改革开放是动力；生态文明是根本。
6月7日 14:02:14 来自iPad 全部转播和评论(1330)

（3）主动分享微博使用心得，提倡普及政务微博应用平台

蔡奇说：“我们都知道微博里面藏龙卧虎，草根里有很好的智慧和真知灼见，群众比我们高明得多，任何时候都不能忽视草根的智慧。所以政务微博应该放下身段拜民众为师，问情于民，使我们的决策更加贴近民众的棋盘。”他还将政务微博里的良性互动比喻成镜子，“通过互动我们可以寻找不足，从点滴火花中修正自己，这样才可以最大限度地消除误解，增进社会共识”。

不仅自己使用微博，蔡奇还发动其他官员和机构也开通微博，听取民意。也主张官员要在“玻璃房”里办公，并在自己的微博上以#官员如何织围脖#连载十条分享官员个人微博使用的窍门。

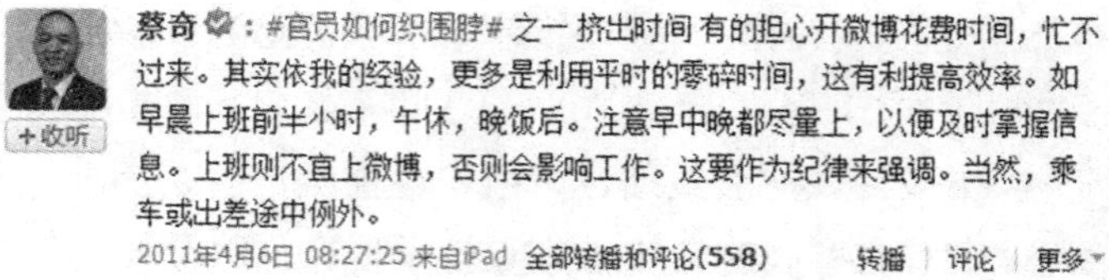

+收听

蔡奇：#官员如何织围脖# 之一 挤出时间 有的担心开微博花费时间，忙不过来。其实依我的经验，更多是利用平时的零碎时间，这有利提高效率。如早晨上班前半小时，午休，晚饭后。注意早中晚都尽量上，以便及时掌握信息。上班则不宜上微博，否则会影响工作。这要作为纪律来强调。当然，乘车或出差途中例外。

2011年4月6日 08:27:25 来自iPad 全部转播和评论(558) 转播 | 评论 | 更多

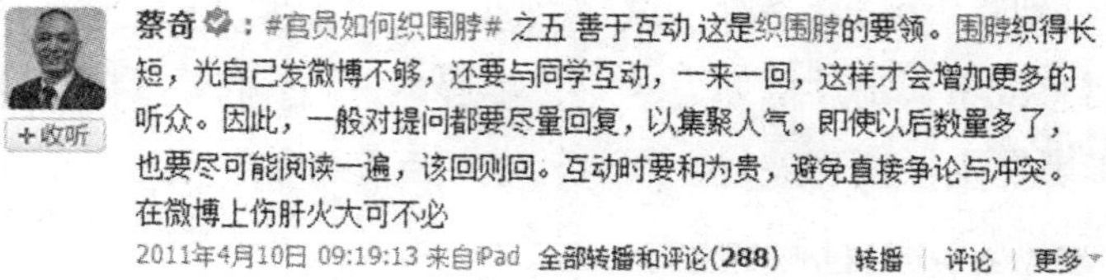

+收听

蔡奇：#官员如何织围脖# 之五 善于互动 这是织围脖的要领。围脖织得长短，光自己发微博不够，还要与同学互动，一来一回，这样才会增加更多的听众。因此，一般对提问都要尽量回复，以集聚人气。即使以后数量多了，也要尽可能阅读一遍，该回则回。互动时要和为贵，避免直接争论与冲突。在微博上伤肝火大可不必

2011年4月10日 09:19:13 来自iPad 全部转播和评论(288) 转播 | 评论 | 更多

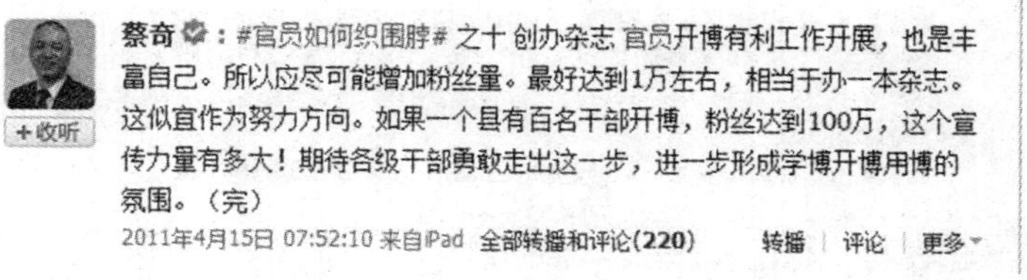

+收听

蔡奇：#官员如何织围脖# 之十 创办杂志 官员开博有利工作开展，也是丰富自己。所以应尽可能增加粉丝量。最好达到1万左右，相当于办一本杂志。这似宜作为努力方向。如果一个县有百名干部开博，粉丝达到100万，这个宣传力量有多大！期待各级干部勇敢走出这一步，进一步形成学博开博用博的氛围。（完）

2011年4月15日 07:52:10 来自iPad 全部转播和评论(220) 转播 | 评论 | 更多

蔡奇也曾分享他的发博原则：少谈概念多讲事实，少谈抽象多讲具体，少谈外头多讲身边，少谈枯燥多讲有趣。为此要多观察、多思考，还要做必要的功课。除互动外，建议最好写满140字，对自己肯定有提高。有条件还可多配发照片，用图说话效果更好。

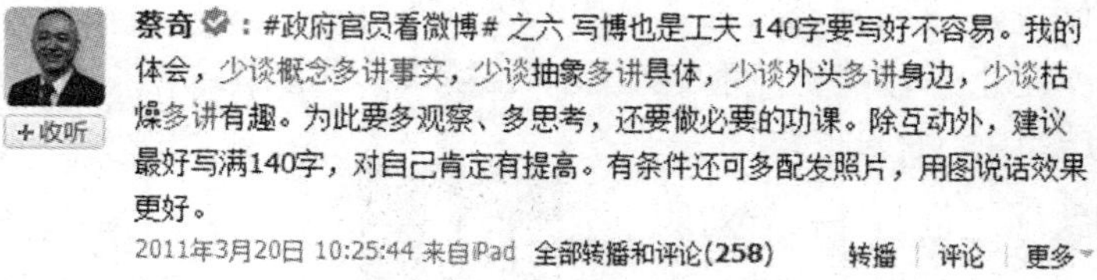

+收听

蔡奇：#政府官员看微博# 之六 写博也是工夫 140字要写好不容易。我的体会，少谈概念多讲事实，少谈抽象多讲具体，少谈外头多讲身边，少谈枯燥多讲有趣。为此要多观察、多思考，还要做必要的功课。除互动外，建议最好写满140字，对自己肯定有提高。有条件还可多配发照片，用图说话效果更好。

2011年3月20日 10:25:44 来自iPad 全部转播和评论(258) 转播 | 评论 | 更多

作为微博使用的活跃用户，在“7·23”动车事故、抢盐风波、“小悦悦事件”发生时，他密切关注事件动态，并推动事件有序、快速得到解决。他将开博一年多来与网友互动的内容编纂成书，取名《玻璃房》，意在官员应在公开透明的环境中接受大众监督，更好地服务人民。截至2014年9月，蔡奇在腾讯微博的听众数达到1 000万之多。

2. 伍皓（红河州委常委、宣传部部长）

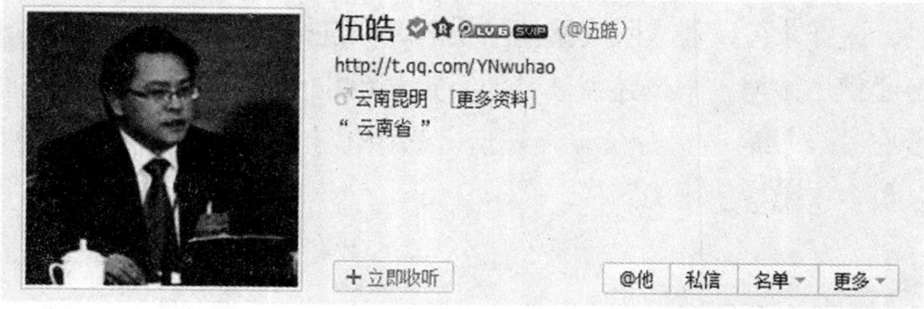

截至2014年9月，现任红河州委常委、宣传部部长伍皓在腾讯微博平台上的听众已超过520万。伍皓说：“微博问政，行更胜于言，问政的目的，不在于官员说了什么，更重要的是官员做了什么；官员微博、政务微博的风格定位，要紧密结合工作职责，少展现自己的个性，主动述职，主动公开政务，主动与网友互动交流，不应追求轰动效应，应于平实中见真诚。”这也是他微博问政的一个缩影。

（1）活用微博作为新的宣传工具，嬉笑怒骂间彰显独特个性

看伍皓的微博，我们非常明显地发现其言语中极为浓厚的个性化色彩，言辞表述中将对工作的激情、对生活的热情和对未来的憧憬展露得淋漓尽致。从他的微博内容上来看，宣传城市形象的音视频和图片、当地旅游景点、文体活动、日常休闲生活、文化招商项目、环保绿化等占了绝大部分。个性表达洒脱不拘俗，文字内容简洁明快，搭配以相适宜的图片与视频更能勾起人们阅读的兴趣和欲望。原创与转发内容比重适宜，且多带有个人评论，属于“有感而转”。总的来看，内容虽多但丝毫不乱，全部都在为宣传红河这一主旨而服务。

微博是伍皓与网友及时互动的活跃平台。从财产状况、家庭生活到工作理念，嬉笑怒骂，无所不谈。同时，他也在微博上分享工作日程，征询网友意见，引发网友兴趣。除此之外，会使用疑问句、反问句等稍显俏皮的语句与博友互动，如下：

伍皓：今天，您学唱下面这首歌了吗？http://url.cn/4IF4lN 为了山区孩子们那期待的眼神，我建议您学着唱唱，并去这个网址拿2000元奖金来：http://url.cn/2Ynr2f 像我一样，捐出一部分资助一个贫困孩子完成一个学期的学业。很好学的，我这种五音不全的都一学就会。

3月23日 12:31 来自腾讯微博　全部转播和评论(116)　　转播 | 评论 | 更多

（2）“高调”发布职务信息，主动接受网友监督评论

2011年12月22日凌晨1点02分22秒，伍皓开始在个人微博上开设专栏向网友做年度工作报告，“晒”起了年终述职，主动接受网友批评和监督。截至2011年12月30日，伍皓共发布了25条“年终述职”的微博内容，内容包括村乡建设扶贫项目、切实创建文明城市、“音乐营销红河”计划的实施、微博征集旅游歌由、实施“公益文化设施市场化改造”计划、电视剧产业实现突破、动漫产业破冰起步、抢占网络剧手机剧产业先机等，并将文字、图片、视频相结合，表现形式丰富，很好地宣传和推介了红河州的品牌。

+收听

伍皓：【年终述职1】今年以来，红河州宣传思想文化系统全体干部职工以良好的精神状态、饱满的工作热情、创新的工作理念，大手笔宣传红河，努力追求红河的全国影响力，提升红河在全国的知名度和美誉度。一年来有40多项工作在全国、全省成为亮点。今起开设专栏向网友做年度工作报告，接受网友批评和监督。

+收听

伍皓：【年终述职12】文化品牌打造推动红河旅游异军突起。在深入调研基础上，在全国大力推广红河州"纯情红河，浪漫之旅""北有黄河，南有红河""天上银河，地上红河""中国蜜月度假胜地""中国原生态游圣地"等旅游名片。文化、旅游品牌的打造，推动红河州旅游人次跃居全省第二位。

（3）分享微博问政心得，提出改善工作有效建议

2011年底，伍皓在微博上发布了《公务人员如何借“网”问政》一文的链接，给出他自己对于公务人员微博功能定位的理解，并总结了如何探索自己的微博风格；坚持以人为本，解决实际问题；用微博推动工作等几点建议。有网友留言：

丽水党校：#丽水微博达人#值得拜读下，对领导干部借微博开展工作有好处。
2011年12月25日 17:44:38 来自腾讯微博 转播 | 评论 | 更多

彩云南169：赞支持！党的执政能力要向网络延伸，必须善于运用新兴媒体。机关水桶里面的鱼赶快跳跃龙门~~~群众大海欢迎你！
2011年12月23日 18:32:13 来自腾讯微博 转播 | 评论 | 更多

伍皓说：“公务人员开微博，必须坚决反对‘形式主义、功利主义和官僚主义’，真正树立公仆意识，以豁达、真诚、宽容、雅量的心态，正确对待群众监督和舆论监督，利用好微博与公众沟通，解决实际问题。”文章的最后他再次强调“微博问政重在‘问’。微博的最大特色在于互动、沟通，它既是民意与舆情的‘观测站’，也是维护社会稳定的‘稳压器’。微博问政，‘行’更胜于‘言’，问政的目的，不仅在于官员说了什么，更重要的是官员做了什么，如何推动和改进工作”。

身为北大中文系的毕业生，他说自己首先是作家、诗人、词人、记者，然后才跨界到政坛来做官的。“官，没有任何人能做一辈子，终有一天要回归于芸芸众生”，这是伍皓对于自己的定位。官源之于民，而本身亦永远都是民的一部分。言行激昂的伍皓受到网友的责骂和误解并不比他收获褒扬少，但或褒或贬他都淡然处之。按他的说法“无论外界怎么看，我都会坚持做一个真性情的人，做一名务实的官员”。

3. 廖新波（时任广东省卫生厅副厅长，现任广东省卫生和计划生育委员会巡视员）

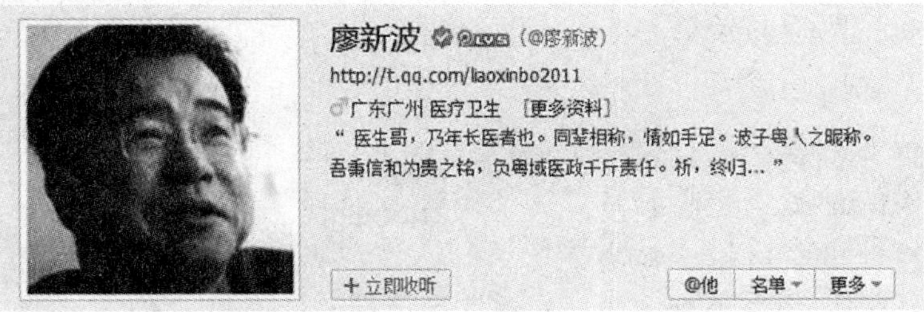

“若只想着仕途上有所长进，劝你还是不要开博。”这是时任广东省卫生厅副厅长的廖新波在接受记者采访时所说的肺腑之言。话虽如此，他在腾讯微博平台上开设的个人微博仍在如火如荼地进行当中，每日更新，紧贴时事热点，发表独到见解。在腾讯微博个人介绍里，他写道：“医生哥，乃年长医者也。同辈相称，情如手足。波子粤人之昵称。吾秉信和为贵之铭，负粤域医政千斤责任。祈，终归大海作波涛。”

（1）于专业领域敢言敢行，语言犀利，态度坦诚

作为医疗卫生界微博的典型代表官员，他也积极与网友活动。针对网友评论，廖新波说：“大家的意见基本是一致的，大家对医改的期望是很大的，同时也表露出对于目前医改进程缓慢极度悲观的心情！”这样直白的言论获得了网友的一致好评和支持。身为体制中人，廖新波能毫不客气地戳破药价黑幕的体制原因，大谈医疗领域体制弊病，被众多网友鼎力支持。

廖新波认为，官员开博必须有一种在悬崖上亮剑的精神。悬崖就是说开博会遇到很多压力，甚至乌纱帽都不保；亮剑就是个人的观点要亮出来，逢敌亮剑，这就是亮剑精神。所讲之言要对人民和政府负责，若只想着仕途上有所长进，还是不要开博。

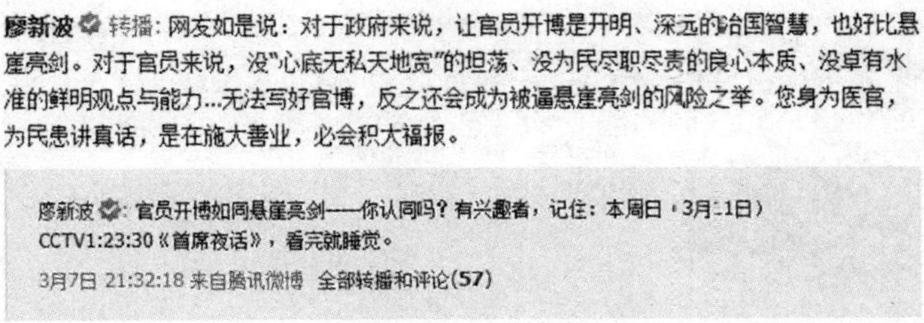

（2）践行微博问政，紧扣行业热点问题

在他看来，官员开微博，不能哗众取宠，要守住本职和本质，这是最关键的，因为里面包含着责任和良心。廖新波说“既然在位置上，就应该掌握好话

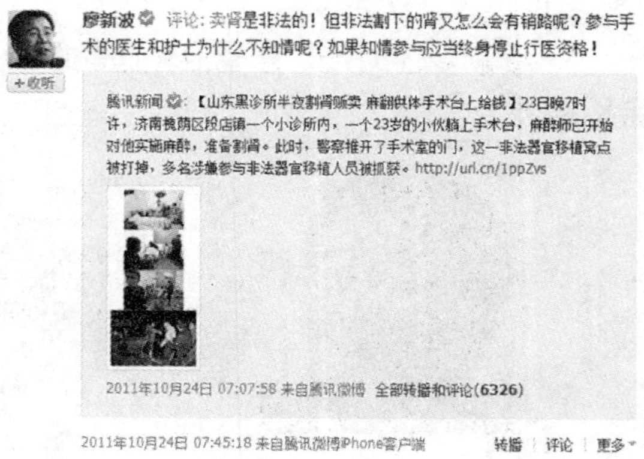

语权，去尽量表达自己的意愿和理想”，这是他对政务微博功能上的理解。于是，我们能在他的微博上看到有关医疗救治体系、医疗制度改革、医患关系、医疗体制、医疗技术和设备等各种与他的职业相关的话题，也能看到诸如日本地震、抢盐风波、17岁少年卖肾购买iPad 2等社会热点事件。他的微博以文字为主，少量附加图片、视频和详情链接。同时言语简洁直接，态度坦诚，有理有据。

（3）展现自我真性情，富有个性感染力

廖新波坦言，微博中的他是其现实观点的延续，因为现实中无法完整表达个人想法，有着规矩、层级和潜规则或是情面的顾忌，但在微博中，他可以没有禁忌和顾虑。所以我们能在微博上看到他对公立医院高收费的质疑、对医疗制度的反省、对医患关系的忧虑……官员个人的微博，因为博主身份和职业的关系，完全发挥了超越私人领域的作用。

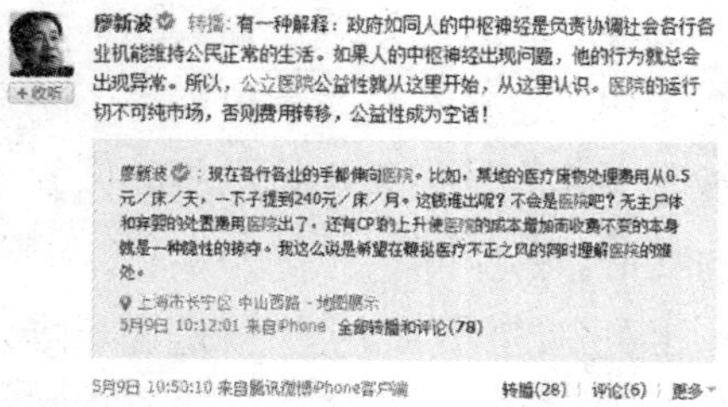

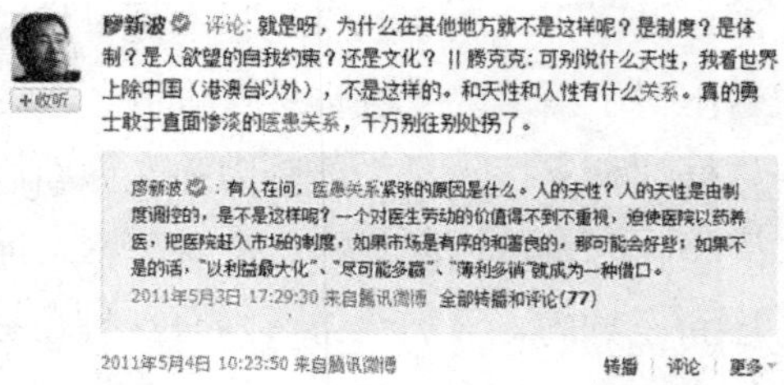

4. 郑继伟（浙江省人民政府副省长）

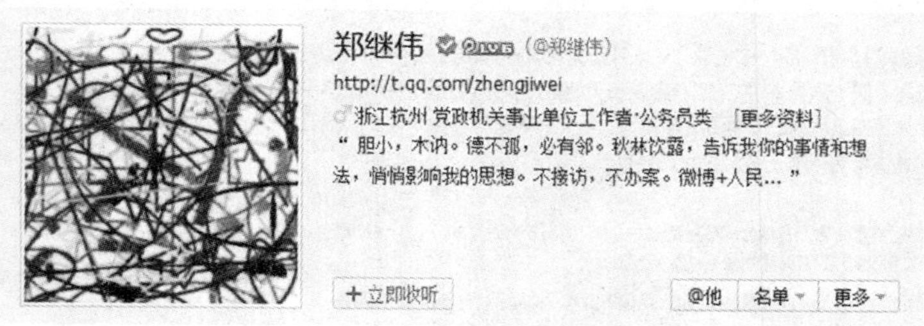

作为主管浙江省教育、文化、卫生、人口和计划生育、广播电影电视、新闻出版、体育等方面工作的副省长，郑继伟的微博内容是与工作相关的领域，但杂而不乱。在微博上，网友都叫他“郑叔”。

他自己说：

郑继伟：这里是微博，明白不？朋友不应喊职务，职务对我不公平，置我于弱势；不说恭维话，一句表扬害我遭一堆骂。喊名字、童鞋或兄弟吧，喊叔最是亲切。转播宜中性客观甚至偏负，尤喜建设性批评意见。修炼远未成精，不堪人身侮辱，不过，骂得幽默智慧有教益，也不一概拒绝。另，不会粗口和骂娘，生活作证。

5月10日 23:51:26 来自腾讯微博iPhone客户端 全部转播和评论(1393)　转播 | 评论 | 更多

（1）于微博中耐心倾听，及时跟进，有效解决职务类问题

对于官员微博该有的样子，郑继伟有着自己独到的想法和理念。他认为所谓的官员微博其实是“‘微博＋主流媒体＋闲书’，就是我的业余空间。我通过微博让百姓知道，官员很多也是草根出身。我在微博上总体的态度是‘你说我听，我听我想’。也有几次，我在微博上看到一些事情，觉得应该解决的，通过自己的努力帮助解决了。这些经历体会进一步影响到了工作中的决策，受益匪浅”。

郑继伟：少说多听，你说我听。

2月24日 08:11:54 来自腾讯微博iPhone客户端 全部转播和评论(146)　转播 | 评论 | 更多

（2）职务之外最真实的自我展现

郑继伟的微博中原创与转发内容比例平衡。原创内容大部分极具生活气息，用语轻松幽默，丝毫没有官员的架子。

郑继伟在接受采访时坦言，开微博最大的体会是要宽容。他说，开微博之始，的确感受到很大压力。“在微博上，不管你说什么，总是有人指责你，甚至无端谩骂，我何苦要受这罪呢？”但慢慢他的心态改变了，“哪怕是骂我的话里面，都有民意和诉求，就看你怎么对待”。他发现，真诚地对待这些声音，最后还是能交到不少朋友。作为副省长，郑继伟认为，公务人员开微博，对工作大有好处，可以拉近与普通百姓的距离，听到最真实的声音。

郑继伟 转播：本博想说明：浙江人吃了太多的药；以药补医的机制必须废除。均次费用必须控制住。

郑继伟：#数字浙江# 卫生部统计，2010年全国用药3700亿元，浙江占400亿元，占全国的10.81%。在平均住院费和平均门诊费上面，浙江也排在了全国第三。这固然是因为浙江人享受到了更高水平的医疗服务，但也和用药时一味求新、求贵等不良习惯密切相关。http://url.cn/0PcEE

2月19日 22:08:23 来自腾讯微博iPhone客户端 全部转播和评论(356)

2月21日 12:54:03 来自腾讯微博iPhone客户端　转播(65) | 评论(7) | 更多

郑继伟 转播：体育设施和配书我们已经解决了。其实大家去采摘果实，一则愉悦身心，二则让孩子了解农村，同时就是支持丁宅农民了。有些困难户确需支持，不完全是给一笔钱的事，最好有个长久机制。建议@高顺金 @震博 先和镇政府联系下需求，可否？|| 徐跃：你工资高，你多掏。啥时去要定个时间！

郑继伟：为我的联系点上虞市丁宅乡做个广告。四季仙果之旅：1-5月草莓分外俏；4月香甜樱桃宴；5月燕果长满枝；7-8月葡萄满园香；8月水蜜桃惹人爱；10-12月猕猴桃采摘忙。农家菜有：丁宅土鸡煲，红烧蹄膀，油炸溪沟鱼，野山笋。赏田园风光，摘时鲜水果，尝农家土菜。

2月26日 09:04:56 来自iPhone 全部转播和评论(1288)

2月26日 10:19:16 来自腾讯微博iPhone客户端　转播(35) | 评论(5) | 更多

（3）积极回应网友求助，促进事件及时解决

以一个微博互动事件为例，微博名为“@那些花儿”的王女士在微博上“@”郑继伟，就自己遭遇的医疗事故一事向其求助。郑继伟在微博上给予回应

并给出浙江省医疗纠纷与处理办法的详情链接。从微博上的回复到此事进入司法程序，不到短短10个小时，事态进展如此之快让人惊叹。

> 郑继伟 转播：请依照有关规章，申请杭州市医调会协调处置此纠纷。|| 云淡风轻：|| guobj:
>
> 那些花儿：尊敬的郑继伟副省长，我叫王秀双，2010年5月28日在杭州市第一人民医院分娩，产一男婴，现小儿被省儿童医院诊断为脑瘫，经南京东南司法鉴定中心鉴定，医院对诊疗行为存在过错（医疗过失），但是，经过前期交涉，医院拒绝承担事故责任。现在一家人都沉浸在痛苦中，恳请郑省长关注和帮助。@郑继伟
> 浙江省杭州市下城区 体育场路 - 地图展示
> 3月22日 14:14:14 来自腾讯微博iPhone客户端 全部转播和评论(366)
>
> 郑继伟 转播：非常同情王女士的遭遇，昨晚躺下了又起来回了帖。刚刚读完了王女士的微博，方知已进入司法程序。
>
> 那些花儿：尊敬的郑继伟副省长，我叫王秀双，2010年5月28日在杭州市第一人民医院分娩，产一男婴，现小儿被省儿童医院诊断为脑瘫，经南京东南司法鉴定中心鉴定，医院对诊疗行为存在过错（医疗过失），但是，经过前期交涉，医院拒绝承担事故责任。现在一家人都沉浸在痛苦中，恳请郑省长关注和帮助。@郑继伟
> 浙江省杭州市下城区 体育场路 - 地图展示
> 3月22日 14:14:14 来自腾讯微博iPhone客户端 全部转播和评论(366)
>
> 5月24日 08:23:33 来自腾讯微博iPhone客户端 转播(93) | 评论(26) | 更多

在郑继伟看来，微博上一小批人的话语权力量远大于大部分“沉默的人”。官员微博在互联网发展背景下应运而生，有利于加强官员与百姓沟通。常有网友跟他讨论官员微博的话题，例如今年两会期间，他以#两会时间#为话题，发表了不少感言和记录，其中就说到“政府工作存在不少缺点和问题。听听群众的评判，鼓励人民批评政府，对改进工作大有好处。我也发现，不少朋友的批评一针见血，击中要害，也具建设性。如果能平和叙述，效果会更好”。

> 郑继伟：#两会时间# 政府工作存在不少缺点和问题。听听群众的评判，鼓励人民批评政府，对改进工作大有好处。我也发现，不少朋友的批评一针见血，击中要害，也具建设性。如果能平和叙述，效果会更好。
> +收听
> 2月29日 21:40:04 来自腾讯微博iPhone客户端 全部转播和评论(434)
> 转播 | 评论 | 更多

三、美国政府Twitter运营机制及策略

据互联网分析公司Global Web Index在2013年5月发布的报告显示，Twitter[1]

1 Twitter建立于2006年，是一个可以让用户发布和阅读tweets的免费社交网络和服务平台。Tweets是上限140字符的文本内容，可供订阅用户阅读，这些订阅用户也被称为followers。用户使用这个平台来发布消息，分享资源，并针对一些项目进行合作。同时，用户可以通过递送更为深入的报道、视频或数据，扩展信息至所有相关者。这种大量信息的传递促使了新关系的建立，并且不断影响更多的参与者。

的活跃用户数量为2.88亿，仅次于Facebook和Google。根据美国市场研究公司eMarketer在2014年3月公布的调查数据显示，Twitter的月活跃新增用户数量出现下滑，但仍坐拥2.41亿月度活跃用户。庞大的粉丝数量，加上广阔的辐射范围，Twitter已当之无愧成为全球最具影响力的微博平台。

世界范围内，许多国家政府重视社交媒体，并运用其为自身服务。在英国，早在2009年政府就发布了《政府部门Twitter使用指南》。该指南共有20页，解释了Twitter相关功能，并且提供了一套比较完整的政务微博管理和使用方法，包括四个部分：使用Twitter的目的及评价方法，Twitter使用过程中的风险管理，有效管理和使用Twitter，如何推广Twitter。2011年12月10日，瑞典旅游局发起的“瑞典监护人”[1]计划开始实施，该计划让每个瑞典公民都可以通过提交申请成为一周瑞典官方Twitter账号的管理人员，用官方账号发布自己对于瑞典的看法，向世界各地的网友介绍自己眼中的瑞典。负责这个计划的瑞典旅游局总裁表示，“没有任何人比瑞典民众更能够代表这个国家”。

而在美国，早在1993年，克林顿政府曾推广著名的“信息高速公路计划”。奥巴马在美国总统竞选期间，大力运用Facebook、Twitter等社交网站，不仅成功吸引年轻“首投族”选票，更从中募集到上百万美元的竞选经费，被誉为“第一位社交媒体总统”，最终成功战胜实力强劲的希拉里。

具体而言，奥巴马政府主要以三个步骤逐步促进政府使用社交媒体。首先，在2009年12月8日，为实现竞选承诺，奥巴马起草了一份备忘录，就是著名的“政府开放令”。在备忘录中，奥巴马不但强调了透明度、可参与性和协作性[2]对促进建立开放型政府的作用，还明确要求每个联邦政府机构：

第一，在互联网上发布政府信息；

第二，提高政府信息的质量；

第三，创建开放政府文化并且建立这种制度；

第四，为“开放政府”创造有利的政策框架。

备忘录中制定了政策，并在每一个节点上明确制订了完成的期限。在“政府开放令”的促进下，各级机构纷纷创建“开放政府”主页。同时，政府开始进入第三方平台，发布政府信息，与网友互动，以鼓励公众参与。

在互联网技术迅速发展的背景下，奥巴马政府很快颁布了促进网络政务的第二条备忘录，即政府备忘录M-10-22。在备忘录中，联邦政府制定了网络技术

1　Curators of Sweden

2　即Transparency, Participation，Collaboration.

应用的普遍规则，界定了如PII[1]等一些概念，并且强调了对用户隐私的保护。这标志着政府确立了使用个人网络行为数据以评估网站服务的准则。

而就在同时，另外一项针对如何保障数据采集过程中用户权益的法案也在制定中。在政府备忘录M-10-23中，提出了政府机构运用第三方网站及应用的指南。指南提出了“具体的步骤以保护个人在使用第三方网站或应用时的隐私”，并且强调了1974年颁布的《隐私法案》[2]。不仅如此，为了明确如何保护用户的隐私，还制定了关于外部链接等诸多细节的规定。这些规定中，包括“政府机构从第三方平台上搜集信息时，只能搜集‘对于该机构有实际助益的、有必要的数据’”“如果涉及个人隐私数据的搜集，需要尽最大努力控制数据量在最小范围”等条款。

通过三个政府备忘录，我们可以看出，首先，美国政府制定了促使政府在网络上进行政务公开的法案，为各级政府参与社交网络如Facebook和Twitter提供了政策土壤。其次，彰显奥巴马政府对于新媒体使用的决心：通过制订时间表，很好地保证了政策落实的进度；并且通过不断细化这个过程中各级政府可能遇到的问题，制定解决方案，为各级机构减轻工作中的困难。最后，最重要的一点是，政府考虑到了这个过程中可能出现的对于个人隐私的不尊重，制定了详细的规则来保障公民的个人隐私，预防可能产生的侵犯隐私的行为。

这些例子体现了国外政府对于社交媒体的重视。由于使用时间较长，国外政府积累了很多政务微博运营的经验。由于腾讯、新浪等微博和Twitter有较大的相似性，对美国政府的Twttier使用策略进行分析，归纳总结它的模式与特点，对我国政府来说具有一定的借鉴意义。“他山之石，可以攻玉”，希望这能对中国政府的微博运营有所启示。

1. 发布策略

（1）注重原创信息，比例高达八成

选取的微博为“@FEMA”“@NASA”，2011年的数据中，总微博发布数分别为1 510和1 310条，而转发微博的数量各为74条和13条，转发率非常低，不到5%。而统计的其他微博中，转发率最高的“@U.S. Army”微博，也仅达到13.8%，不到两成。如果将微博发布总量大、内容丰富且整体质量较高等因素考虑进来，美国政府对原创信息的重视就显而易见了。

1　Personally Identifiable Information（个人可识别资讯）

2　即the Privacy Act of 1974.

（2）保持均衡稳定的微博发布频率

从三个美国政府机构微博“@FEMA”[1]“@U.S. Army”[2]和“@NASA”[3]，以及两个个人微博“@BarackObama”[4]和“@Mitt Romney”[5]来看，统计显示，账户发布量都比较大，且开设以来各月数据较为均衡。具体而言，在2011年里，五个账户的发布量除了罗姆尼以外，均超过了1 000条[6]（罗姆尼作为竞选者逐渐开始进入公众视野，影响力还有限，其在2012年的微博数量就有大幅增长）。而值得一提的是“@U.S. Army”和“@NASA”账户，从2011年10月开始使用以来，月发布量居高不下，仅3个月就与其他两个微博一年的发布数量持平。

即使是发布微博最少的罗姆尼，每天也至少发布1条。除罗姆尼以外，每日发布的频率都超过了3.5条，考虑到信息的原创性和内容的丰富程度，这样的发布频率已经很高。在2012年，这些微博的发布数量呈上升的趋势，超过2011年的数据。

（3）重视危机发布，紧急情况优先使用微博

在突发事件频发的时代，微博由于具有即时性强、文本短小等特点，已经逐渐被用作优先发布紧急信息的平台。而与早期联邦政府建立的通过广播和电视通知公众的紧急广播系统不同的是，微博具有受众更广、即时性更强以及可长期保存等新媒体特征。突发灾难发生时，例如2011年飓风“艾琳”袭击美国东海岸，和更早的墨西哥湾石油泄漏事件，政府往往会要求民众关注Twitter上相关政府机构，如“@FEMA”（联邦紧急事务管理局）。

而这些微博各司其职，迅速反应，发布自身职责范围内的消息，专业性很强。“@FEMA”在飓风“艾琳”事件过程中的表现就是一个例子，飓风“艾琳”形成于2011年8月20日，于8月28日消解，风暴路径覆盖了部分美国东部沿海地区，曾威胁美国6 500万人口安全。下表中是飓风事件发生时，“@FEMA”发布微博的路径、时间轴和主要内容。

1　Federal Emergency Management Agency，即联邦应急管理署

2　United States Army，即美国陆军

3　National Aeronautics and Space Administration，即美国国家航空航天局

4　美国总统巴拉克·奥巴马

5　米特·罗姆尼，美国商人、政客，2012年美国总统大选共和党候选人之一

6　分别为@FEMA：1510条；@NASA：1132条；@U.S. Army：1310条；@BarackObama：1204条；@Mitt Romney：410条

表14-1 “@FEMA”关于飓风“艾琳”报道内容分析表

内容路径	发布时间	具体内容
灾难警告	8月20日	（Aug 20）TS #Irene:Tropical Storm Warning for Puerto Rico & US Virgin Islands. www.hurricanes.gov@NHC_Atlantic 飓风“艾琳”：热带风暴警告，请以下地区注意（波多黎各和美国维尔京群岛）。具体信息请参考政府网站：www.hurricanes.gov和国家飓风中心微博@NHC_Atlantic
事件进展	8月21日	（Aug 21）TS #Irene expected to strengthen & pass near Puerto Rico tonight. Latest forecast at www.hurricanes.gov cc: @NHC_Atlantic 据预计，飓风“艾琳”今晚将会增强并经过波多黎各地区附近。获取第一手天气预报请参考：www.hurricanes.gov和@NHC_Atlantic
	8月23日	Aug 23: Our latest update on #hurricane #Irene – all those along the East Coast should be ready http://go.usa.gov/kn7 关于飓风“艾琳”最新消息，所有东部沿海地区需要做好准备。详情参考：http://go.usa.gov/kn7
	8月24日	（Aug 24） Video:@CraigatFEMA on the @weatherchannel advising those along East Coast to get prepared for #Irene http://bit.ly/n4U2JT FEMA管理者Craigat在气象频道中再次提醒东部沿海地区市民为飓风“艾琳”做好准备。更多详细信息请看http://bit.ly/n4U2JT
	8月27日	Aug 27: #Irene may bring heavy rain & #flooding. Don’t drive/walk thru flooded areas. http://m.fema.gov 飓风“艾琳”或将引发暴雨和洪灾，请千万不要驱车或步行穿过洪水区域。详情见http://m. fema. gov
灾后信息	8月30日	Before returning back home after a disaster, make sure local officials give the "all clear". Other tips:http://www.fema.gov/rebuild/recover/return.shtm 在灾后重返家园之前，请确保当地政府已经宣布这些地区“安全”

（续上表）

内容路径	发布时间	具体内容
相关部门信息	8月21日	#Irene:U.S. Virgin Islands Emergency Mgmt Agency: @readyusvi www.facebook.com/vitema www.vitema.gov “艾琳”：请关注美国维尔京群岛紧急事务管理局主页：@readyusvi www.facebook.com/vitema www.vitema.gov
	8月22日	For a list of @Twitter accounts posting #Irene updates, check out http://twitter.com/fema/irene 点击 http://twitter.com/fema/irene 以获得一个发布最新飓风“艾琳”消息的微博名单
	8月24日	East Coast emerg mngmnt on @Twitter @FLsert @GeorgiaEMA SC:@EMDSC @NCcrimecontrol VA: @VDEM MD: @mema_feeds@DelawareEMA #Irene 下面是各地紧急事务管理局和其他机构微博：“@东海岸紧急事务管理局”“@南加州紧急事务管理局”“@乔治亚紧急事务管理局”等
灾难应对建议	8月21日	（Aug 21）On your phone – what to do before/during/after a #hurricanehttp://m.fema.gov/hurricanes.htm #Irene 手机浏览:关于飓风到来前、时、后的应对建议。请参考http://m.fema.gov/hurricanes.htm
	8月23日	Include a solar-powered cell phone charger as part of your family emergency kit. More tips at http://go.usa.gov/kYL 请在你的家庭应急工具箱中准备一个太阳能手机充电器，更多建议在 http://go.usa.gov/kYL
	8月28日	Search for a shelter: Text SHELTER + your ZIP code to 43362. Call your emerg mngmnt agency for availability/services #Irene 寻找避难所，请发送“避难所+你的邮政编码”至43362。如想获知避难所的情况，请打给紧急事务管理局

从表中可以看出，飓风过程中，微博发布十分及时，反应迅速；同时，发布的信息层次丰富，并细致入微。其中有几点值得学习：首先，“@FEMA”迅速发布灾难预警消息，在“艾琳”还没形成灾害之前已经有相关预警；第二，以滚动播报方式发布最新消息，关注事件进展；第三，提供所有相关政府机构微博链接，并且不断重复；第四，灾难过后，警告市民各种次生灾害和重返家园的潜在危险；最后，该微博为市民提供丰富的灾难应对建议。同时，FEMA的微博使用

了一些风暴现场拍摄的视频，丰富了传播形式。另外，飓风事件之中的微博，普遍用了比较严肃、紧张的口吻，传达给听众事态的紧急性，以引起重视。

从数据上看，飓风“艾琳”期间“@FEMA”发布微博共计93条，平均每日发布11.6条微博，远远高于其在整个2011年平均日发布4.3条的数据，也体现了“@FEMA”为了应对灾难时增大的信息需求量而做的调整。综上，美国政府很好地利用了微博的传播特性，来应对各种突发事件，第一时间传递相关信息。

2. 推广方式

（1）注重跨平台互动与链接形式

在美国政府机构和个人的官方Twitter中，跨平台链接丰富是显著的特点，从表14-1中可以看出，所有的微博都以链接的形式导向另外一个平台（Facebook、政府主页或其他网页）。

原因有二：首先，这是“政府开放令”以及后续相关政策的要求，政府机构必须建立政务公开主页，公布最新政策服务信息。同时，还需要使用第三方平台来增强公众参与。这就导致了第三方平台中的即时、零散信息需要被导向政府相关主页，以便于有需要的读者参阅详细的信息。

其次，微博单次发布140字符的限制，使得文本内容极为有限。所以，微博文本基本只能起到基础的、目录式的说明作用，需要运用链接来引出更多信息支撑自己的观点。这也是总统奥巴马发布微博经常使用的方式，比如微博“虽困难重重，但是我们还是成功了。《合理医疗费用法案》（Affordable Care Act）的颁布至今已经过去两年了”[1]，随后接上一条链接至政府网站，展示这两年中受到这个法案帮助的案例。

（2）注重与粉丝互动

由于“政府开放令”要求政府收集民众反馈，并且写进工作报告，故美国政务微博重视与听众交流。其中以美国空军官方微博“@AFPAA”和前美国国务院官方微博“@dipnote”[2]为代表，“@AFPAA”经常转发评论听众的微博，而“@dipnote”则经常组织听众进行有意义的讨论。而就个人微博而言，最具影响力的就是奥巴马总统“@BarackObama”的微博，他会在微博中与听众互动，转发听众微博，回答听众的问题。举例来说，在2012年3月，正值医疗改革两周

---

1 原文为：It wasn't easy, but we got it done. It's been two years since the #AC Abecame a law: http://OFA.BO/JYFC9P.

2 现账户已经改成@StateDept。

年，奥巴马号召听众发布自己看到的变化，以及自己喜欢“奥巴马医改计划”的理由，随即连续转发了数条听众微博。另外，在一些节假日的时候，奥巴马微博还会以全家的名义送上自己的祝福。如2011年圣诞节，奥巴马不但发布了祝福微博“米歇尔、玛利亚、萨沙和我，当然还有我的小狗波，祝大家圣诞快乐，节日快乐！”[1]，还送上了自己和妻子录制的视频，阐释了节日精神，并表达了对在阿富汗前线服役不能归家的士兵的感谢之情。

3. 运营特点

（1）根据政府部门的定位，选择适宜的微博风格

美国政府微博中，不同的机构对自身有明确的定位，并且按照定位制定适合自己的运营策略。不同于传统政府机构以信息发布为指向，作为集合人类最顶尖技术的政府部门，美国航空航天局在运营微博“@NASA”时遵循另外一个运营思路。那就是在运营Twitter时，不直接谈论自身复杂的工作，转而以科普的态度，充分发掘自身工作的吸引力吸引跟随者。换句话说，美国航空航天局运用Twitter，试图让航天迷们充分地享受乐趣。

其中，NASA运用Twitter建立凤凰号火星探测器账户“@MarsPhoenix”，并且吸引了18万以上的跟随者，成为最为流行的微博之一。这个微博的运营独树一帜，从简介到头像，NASA试图让跟随者忘记这是一个由政府机构运营以机器为主角的微博，取而代之的是一个有活力、有生命的微博，从而尽量赋予火星探测器人物特征。在签名栏中，作者以第一人称写了三个单词：“我挖掘火星！”[2]而微博头像也直接用了凤凰号火星探测器的头像，长长伸出的机械臂，似乎是在和访问者打招呼。“@MarsPhoenix”内容中经常使用拟人化的语气词来强化这个形象，比如“Shh！”“Brrr！”。这种生动的形式，将其与其他政府机构微博区别开来，吸引了许多关注。现在新的微博“@LADEE”已经被NASA建立，运用相似的模式，为在2013年发射的“LADEE”号月球大气和灰尘环境探测器前期工作进行宣传。

综上所述，找准自身机构的特点，制定独特的定位，是政务微博运营成功的一个重要因素。

1　原文为：“Michelle, Malia, Sasha, and I—and of course Bo—want to wish you all a merry Christmas and happy holidays.” http://OFA.BO/MPaxX5.

2　原文为：I dig Mars!

（2）实施专人值班制，并公开当前值班人员信息

在运营政务微博时，一些机构建立了专人值班制，以几个工作人员轮班的方式运营微博，并在该微博显著的签名档位置定时公布值班人员信息。美国国务院的微博“@StateDept”和美国环球妇女问题研究的微博“@GlobalWomen'sIssues”正是这样的例子，它们被专门的人员管理维护，在签名档位置，当日值班人员的名字被注明。

表14-2　美国政务微博签名档内容表

政务微博	签名档内容
美国国务院 @StateDept	Welcome to the official U.S. Department of State Twitter! Currently on Duty: Luke, Washington, D.C.. http://www.state.gov 欢迎来到美国国务院官方Twitter！当前值班人员是Luke。机构地址：华盛顿特区。官网链接：http://www.state.gov
美国全球妇女问题研究 @GlobalWomen' sIssues	Making women a cornerstone of U.S. foreign policy. Find us on Facebook: www.facebook.com/#!/dos.sgwi. Currently on duty: Varina 使妇女成为美国外交策略的基石。在Facebook页面上也可以找到我们。当前值班人员：Varina
美国国务院 下属领事事务局 @Travel-State Dept	Official Twitter for U.S. Department of State Bureau of Consular Affairs: protecting lives and interests of U.S. citizens overseas. Currently on Duty: Corina. Washington, D.C.　, USA . http://travel.state.gov 美国领事事务局官方微博，主要关注领事事务：保护在外美国公民的人身安全和利益。当前值班人员：Corina。机构地址：华盛顿特区。官网链接：http://travel.state.gov

美国政府对微博签名档的使用带来三个优点。首先，表明了美国政府机构注重细节。美国国务院等机构微博将签名档的内容分为了三个部分（介绍语、当日值班人员和政府网页链接），最大化了签名档的功能。第二，加上当前维护人员

名字，有助于落实账户人员的发言责任。第三，通过赋予账户人格的手段，用户和微博之间人和机构对话的格局被改变，建立起人和人之间的对话氛围，这缩小了政府机构和用户之间的身份地位差距，并且从心理角度改善了其与大众之间的距离和政府机构的固定形象。这个制度有效地提升了用户的参与感，使其产生对话的意愿，起到促进公众参与的作用。

3. 开设非常态专题性微博

在墨西哥湾石油泄露事件之后，除了相关各部门微博进行新闻发布、应急措施发布之外，政府还建立了名为恢复海湾“@RestoreTheGulf.gov”的微博，微博内容细分为最新事件新闻发布、机构应急处理地图和相关概念科普链接。该微博共发布微博1 500余条，追踪事件进展，为关心事件发展的民众提供直接的信息。这种针对特定领域建立专题性微博，是美国政府微博中常见的方式。下表丰是一些例子：

表14-3　美国政务微博职能领域表

微博类型	微博名称	职能领域
自然灾害	国家飓风控制 @Natl Hurricane Ctr	热带飓风相关的分析、预告和警告
	风暴警告信息 @HurricaneAlerts	飓风警告信息发布
医疗与疾病控制	国家流感信息 @FluGov	流感相关信息
	政府营养信息 @Nutrition Gov	食物和人类营养相关信息
	政府医疗保健信息 @HealthCare.gov	医疗保健相关信息
	政府禽流感信息 @BirdFluGov	禽流感相关信息
社会福利	政府医保信息 @Medicare.gov	医疗保险相关信息
	政府残障人士项目 @Disability.gov	残障人士相关项目、服务、法律等

（续上表）

微博类型	微博名称	职能领域
其他领域	美国毒品政策 @U.S. Drug Policy	毒品政策相关信息
	政府出口信息 @ExportGov	企业出口贸易有关信息
	政府海湾恢复计划 @RestoreTheGulf.gov	石油泄漏清理恢复相关信息

上述微博分别负责一个综合性领域，所有发布内容围绕该专题，而不是某个部门。比如“@BirdFluGov”发布关于禽流感的内容，综合了会在医疗卫生、紧急公共突发事件、食品安全相关的诸多独立政府机构发布的信息；而“@Natl Hurricane Ctr”中的信息，则综合了气象部门、红十字会、灾难应急部门等的信息。这类微博建立起一个跨部门的服务平台，改变了政府职能机构形式松散的格局，增加了工作效率。同时，这些微博整合该领域各部门政策法规进行发布，有利于听众在最短时间里获得全面的信息，从而增强了政府服务的能力。

4. 文本特点

（1）篇幅短小，文字简练

首先，受到Twitter单次发布140字符上限的限制，再加上英语表达中简洁直接的思维习惯，Twitter中的文本呈现篇幅短、信息集中的特点。

在国内的微博平台中，各个运营商提供的字符限制有所不同，比如腾讯、新浪微博是140个字符，网易微博是163个字符。虽然从字符数量上看不出明显差距，但考虑进中英文语言特点差异，中文单条微博的表达空间要高出英文Twitter许多。在获得更大表达空间的同时，还应注意微博本身的特性使得文本信息应尽量简洁。应注意尽量少使用的是用编号发布连续微博的方法，这种试图在破碎信息发布中实现连续性的方式，往往让读者读起来比较吃力。

美国政府官方微博中，几乎所有的微博内容都可以用一句话概括，并且一条微博只努力讲清楚一件事，下面是一些例子。

表14-4　政务微博中英文本对照表

微博原文	中文翻译
This one's hard to turn down—chip in $3 for a chance to meet the President at George Clooney's house.http://OFA.BO/RjDaN7	这个诱惑令人难以抵挡，捐赠3美元以获得在乔治·克鲁尼家见到总统的可能
Alex wants his kids to know that they can make a difference in other people's lives—so he became a summer organizer. http://OFA.BO/xsW5EN	Alex希望他的孩子知道他能够影响别人的生活，所以他变成了夏季项目的组织者
Watch live: President Obama speaks in Ohio about the economy. http://www.wh.gov/live	观看现场视频：奥巴马总统在俄亥俄州发表关于经济的演讲
Happy #Earthday! The contest is ON to create your own YouTube vision of NASA's exploration of Earth! http://1.usa.gov/I70acM	地球日快乐！快去制作你自己的TouTube版本的宇航局探索地球视频吧
Satellite view of ash plume from Mexican volcano this week, from our Aqua satellite. http://1.usa.gov/I3O2LX	这是这周从我们的卫星上看墨西哥火山喷出的火山灰的样子
Spring arrives in the mid-Atlantic U.S.: view from space on a clear day, courtesy of our Aqua satellite. http://1.usa.gov/J45Tq6	春天到达中大西洋地区，来看从卫星上拍摄的这样一个干净的日子里太空的样子吧
The Emergency Financial First Aid Kit（EFFAK）is a tool to help Americans minimize the financial impact of a disaster. http://www.operationhope.org/service/sid/13	“紧急经济救助”是一个帮助美国人最小化由灾难带来的经济损失的工具
Flood Forecasts from the National Weather Service http://bit.ly/zrtXFL	从国家气象服务中心获得的洪水预告
#Pakistan is a great case study of #women's role at grassroots level to counter extremism that denies community stability & security.	巴基斯坦是一个绝好的对妇女以草根地位抗衡破坏社区稳定和安全的极权主义进行案例研究的地方
Young people in over 100 countries are mobilizing this weekend for Global Youth Service Day. http://go.usa.gov/y5w #GYSD	超过100个国家中的青年正在动员起来迎接这个周末即将到来的“全球青年服务日”

可以看出，首先，这些微博都只围绕一件事情展开，不太相关的细节不会保留。其次，表达准确，即使有一些口语化的表达，但主要还是以叙述事实为主。第三，几乎都提供了链接，为所发布信息提供支撑，强调了信息的可信，也为有需要的听众提供了扩展阅读的空间。

这样的文本特点具有两个优点：第一，读者阅读方便，节省时间；第二，由于不存在需要解读的多余信息，这样的微博内容传播效率很高。

（2）主题多元，亲和力强

美国政府微博，往往在其职能范围之类，包含了丰富的主题。比如，美国联邦紧急事务管理局的微博“@FEMA”，发布的内容涵盖了灾难预警、进展追踪、灾后重建等新闻内容，关于各种自然灾害（洪水、飓风、龙卷风、高温）的安全建议，各种社区服务获取方式、紧急事件中可寻求帮助部门指南等。围绕这个中心，“@FEMA”将各种信息的发布做到细致入微，就像签名档介绍里的一句话一样，该微博为紧急事件而开设，后面附上了遇到紧急情况最直接的做法，“打给9–1–1”。

飓风“艾琳”事件中，“@FEMA”反应迅速，21日即开始发布灾难预警，随后每日更新最新进展，在28日风暴消失之后，则开始发布灾后警示信息；从灾难开始起，就非常重视整合各平台的信息，每天都保持3条左右的跨平台、跨机构链接，让网友能迅速各取所需，获得相关信息；另外，值得注意的细节是，针对飓风灾区有西班牙语人口存在，所以很多信息选择了用西语重复，也体现了对用户的照顾。

这种内容上寻求极致的处理，实际上也传达了一种以人为本、以用户为本的精神。由于担心用户的反感，政府官方微博中，很少自动化的信息发布，也很少直接引用新闻头条的做法。在文本信息中，除少数情况以外，都是用了正式的口头英语表达。为了促进用户参与，几乎所有的机构微博都是以人工编辑的口吻发布，试图营造交流的气氛，“欢迎”“感谢”等日常交际用语十分常见。

（3）注重事实，以理服人

微博既然被政府机构运作，自然要达到一定的运营目标。而政治说服就是一个很重要的部分。政治说服是政治主体通过政治语言改变、维持或强化政治客体的政治态度，使政治主体的政治行为获得需要的政治支持、政治权利得到服从的说服活动。而在这个过程中，政治主体会用到许多政治宣传技巧来实现政治说服。在美国政府官方微博文本里，也充满了对这些技巧的运用。

首先，最常被使用的技巧为单向宣传技巧，是指宣传者只向受传者传播对其有利的单方面信息。虽然现代社会信息传递的容量大、速度快，双向宣传已经成为趋势。但在微博上，由于文本长度受到很大限制，单向宣传依然是主流的。例如，奥巴马微博“@BarackObama”于2012年4月19日发布的“在这种许多雇佣方在寻找职业技术工人的时候，我们应该在培训民众方面更加努力”就是典型只谈努力，避开谈及现状不足的案例。另外，更加明显的是白宫官方微博“@theWhiteHouse”，在置顶Twitter的位置，放了一幅关于私营部门工作职位增长的数据图，显示了自从奥巴马政府上台以来的工作职位增长状况。而这条微博的文字也在反复强调这一信息，而绝口不提工作职位供不应求的这一现状。

第二，另一种常见的是"通情达理"技巧。"通情"，通过动之以情营造一种感性的氛围和强烈的感情色彩来进行宣传，以达到说服受众的目的；而"达理"即晓之以理，通过对受众进行宣传思想的分析和讲解，使其在理性认识的基础上，认同宣传的内容。在奥巴马2012年4月12日的微博里，能看出这一技巧的运用。"如果400个高收入者中的一个人按照一个公平的税率纳税，超过300位教师将能够留在教师岗位上。"[1]"我很震惊和失望听到罗姆尼不愿意支持妇女和她们的家庭。"[2]这两条微博，围绕教师和妇女这两个群体，前者通过将具体数字形象化的方式，揭示了一个更为公平的税率的作用，从而为其"Buffett Rule"做宣传；而在后者中，用了更加感性和直接的表达方式，表达了对其竞争者罗姆尼竞选计划的抨击，从而争取赢得更多支持。

利用好政治宣传技巧，可以说是赢得民众支持，更好阐释自己政治理念的一个重要途径。

四、各国政府驻华使馆政务微博使用策略

随着中国微博平台的逐渐流行，各国政府驻华大使馆纷纷开设自己的政务微博，运用这一平台，吸引关注，为本国文化宣传，并营造良好形象。比如美国驻华使馆，在腾讯微博和新浪微博上都开设了官方账号，并且为其下属的成都、上海、香港领事馆开设微博。另外，其他的一些国家，比如加拿大、日本、法国、丹麦等也纷纷开设了自己的官方微博。这些微博积极发布信息，并与粉丝互动，迅速积累了人气。截至2014年9月7日，"@美国驻华大使馆"在腾讯微博的粉丝已经超过68万，在新浪微博也已经接近90万。

1. 微博栏目设置

各国重视微博首页栏目安排，其中一些将首页的功能发挥到了极致。设置的栏目主要包括：微博简介、友情链接、直属单位、标签、机构成员、置顶视频或

1　原文为：If one of the 400 highest income earners paid a fair tax rate, more than 300 teachers could stay in the classroom.

2　原文为：I was shocked and disappointed to hear that Mitt Romney is not willing to stand up for women and their families.

图片、活动预告、机构位置（地图）、公告栏以及常规的微博背景和头像等。其中既有功能性很强的链接栏目，也有为主页增添色彩的风景、美食图片被置顶或作为背景。

（1）微博简介体现栏目定位

表14–5　部分国家的使馆微博简介内容

机构	内容
美国驻华大使馆（腾讯微博）	本微博由美国使馆新闻文化处维护。我们的主要目标是促进关于美国文化、社会以及使馆项目的对话。请访问我们的网站以了解更多关于签证、教育或者关于美国的其他信息。我们将尽量阅读并回复您的评论，但可能不会回复所有。提前对您的理解表示感谢
美国驻华大使馆（新浪微博）	本微博由美国使馆新闻文化处维护。我们的主要目标是促进关于美国文化、社会以及使馆项目的对话。请访问我们的网站以了解更多签证、教育等方面的信息
加拿大大使馆官方微博	本微博由使馆公共外交处及大使办公室维护。您可以找到关于加拿大、加拿大在中国活动的信息，我们也希望了解您对加拿大的看法。更多请访问使馆网站
德国驻华大使馆	这是由德国大使馆新闻和信息处维护的德国使馆官方微博。我们报道德国在中国的活动，介绍德国外交政策的观点以及在德国发生的重要事件
俄罗斯驻华大使馆	俄罗斯驻华大使馆微博将会实时播报俄罗斯国内、俄罗斯使馆和俄中关系的最新信息，请注意关注
以色列驻华使馆	这里是以色列驻华使馆官方微博，我们希望通过这个平台向中国朋友介绍真实的、全面的和多彩的以色列。使馆网站：http://embassies.gov.il/beijing
荷兰驻华大使馆	荷兰驻华使馆的微博是荷兰大使馆、领事馆和荷兰贸促会的微博。荷兰驻华使馆网站：www.hollandinchina.org

由表14–5可以看出，表达的信息主要分为三个部分：维护机构介绍、微博信息介绍、欢迎词。大部分微博都包含了第一部分内容，介绍本微博是由某个机构维护；而对微博内容的介绍，则能体现出驻华使馆微博的定位；最后是欢迎词，许多微博省略了这个内容。

从这个部分的介绍，能看出各个大使馆的媒介定位。比如美国驻华大使馆微博的目标是“促进关于美国文化、社会以及使馆项目的对话”，以色列驻华使馆则希望“通过这个平台向中国朋友介绍真实的、全面的和多彩的以色列”。

另外，从运营微博机构的职能中，也能看出这个微博的主要目标。比如美国使馆新闻文化处的主页中介绍它“主管美国政府的官方信息以及在中国的教育与文化交流活动”“是美国驻中国大使馆的官方喉舌”“通过新闻处处理所有公共关系事务及有关使馆同新闻媒介的关系及美国政府对中国的政策。新闻处准备和散发华盛顿每日新闻、关于美国政策方面的新闻通告和背景材料，组织记者招待会和其他媒体活动向中国记者和驻华外国记者提供及时和有用的信息”。

由此可见，这些官方微博，本质上是其国家政府下属新闻处或者驻华办公室运营的以宣传本国立场、本国特色文化为目标，从而实现公共外交目的的工具。这也是这些机构重视运用微博这一新媒体广泛、开放等特质为其服务。

美国大使馆机构成员微博

美国大使馆的直属单位微博

（2）链接整合服务资源，提升服务

另外，一些微博还在“友情链接”一栏附上了所有相关机构的链接，在“直属单位”中列出下属所有部门和机构的网站，并在“机构成员”中列出该机构成员的微博，方便粉丝查看。

这些栏目的设置，加上公告栏的公告内容和机构位置地图链接，都是为了整合各种和机构相关的资源，如实体办公地点、机构员工、相关机构等，从而方便粉丝的查找，更好地提供微博的服务。

（3）通过图片和视频，展示本国特色

在置顶位置，这些微博放上一些视频或是图片集，另外，在头像和微博背景的位置，也用心搜集了诸多能体现本国特色的内容，这样做能鲜明地将其从众多微博中区分出来以及从同类微博中区别出来，给粉丝留下深刻的影响。

例如，美国大使馆微博的特色是一个个的人，不但背景由许多本国面孔组成，置顶的视频也是为庆祝亚太裔美国人传统月而拍摄的短片，片中采访了作家Amy Tan，讲述她作为一个华人，在美国成长的经历，以及她内心的感受。

美国驻华大使馆官方微博首页

而加拿大和日本大使馆的微博则更关注本国的风景和文化景观，背景图以及置顶图册选择的是独具特色的本国景点，如和服、相扑比赛等。加拿大通过向网友征集优秀摄影作品，制成图册滚动播放，向粉丝们分享美丽的加拿大景色。

加拿大驻华大使馆官方微博首页

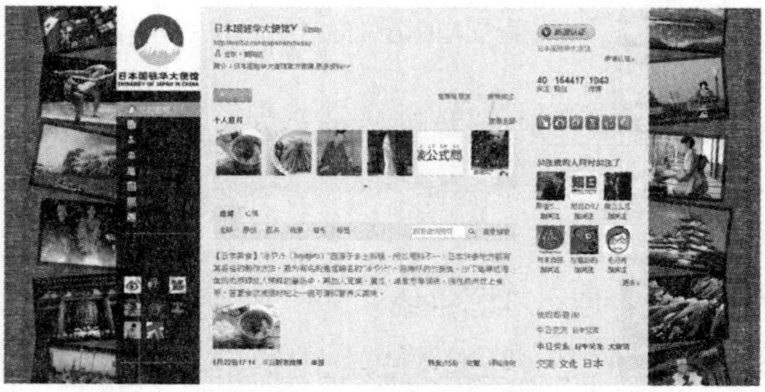

日本驻华大使馆官方微博首页

2. 微博文本内容特点

（1）文本内容分布

驻华使馆微博的媒介定位很大程度上决定其内容设置，而政务微博的内容设置也是听众和粉丝了解和认知外国驻华使馆的直观途径。通过整合各驻华使馆的微博内容，可以发现其大致分为使馆常规工作信息发布、使馆相关活动、各国文化历史民俗推介、中外外交时政、各国新闻、互动参与信息发布。

首先，驻华使馆政务微博承载着使馆常规信息发布的职能，并借助微博受众的辐射范围与影响力，将使馆实时信息推而广之。其中，签证信息出现的频次相对较多，如图。

其次，使馆工作人员相关活动是使馆文化建设的重要承载体，其相关的微博内容也成为政务微博建设的有机组成部分。

外国驻华使馆微博旨在促进本国文化、社会以及使馆项目与进驻国之间的对话，因而弘扬本国的历史文化与民间风俗则成为与中国网民进行交流的必要内容。各国驻华使馆的微博中都可以看到推介该国历史人物、传统节日、地方风情、地理划分等人文内容的博文，这些博文多辅以丰富而直观的图片，图文结合则更便于受众对该国文化的理解和认知。

美国驻华大使馆：美国国务院7月12日下午发布消息说，截止到目前为止，美国驻中国的使领馆在2012财政年度期间，处理了来自中国公民超过100万份签证申请，而且签证面谈的等待时间，已经缩短到大约只要一个星期。http://url.cr/2BX3Dq

【签证移民】如果打算在夏季赴加并携带多于一万加元的现金及（或）金融票据，则需要在抵加时申报。携带者必须亲自向加拿大边境服务署官员申报并填写E677表格。表格/信息请见http://t.cn/zWVUskq 。未申报可能导致资金被没收及250-5000加元不等的罚款。请谨记抵加时申报等价或多于一万加元的资金！

法国驻华使馆：法国驻华大使白林女士在参加北京十一学校第三届"法兰西日"文化活动时鼓励同学们把法语--这门优美，严谨 在国际重大场合中广泛使用的语言学好。大使还希望有越来越多的同学通过学习法语推动法中两国语言，文化的交流。十一学校的同学们还亲自为大使献上自己制作的精美礼物。

法国驻华使馆：【创新法兰西】巴黎地铁站(1):就如同艾菲尔铁塔对巴黎的重要性一样,具有巴洛克雕刻语言的巴黎地铁站的装饰风格富有象征含义.在全世界人的眼中,它们的存在不仅仅是交通工具，公共场所，而可以说是巴黎典型的一道风景和文物。19和20世纪交替之际，"新艺术运动"(1890年-1905年)在欧洲和美国蓬勃发展。

法国驻华使馆：【法中关系】法国外交部长洛朗.法比尤斯先生于昨天上午在北京航空航天大学访问，并为北航的师生发表演讲。请点击链接参看演讲详细内容：http://url.cn/4aKFjb

此外，关注中外外交进程、发布外交时政新闻也是驻华使馆政务微博的主要内容。

互动信息与参与推介是驻华使馆微博内容设置中与中国受众互动性最强的一项，美国、法国、丹麦等大使馆微博中频繁出现推介该国电影、品牌以及活动有奖竞猜与互动分享的博文，很大程度上增强了听众和粉丝的活跃度与参与性，也提高了政务微博的趣味性。

【有奖活动】#给加拿大美食命名#活动开启啦！您有机会赢得北京华彬费尔蒙酒店刃扒房特别菜单2人餐或精美开瓶器，只要您在7月13日12点前：1.为下图任何一款美食命名；2.关注@加拿大大使馆官方微博 和@ 北京华彬费尔蒙酒店；3.转发大奖给三位好友。快来参与吧！ http://t.cn/zWcOoFL

7月9日 13:34 来自 微活动　　转发（406）| 收藏 | 评论（299）

（2）内容设置的差异性表现

如上所述，各国驻华使馆政务微博虽在内容分布上有共同点，但由于国家文化差异和传播目的的侧重点不同，不同国家驻华使馆的微博内容也呈现出一定的差异性和偏向性。

对于政务微博内容细分的分布情况，从各驻华使馆的腾讯微博上可以有较为直观的展现。腾讯微博在页面设置中，在微博正文的上方设立了“它经常发表的话题”一项，并且统计了话题在所有发表博文中出现的频次。例如：

全部 | 原创 | 图片 | 视频 | 音乐 | 心情 |

它经常发表的话题：
#每周词汇#(45) #中美文艺论坛#(36) #分享视频#(32) #拜登访华#(31)
#今日图片#(30) #亚太裔传统月#(25) #丝路之旅#(24) #地球日#(20)
#紧急事件准备...#(19) #美国文学#(19)

美国驻华大使馆腾讯微博

微博 个人资料 日志 相册 音乐　　搜它的广播　搜索
全部 | 原创 | 图片 | 视频 | 音乐 | 心情 |

它经常发表的话题：
#分享视频#(25) #丹麦新闻#(16) #市长访华#(5) #安徒生#(5) #丹麦文化#(4)
#丹麦使馆二三...#(3) #哥本哈根#(2) #市长专访#(2) #2011年世...#(2)
#丹麦#(2)

丹麦驻华大使馆腾讯微博

微博 个人资料 日志 相册 音乐　　搜它的广播　搜索
全部 | 原创 | 图片 | 视频 | 音乐 | 心情 |

它经常发表的话题：
#伦敦奥运倒计...#(57) #英国#(14) #Great ...#(11) #钻石大庆#(10)
#妇女节#(9) #招聘#(8) #提问志愿者#(7) #英国大使吴思...#(7)
#GREAT英...#(6) #创新公益#(6)

英国驻华大使馆腾讯微博

通过不同国家驻华使馆经常发表的话题可以看出，一些西方国家更倾向于传播本国的语言文化，例如美国驻华大使馆微博专设“每周词汇”一项，解释美语中常用的一些习惯用语和俗语；加拿大驻华使馆的新浪微博中也专设“加拿大法语”一项，介绍加拿大本土语言的历史来源。

美国驻华大使馆：继续学习来自体育的英语习惯用语。"Get off track"用来形容一个失去重点的人，通常指谈论某些与当前话题无关的事情。- Come on, you're getting off track! We stopped talking about that movie twenty minutes ago.-嘿，你跑题啦！我们20分钟前就停止谈论那部电影了。有人跑题时，你会怎么做？

微博是一种浓缩的表达艺术，在

简短字数的介绍中力求达到观点的提炼。外国驻华使馆微博是塑造外国国家形象，传递异国文化和精神理念的有力渠道，从微博内容也可以看出各国驻华使馆对于人文精神的不同媒介表达。

法国大使馆腾讯官方微博专设“创新法兰西”系列，介绍法国本土的创新产品和设计，旨在传播法国国家的创新理念。而丹麦使馆腾讯微博则通过大量的博文介绍该国的自行车文化，提倡“绿色出行”的环保理念。

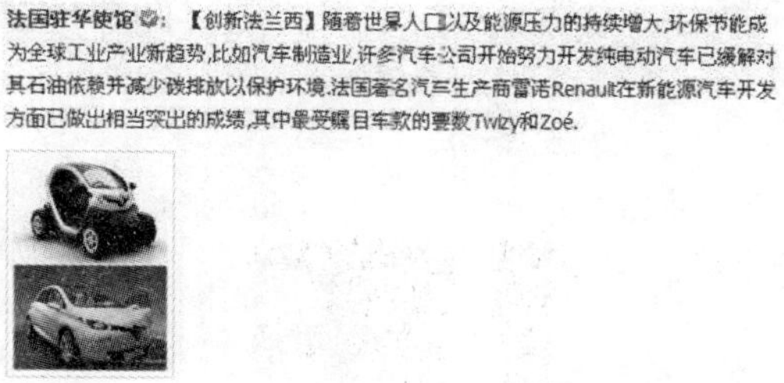

（3）文本语言的魅力

外国驻华使馆的微博目标受众为广大的中国粉丝和听众，其文本内容的设置是与其互动和交流的有效方式。在文本语言的运用上，也力求拉近与受众的心理距离，增强与听众和粉丝的接近性。例如美国驻华大使馆传播的上海总领馆的一条微博中，开头称谓使用了当下中国的网络流行词汇“亲”，融入了中国当下的网络文化，也提升了微博内容的亲切感。

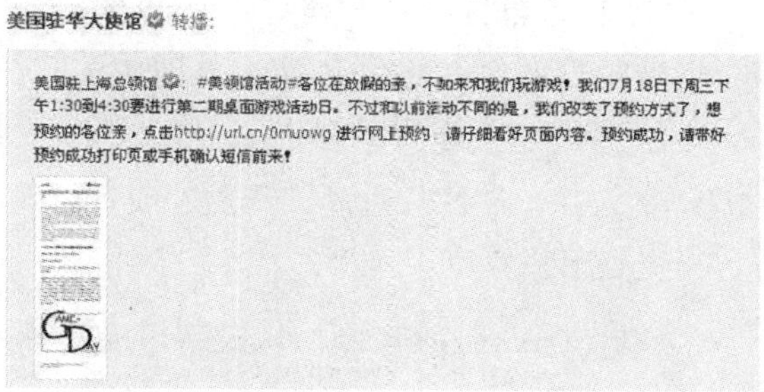

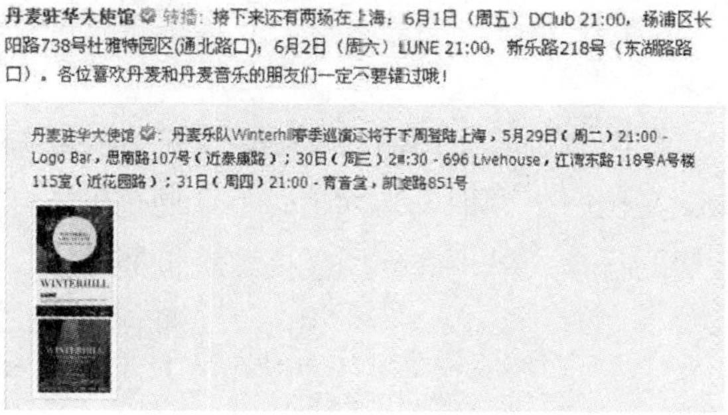

语气词的适当使用也可以起到增强心理接近性的效果，各使馆政务微博的文本中，尤其在微博互动环节，也时常出现“呀”“哦”“呐”等语气词，以一种更为轻松的话语方式与听众交流互动。

3. 政务微博互动策略

政务微博作为各国公共外交的一种媒介手段，对于中国受众而言，其微博信息的传播是一个逐渐渗透的过程，因此，在与听众和粉丝的互动中，一定媒介策略和传播技巧能更有效地形成良性互动。

（1）全媒体的微博形式

为了以更为生动和直观的形式呈现微博内容，吸引听众，外国驻华使馆的政务微博多采用全媒体的表现形式，将文本、图片、视频、音频以及相关链接融合在一条博文中，让听众和粉丝在全媒体环境中形成更为有效的互动和交流。

每逢#独立日#，美国民众都会以游行、烟火、音乐会等多种形式举行庆祝活动。7月4日烟火表演最吸引人，但是一些美国城市在考虑用其他方式替代它。这一方面是因为放烟火费用大，另一方面是由于彩色烟花中带有污染物质而且放花要用火药，进而对环境造成不利影响。http://t.cn/zWbYEoM http://t.cn/zWU9b2F

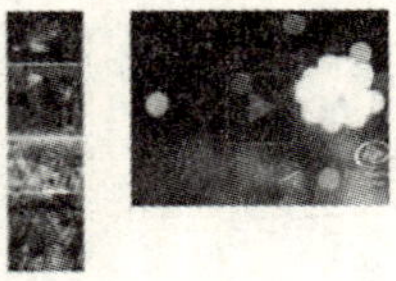

7月3日 11:49 来自 新浪微博　　转发（65）| 收藏 | 评论（51）

（2）搭建推介平台增强互动

搭建推介平台是各驻华使馆微博实现与公众互动的有效方式。微博的低门槛、零限度，为公众互动提供了最佳的平台。其中，丹麦使馆微博常推荐本国电影、演唱会、时装，通过“转发”或者“@好友”的形式激励听众粉丝赢取票务，与受众形成互动。

丹麦驻华大使馆：两大丹麦当红重型劲旅2012中国巡演北京站抽奖啦！马上转发此微博并AT3位以上好友即有机会获得4月19日20:00在糖果俱乐部三层举办的THE KANDIDATE、SCARRED BY BEAUTY乐队价值150元的演出门票一张。幸运歌迷将于4月17日揭晓。演出详情：http://url.cn/22hiX9 @重型音乐_PAINKILLER

4月17日 15:25:17 来自腾讯微博　全部转播和评论(9)　　转播 | 评论 | 更多

而法国驻华使馆微博则形成了“有奖竞猜”的互动环节，向受众提出一些与法国文化历史等相关的问题，听众通过转发和评论的形式回答，并在转发中扩大微博的听众人群，最终形成良性的传播效应。

法国驻华使馆：【有奖竞猜7月12日】今天的有奖竞猜的问题是"法国的电力主要来自于哪种能源"？答案就在我们今天发过的微博中找哦！直接转发你的答案并转发给至少三名好友,评论给我们，就有机会赢得lecoqsportif 为大家准备的可爱小黄鸡的玩偶钥匙链.等着两位幸运粉丝把它抱回家哦.答案和获奖情况将于下周四揭晓!

7月12日 17:11:51 来自腾讯微博 全部转播和评论(71)　　转播 | 评论 | 更多

（3）利用微博议程设置，吸引受众

微博是即时媒介工具，力求信息的即时更新和推广。驻华使馆微博在议程设置上也紧跟受众关注点，博取更高的关注度，营造舆论场，提供公共话语空间。例如在欧洲杯举办期间，丹麦驻华使馆腾讯微博持续关注比赛动态，也进行每日信息更新。

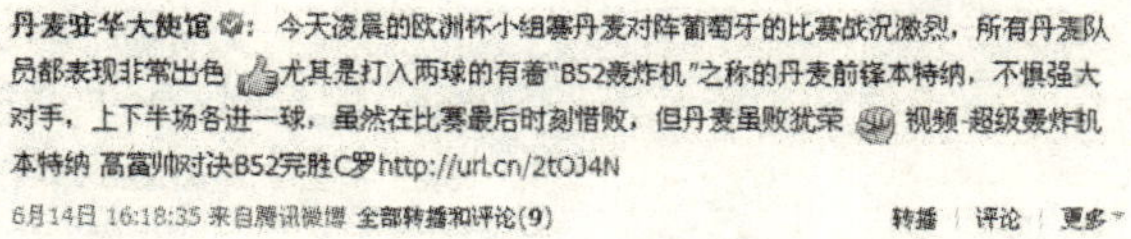
丹麦驻华大使馆：今天凌晨的欧洲杯小组赛丹麦对阵葡萄牙的比赛战况激烈，所有丹麦队员都表现非常出色尤其是打入两球的有着"B52轰炸机"之称的丹麦前锋本特纳，不惧强大对手，上下半场各进一球，虽然在比赛最后时刻惜败，但丹麦虽败犹荣 视频-超级轰炸机本特纳 高富帅对决B52完胜C罗http://url.cn/2tOJ4N

6月14日 16:18:35 来自腾讯微博 全部转播和评论(9)　转播 | 评论 | 更多

美国驻华使馆微博在伦敦奥运会举办前期，也持续推出奥运历史、伦敦奥运等相关的议题，与网友进行交流和互动。

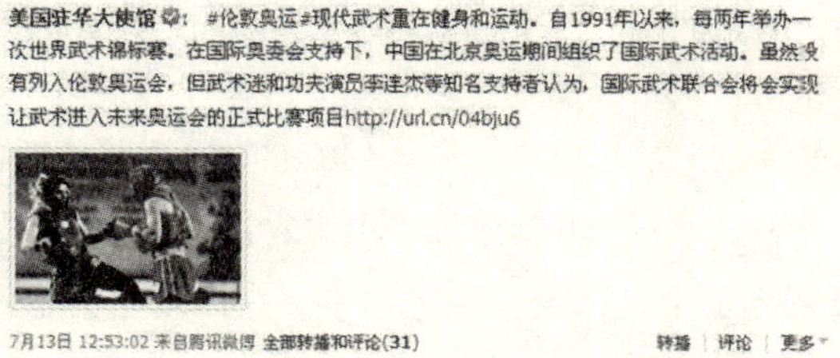
美国驻华大使馆：#伦敦奥运#现代武术重在健身和运动。自1991年以来，每两年举办一次世界武术锦标赛。在国际奥委会支持下，中国在北京奥运期间组织了国际武术活动。虽然没有列入伦敦奥运会，但武术迷和功夫演员李连杰等知名支持者认为，国际武术联合会将会实现让武术进入未来奥运会的正式比赛项目http://url.cn/04bju6

7月13日 12:53:02 来自腾讯微博 全部转播和评论(31)　转播 | 评论 | 更多

（4）利用关联，寻求情感认同

驻华使馆政务微博旨在向他国民众介绍本国国情和文化，由于不同国家存在不同的意识形态和价值理念，单纯的填鸭式灌输不仅不易让人理解，也很难达到预期的传播效果。因此，在微博中，在传播本国文化的同时能够由此及彼地推而广之，使异国文化和理念更容易被接受。例如，美国驻华使馆新浪微博在介绍美国独立日历史时，在博文末尾由此及彼利用关联，提出“你所在的国家如何庆祝国庆节或独立日”，来拉近与受众的交流距离，形成有效互动。

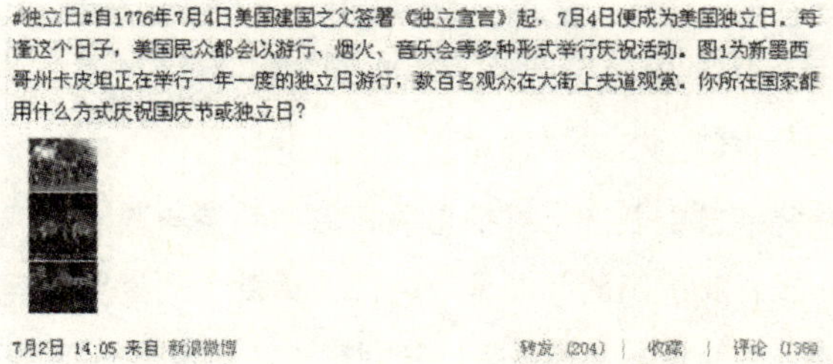
#独立日#自1776年7月4日美国建国之父签署《独立宣言》起，7月4日便成为美国独立日。每逢这个日子，美国民众都会以游行、烟火、音乐会等多种形式举行庆祝活动。图1为新墨西哥州卡皮坦正在举行一年一度的独立日游行，数百名观众在大街上夹道观赏。你所在国家都用什么方式庆祝国庆节或独立日？

7月2日 14:05 来自 新浪微博　转发（204） | 收藏 | 评论（1369

【案例小结】

政务微博作为一种新兴的传播工具和重要的信息传播渠道，在党政相关部门了解民生民意、化解社会矛盾、宣传方针政策等方面均具有无可替代的特点和优势。通过微博，网友也能更加方便、及时、有效地行使监督党政部门的权利，这对促进社会和谐稳定、维护祖国安定团结具有十分重要的意义。无论是党政机构微博还是官员个人微博，政务微博应该在总结国内外现有经验教训的基础上，做到以下几点：

1. 明确功能定位

作为自主发布信息的新渠道、诚心为民服务的新平台、密切了解民意的新方式以及公众参政议政的新空间，政务微博拉近了官民之间的距离，显得更加平易近人却不失威严。对于机构微博来说，一个明确的功能定位能帮助管理人员和整个运营团队明晰工作内容与工作风格。对于个人微博而言，由于兼具个人与所在单位的双重属性，其在微博上的发言很容易被公众“放大”定格为官方代言人或贴上观点标签，难以把握“公私分明”的分界线。直言不讳、打假打黑、为民请命或是主力宣传，若能自一开始就明确发言基调，传达理念与观点，对于提升人格魅力、增强影响力有着积极的促进意义。

2. 组建专业团队

对于政务机构微博而言，稳定的专业团队和明晰的工作流程必不可少。团队成员应熟知部门各种业务与微博各功能应用，有一定的文字和图片编辑技能。政务微博发布的内容应兼具原创性和服务性，消解官僚化、形式化的感觉。适时更新，有规律地发布与民众生活息息相关的政务信息，强化互动效果，少讲官话、套话、大话，用朴素务实、诙谐幽默、具有亲近感甚至是个性十足的特色语言，在体现官方权威性语言表达的同时，兼具个性风格以赢得网友好感。

3. 多媒体综合表现

现在国内几个主要的微博平台都已经将“政府版”微博当作一个模块进行专门的管理经营，政务微博可以在主页设置中添加多样性功能板块，利用网络投票、活动报名、网站链接等形式吸引网友互动。把握微博信息“短平快”和碎片化的特点，在有限的文字范围内，综合运用文字、图片、视频多媒体等全方位地传达信息。

4. 审慎网友互动

在网络消解了现实生活中无法逾越的行政层级和身份悬殊之时，网友们期待在政务微博中自由表达，维护自我权益，期待与政府部门平等对话，解决实际问题。及时积极回应网友提出的问题是政务微博运营中的重要内容，与此同时，利用“微访谈”“微活动”主动设置互动机会，策划交流活动也是必要环节。

新传播技术培育了新的执政方式和空间，在此平台上的积极互动能有效促使政府不断改变自身行为，调整官民沟通方式，提升公众诉求的回应度。当微博日益成为政务机构新的公关武器，在关键时刻及时发布权威信息，有效回击谣言，切实帮助地方百姓解决民生要事，有效地宣传地方特色等都是政务微博日常的工作内容。政务微博正在以创新的思维理念改变着现状，推动社会的发展，这些点滴进步，是由网友和政府一起推动的。

参考文献

第一章

[1]瞿旭晟．政务微博的管理风险及运营策略[J]．新闻大学，2011（2）．

[2]新浪微博，人民网舆情监测室．2013上半年新浪政务微博报告[R]．2013-07-31．

第二章

[1]张志安，贾佳．中国政务微博研究报告[J]．当代传播，2011（3）．

[2]张浩，尚进．微博时代的电子政务建设与创新[J]．中国信息界，2011（9）．

[3]黄永庆．地方政府门户网站信息服务的策略[J]．信息化建设，2010（9）．

[4]詹奕嘉，叶前．政务微博：建“连心桥”开“直通车”[J]．瞭望，2012（13）．

[5]刘劲青．公安微博实践现状扫描与反思[J]．湖南社会科学，2011（3）．

[6]程力沛．微博视域下政府如何应对突发事件[J]．传媒观察，2011（9）．

[7]李敏燕．“乌鲁木齐发布”上线[N]．新疆都市报，2012-03-17．

[8]刘兴华．海月社区有了微博[N]．葫芦岛日报，2011-09-22．

[9]胡楠，朱凯．杜绝“空心微博” 及时澄清谣言[N]．武汉晨报，2012-03-31．

[10]明强．关注民生“上海发布”腾讯微博听众破百万[N]．新民晚报，2012-01-06．

[11]徐晓剑，李语嫣．构建司法与媒体的良性互动关系[N]．人民法院报，2012-01-13．

[12]章海森．浙江海宁司法局启用微博发布政府公文开全国先河[N]．今日早报，2011-04-02．

[13]廖谦，张玉东．开通三个月的“城管微博”[N]．郑州晚报，2011-11-23．

[14]王赤凤．上海“交通港航”微博 影响力不微不薄[N]．中国交通报，2012-03-20．

[15]钱钰．“上海地铁”入围十大政府机构微博[OL].（2011-11-09）http://xwwb.eastday.com/x/20111109/u1a936771.html.

[16]周志忠．网络问政不“浮云” 政务微博很“给力”[OL].（2011-10-09）http://politics.people.com.cn/GB/14562/15942954.html.

[17]庄会宁．中国公安官方微博兴起 学者称有助解决社会矛盾[OL].（2010-09-06）http://www.chinanews.com/fz/2010/09-06/2514634.shtml.

[18]让城市交通飞起来：多地交通路况微博直播[OL].（2011-08-24）http://www.ce.cn/newmain/right/feature/201108/24/t20110824_22645528.shtml.

[19]王斌．“北京司法”官方政务微博正式上线[OL].（2011-12）http://www.legaldaily.com.cn/News_Center/content/2011-12/21/content_3223677.htm?node=33907.

[20]励漪．“上海绿化市容”政务微博6日起开通[OL].（2012-01-07）http://sh.people.com.cn/n/2012/0107/c137168-16659598.html.

[21]张和允，汪贵霞，廖光友．招商引资不走“寻常路”[OL].（2011-08-26）http://ah.anhuinews.com/system/2011/08/26/004375936.shtml.

[22]王冕．成都教育局开官方微博关注“成都教育”[OL].（2011-02-15）http://e.chengdu.cn/html/2011-02/15/content_213622.htm.

[23]张陨璧．小灵通助力中国外交 新媒体推动双向互动[OL].（2012-03-09）http://world.people.com.cn/GB/17340924.html.

[24]吴勇加．“广东发布”微博今天上线[OL].（2012-05-14）http://wen.oeeee.com/a/20120504/1045116.html.

[25]朱艳丽．微博成“政民沟通”新尝试 半数政务微博在沉睡[OL].（2011-09-20）http://news.bandao.cn/news_html/201109/20110920/news_20110920_1606870.shtml.

[26]陈宁．突发事件中的政务微博[OL].（2012-04）http://dangjian.people.com.cn/GB/17698622.html.

[27]辛闻．政务微博井喷渐成问政平台 专家建议别作秀多服务[OL].（2012-03-20）http://news.dahe.cn/2012/03-30/101204719.html.

[28]刘博慧．广州市国家税务局微博吸引粉丝逾两万人[OL].（2011-04-29）http://www.gzonline.gov.cn/eap/446.news.detail?news_id=11994.

[29]广州市公安局微博的96万粉丝说明啥[OL].（2011-10-08）http://club.china.com/data/thread/1638757/2732/78/24/9_1.html.

[30]李强．国务院部门开微博仅极少数[OL].（2011-08-20）http://news.xinhuanet.com/politics/2011-08/20/c_121886353.htm.

[31]刘春霞．中国铁路微博行：各地微博热推“坐火车去踏青”[OL]．（2012-03-29）http://media.people.com.cn/GB/40606/17528663.html.

第三章

[1]瞿旭晟，郑磊，张志安．上海政务微博运行与策略分析——对上海市首批政务微博试行单位的调研报告[R].

[2]郭庆光．传播学教程[M]．北京：中国人民大学出版社，1999.

第四章：

[1]百度百科：“淘宝体”[OL]．http://baike.baidu.com/view/5143775.htm.

[2]百度百科：“咆哮体”[OL]．http://baike.baidu.com/view/4169613.htm.

[3]百度百科：“凡客体”[OL]．http://baike.baidu.com/view/4055632.htm.

[4]百度百科：“元芳体”[OL]．http://baike.baidu.com/view/9449007.htm.

[5]百度百科：“我和我的小伙伴们都惊呆了”[OL].http://baike.baidu.com/view/10729345.htm.

[6]上海市社科创新研究基地（复旦大学）舆情与传播研究实验室，中国舆情网．中国政务微博研究报告[R]．2011.

[7]武汉大学互联网科学研究中心．2011年政务微博发展分析报告——以腾讯微博为例[R]．2011.

[8]腾讯政府微博组．微聚民心　博览政声——政务微时代[R]．2012.

[9]瞿旭晟．政务微博的管理风险及运营策略[R]．新闻大学，2011（2）.

[10]梁晓莹．政务微博传播效果与技巧[J]．新闻前哨，2011（9）.

[11]华夏．从“俯视”到“平视”，我国步入微政府时代[J]．新闻知识，2011（9）.

第五章

[1]张志安．政务微博要包容地对待批评的声音[OL].（2012-05-05）http //gd.qq.com/a/20120505/000099.html.

第六章

[1]腾讯“政务微博发布厅”分析报告[R]．腾讯网，2012-03.

[2]广东省公安厅公共关系处．探索中的公安微博“广东模式”[J]．中国党政干部论坛，2011（12）.

[3]“问政银川”打造政务微博群[N]．中国青年报，2011-11-07.

[4]中国政务微博客评估报告发布　新浪政务微博数量领先[OL].（2012-02-10）http://media.people.com.cn/GB/40606/17078411.html.

[5]国家行政学院电子政务研究中心．2012年中国政务微博客评估报告[R]. 2013（3）.

[6]中国互联网络信息中心．第32次中国互联网络发展状况统计报告[R]. 2013-07-17.

[7]武汉大学互联网科学研究中心．2011年政务微博发展分析报告——以腾讯微博为例[R]．2011-12-24.

[8]腾讯政府微博组．微聚民心　博览政声——政务微时代[R]．2012-01-30.

[9]瞿旭晟．政务微博的管理风险及运营策略[J]．新闻大学，2011（2）.

第七章

[1]百度百科：李冠丰案[OL].http://baike.baidu.com/view/10797648.htm.

[2]网友微博辟谣“盐”：我在XX，我不参与抢盐[OL].（2011-03-17）http://www.jiaodong.net/news/system/2011/03/17/011170419.shtml.

[3]腾讯微博，武汉大学互联网科学研究中心．2013 上半年度腾讯政务微博报告[R]．2013-07-01.

第八章

[1]武汉大学互联网科学研究中心．2011年政务微博发展分析报告——以腾讯微博为例[R]．2011-12-24.

[2]李晖．三类微博，消解政务微博影响力[OL].（2012-07-23）http://xwjz.eastday.com/eastday/xwjz/node595770/node595771/u1a6319354.html.

[3]李晖．微博纳入政绩基层疲于应付：或四处找粉丝或成舆论靶心[N]．时代周报，2012-3-8.

[4]胡珉琦，鲍妍．建立持续运营的考评和激励机制[J]．科技生活周刊，2012-2-6.

[5] 关于东莞微博发布厅成员单位的评分标准[S]．2012-07-23.

[6] 南海区政务微博管理工作考核办法[E]．2012-07-23.

[7] 南海区政务微博考核奖励的实施办法[E]．2012-07-23.

[8]新浪微博，人民网舆情监测室．2013上半年新浪政务微博报告[R]. 2013-07-31.

附录

[1]杨梅菊. 微博元年：围观的力量[N]. 国际先驱导报. 2010-12-17.

[2]中国互联网络信息中心. 中国互联网络发展状况统计报告[R]. 2011.

[3]张志安，瞿旭晟，等. 上海政务微博运营现状及策略研究[J]. 新闻记者，2011（6）.

[4]杜燕. “两会”推动中国政务微博激增七成　京官微博控最多[OL].（2012-03-09）http://news.xinhuanet.com/politics/2012-03/09/c_122811026.htm.

[5]刘晓云. 瑞典官微：今天，你说了算！[J]. 成功营销，2012（2）.

[6]张志安，贾佳. 中国政务微博研究报告[J]. 新闻记者，2011（6）.

[7]Lynda Lee Kaid. Handbook of Political Communication Research[M]. Lawrence Erlbaum Associates, Inc. 2004 .

[8]胡正荣. 传播学总论[M]. 北京：北京广播学院出版社，1997.

[9]戴维·冈特利特. 网络研究：数字化时代媒介研究的重新定向[M]. 北京：新华出版社，2004.

[10]杨伯溆. 互联网与社会[M]. 武汉：华中科技大学出版社，2002.

[11]李道揆. 美国政府和美国政治[M]. 北京：商务印书馆，1999 .

[12]谢新洲. 网络传播理论与实践[M]. 北京：北京大学出版社，2004.

[13]瞿旭晟，郑磊，张志安. 上海政务微博运行与策略分析——对上海市首批政务微博试行单位的调研报告[M]. 2011.

[14]Wigand D L. Twitter Takes Wing in Government: Diffusion, Roles, and Management，proceedings of the 11th Annual International Conference on Digital Government Research, 2010[C].

[15]翟杉. 公共舆论视野下的我国政府微博研究[J]. 中国报业，2011（9）.

[16]张志冲. 官方微博：政府形象塑造新途径[J]. 东南传播，2011（8）.

[17]潘绅姝. 我国政府微博现状分析及建设思考[J]. 新兴传媒，2011（6）.

[18]曹健敏. 政府微博在政府公共关系建构中制约面息考和对策分析[J]. 新闻知识，2011（11）.

[19]Morse R.S. Prophet of participation: Mary Parker Follett and public participation in public administration[J]. Administrative Theory & Praxis，2006（28）：1-32.

[20]Hand L C, Ching B D. "You Have One Friend Request" An Exploration of Power and Citizen Engagement[M]. Arizona：Arizona State University, 2011.

[21]华夏. 从“俯视”到“平视”，我国步入微政府时代[J]. 新闻知识，2011（9）.

[22]瞿旭晟．政务微博的管理风险及运营策略[J]．新闻大学，2011（2）．

[23]杨涛．“局长微博门”栽于“扒粪精神”[J]．政府法制，2011（22）．

[24]唐亮．政府微博发展的理性思考[J]．新兴传媒，2011（5）．

[25]腾讯科技．Twitter活跃用户数已达1.4亿　将在日积极扩张[OL]．（2012-04-16）http://tech.qq.com/a/20120416/000277.htm.

[26]维基百科：Hurricane Irene[OL]. http://en.wikipedia.org/wiki/Irene_Hurricane.

[27]张晓峰，赵鸿燕．政治传播研究——理论、载体、形态、符号．北京：中国传媒大学出版社, 2011，03（1）．

[28]West, D M. Digital government: Technology and public sector performance, Princeton[M]. NJ: Princeton University Press, 2005.

[29]Fletcher P. Electronic government: New models of service delivery Journal of Global Information Management[J]. 2002，10（4）：Ⅰ-Ⅳ.

[30]Office of Management and Budget. Memorandum for the Heads of Executive Departments and Agencies（M-10-06）[OL].（2009-12-08）http://www.whitehouse.gov/sites/default/files/omb/assets/memoranda_2010/m10-06.pdf.

[31]Office of Management and Budget. Memorandum for the Heads of Executive Departments and Agencies（M-10-22） [OL].（2010-06-25）http://www.whitehouse.gov/sites/default/files/omb/assets/memoranda_2010/m10-22.pdf.

[32]Office of Management and Budget. Memorandum for the Heads of Executive Departments and Agencies（M-10-23）[OL].（2010-06-25）http://www.whitehouse.gov/sites/default/files/omb/assets/memoranda_2010/m10-23.pdf.

[33]“上海发布”领政务微博风采　十天粉丝破百万[OL].（2011-12-11）http://tech.qq.com/a/20111211/000008.htm.

[34]微博银川：一个西部城市的微博问政试验[OL].（2011-11-19）http://news.163.com/11/1119/02/7J6JRRU700014AED.html .

[35]十大公务员微博公布　“平安北京”列政务微博榜首[OL].（2011-11-19）http://www.022net.com/2011/12-13/421544233317985-2.html .

[36]坐着轮椅　用微博延续禁毒理想[N]．人民公安报，2011-03-12

[37]浙江省3 000多个干部开微博　居全国首位[N]．杭州日报，2011-01-11.

[38]对话“微博名官”：官员开博，做事还是作秀[OL].（2012-03-10）http://news.xinhuanet.com/politics/2012-03/10/c_111631996_2.htm.

后记

本书策划、筹备及编撰历时两年之久。在此过程中，政务微博、政务微信的发展变化之快，用日新月异来形容，一点也不为过。于是，本书的篇章结构、数据更新、案例选用等也必须应势而变，不断修改润色、调整补充，部分章节甚至完全推倒重来。令人高兴的是，如今终于和读者见面。

在此，我们要特别感谢所有拨冗接受过本书采访的专家学者、政务微博微信的管理者及运营者们，没有你们的帮助和分享，本书无法做到充分地接地气。本书的编撰团队主要是中山大学传播与设计学院的硕士生、博士生，此外，也邀请了复旦大学郑磊副教授、上海理工大学瞿旭晟博士各撰写了一章。本书的章节框架由张志安拟定，硕士生郑雁洵、博士生曹艳辉等先后负责通稿，最后由曹艳辉进行了定稿。各章的主要作者分别如下：

导　言　张志安、曹艳辉
第一章　王二莎
第二章　梁缘
第三章　郑磊、麻乐
第四章　武茜
第五章　罗媚
第六章　黄光宇
第七章　瞿旭晟
第八章　石英杰
第九章　徐晓蕾

第十章　徐晓蕾

第十一章　罗雪圆

第十二章　罗雪圆

第十三章　曹艳辉、刘杰等

附　录　杜鑫、白佳鑫

本书的编撰出版得到了腾讯网“政务微博运营：观念、机制与策略”项目、腾讯·大粤网“广东省政务微信的发展与评估研究”项目的支持，特此致谢！

编者

2014年10月